國立中央博物院專刊

麼些象形文字標音文字字典

李霖燦　編著

張　琨　標音

和　才　讀字

文史哲出版社

The Liberal Arts Press

P. O. BOX 5099, TAIPEI, TAIWAN
REPUBLIC OF CHINA 106

麼些象形文字標音文字字典

編著者　李霖燦
出版者　文史哲出版社
發行人　韓游春
發行所　文史哲出版社
台北市羅斯福路一段七十二巷四號
郵撥〇五一二八八一二彭正雄帳戶
電話：三五一一〇二八

定價新臺幣一〇〇〇元

中華民國六十一年四月出版

本社業經內政部核准登記登記證爲內版臺業字一八五六號

麼些象形文字標音文字字典總序

麼些（Mo-so）是我國西南邊疆上的一支民族之名，他獨創了兩種文字一同使用，我分別爲它們各編了一册字典，現在把它們合而爲一，在這裏來寫一篇總序，說明個中原委端緒。

麼些民族大部份居住在雲南省的西北部，以麗江縣及永寧土司地爲兩大中心，環繞在玉龍大雪山和金沙江的河套附近，卽地理學上所謂的揚子江N字大灣一帶。——這個民族以擁有象形、標音兩種文字聞名世界，我一到昆明，就知道了這一帶有最美麗的山川景色和最美麗的象形文字，所以我從學校一畢業，就過大理點蒼到麗江畫山水畫和收集象形文字去了。

民國二十八年到三十二年（1939-1943），我蹀躞於金沙玉龍之間，作畫沒有成功，却把這兩種不同的文字輯成了兩部字典：象形文字字典出版於民國卅三年，於次年又把標音文字字典寫出，作爲中央博物院的專刊之二之三，是我在玉龍山下四年來的工作報告。

那時正是對日抗戰最艱苦的階段，要想排鉛字出版這兩部字典根本辦不到。博物院所在地的四川省南溪縣李莊鎭只有一家民族石印館，我便每天自寫石印原紙交他印刷，每種都印兩百份，是那時候學術著作常印的數字。却沒有想到象形文字字典一出版，很快的就售罄，使博物院及我本人對後來索購的人都無以爲應。

後來需用者日多，說文社曾於四十二年（1953）在香港翻印了一次，寄一部份到台灣來，但是不久又全部售缺。作者到現在，還時常接到不相識的朋友來信訊問此事，只是沒有書供應束手無策，迄今還常常爲此事耿耿於懷。

所以文史哲出版社向我接洽要印這兩本字典的時候，我很高興，且建議把二者合併出版。這是我懷之以久的一項心願，因爲若把形字音字彙爲一編，則形聲義三者可以貫通，音字字典下廣列的語彙可以參考活用，無疑的將對文字學、語言學和民族學的研究上有更廣大的供獻。

其實在這兩部字典出版之後不久，我就有意把此二書合而爲一，那時的構想是以標音文字字典爲綱，因爲該書係照音韻系統而排列，只須知道麼些語音，就有一定的端緒可尋，然後就各讀音的語彙下，把形字、音字注釋在側，這樣形聲意三者可以一覽全收，又有同音的語彙可供旁通，纔算合乎一本現代字典的體例水準。在正文之後，就形字、音字各附兩套索引，使檢用人無論從那方面入手，都會觸類旁通檢得他所需要的全部解說。

而且這項綜合字典的編輯程序都構想得淸晰如畫，只須把這兩部字典分條剪開，然後依音韻系統的前後而排列，再把形字音字各置其所，最後附上原來的索引就可以組成完璧。這項意思我曾在路過西雅圖時向李方桂老師請問過，他也認爲很好，只是這需要不少的時間去剪貼綴寫，後來我因職務興趣之所近，轉向於中國美術史的研究，這件工作就沒有克抵於成，是我心中一向惦念着的未竟之志，時時縈系於懷。

因此，現在能有機會把這兩部字典合併出版，我心中覺得很高興，至少這是僅次於上面「綜合字典」計劃的最佳安排，既把二者資料一併呈獻，又可相互通釋增加麼些語文的正確了解。兩相印證，意趣橫生。有此一編在手，大雪山下麼些民族的語文精華盡在斯矣，豈止繪圖輯書爲人生之至樂，我亦由此對許多有同好來問訊的朋友們有一個圓滿的交代。

——同時，我也由此了却了半生心願，我常同朋友們擺龍門陣，說霖燦此生，只做了兩件小事，一曰玉龍看雪，一曰故宮看畫。麼些語文的研求是我在玉龍大雪山下幹的營生。在這兩本字典之外，我譯出了二十多本經典，寫了三十篇論文，費去了我二十年的時間，如今能在我六十花甲子之前，一齊給它個總的結集，未始不是一件聊自心慰的事。妻子匡兄最近把我的麼些經典研究、麼些故事研究都印了出來，如今又有文史哲社將這兩本字典合併出版，我前半生的美麗生涯總算是適時地有了一項初步的結論，自然是欣喜無量，許多不滿意的地方，許多未完成的工作，都待以後有機緣時再來補葺，好完成我研究麼些族的全部心願。

譬如說：無量河噴噶嶺一帶是麼些民族遷徙的上游，必需要依照着經典上起祖的路線一站一站地去覆勘一過，當日我是有此壯志，却因那一帶正鬧匪患，木里土司不許我去探「險」，遂坐失了一次憑覽噴噶雪嶺一湖三峰之勝。同樣，金沙江河套之內，即麗江縣奉科剌寶一帶，那兒的經典，自成一個面目，所存古誼極多，當再去調查一遍。且聽說那兒有一種金屬筆尖，與那一帶的纖細字體的作風大有關係，麼些其他地區的多巴（巫師）都是用的竹筆，這種古老的金屬用筆當好好尋訪來作研究的標本………維西葉支一帶是麼些民族遷徙的下游，我曾收到瀾滄江邊的一些經典，文字的演變已有少許差異，當再去詳細調查……凡此種種，我都摘要地先記一筆在此，留待他日努力，好充實字典詞彙中的新資料，同時，也對喜歡研究麼些語文的朋友盡一點嚮導指點的責任。

二十多年的往事了，想當日在那樣艱苦卓絕的物質條件之下，倒能一心不亂地用顏魯公小楷的筆法穩穩寫完這兩本字典，回想有味之至。所以如今照相印製一仍舊觀，用來紀念那一段美妙的研究生涯。——只是有許多鼎力扶持此書寫作的當日師友，已有不少滄桑變異，令人思之淒然。如爲形字字典作長序的董彥堂先生，他便是鼓勵我作此事最有力的恩師長者，曾幾何時，他已逝去八年之久，如今在字典序文中見到他的墨蹟依稀，往事一一湧上心頭，令人愴然涕下。

還有助我編輯這兩本字典的麼些朋友和才，分別之後迄無一點消息，在國內外各大圖書館中，遍查麼些經文研究的目錄，全不見他的名字出現。他比我年輕不少，希望能再度携手合作，完成我昔日發下的麼些研究壯志！

麗江父老，玉龍山靈，都使我常在念中，前者的深情，我永不能忘記，後者的景色，蓋世無雙，閉目凝神，千古白雪，三秋杜鵑（玉龍大雪山一年有三季是放在遍山遍野的杜鵑花上）歷歷如在眼前。謹於驅筆爲序之際，默祝不久將來，重到玉龍山下，假我數年，重新改正這兩本字典的錯誤，並完成麼些研究的大業。

李霖燦　謹識

士林外雙溪故宮博物院

六十年九月廿二日

國立中央博物院專刊

乙種之二

麼些象形文字字典

李霖燦　編著

張　琨　標音

和　才　讀字

中華民國三十三年六月

目　　　　　錄

序

本書作者李霖燦君到雲南一帶旅行，最初的動機完全是藝術的。他從國立藝術專科學校畢業後，就以賣畫籌旅費的辦法，東跑西跑的跑到麗江去了。在這地才看見了麼些文字宛如畫圖，他就不自覺的發生了濃厚的興趣；這完全是他到中央博物院籌備處以前的事。博物院聽說他在麗江工作的成績，就托他担任搜集麗江一帶民俗材料的任務，並指定特別注意麼些經典。他在麗江一帶遊歷，前後將近四年，共採集了麼些經典一千二百二十一册；中間除了三册是用音標字寫的外，其餘的都是象形文字。在這時間，他並學會了說麼些話，讀麼些文字；編輯了一部象形文字字典。當他最初將所編字典的稿本，寄到李莊時，我們送到中央研究院歷史語言研究所，請李方桂先生審查。李先生看後說，編製得還好，但所用音符，應該照國際音標，原用符號的音值，是否準確，就不能斷定了。卅二年的秋天，李君由麗江回李莊，同行和才君原是一位「道地」的麼些讀書人，本來預備學習「多巴」的，在麗江一帶，他已經幫了李君好幾年的忙。因此我們商得了歷史語言研究所的同意，就請張琨先生與和才君將字典中各字的音，都校訂了一遍，由和才君發音，張琨先生聽音，標注音符。張先生是方桂先生訓練出來的一位極有前途的青年語言學家，現任歷史語言研究所助理研究員。所以這部字典單就發音與注音方面講，可以說沒有什麼問題，已值得印出來供研究民族學及語言學家的參考了。

國內學者注意「邊疆」及少數民族問題的人，已日漸增多了。要認識這些問題的真面目，最要緊的似乎是應該從說他們的話，讀他們的書（假如有的話！）入手。從事純粹科學研究的——如民族學比較語言學，自然更應該走這一條道路。人類雖說是用文字用慣了，但創造一種文字，在人類文化史中，並不是常見的事。有了這件事，無論它出現在地球上那個角落裏，都值得若干人們鑽研一輩子。在東亞這個區域內，除了漢字集團外，其他的系統是有數的；麼些文字就是這有數系統內，極重要的一個。無論這文字將來命運何如，用這文字寫經典，已經支配了麼些人的精神及社會生活若干世紀，或者還要繼續着如此的支配他們好些時。單從文字方面看，我們自然可以說，麼些的象形文字是在急劇的變化中。音標字的突起，不久的將來也許會代替全部的象形文字。假如這件事要實現，那豈不是現代學者求之不得而忽然能親眼看見的一種奇蹟！好像埃及象形文字用音符代替的歷史重演了一次！好像甲骨到注音字母的三千多年的歷史,來了一個撮要。要是我們跟着麼些文字的變化走,體會出來它演進的種種原故,豈不是也可以用作解釋其他象形文字演變的若干原因的一部份?

我們決定印這部字典,一半的理由也是希望能引起若干文字學者在這一方面的注意。

編輯一個字典自然不是一下子就能「完全」的。若是要「求全」,這「全」的標準卻也是一個大問題。無論在紀錄科學或實驗科學中;要是求他們不斷的進步的話,我們最應該寶貴的是繼續發現新的事實;材料的新,觀念的新,方法的新,解釋的新,都值得表揚。只有如此方能使一門學問繼續進步。在這個意義下,雖然這字典排列的方法及許多推論,都帶點嘗試性質,我們覺得那所採用的材料是夠新的了。假如由這部字典可以繼續的引出別的新材料出來,使我們將來可以編一部「較完」的新麼些象形文字字典,這就是我們最大的希望。

作者的貢獻卻不以此為限。他把拿喜人(即麼些人)遷移的路線弄明白了;他把象形字與標音字出現的先後的問題解決了;這是兩個很重要的新貢獻,均值得稱述的。

中華民國三十三年八月五日.李濟.

麼些象形文字字典序

近數十年，因為考古學民族學的研究逐漸發達，中華民族之文化乃益放其燦爛偉大之輝光。不惟古代文化，已得到地下蘊藏遺物為之徵信，即現代各宗族間文化之謎，也多因考查研究而能闡幽發微，予以表彰。這部字典，就是一個例子。

在中華民族偉大的文化圈之內，僻處於西南高山深谷間的一支宗族，約當西曆十三世紀時，創造出一種很原始的象形文字。這種文字，雖然明清兩代著作中曾提到他，可是直到近三十年纔有人注意研究，筆之於書，使與世人相見。固然，這在中華民族文化的統系上，祇能算泰岱華岳旁邊的一座小丘，長江大河沿岸的一股細流，但是這座小丘，這股細流，卻自有他特立的精神和發生的源泉，是值得大書特書的。這就是本書所載的麼些象形文字。

我開始注意到麼些象形文字，到現在已是十年了。民國二十三年的春天，我住在北海公園的靚廬，方國瑜先生跑來看我，他說劉半農先生曾託他向麗江搜集麼些象形文字，他花了不少的工夫，輯錄許多字，採購許多經典，可惜半農先生已不及見了。接着，方先生就到歷史語言研究所從趙元任、李方桂兩先生治音韻學，並着手麼些文字典之編撰。

二十四年的秋天，我在南京又看到了楊仲鴻先生所編麼些文多巴字及哥巴字漢譯字典的稿本。從他的自序中，知道字典是作於民國二十年，又知道美國的洛克博士也同時在研究這種文字。楊先生這本字典，分麼些文為十八類：數，天文，地理，時令，鳥，獸，昆蟲，植物，人，身體，服飾及用具，水火，雜，佛，鬼，怪，龍。每字三列：左多巴字，中哥巴字，右漢譯，以漢字註音並釋義。在楊氏之前，有法人巴古氏（J. Bacot）於所著麼些一書（Les Mo-so）中，附有字典，以法文譯義之字母為序，書刊於民國二年（1913）。國人於麼些文字成一有系統之作，當首推楊氏，雖然他的字典採錄編纂，未能美備，而他的創始之功，是不可埋沒的。

二十九年的秋天，我住在昆明的東北郊外龍泉鎮，有一天方國瑜先生從城裏寫信給我，他說：「近月整理麼些文字，大體已就緒，全書分四部份：一，緒論，文四篇：1，麼些民族考，2，麼些宗教考，3，麼些文字之構造，4，麼些語言之特徵，二，麼些文字甲種，即象形字；三，麼些文字乙種，即音字及詞，四，附錄，文二篇：1，麼些經書譯例，2，麼些語言譯例。已許齊魯大學出版，九月中交稿。此書先後七八年，隨時增刪，今始寫定」云云。同時把一、二兩部份稿子送到，要我作一篇序。方先生的「文字甲種"共分二十類：1.天文之屬,時令附,2.地理,方向附,3.植物,神樹附,4.飛禽,神鳥附,5.走獸,6.蟲魚,神蟲附,7.人稱,代名詞附,8.人事,9.形體,10.服飾,11.飲食,12.居住,13.器用,14.行止,15.形狀,16.數名,17.宗教,18.聖,19.神,20.鬼。合計九百九十一字。每字:首編號數,次列麼些象形字,又次國際音標注音及聲調,又次訓詁及說明,或附列別體及異音,異義。此書已較楊氏字典詳贍,足供參考,惜至今五年,尚未出版。所以在這裏要特別介紹一下。

李霖燦先生這部字典,可以說是一支生力軍,他着手雖晚,而成功却很神速,真是"譬若積薪,後來居上"了。楊方皆麗江人,於麼些文字之研討,耳濡目染,較易為力。霖燦以異鄉之人,脚踏生地,學習此難於瞭解之語言文字,而能不憚艱苦,專力為之,前後五年,又於來川之後,努力於音讀之校訂,字彙之補輯,盡四個月之力,寫成此書。他這種"鍥而不舍"的苦幹精神,實在是令人敬佩。這部書,有方書的長處,而材料增多了一倍以上,注音經張琨先生的幫助,可以說十分準確的。讀者倘能細心去理會,就彷彿卧遊於玉龍山麓,金沙江干,目覽麼些經文,耳聆"多巴"解說,不待我來恭維了。

我之所以注意麼些文字,不在音而在形。我打算拿這種象形字,來比較漢文的古象形字,或者可以幫助我們對於古文字得到更真切的認識和瞭解。十年以來,偶有會心,可是因為期待着一部完美的字典,始終還沒有作過大規模的整理。現在且把零星的意見寫出來一點。

這裏有一個先決問題,是麼些象形字創造的時代。據李先生的假定,麼些文的形字,不能晚過明代,而象形字經典的時代,又不能早過唐。他這話是可信的。但是他同時却不相信在宋理宗時代的麥琮"且制本方文字"之說,因為"旁證不足"。現在有一個旁證,就在這本字典裏面,第2048號,不過因解說的不同,未被發見而已。此字楊方書中皆有之,對照如下：

楊書	人類	[illegible]	讀[老][油][不][補][所][數][古],即這藏文,多巴文,漢文之三人。
方書	聖之屬 892	la˧ iɣ˩ pʏ˧ ʂo˧ ʂv˩ kv˧	發明漢,藏,麼些三種文字者。字从[illegible]象神座。
本書	神類 2048	[la˧ o˧ i˩ ʂɯ˥ pʏ˩ so˧]	神名,共三位,同生於[illegible]神山之頂。此三神之名,用古宗人音,末一音之[so˧]即三之意也。

李先生把這三位列入"神類"又說末一音為馬，顯然是另一來源。方書則與楊書的解說似乎是同一來源，楊先生是從中甸排的溫教師和華亭學來的，以為這是三位造字的人，故列入"人類"。我們知道中國造字的聖人在傳說中最普徧的是倉頡，依楊書次序"數古"與漢文都居第三位，"數古"也同倉頡的聲音相近。由此推之，則造藏文者是"老油"，造多巴文者是"補所"了。再對證其音：

楊		方	李	今擬定
造藏文者	老油	la iɤ	lo o	
造"多巴"文者	補所	PY ȿo	PY So	麥琮（保琮，牟保阿琮）
造漢文者	數古	ȿv kv	i ȿɯ	倉頡

方書故意把漢文放在第一，大概是"內諸夏"之義，但是次序却不能音義相應了。我們如果照和華亭的說法，三人之中，至少可以猜出兩人，PY So 之為保琮或麥琮，ȿv kv之為倉頡，都不至於大錯的。只有造藏文的一人，與傳述中唐太宗時人圖密薩保達 Thu-mi Sam Blota 音不相近，只好付之闕疑了。

我們現在可以說多巴字大概是麥琮創造的，不過隨時是在補充着新字的。

拿麼些象形文字來比較漢文的古象形字，好像一位遠古的老聖人來查詢一位宋朝的神童，老聖人只能把兒童的心理來回憶他的少年時代，因為他的童年已是模糊不清了。在文字演進的過程中，麼些文算是童年，而今日所能看到的漢文古象形字，已到了少年時代了。

記得列子的湯問篇有這樣一段故事：

孔夫子出遊到東方，遇見了兩個小孩子在吵架，問他們為了什麼事？一個孩子說："我以為太陽纔出來時候離人近，中午時候遠。"一個孩子說："太陽纔出時遠，中午時近。"這孩子說："太陽剛出來，像一個車蓋那樣大，到中午，就小如盤盂，這不是遠的小近的大嗎？"那孩子也說："太陽剛出來，滄滄涼涼，到中午，熱的如探湯一般，這不是近的熱遠的涼嗎？"孔夫子聽了，竟不能評判他們誰是誰非。

兒童自有他們的活潑思想，特殊見解，所以孔子嘗說"後生可畏"。現在我們要請倉頡老聖人來查詢這位麥琮神童，把兒童時代的麼些象形字來比較甲骨金文中漢文少年時代的象形字了。

關於麼些象形文字本身的問題，李先生在引言中已發揮盡致，另外有方國瑜先生緒論中麼些文字之構造一篇，聞宥先生麼些象形文之初步研究一篇，都是提綱挈領，自成體系之作，我這里不再論及,這里所說的,是把比較麼些和漢文象形字的結果舉出幾個例子。

一、可以反映漢字演進之久。

文字原於圖畫,這是全世界沒有例外的。最初是寫生畫,漸進而簡單化了,變為代表形象的符號,麼些文滯留在第一步,漢文我們以甲骨文為標準,則到了第二步。李先生在本書引言論形字與圖畫一段裏,說的最明白,舉出一個"神圖",兩個"圖號",證明有些只是圖畫,不是文字。所以我稱他是文字的童年。甲骨文便大不相同了。文字到了殷商時代,已是"約定俗成",完全脫離了圖畫的階段,而變為一種符號。單就象形字來說,例如寫動物字,許多是豎起來的。

馬 冢 豹 虎 象 犬 豕 鼠

試看本書63-70葉獸類各字,絕無四足騰空之形,這就是繪畫與象形文字不同之處。漢文是下行的,若是把一個馬字橫寫起來,不但佔的地位太寬,寫着也不順手,因為這是文字,不是圖畫,大家看起來便不覺奇異。如果麼些文獸類也這樣豎寫,"多巴"們卻要費解了。

甲骨文中,尚有許多字,原始的圖畫是橫的,現在也變為豎的了。舉疾、宿、死三字比較之:

	麼些文		漢文 原始象形字當如此	甲骨文 豎書
宿	306	睡也。口上出氣,示有生息。	象人眠牀上之形。	
疾	403	病也。象人卧病在牀之形。	象人病卧牀上,身有汗液。	
死	291	死也。頭有長髮,示其為鬼。		
	398	棺材也。畫人在棺材中。	象人死入棺槨之形。	

麼些文人形多為正面立象,與漢文大字作同,亦作,甲骨文則以為天字。甲骨文人形多用側面立象之,這是不同之點。看上例,宿、疾、死字,人皆不應直立,而在甲骨文中竟然把睡眠的,生病的,死的人,都使他們站起來了,因為這是符號,是文字,不是圖畫,那時即使豎寫,大家也會明白。所以我說中國文字到殷商時代,已入少年時代了。

麼些文象形字,可以說沒有一個字不知道他的來歷,甲骨文就不然,因為文字的演進,時期已久,不但三千年下的今日,有許多字不易索解,就是在當時,也不免有這種情形。例如一個㞢字,現在讀過國音字母的兒童,都可以認識他,說這是"ㄓㄔㄕㄖ"的"ㄓ",也就是古寫"之"字。其實錯了,你不能把之字去讀甲骨文的㞢。這個字在殷代的早期,用作有無的"有"字,到了祖甲不用他了，用左右的右(又象右手)作有無的有，為什麼要把㞢改為又，這倒是耐人尋思的問題。大概是像我們現在一樣已不能明白㞢字的意義了罷。

又如一個𠩺字，原來是打麥子的意思。殷代主要的農作物是麥、稻(𩈨)、黍、禾(穀子小米)四種，可是此字的來歷更古，到殷代已失去本義而用為福釐的釐字了。此字有

[illegible]

各種寫法，見於廩辛、康丁、武乙、帝乙世的卜辭中，用為"𠩺釐"或"延釐"，皆為受福之義，可是我們分明可以看出這是一幅打麥子的圖畫，𣎆是麥子，攴是一手持棒，有些字尚有一手在執着麥穗。時代久了，古義轉變了，把打麥之字引申或假借為福釐之釐了。這種情形，是麽些文中不會有的。

文字到殷代已是相當的進步了，這是由幼稚而原始的麽些文字反映得很清楚的。在甲骨文中已俱備六書的規模，假借字之多，形聲字之逐漸孳乳，二百七十三年間，仍然不斷的演進着，這里不便多說了。

二、可以反映漢字起源之古。

從上一個例子，已可以知道漢字到殷代既是演進日久，必是起源甚遠，我們還可以拿麽些文作一個反映。本來象形字的創造，除了自然物以外，可以說都是社會背景的寫真。對於古代象形字的研究，我們不可不特別注意的有兩點，都用殷代的甲骨文字作標準。第一點，我們不能因甲骨文象形字裏有這種現象，便硬派他殷代社會是如此。第二點，我們不能因殷代社會中有這種情形，便硬說這象形字是殷代人作的。以往拿文字來講古代社會問題的，多犯了這兩種毛病。

現在先說第一點。例如一個"女"字，甲骨文作[illegible]，有時候頭上加一笄作[illegible]，有時候與[illegible]通用作母字。婦女在殷代的地位並不低，殷王嘗給他的女兒些貝朋的賞賜，王的后妃，也有私田的享受，活的時候，帶軍隊出去征伐，替國王主持祭祀，死了之後，與先王同樣的把神主供在宗廟，受着後人的祭拜。可是這女字所象之形，卻是一個俘虜。證據就在甲骨文裏。原來造字的時候，看見女子是從別的部落擄掠來的，她坐在地下，兩手是在前面縛着，乃造成側象的[illegible]字。我們知道奚是一種犯罪的人，普通的是把他們頭髮編起來，給人提着，作[illegible][illegible]形，一是正面，一是側面，立形，手部沒有縛的，有的作[illegible]形，背縛着兩手，而又跪着，縛手的繩子也畫出來了。又作[illegible]不過沒畫手間繩子，放大了頭部而已。甲骨文"如"字所從的，正是[illegible]形，作[illegible]、[illegible]，一字從口，

一旁卻從男奴，不能女。再看麼些文的女字，完全同男人寫法一樣，只在頭上區別而已。一併比較如下：

甲骨文：大人，正面立形。 夫，既冠加簪形。 奚，正面立形。 奚，側面立形。 奚，跪而背縛其手形。 奚，同上。 女

麼些字：男人 230 結婚後之男子 379 女人 522

古來擄掠的敵人俘虜就是罪人，也就是奴隸，古來跪坐又是同形。我們看甲骨文中的女字，為什麼要同奴隸俘虜一樣的描繪，使她縛著兩手，使她跪著或坐着？我們再看麼些字，又是男女平等的，就可以知道女字作女的原始的意義了。男子縛手于後，女子縛手于前，下段尚有說明。

再說第二點。中國文字的創造，大概在由漁獵畜牧進於農業社會的時期，這裏只能舉兩個例子，與麼些文作比較。例如一個網，在麼些文中，只有魚網；甲骨文中可就多了，有魚網，有鳥兔麋鹿的網，並且各有專名。

麼些字：魚網 1224 攔網（亦取魚之網）1225

甲骨文：， ， 漁 以網取魚 羅 鳥網， 罝 兔網， 罞 麋網， 䍡 鹿網

在殷代，國王多歡喜打獵，一來是娛樂，二來是習武，他們打獵時用網之外，也用箭去射野獸同野雞，如 彘 雉。用鉤釣魚， 用陷阱捕鹿。

這些漁獵的工具，殷代確實仍在使用着，正像以上所舉的字。但我們只能說這些工具同文字，都是承受了前人的遺產，而不能說這全是殷人的創制。

又如麼些文的獸類字760到856，都是側面之形，或作繁體畫全身，或作簡體畫頭部，只有貓（853）畫了一個正面的頭。甲骨文中獸類字多作側視全身形，只有牛羊二字是正面的頭形。據我看，牛羊作𢆉是由牢字想出來的，牛牢為𤛌，羊牢為䍧，這牢字的創作，至少也到了農業社會，人們有定居了，開始豢養家畜，於是造了平頂的小房子給牛羊住，門口不能太大，只是容得一隻牛或羊的出入，當牛羊在門口，向外探望時候，造字的聖人，就造出兩個牢字來，從牢

字裏面東出來牛羊二字。次序是先有，後有，先有，後有，不然，就無法解釋"這家畜之中，為什麼牛羊只畫正面一個頭形"的問題了。

同時我們不能不提到家字。麽些文的家作，1520，是個形聲字，甲骨文的家作是房子裏一條豬，這並不奇怪，漢代的陶製明器，養豬是在住家的樓下，現在各地方也還有這種古風。因為古代的人，日出而作，日入而息，白晝裏男的女的，都到田間工作去了，家裏面只剩下這飽食終日懶洋洋地睡着的一條肥豬了。

這些，我們也不能說殷代人養牛羊用牢，養豕於家，這牛羊牢窂家等字，是他們造的。

三，可以對證造字的地理環境。

李先生從一個水字，中分之為北南二字，推斷麽些象形字創造的地方在無量河的附近，大致是不會錯的。漢字的創造，無疑的是在黃河流域的大平原。這都是象形文字可以明徵的。現在簡單的舉幾個例子：

麽些字		甲骨文	
山 138	這是雪山之形。麽些人居雪山箐壑中，故繪近山。	山	這是遠山之形。大平原上望山如此。
水 183	象源頭流水之形。山中人惟知水從泉中來，故以泉為水。	水	象平原上河流灣曲之形。偏旁有但作或者。
水源泉 199	此字由與合成。即洞穴之義	泉	象水泉湧出之形。麽些水字與此相似。
田地 118	山中多梯田，故作長形，中有疆界。	田	平原中田連阡陌，故作此形。如疆字作，則為田與田之界。
119			此字為古代井田遺制，亦田字。或作，作，均同。
路 223	山中多羊腸小徑，故作此形。	行	平原上道路四通八達，故作十字形。行，即道路。

以上各例，已可以很明白的表現着地理環境的不同，創造的文字也因而不同。還有一個最有趣的比較就是朝暮的字。麽些文中，朝是日出於山坡之上，暮是日落於山坡之上。這兩個字麽些

李三家字典所收的微有不同。

楊：　古ツ开1ヒ止　讀〔保〕〔葉〕〔每〕〔崩〕〔伯〕古〔苟〕〔土〕日出於山上之意也。又云日出也。　古ツ开道丫　讀〔保〕〔葉〕〔每〕〔崩〕〔伯〕〔馳〕〔吉〕〔骨〕日入於山後之意，日落也。

方：　ɳi˧ me˧ tʋ˧　日出也。　ɳi˧ me˧ gʋ˩　日没也。

本書 40 41　[ɳi˧ mɛ˧ mbo˩ ku˧ tu]　意為太陽由坡頭出來。　[ɳi˧ mɛ˧ mbo˩ to˩ gɯ]　意為太陽向坡後落下。

三種寫法，以楊書所據之本為妙。主要的意思都是表示着日出日落俱在山坡上的。我們再看漢字的甲骨文，朝暮字各有兩種寫法：

朝字：　此字從艸，從日月，會意。或從木。　暮字：　此字從日，從艸或木。

甲骨文中，中同木，可以通用，這裏只是用作地面上的自然物，譬如說日頭已近地面落在草叢裏或樹林中了。這正是大平原上"暮"的景象。但是加上了一鈎殘月，為什麼又成了"朝"呢？這在古人是有根據的，因為"夙興夜寐"的夙字乃是早起之意，在甲骨文中作，像早起之人，跪在地上，舉手向月之形，這"月"應該是陰曆下弦以後之月，早晨時候，正是殘月當頭，"朝"字所用之"月"，和"夙"字之"月"是同一取象，就是二十六七日早起時殘月在天，不久便見那一輪紅日透出於茂草叢林之間，這不是"朝"在大平原中的景象麼？不過我們要知道這是會意字，這字的結構，是把草和林，表示地面，把日表示時間之晚，日，草或林，合起来成了"暮"的意思。同樣的，以日，草或林，加上早晨的殘月，合起來成了"朝"的意思。這是文字，不是圖畫。回頭再看麼些文，那才是真正的圖畫，他們不是一個字，乃是"日出於坡上"，"日落于坡後"兩句話的寫真，也就是"日出東山"，"日落西山"的兩幅圖畫。這也是我所說的兒童時代與少年時代不同之處。

四，可以對證造字的社會背景。

象形字是描繪社會上一切事物的畫圖，充分的表現着當時社會的背景。如本書"用具類"以下，處處可以看到麼些人的社會情狀。在這裏我只舉兩個例子。

第一個例子，舉用具中的鏡子。在本書列入"人文類"362至365，鈔録於下：

362 看也。畫人持鏡照看之形。 363 鏡也。畫明鏡之形。 364 盞白鏡字。注其音。 365 "若喀"區之鏡字

這些鏡子是從內地流傳去的，必為銅鏡無疑。這類銅鏡，在中國從周代一直用到清朝的初年。背面的花紋隨時在演變着。"若喀"區的寫法，乃是鏡子的背面，有簡單的花紋和鼻紐，正是唐宋以來銅鏡的形制。在周代以前，是沒有銅鏡的，遠古的人也要用鏡子的，他們的鏡子，只是一盆清水，所謂"以水為鑑"。看鏡子的"看"(362)，就是"監"字。舉金文頌鼎中監字：

是見字，從人，從目，和麼些見字作，造字法相同。是皿字，盆子一類的盛水器，(後來這種盆子就叫作鑑)中有一點，表示水。人俯在水盆上面，睜大了眼睛向下照，就是看鏡子，就是監。

第二個例子，舉刑具中的手銬。

為了維持社會的秩序，國家必有"法"與"刑"，麼些文中的刑具有手銬自然是描寫着我們國家的刑法了。可是這種圖象，是很近代的。如

341 手銬也。畫人手上有銬之形。或寫作 畫一人帶手銬，為另一人所牽。

這手上的銬，無論是繩是鐵，與現代的刑具，差不了好多。可是古代的手銬就大不相同了。在甲骨文象形字裏，有一個字，也作，這是手銬的象字，就是械手的刑具。周禮秋官掌囚所載"凡囚上罪梏拲而桎"的拲。甲骨文中的執字圉字摯字都圖繪着這種帶着手銬的罪人。舉如下：

執 圉 摯

執字是一人帶了手械坐或立之形。圉字是執到的罪人，囚在牢獄中之形。摯字從執，另一手，表示為另一人所牽，正像麼些文的或體。次一形頭上有口形，是又加了械頸頭的刑具叫作梏的。

這種刑具，殷代還在使用着，殷墟出土的小陶俑，作罪犯形，械手的刑具，正是這種拲。男的背了手，械在後面，女的卻象優伶，把兩手械在前面。所以說，是縛手在前面的，是女子，而是縛手在後面的，是男子。"拲"的形狀，用法，在陶俑上表現的十分清楚。是正面形，側面當作形，中有二孔，容兩手，上下以繩緊束之，上繩繫于頸，下繩繫于腰。男子反縛于後，女子縛于前，男子髡其首，女子有髮，一望可別。繪圖其輪廓如次：

得到這些陶俑的證明，對照象形的"桊"字，我們才知道古代"手銬"的真象。不然，做夢也不會想到的。

造字的時代，相距在三千年以上，社會的背景，當然也差的狠多；讀者可以自己比較一下，必能發現許多有趣的問題。

五、可以見造字心理之同。

象形文字，是可以獨力創造的，世界上的物象，總不外乎"仰觀于天，俯察于地，近取諸身，遠取諸物。"對象異者，自然不會相同，對象同者，自然可以偶合；正所謂"人同此心，心同此理。"麼些文與漢文的古象形字近似者極多，便是這個道理。現在也只能舉出兩個例子，不暇一一比較。

第一個例子，舉坐着的人形字。我們知道漢文古象形字裏"近取諸身"的人形字數量甚多，大致有正面立形的大大，側面立形的亻亻，側面坐形的巴𠃑，和特別為女人造女𡚤，可是不見正面坐着的人形。這在十年以前，卻被我的朋友徐中舒先生發現了，他在二十三年的春天，寫了一篇士王皇三字之探原，說明士、王、皇，都是正面坐着的人形。他所舉的僅王皇二字，現在為增一士字，列如下

甲骨文 士 士　太 王 祖庚以上之字。　王 王 祖甲以後字。　王 王 帝乙帝辛時字。　金文 皇 皇 皇

士同王，都象拱手端坐之形，皇象王者端坐頭上戴着冠冕之形。他列舉石刻，銅器，壁畫，偶象四種證據。從此我們才知道中國象形字裏，有象人正面端坐形的字，以前的解說全錯了。

現在我們可以拿麼些文替仲鈞先生再添上一個有力的證據了。本來,這字的對象既是人,有側面立的,有側面坐的,就不能只有正面立的而沒有正面坐的。麼些文寫人形多用正面,所以寫正面坐形的也多。例如本書中的

坐也 232　王 388　帝王 387　客人 325

等字,與漢文的士王皇像極了。第一字與甲骨文的王字寫法完全一樣。第三字帝王的冠冕雖不同,但是用大帽子表示帝王的尊嚴,這字的心理是相同的。士王皇是貴族階級,所以能夠優閑自在的像麼些的客人一般端坐着。

有一件史實,可以證明殷代人還知道王字是"王者端拱正坐"的象形字。原來殷墟卜辭中早期的王字,皆寫作太,是代表當時皇帝的專字,王,只有一個,所謂"天無二日,民無二王"。武丁時,祖庚時,都是這樣寫的,到了祖甲即位,忽然就一律加上一橫畫,寫作王,不寫太了。這卻是耐人尋思的一個問題。從各方面看,祖甲是殷代一個了不起的皇帝,他最富於革新的精神,改曆法,定祀典,在卜辭中都是彰彰可考的。據我看,祖甲知道這是國王專用的象形字,他覺着禿了頭不甚雅觀,所以加一畫代表冠冕,在他即位之初,便馬上下令實行了。

第二個例子,舉象形的奶字。

好像是郭沫若先生曾給我談過"乃"字的古篆,是"象奶子的形",我以前也注意到林義光先生文源中"孔""乳"兩字的新說,現在從麼些文裏,卻得到很好的例證了。本書人體類628有乳字:

乳也,畫乳出乳汁之形。

這裏要注意的是乳形只畫一個輪廓,更畫一乳頭及乳汁流出之形,以增強乳字的意義。我們再看漢文的孔字同乳字。林義光先生云:"孔,通也。古作孚,本義當為乳穴,引伸為凡穴之稱。(象乳形,子就之,以明乳有孔也。"又云:"以孔字義推之,乳本義當為人乳,象人撫子就乳形"。這種解說是很合理的。不過乳字有養育之義,不必就是人乳的本字。人乳應當是古象形的乃字。此字甲骨文作了,金文作了,上象臂膀,下象腹,中象人乳,皆以曲線示其輪廓,與麼些文乳字造法甚同。今謂稱乳為奶,加女旁,古但作乃。又關於乳,尚有一指事的母字,作𡜊,指示乳的所在。身有乳,就是作了母親了。一並比較於下。

母。女子有了乳已作母親了。　孔。孩子吃的乳是有孔穴的。　乳。當是撫子就乳之義。　乃。是乳的象形字，今作奶。

孔字的乚，已是奶形的輪廓了，乃之乚，正和孔字所從的奶形一樣，𠃌繪臂腋的輪廓，丿則是腹部的輪廓。由於麼些文的對證，一個不易索解的古乃字，竟可以說為健康女子曲線美的一段了。再看甲骨文的乃(菁一)，金文的乃(盂鼎)，乃(尗娶簋)，無不維妙維肖。好像有一位畫家要對著模特兒在那裏開始寫生了。

造字的心理是相同的，對象如果相同，造出來字就不會大異。譬如孕育的字，一是懷孩子，一是生孩子，這無論古今中外，都是一樣的。甲骨文的孕作[孕]，育作[育](即毓字，僧作后同後)，麼些文孕作[孕]529，育作[育]530，大致相同，只是甲骨文以人[人]，女[女]，表示婦人，以子[子]表示嬰兒，麼些文以[婦]表示婦人，以[子]表示嬰兒，習慣小異而已。

六，可以見造字印象之異。

同一的事物，因印象的不同，造字便會大異。例如雷電和光明，麼些文雷作由天上擊下，電作雲中閃光之形。光明本是抽象的字，有黑暗才能襯出光明，故用星光表示他。甲骨文的申字橫看象電光，雷卻用兩手掩耳的會意字。光同明，一個象人頭上頂著大炬，一象窗前的月光。比較如下：

麼些文　　　　甲骨文

雷電：[電] 電。110　[雷] 雷。21　[申] 申。原作𢆉，當橫看，即電字。　[雷] 雷。以兩手[掩]掩耳[耳]會意。

光明：[光] 光明。取黑夜之星光。44　[光] 光。象人跪頂火炬之形。　[明] [明] 明。囧，囧，曾象窗形，窗前有月，故以為明字。

好了，倉頡老聖人遇到了神童麥琛一經攀談，就擺了這一大套龍門陣，也可以休息了。

我很高興的為霖燦這本書寫一個序子。在我的老光眼鏡之下，從一個小小的觀點看去，已經是琳瑯滿目了。至於這本書在社會學、民族學、語言學等各方面的價值，自有專家們去估量，用不著我來介紹了。

最後，我希望霖燦繼續努力，把已編譯的經典、故事、音字、歌謠，統統發表出來，使我們御惠西南的這一支宗族麼些的文化，赤裸裸地表揚於世，同時完成他青年時代對于一種學問熱烈的興趣與偉大的志願。　董作賓。三十三年七月十日，寫于西川栗峯

自序

民國二十八年初夏，我爲國立藝術專科學校向雲南西北部作了一次邊地藝術的攷察，於六月間來到麗江，在這裡見到了很多的麼些象形文字經典，既是文字又是圖畫，使我發生了很大的興趣；心中想爲這種文字做一番研究的工作必定是很有意義的。在八月間我又返回昆明將考察的事向學校作個結束。又于十一月間同李晨嵐兄一齊來到麗江，先以賣畫所得維持生活，一面就努力的翻譯這種經典。這時候生活的費用，大半都是由李晨嵐兄來供給。

到二十九年三月間，教育部對麼些文字研究有補助費發來，先是每月五十元，後又增加爲八十元，那時邊地生活很低，得到這項補助，勉強可以夠用，比起一面籌劃生活、一面翻譯經典的時候，是好得多了。像這樣連續工作了兩年的樣子，可以說是研究麼些文的預備時期。經過了這一時期的準備，對麼些文字有了一個大概的認識，使以後的工作有了一個比較穩當的基礎。

在三十年七月間受到了國立中央博物院籌備處的聘任，要我收集這項經典，研究這種文字，並撥有調查工作的專款，於是調查工作正式展開，以兩年來學習的基礎，擬定計畫，分向麼些各地區旅行調查。

三十一年初由麗江向北渡過金沙江，來到中甸縣的北地，傳說麼些族的"多巴"教和"多巴"文字都發源於此。在這裡考察了兩個月之後，知道這一種傳說是不正確的。由於經典上本身上的記載，使我知道在北地之上這種文字還有它更悠遠的上游。就在這裡遇到了和才君，他原是來這個"多巴"教的聖地中學習經典的，現在願意隨着我幫我作調查工作。於是我們就依照着經典上的遷移路線，由北地向上追尋，經過金沙江N字大灣的北端，渡過了無量河的下游，尋到了寧蒗設治局屬的永寧土司地界中。

在永寧曾停了兩個月來調查這裡的母系社會及公田制度，又在美麗的瀘沽湖上意外的遇到了J.F.Rock博士，他對麼些族研究的時間很長，工力最深。他曾把他工作的成績拿來叫我細細的看，我很感謝他這番好意。

由永寧我們依照經典再向上溯麼些族遷徙的源流，便走入了木里土司的地界。在這裡我非常感激項大喇嘛扎巴松典，他幫助我到無量河邊的俄丫地方去攷察了一次，由於此遂使我對麼些族上游的情况大致明瞭.攷察完畢.於八月間返回麗江.在玉峯寺略作整理和休息.

九月間又出發向麼些族的下游魯甸維西一帶作調查.大致明瞭之後.又在阿時主中村和文質大"多巴"家住了八個多月.翻譯比較重要的經典.並把全部的經典都作了提要.

三十二年五月月尾又回到麗江.博物院令我回川作一次報告.九月間我同和才君帶着標本離開麗江.和才君後來成爲這本字典的發音人.我們由麗江指向東北.經過永寧鹽源西昌.彔山而入四川.于十一月到達李莊.四年來的旅行調查生活.至此告一段落.開始就研究學術非常方便的環境中從事整理和學習.

首先便是學習語音學.我在麗江時先後承方國瑜萬毅卿二先生來信指示音標.我非常感激他們.但我未曾學過語音學.學習起來非常困難.又不敢說沒有錯誤.由他們的啟示中使我知道最好是帶一位發音人同來.現在和才君來到李莊.于是這門久想學習的學問就可以開始學習了.多謝傅孟眞先生的允許.使我能到中央研究院歷史語言研究所的語言組內從張琨先生學習這門科學.先後約有三個月的時間.把從前在麗江所標的音全部改正一過.又另外記錄了二十多部經典的音.所以這本字典是由和才君發音.由張琨先生標音的.我應該在這裡對他們二位致謝.另外應該說明的是和才君爲麗江西北部魯甸阿時主下村人.所以這裡的發音亦是以魯甸地區爲標準的.

這一部份材料粗畧的整理了一下之後.李濟之先生叫我先把這部字典寫印出來.我於三十三年二月下旬開始自抄藥紙.交石印館印刷.四個月後寫印完畢.這是這一册書始末經過的大概.寫成了之後.自己感覺到有不少遺漏及不夠謹嚴的地方.頗意以此只當作一種暫定的稿本.藉此可以向各專家碩學請示教正.經各方指正之後.希望他日能寫出一本比較合乎理想的麼些字典。

這册書是由於許多先生們的扶助纔寫成的.謹於此向　滕茄渠先生.陳立夫先生.張道藩先生.李濟之先生.郭寶鈞先生.董作賓先生.沈從文先生.吳金鼎先生.曾昭燏先生.周鍾心先生.張慎修先生.項友蘭先生.和復初先生.楊麗生先生.和文質先生.李晨嵐先生.劉紹庭先生.以及麗江的各位父老.教育界的諸位先生　致我衷誠的謝意.

李霖燦　中華民國三十三年六月　四川南溪李莊.

麼些象形文字字典 引言

一、麼些族之概況
二、麼些族之文字
三、本字典之體例

一、麼些族之概況　在此一論題下又分作四部份：名称、歷史、地理及宗教。各部份所叙述者，又皆以與象形文字有關者爲限。

【名称】麼些人自称爲[na˩ ɕi˧]，譯音作拿喜、納喜、那西的都有。在他們的象形文字中寫作[illegible]或[illegible]，標音文字中寫作[illegible]。其第一音有黑字的意思，第二音意思爲人，合而有黑人之意。至何以以黑人爲名，其中含意迄今尚不完全知道。

我們称他們爲麼些，亦不知出何根據，最早見於唐樊綽之蠻書，称他們爲麼些，元史中又称之爲摩娑，其他如麼些、磨些、摩沙、越析、摩些等等，讀音都不相遠。至何以以此二音[mo˧ so˧]称呼這支民族，在他們的地域中巡行一遍後，仍然得不到解釋，只留下這麼一個傳說。據云当日有漢人行至麼些地域中，問此民族之稱謂，被問者不識漢語，遂以麼些語答之曰[mʌ˧ sɯ˧]，意爲不曉得，謂不懂其漢語也。此人誤會，以爲此即此支民族之称謂，由此二字，遂變爲今日之麼些[mo˧ so˧]。

這一個傳說可靠性不太大，不过一支人称呼另一支人，原也不一定要有什麼正確的大根據或理由，如西藏人称麼些人爲RgCl[*]，西番人称麼些人爲[ŋa˩ mi˥]，栗粟人称麼些人爲[ⁿa˩ sɐ˧ pʰa˩]，都也不一定有什麼特殊的理由在。因之漢人称其爲麼些，亦原無不可。唯各民族相互之間称謂極其複雜，似不如用他們的自称較爲簡便合理。在此原則下，不如直捷了當譯其名爲拿喜，所以當初此書原擬以拿喜象形文字字典爲名，但社會風尚約定俗成，今日麼些一詞流行較廣，麼些族有象形文字，知者較多，若忽而改用拿喜名称，因比較陌生，可能反不易明瞭，所以如今仍是以麼些象形文字字典爲名，不过仍把此中原由及個人贊成以拿喜称呼這支民族的意思，附帶說明在這裡。

[*] 此係在麗江習藏文時由格桑澤仁先生所告知者。

【歷史】　麼些人對於歷史不見得有很大的興趣,在那許多的經典中,未曾見有一册專意敘述本族之歷史系統,在祭祀中他們也只侍奉三個世代,子孫一代一代滋生下去,其祖先亦一代一代的抛遺下去,這在他們送渡死者的經典中有很清楚之敘述,所以想由家譜中尋找他們的世系亦很困難。

現在要攷記麼些人之世系,仍以木土司家的譜系較為完全,今以麗江東南蛇山上木氏歷代宗譜碑為主幹,參以兩種官譜及象形文字經典中之傳說記載,為麼些人立一歷史系統,在這裡特別注意其傳說神話之一部份,因此一部份見之於象形文字經典中,可以之作象形文字組織結構的例証,又因為這一部份為麼些人之人類原始,這一部份不解析清楚,以下的世系都無所從來,想以此為麼些史系還他一個完整的本來面目。

在宗譜碑及官譜的最前面都以下面各字句開始:

草古天能古,草俸地能俸,草羨古甫古,古甫古呂古,古呂氣呂古,
氣呂露呂古,露呂陸黙古,一黙海娘丁,海失海羨古　海羨剌羨古,
剌羨天羨古

這是麼些人人類原始之漢文譯音,內中又因為兩者音系不同,又于譯音中夾雜了幾個譯意之漢字,如天,地,氣,露,陸,一,如此一雜亂,遂使人更不易明瞭,其實這在象形文字經典寫作如此,依一册媒歌中所記者抄錄于下:並對照其形,声,意,列成表格,加以解釋。

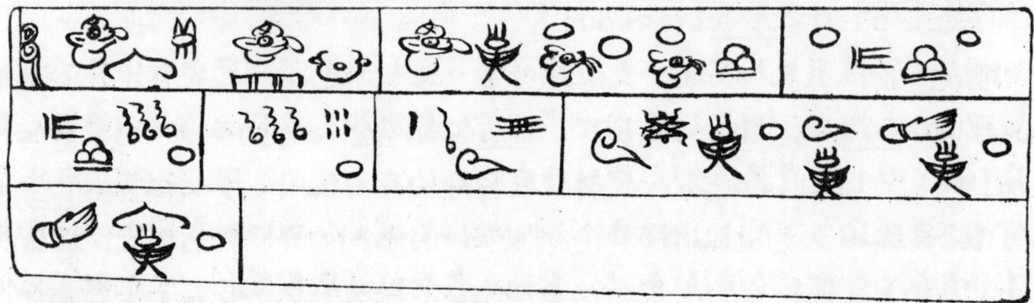

象形文			
原譯音	草古天能古,	草俸地能俸,	草羨古甫古、
音標	tsʻo˩ kɯ˧ mɯ˧ nɯ˧ kv˩,	tsʻo˩ bɯ˩ dy˩ nɯ˧ bɯ˩,	tsʻo˩ ze˧ gɯ˧ fɯ˧ gɯ˧,
釋意	人類胞蛋出生于天,	人類胞蛋轉化于地,	其體質尚混沌不分,

象形字
原譯音　古甫古呂古，　古呂氣呂古，　氣呂露呂古，
音標　gɯ˧ fɯ˩ gɯ˧ ʐɯ˩ gɯ˧，　gɯ˧ ʐɯ˩ sa˧ ʐɯ˩ gɯ˧，　sa˧ ʐɯ˩ ndʐɯ˧ ʐɯ˩ gɯ˧，
釋意　其體漸漸溫暖起來，　身体溫暖變成了氣　氣体变成了露珠，

象形字
原譯音　露呂陸點古，　一點海娘丁　海失海羨古
音標　ndʐɯ˧ ʐɯ˩ tʂʰua˧ tʰi˧ gɯ˧，　dɯ˧ tʰi˧ hɯ˧ na˩ ndʐɿ˧　hɯ˧ ʂɯ˩ hɯ˧ zɛ˧ gɯ˧
釋意　露珠結成了六點，　一滴落入了海中　海失海羨出現了，

象形字
原譯音　海羨剌羨古，　剌羨天羨古，
音標　hɯ˧ zɛ˧ la˧ zɛ˧ gɯ˧，　la˧ zɛ˧ mɯ˧ zɛ˧ gɯ˧，
釋意　海羨剌羨出現了，　剌羨謀(天)羨出現了

註一、象形文經典原文見前，原爲散乱自由之速記式，在解釋中都爲之逐音記滿，以便与原譯音及音標对照，且可參見原經典之結構特質。

註二、原譯音中天、地、氣、露、陸、一各字爲意譯，因此數字漢文無適當之对音，可用，也最後一句剌羨天羨，天仍讀 mɯ˧ 音，与天之意亦無關涉，各專名称之音，漢音甚不準確，不如直用音標爲佳。

以上一小段，爲麼些人經文中記載的人類原始，以下便爲人遠古世系，与上一段銜接，亦有象形文經典可參証，爲簡明計，不再抄錄，依本氏歷代宗譜碑爲列一長系如下，譜音相差者，以旁附之音標爲準。

【麼些人之歷史系統】

天羨從從 [mɯ˧ zɛ˧ tsʰɯ˩ tsʰɯ˩]　(接上一段，至此一代確知其爲人)

從從從羊 [tsʰɯ˧ tsʰɯ˩ tsʰɯ˧ io˩]　羊爲一譯意字。

從羊從交 [tsʻɯ˧ lo˩ tsʻɯ˧ tɕo˩]

從交交羨 [tsʻɯ˧ tɕo˩ tɕo˩ zɛ˧]

交羨比羨 [tɕo˩ zɛ˧ dzi˧ zɛ˧]

比羨草羨 [dzi˧ zɛ˧ tsʻo˩ zɛ˧]

草羨里爲爲 [tsʻo˩ zɛ˧ ɣɯ˥ ɯ˧ ɯ˧] 此代有大洪水,生三子,

(長子古宗 ← 中子麼些 → 三子民家)

↓

里爲糯于 [ɯ˧ hɯ˩ no˥]

糯于伴普 [no˥ bɛ˩ pʻɯ˧] 或寫作糯于南伴普.

伴普于 [bɛ˩ pʻɯ˧ wa˩]

于哥來 [wa˩ ka˧ lɛ˩]

哥來秋 [ka˧ lɛ˩ tsʻɣ˥] 生四子分買、何、宋、葉——四支 [mɛ˩, ho˩, sɣ˥, ʑʌ˩,]

買(長子) 何(次子) 宋(三子) 葉(四子)

十七傳

葉古年 (唐高祖武德)

六傳

秋陽 (唐高宗上元)

陽音都谷 (唐玄宗天寶)

都谷剌具

剌具普蒙 (唐德宗貞元)

普蒙普王

普王剌完

剌完西內 (唐憲宗元和)

西內西可 (唐文宗太和)

西可剌土 (唐懿宗咸通)

剌上俄均 （唐昭宗天復）
俄均牟具
牟具牟西 （宋真宗）
牟西牟磋 （宋仁宗至和）
牟磋牟樂 （宋徽宗政和）
牟樂牟保
牟保阿琮 制本方文字 或作麥琮。
阿琮阿良 （宋理宗寶祐）
阿良阿胡 （元世祖至元）
阿胡阿烈 （元順帝至元）
阿烈阿甲 （元順帝至正）
阿甲阿德(得) 木得 （明太祖洪武） 欽賜木姓
阿得阿初 木初
阿初阿土 木土 （明成祖永樂）
阿土阿地 木森 （明宣宗宣德）
阿地阿寺 木嶔 （明英宗正統） 或称阿地阿習
阿寺阿牙 木泰 （明憲宗成化） 或称阿習阿牙
不学識先祖(麥琮)所制本方文字。
阿牙阿秋 木定 （明孝宗弘治）
阿秋阿公 木公 （明世宗嘉靖）
阿公阿目 木高
阿目阿都 木東 （明穆宗隆慶）
阿都阿勝 木旺 （明神宗萬曆）
阿勝阿宅 木青
阿宅阿寺 木增 （明神宗萬曆至熹宗天啟）
阿寺阿春 木懿 （明思宗崇禎）

阿春阿俗　木靖（清聖祖康熙）改依木氏官譜
阿俗阿胃　木堯
阿胃阿揮　木興
阿揮阿住　木鍾　清世宗雍正年間改土歸流。

以上所列之世系，由人類原始起源開始，一直到清初改土歸流爲止，中間世系大致都相銜接，這大概由于他們是父子联名，所以錯誤較少，内中尚有若干小問題在，如洪水以前之世代，以及葉古年前後世系之空隙等等，因爲都太瑣細，不容於此詳述，遂從畧。在這一列世系中，大約可分爲傳說時代及歷史時代，可以哥來秋爲一界標，在他以前，上溯至洪水及人類原始，大多是傳說神話，麼些人对歷史雖不見有很大典趣，但保存神話傳說之能力却不弱，象形文字经典中関於這一部份的記載很多，儼然成一完整系統，因其與文字经典関係較多，故于此一部份叙述較詳，使從前以葉古年時代爲麼些世系開始之系統，向上再延伸若干世代，直与傳說時代緊相銜接，哥來秋生有四子，成爲今日買何束葉麼些人之四大分支，以及木氏爲第四子葉系之後裔，由地理，经典，世系，祭祀各方面觀察，皆知其無誤。故哥來秋成爲傳說及歷史分界人物，实最恰當。哥來秋以下爲歷史時代，各附以朝代年號，有関於文字之記載，特表而出之，以供印證。

【地理】 麼些人之地理分佈，現在多在雲南西北一帶，以麗江縣及寧蒗設治局屬之永寧爲两大中心，木里土司境之無量河流域，現屬西康之鹽源一帶，以及中甸縣之東南三壩各村，維西及所屬葉枝各処，皆有麼些人之居住。其所分佈之地域，約當東經九十九度至一百零二度，及北緯二十六度半至二十八度半之間。

由研究其文字演变之觀点着眼，麼些人之地域可作如是之劃分，即有文字之地域与無文字之地域，大約由永寧以東，金沙江外，無量河以東，直至鴉礱江一帶，都是無麼些文字之地區，無量河之下游，南向中甸縣之東南角，經金沙江入麗江縣，又西北折向維西，此一帶爲有麼些文字之地區，簡言之，永寧以東無文字，有文字之地區皆在永寧之西南。

麼些文字有形字及音字两種，亦呈一種顯着的地區分佈，即在金沙江之北岸，全無音字之存在，直至麗江附近，方見此種標音文字，自此之下，經南山指向西北，在魯甸，維西一帶皆有此種音字發現且与形字成一種摻雜混合之現象。
麼些人之地理分佈大致如此其迁徙之經過依一冊祭祖之象形文經典
記載經半年多之实地尋訪已確知其路線詳情為簡便計作一略圖如下。

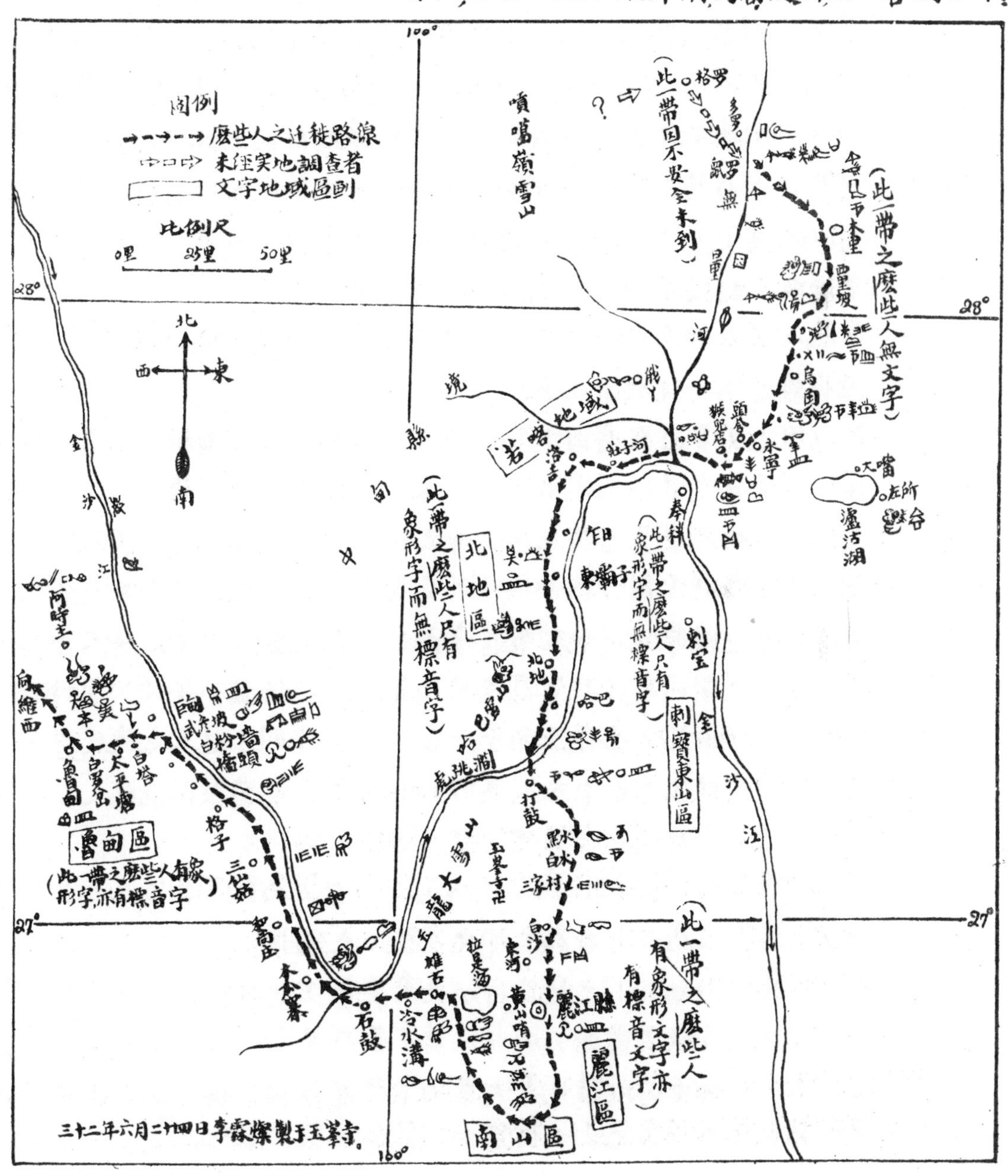

此圖係依祭祖經典中祖先遷移路線製成，象形文字寫作　　　　，用漢語称之爲起祖，本圖所依據者係魯甸白羅寗一家之記錄，原爲象形文字寫成之經典，故若干地名都附有象形文字在旁，以作印証，唯限于篇幅，自不能於此詳細陳述，只以此圖略示麽些族遷徙之經過，以作下文討論其文字各問題之依據，故麽些文字之地域區劃，亦附入此一圖中，且可依據此圖，略見麽些地理分佈之大概，至其詳細遷徙之經過，另有"麽些族遷徙路線之尋訪"一文，詳細報告此事。

【宗教】麽些文字與其宗教有不可分之関係，若無此種宗教，可能竟無此種文字，今日雖有以此種文字作通訊等其他用途者，然爲數極少，主要部份仍在于千餘册之經典中，故未論文字之先，不能不將其宗教畧作介绍。

在此所說之宗教，指所謂之"多巴教"，亦有称之爲"麽些教"者，因麽些人大多信奉此種教義。實爲一種原始之巫教。

所以称之爲"多巴教"者，因主持此教之巫師名曰"多巴"，正確之發音爲[to˧ mba˩]，漢文譯音有作"多巴"，有作"東巴"，都不能十分正確，因漢文無法譯出複輔音mba˩之原故，在此只以"多巴"作此種巫師之名称，暫不論其譯音之正確與否。

"多巴"在經典中称爲[py˧ mbɯ˩]，此蓋"多巴"之古称也。由經典中之各方面觀察，覺"多巴"在麽些社會中之地位實甚複雜，在宗教的觀点上，他是神人中間之媒介，位置在神鬼之間，比鬼怪位置高，而且比龍王　位置亦高，僅次于神而已。故在字典第十七類中將"多巴""龍王"列于一處，且將"多巴"列于龍王之先。麽些人心目中之龍王，爲山川林木野獸之主人，其性極愛清潔，不喜見血，旣能福人，亦能害人，其位置在"多巴"之下，與漢人心目中之龍王微有不同。

至"多巴"在社會上之地位，爲老師，爲先生，爲參謀，爲顧問，爲軍師，爲相礼者，爲招待員，爲陰陽先生，爲占卜者，爲巫師，爲宗教上之領袖。

觀"多巴"或[py˧ mbɯ˩]之地位，可知其重要，故上起神佛，中及人類，下逮龍王鬼怪，旁及日月星辰風雲雷虹，天地五方，莫不各有其"多巴"，在經典中形成極特殊之位置，在第十七類中可以窺見其大畧，然"多巴""鬼怪""龍王""神佛"之專名，在經典中收不勝收，見于此者，僅常見之一部份，尚不敢云爲其全豹也。

時至今日,麼些人大多還信奉這種多巴教,但多巴之地位,却只是單純的巫師,全沒有上述之神秘及複雜,而且多半是一種副業性質,平常作事耕田,有事時爲人占卜打卦,有喜事時爲人祝福,有喪事時爲人開喪超渡,有疾病時爲人跳神驅鬼,有節氣時爲人祭祖先退口舌……完全是一個正正徑徑的巫師。

旣然是巫師,便需要有經咒,經咒記錄下來便成了經典,要想記錄便需要記錄之工具文字,遂由此發生,麼些多巴作法使用之經典有千餘冊,幾乎全是以一種獨立發展之象形文字寫成,亦有一小部份使用一種標音文字,於是麼些族之文字遂成一個研究的題目。

二、麼些族之文字　在這一條論題之下又分作三分:一論形字及音字,一論形字,一論音字。

【論形字及音字】　在這一分論之下,專論形字與音字之區分,先後,時間,地點及其演變。

甲 形字與音字之區分　麼些人現有之文字,分作形字及音字兩種,形字即象形文字,或称爲象形字,在麼些象形文字中寫作　或　,讀作:「SA1 tɕA7 IUH tɕA7」乃木字石字之意,指其象木石之形作木石之字,與象形字含義完全相同,音字即標音文字,或稱爲標音字,用音字寫之作"　",乃麼些人称呼此種文字之名,讀曰[gA1 baɹ]。

此兩種文字之區分,由象形文字之　及音字之'　'相比較,可以想見其面貌不同之大概,其主要之區分点,在於形字是有意于表現摹畫某一種事物,音字則全是一種符號,只以之表示某一個固定的音讀,與事物之形狀沒有關涉,原則是如此,但有時區分起來亦不都是十分容易,如下面各字,若不經過各文字地域之攷察及字源彙集之比較,他実在不像是形字,反而更多近似于音字,同樣音字之　,　各字,亦很像是形字,不過這都是少數特殊的例,大体上以像畫的爲形字,像符號的爲音字,這原則在區分此兩種文字普通情況下是可用的。

乙 形字與音字之先後　麼些文旣有形字及音字兩種,于是二者之先後遂成問題,據實地攷察之结果,形字實早於音字。

此理由亦甚簡單,只須依上兩面上所畫之地圖,一觀察此兩種文字之地域分佈便可明瞭,由実地攷察之記錄,在金沙江之北岸,無論北地一帶及若喀地區,皆只有象形字而無標音字，向南渡过金沙江後，如刺寶東山區一帶，尚仍不見音字之出現，直至麗江區之附近，方見有此種音字，然亦只見於夾雜在形字經典中使用。至南山區，遂有以音字寫成之經典。再折向西北至魯甸一帶，形字与音字便有混合組用之現象。由以上各項觀察，証以麼些族迁徙之路線，覺音字之發展，極明顯而自然。故音字晚于形字之理由，只須一觀察此兩種文字之地區分佈，再証之以迁徙路線之順序，便可不争而决。

音字晚于形字之理由，在音字之本身，亦可找到直接之証明。因有若干音字，分明由形字簡化而成。如 ⊕ 字之 ⊙，[illegible] 字之 [illegible]，[illegible] 字之 [illegible]，[illegible] 字之 [illegible]，[illegible] 字之 [illegible]，[illegible] 字之 [illegible]，[illegible] 字之 [illegible]，[illegible] 之 [illegible]，[illegible] 字之 [illegible]，[illegible] 字之 [illegible]，[illegible] 字之 X……凡此一類之字，只須以前面之形字与後面之音字一相对照，則音字由形字脫化而來之痕跡，至爲顯明。由音字之形狀，反証音字之本身，亦知其晚于形字無疑。

其他可旁証音字晚于形字之例證事实更多。形字爲獨立發展一文字系统，与漢字全無関涉，而音字中与漢文相関涉者則甚多。用音者如上，下，止，阿，合，退，保……之類，其讀音皆与漢文原音不遠。用意者如以犬作[kʰɯ˥]，即麼些人之狗也；以写爲[pɯ˥]，即麼些人之寫也。其他如以氵爲水[dzɿ˥]，乃水之偏旁氵也；以[illegible]爲黑，乃黑字之上半部也；以[illegible]爲天[mɯ˥]，乃天字之下半部也；[illegible]爲牛，[illegible]爲馬，皆增減漢文字劃而作麼些音字使用。其例尤極众多，不容于此詳述，另有專文詳論此事，則可見所謂之麼些音字者，一大半皆由漢字淵源而來。依漢化程度之深淺，旁証其時代之早晚，則音字仍必晚于形字也。

且文字之進化程序，多爲由形字而趨向音字。由文字之结構上，觀麼些人之兩種文字，形字爲散漫之速記式，一段共有十字，形字之經典只記四字五字，便休讀時由多巴任意補充，故每每有不少之出入。音字則逐字排列，成完整之字句，較形字經典之組織，有劃時代之進步。受漢文之影響而生此進步，在麼些人迁徙之下游部份，則爲較原始圖画文字更爲晚近之一種文字也明矣。

以上所論，由地理之分佈上，文字之脫化上，漢化之痕跡上，文字之組織上，皆可使吾人相信形字实早於音字。

丙形字与音字發生之時間及地點　關于此兩種文字發生之確切時代迄今尚不知道在麼些人的歷史系統中只有兩處說到文字一是麥琮的且制本方文字一是木泰的不学而識先祖所制本方文字一在宋理宗左近一在明成化年間而且都沒有說明是那一種文字不过我們可以假定它是形字因爲音字之年代極晚不至於早到明成化年間而且由不学而識先祖所制本方文字之語意推測這多半是指形字因爲形字應物寫形容易不学而識今日在麼些地域近似此種之現象尚仍有發現因形字近乎圖画天資聰穎者生此種環境中少一用心實不難一覽之下便識字義以今証古知此事極有可能且時及明代木氏譜系已入確可徵信之階段故此段所記其確實性可無問題至少我們可以確定在明成化年間時麗江一帶之麼些民族已早有象形文字之存在

形字不能晚过明代但最早可能到什麼時代呢這問題到現在尚無法知道木氏譜系上說麥琮且制本方文字其時代在宋理宗左近不過麥琮本人之記載像是神話式之人物我們不能就相信而且我們由文字之演变上看這一種文字不是一手一足所造成此說有若干不可信處不如由他文字之本身中去找線索由象形文字之本身上看這種文字与漢文全沒联繫却与藏文關係不淺藏文之ཏ་ཁ་ཅ་ཚ་各字很早便混入形字之中因爲有兩個極重要之神祇[illegible](2015號字)[illegible](2014號字)都是由藏文变來這兩位大神極其重要即在散漫記音之形字経典中亦絕对不可以省畧故此二字必与形字経典同居一時代中若此原則可以成立由藏文之年代可以假定說麼些形字経典之時代不能早过唐

由于以上之論證我們暫時只敢說麼些形字之年代最早當不能过唐最晚亦在明成化之前由明至唐中間有極大之空隙這裡面只有麥琮在宋理宗左近創製本方文字的一点線索雖与我們的假設不相衝突但旁証不足我們尚不能就加以相信

至于形字發生之地点問題吾人所知者畧較年代問題爲多因歷史一往不

容攀追，而地面遺留終有痕跡也。由文字地區之分佈，証以民族迁徙之路線，吾人可以假定麼些象形文字之發生地点，可能即在無量河流域一帶。因麼些人分有文字者與無文字者兩大支派，由前圖上可以見到，這兩派之界線，可以由木里向南直至永寧，在這界線以東，永寧鹽源至西昌一帶之麼些人都無文字，永寧以西北地洛吉俄丫沿無量河下游一帶都有象形文字，漸沿無量河上溯，文字數漸少，終亦變成無文字之情況。反之由俄丫洛吉下行至北地一帶，文字數量漸行漸多，由北地而麗江而魯甸，文字數量亦是漸行漸增。此種現象正如江河水量，都是漸向下游，水量愈大，知其下游之流向，不難逆溯追尋得其發源之處。文字源流亦復如是，吾人由文字經典之數量，向上推溯至無量河一帶，文字經典漸行漸少，近歸于無，于是遂得知形字之創製使用，必在此附近矣。因若再上溯將與無文字之麼些支系會合，若早此即有文字，則無文字支系麼些人中巫師具在，不应忽然遺失此份文化遺產，觀永寧口誦之經咒與北地麗江有文字記載之經咒辭句大半全同，趕祖路線亦同趨一致方向，則可知非由于永寧巫師之遺忘，只是沿無量河下來之一系多巴，在隔離之迁徙中獨自產生出此種文字而已。此一支人挾其文字由無量河而南，沿金沙江經中甸而向麗江，江山阻隔，不再與永寧一帶之麼些人發生联絡，遂成為今日自木里以下，東支之麼些無文字，西支之麼些有文字之現象。証之以各処祖先迁徙路線，或由文字記載，或由巫師背誦，皆與此論斷相合。

由象形文字之本身，亦處處可以証明此項論斷之不誤，試以南北二字作一例証，北字在象形文字中寫，乃水頭之意，南字寫作，乃水尾之意，合南北二字適成麼些文之水，可知南北二字係由水流之方向而產生，因而可推及當日初創此種文字時，必在一大河之附近，此河水之流向又須為自北向南，凡此各項條件，麼些人分佈之區域中，唯無量河完全具備，金沙江在北地一帶其流向為由南向北，在麗江則環成河套形狀，更不能以作方向之標準，其他地域雖有自北向南流之江河，却又無文字，故此水实捨無量河而莫屬，因而由象形文之本身，亦可証明其發生地点，當在無量河之附近無疑。

其他由經典中之地名，四周民族之分佈等等，皆可旁証此項假設之正確，故吾人可以相信麼些族象形文字發生之地点，當在今日之無量河下游一帶。

關於音字發生之確切時間，今亦尚在猜測中，然觀其漢字影响之深，字形之雜乱而不统一，識之者之少，使用地域之狭，在在都表示此種文字方草創不久。據云當日多巴甚受当地文人之譏笑，称其所用之象形文字爲牛頭馬面，于是多巴因不勝譏誚，遂改創此一種符號式之文字，以之標音而不以象形。此說大致可信，因今日麗江一帶之讀書人，猶以牛頭馬面譏誚卑視多巴之象形文字，不知所謂之漢字，亦係由牛頭馬面演变而來。曾記对一年老多巴述及此事，彼竟喜極涕零，逢人便說：“你們听到了沒有，我們的多巴字叫做象形文字，不是牛頭馬面。”由此可見他們久已飽受這種譏誚。

若音字發生之主要原因在此，則音字之發生當在改土歸流之後，因木土司当日亦用愚民政策，不使百姓家讀漢書，麗江文風之振，當在雍正年間之後，此時改有功名之文人漸行增多，遂对当地土著之巫師施以文化壓力，此種趨势，在今日麗江一帶讀書人中間，很清楚的仍然存在。

至音字寫成經典，則只是近數十年間之事，迄今且亦不过三、五册，作者之姓名都可推知，大多出于巨甸屬巴甸地方大多巴和文裕之手，此人实爲一極了不起之多巴，彼曾發現經典中之祖先迁徙路線爲一实在路線，而發願前往追尋，依經典中之地名逆溯，彼竟由麗江直溯至無量河一帶，歸來後在南山一帶以音字寫經，因彼原考取有小功名，竟爲当日文人以“牛頭馬面”等辞排擠革去，故彼不勝其憤，遂肆力于音字之創作，今日南山一帶之多巴，類多能道其事，故音字之成書，只在近數十年之内，約當清代末年及民國初年之間，依此推斷音字之發生，不致早過清代，大約可以無誤。

音字發生之地点，由前圖上已知其發生在麗江附近，發展于南山，隨麼些人之迁徙而流向魯甸一帶，皆居麼些人迁徙之下游。

丁、麼些文字之演变　在麼些各地區巡行一遍以後，就其文字地域之分佈及宗教、民俗各項攷察，覺麼些文字之演变很清楚的有線索可尋，今依次叙述於下，並附一演变之圖表以清眉目。

大約当初麼些族由其原祖地迁徙下來時，在語言中帶來不少口誦之經咒，理由是到現在还有不少之经咒，未用文字寫出，而只由多巴口授背誦。

當迁徙到木里一帶時，麼些人分作两支。

一支由木里经前所而向永寧，這一支麼些人未發生文字，其分佈區域，向東直至鹽源西昌一帶，迄今尚未向南渡过金沙江，現以永寧爲中心，其巫師口誦之经咒与象形文经典中所記録者相同，雖不能無小出入，但不妨碍大体，可知此两支人分離尚不太久，曾記在左所令一巫師背誦洪水前人類世系，前表所列爲六代者，便只剩有四代，由此可見此種不完全之文字亦確有其不少之功用也。此一大支中有極少數人零星渡过金沙江散佈在沿江一帶，因受当地象形文字之影响，亦以文字記録其傳説，餘間因簡繁有異，自成爲一小支派，名曰北寒派[buɪ˧hæɪ]在象形文字中寫作 ～ ❀，迄今其經典不过二三十册，是爲麼些象形文字經典之外支。

另一支麼些人由木里永寧之西向北地过金沙江而至麗江，此一支在無量河下游一帶發生文字，至北地一帶更發揚光大，遂成爲麼些文字之正宗，至麗江一帶時，其经典已達千數之多，是爲北地派。

在北地，無量河下游若喀地域一帶所發生之文字皆爲象形文字，及至麗江一帶，又發生標音文字一種，此種標音文字内容極爲複雜，大部份係受漢文之影响，用漢文之音，用漢文之意，及割用漢字之一部份，各項例証甚多，佔音字之主要部份，此外又簡化若干形字，且時而乱用藏文之讀音符號，如此雜凑成章，成爲一種新字體，以固定之符號作固定之音讀，与象形文字並列而爲麼些字体之一，時至今日，仍在孳乳中。

麼些象形文字经典之組織爲散漫之速記形式，不能依字而讀成完整之文句，至音字有经典出，逐音記録，爲麼些经典作一劃時代之進步，惜此種经典过少，字不如象形文易識易記，各自創造又不统一，故迄今尚不發達，識此種文字，用此種文字之多巴甚少，遠不能与象形文字相比。

由麗江以下，形字与音字平行折向西北方向，至魯甸時，形字与音字已有一小部份混合組用,成一種結合字体,如(1444號字)(1617號字)之類.此外形字又自相切音成一種新字体.見字典中第十四類中所記.

依上述之程序,爲麼些文字列一演進圖表.

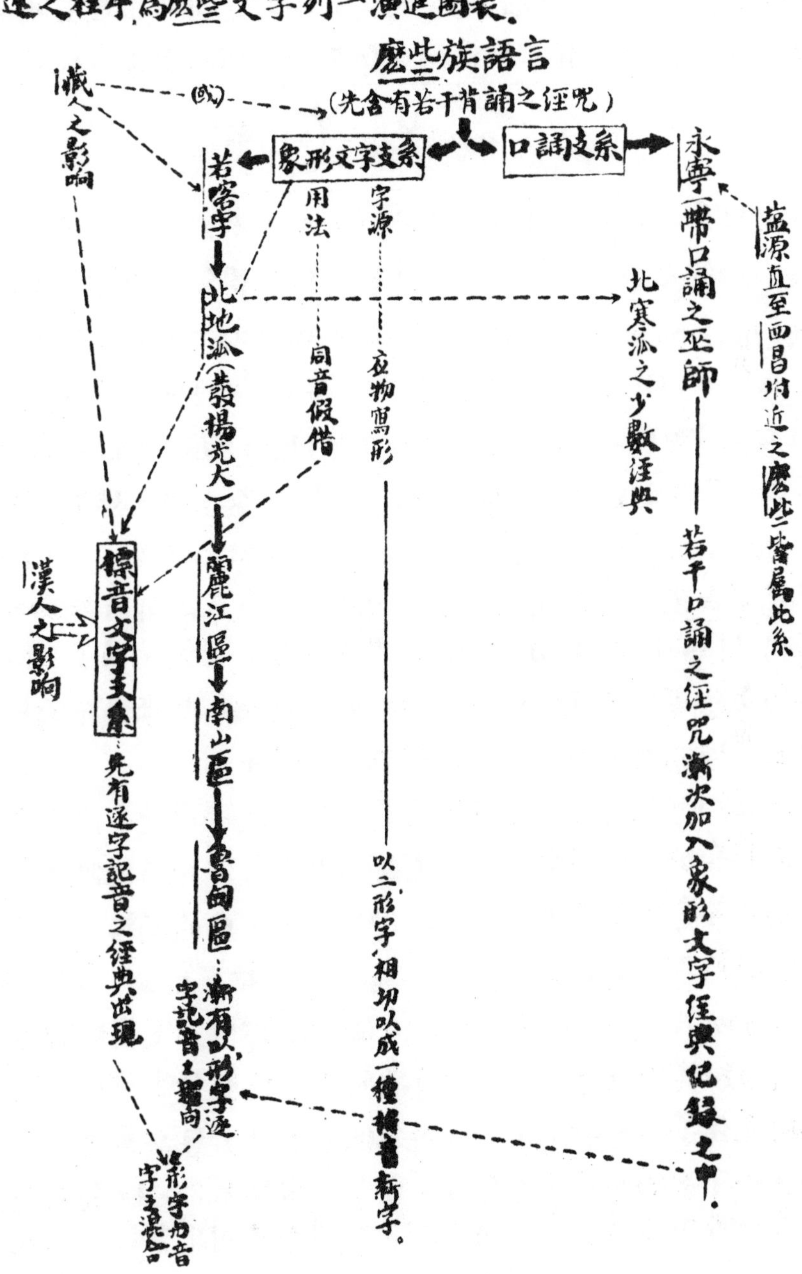

【論形字】在此一論題下又列爲四分，一論形字與圖画，一論形字之字形变化，一論形字之同音假借，一論形字之經典特質。

甲論形字與圖画 麼些象形文字既是文字，又是圖画，正在由圖画变向文字的過程中，因之在形字經典中有不少的圖画存在，如下圖所示者，乃人類的來歷經典中之一段

這可以說是一幅連環圖画，內容是叙述大洪水後人類的始祖 tsʻo˩ zɛ˧ ɣɯ˥ ɯ˧ 他上天去找天女 tsʻɛ˥ hɯ˩ mbo˧ bʌ˩ 的故事，全部讀音應爲：

[tʂʻɛ˥ hɯ˩ mbo˧ bʌ˩ mi˥, dʑi˧ da˩ nɛ˩ ku˧ mæ˥, tʻo˧ ɣɯ˩ ndʑi˩ lɛ˧ kʻwa˩ ku˧ lɛ˧ ha˥ tsʻɯ˩; tsʻo˩ zɛ˧ ɣɯ˥ ɯ˧ zo˧, kʻæ˥ pɯ˩ ɣɯ˧ sɯ˧ po˥, kʻæ˥ bɯ˧ sɯ˥ ɣʌɣ˥ ɣʌɣ˧, kæ˧ lɛ˧ kʻæ˥ mʌ˧ kɯ˥, tsʻɛ˥ hɯ˩ mbo˧ bʌ˩ mi˥, kʻo˧ nɯ˧ kʻæ˥ da˩ kʻæ˥ da˩ ʂʌ˥, tsʻɛ˩ ŋgu˧ tʂʻo˩ lɛ˧ io˩, tsʻo˩ zɛ˧ ɣɯ˥ ɯ˧ zo˧, la˩ mɯ˥ tʻɯ˧ ɳʌ˩ tɣ˧, ɣɯ˧ sɯ˧ kʻæ˥ lɛ˧ hʌ˩, tʻo˧ ɣɯ˩ pa˥ ɣwa˧ ku˧ ɳʌ˩ ɣʌɣ˧]。

意思是翠海波波[tsʻɛ˥ hɯ˩ mbo˧ bʌ˧]她在織布的那時候，斑鳩飛來歇在籬笆上，錯若利恩[tsʻo˩ zɛ˧ ɣɯ˥ ɯ˧]他帶來了弓箭，想射的瞄了三瞄，先前還不會射(射不好的意思)翠海波波她口中說射呀射呀，趕快拿起來織布的梭子，向錯若利恩他手肘上一撞，箭就射出去了，正打在斑鳩的膝子上。

在這裡我們可以看出若說這是文字，不如說是揷圖更多得作者本意，麼些象形文字還在書畫不分的过程中，所以這種揷圖也常有出現，在他們本身原是意與所至信手寫來，而且常是故事最生動的一部份，但对于字典的編輯上却是一個难題，在這裡我們只分開解釋他每個單位，如　，　，　，　，　，　，　，這些單字在字典中都可以找到，但我們沒有好的办法以解釋他千变萬化的揷圖，所以在此舉一作例，可以推知其他。理想的办法只有將所有的經典全部譯出，或將其揷圖另作一部份詳細研究，在字典之中這部份材料容納不下，且亦無此需要。

除了這些有意的圖画外，還有若干單字也常拿來作圖画符號用，如經咒的中間忽然加進去一個板鈴‖　‖一個法螺‖　‖意思到此当打一下板鈴，吹一下法螺，在這

裡都是圖號而不是文字因爲它與画的関係多,而與音的関係少。
再如供神的時候,亦常画一男一女跪拜之形 ,意思是誦経至此,主人家夫婦當跪拜求神,在這裡亦不讀音而作一種圖號用。
此外在許多法儀規範 的書上,大多是巫師作法次序之圖形,如各種麵偶之形状,各種木牌之画法,這更完全是圖画而不是文字。
在許多経典的開卷的第一頁上,两边常有圖画,這可能是对経典的裝飾,但常能幫助我們对字源之瞭解,如金银珠寶之類,在這裡都維妙維肖描画出來,使我們知道圖画與文字之関联,其画多巴之服裝及各種神人之形狀,都有助于我們对経典,文字及民俗各方面之研究。
由以上所述,可知麼些象形文字與圖画之関係,因其正在由圖画变向文字之过程中,故其文字中時有圖画之出現,成一種奇特複雜之混合現象,書畫同源,在這裡得到良好証明,是爲麼些形字特點之一。

乙 論形字之字形变化　形字既與圖画有密切的関係,所以他字形的变化亦有極大的自由活動性,每個字的形体出入,在字典中都各附于本字之下,在這裡所要說的爲有概括性的各種字形变化,即所有之形字都常時有的变化,分作自身变化及附加变化两類陳述于下:

子 自身变化

I 傾斜　如 爲天, 即变爲斜天, 爲地, 即变爲斜地,云鬼之地方開作斜天斜地也,見 之経典中,又如 爲竪眼天女, 爲橫眼天女,全以眼睛本身之橫直爲準,見于人類的來歷経典中。

II 倒置　倒置常含有否定之意思,此種变化見于全部動物中,各種鳥獸都有倒置之形狀出現,示其死也,又常不点其睛,因動物一死不再轉動其睛,麼些人好行獵,又好畜牧,故对動物之觀察頗詳细精到也,如 爲活鹿, 則变爲死鹿, 爲活鷹,倒置之 則即变爲死鷹,凡屬動物,尽同此例。
此外如 常作出現解,倒置之 ,則作不出現或未出現,亦含有否定之意在内也。

〣斷折 如 爲刀，亦寫作 ，改作刀折斷之意，用其他如矛折，三角叉折 皆只須將原物画一斷折之形便可，武器類中之一大部份以及可以折斷之事物，皆同此例，如 爲鬼， 便可作鬼骨頭折斷解。

〤開裂 有時將一單字分裂開而作新義，如 本爲神山，因經典中之需要，或寫爲 便作神山開裂之意，用其他如木，石，崖，山……凡可開裂之物，只須經典需要，便可依此例創製新字。

〥削減 如 爲神山， 便成神山之腰，再加削減 便爲神山之脚，凡可削減之物，皆同此例，其他如將動物全身減爲頭部，或死而減去其睛，則爲削減中之若干特例。

〦延伸 如 爲水尾，寫作 故意延伸其尾部，則變爲水尾長遠之意，又如画一鬼，故意延伸其脚，則變爲長脚之鬼，延伸其頸則成爲長頸之鬼，見字典中第1849及1851號字之解釋，其他如長手之鬼……等等，皆可依此例延伸其字形而得。

〧扭轉 此種變化常表示驚抖，如 爲人，扭轉其身 便成爲人驚抖， 爲鬼，扭轉其身 便成鬼驚抖之意，依此可類推其他。

丑附加变化

1.點 單体形字可因加点而改变其含意，歸納之可分爲表示众多，表示繁殖，表示雜色三種作用。

表示众多 如 爲天上星滿， 爲地上草滿， 爲山上樹滿， 爲溝中水滿， 爲人多， 爲鬼多之類。

表示繁殖 如 之人口繁旺，即以点点表示繁殖。

表示雜色 如 爲花斑雜色之鳥， 爲雜色之蛋， 爲雜色之石， 爲雜色石神，等等，皆以此種細碎之点，表示花斑之色。

大致在此三種作用中，亦自有可區分之界線，大約点点在字体之外者，多表示众多或繁殖，因此二者有相同意，若点点在字体之內，則多表雜色。

其他如 灰字之点， 沙字之点， 糠或沙字之点等，因已詳見字典，不再具論。

II 線　形字常因需要而附加各種動線其用法有似漫画之風格，可分爲單線，交互線及閃折線各種分陳於下。

單線　有指示動向，方位及表示關係各種作用。

如 ╱ 爲上去，╲ 爲下來，  爲山腰以及  爲保佑，  爲圍繞，  爲鬼偷拘魂魄，  爲口出声音之類。

交互線　如  中間之曲折交互線表示商量討論一切事物凡需要時皆可如法使用此種符號，如上圖爲老熊与獐子商量，其他如人与神有生物，甚至于無生物，在此種神話式之經典中，無不可有此種商量之動作也。

若交互線爲直線之交叉，每代表争执或争鬥，如  爲龍王和人類有所争执，若以兵器相交則表示殺伐，此例因需要可推及一切事物之上。

其他如  及  之交互線，則表示二者中間有牽联交互之關係存在。

III 色　形字中之黑色，有極廣泛之用途，凡一切事物之上，無不可以增加此一符號，其方法有二，一爲之加一黑点，一爲之全体塗黑，如  黑山，  爲黑犂板之類。其他皆可類推。

又紅字亦有此種性能，如  爲牛，  即爲红牛，再爲之增加虎纹則成爲虎纹紅牛，寫作  。其他红虫 ，红山 ，红崖  無不可以如法泡製。

X 放大　此種例子尤多，經典中因此成一種稚拙奇幻之興觀，或伸一大手，或出一大脚，或伸一大拇指……等等，大約都是表示此等部份有所動作之意，如  多巴忽伸一大脚，示將走動或压鬼也，  爲求占卜經記中一有趣之圖画，画一女神生一大手掩口之形，全文意爲據說這位女神是不作興張口大笑的，也禁不住以手掩口笑了起來——今日世上女人們都是拿手掩住口來笑，其來歷即出在此地，在這裡手是一個重要關節，所以在圖中特别放大。

由以上自身变化及附加变化兩類看來，使我們知道麼些文的形字因爲和圖画有極密切之關係,所以字形变化亦正如圖画一樣極其自由,意與所至,信手画來,自然是千变萬化,实不易在以上所述之若干條例中包括無遺,大約見于此者,多爲常見慣用之一部份,过于瑣细者,暫付闕如,因此一段之主要意思,在使人知道形字变化之多,及加符號後字典中各字伸擴之廣,即以以上所列之一斑,亦可想見其全豹也。

丙 論形字之同音假借

麼些象形文字之字源爲查物寫形,但其查用則爲同音假借,因麼些文之發生,由于宗教上之需要,而麼些经典主要之用途在于朗誦,故形字有如此廣泛的同音借用,实爲一自然而合理之現象。

以上述之 ㄌㄌ "火"字爲例,此字原象火焰之形,意本爲火,讀作[mi˥],在同音借用之原則下,便可有下列各種用法。

讀作[mi˥]—— 可作"熟了"之熟,可作"忘記",又可作"女兒""女人"。

讀作[mi˥] —— 可作"火",可作"聽見"[kwa˥ mi˥],可作"希望"[bʌ˩ mi˥]。

讀作[mi˩] —— 可作"名字"。

在此地只論其同音假借,尚不將引伸之"紅"[hy˩]"低下"[mɯ˩]各字計算在内,然而已可見其同音假借之廣泛用途,所以我們可以給象形字定出一條規律,凡是同音,都可假借,一個象形字除了代表他字源的本意外,他又担負了和他同音的各個詞彙之使命。

這樣一來,後面字典中的各個單字,都在另一方面多出了不少任務,而且彼此相互糾纏發生関係,实在說,象形字既在書畫不分的階段中,又在文字語言密切関联的條件下,若想很清楚的解决這問題,必需要在圖画,文字,語言三面夾攻下,方能奏效。

根據同音可以假借的原則,最後附的音標索隱,可以对我們有不少的幫助,在同一音的許多解釋大部是可以彼此通假,所可惜者,資料僅爲字典中之所有,並非麼些族之全部詞彙。

丁 論形字之经典特質

普通所謂之麼些经典,多只指形字经典,因千餘册之麼些经典,皆用此種文字寫成,音字初與,識之者少,雖已成書三,五册,亦皆依據形字经典爲藍本,改用音字寫成,非獨立創造之经典也。縱觀所有之形字经典,在此並加以申述之特点有二:一爲经典之空隙部份,一

爲經典中之古音，分陳之于下

子、經典中之空隙部份　由前面人類原始及圖畫各例中看來，使我們知道在形字經典之中充滿了空隙，即令吾人能全部明瞭其各個單字，仍不能立即通曉其中含義，因其經典本身組織不健全之故。多巴口誦時將其空隙填滿，辭意方臻完整，若一冊經典，多巴不經傳授，彼雖通識全書文字，仍無法知道其中確切之內容。

由于此使我們想到，所謂之形字經典，只是多巴爲協助其記憶隨意零乱記下之若干符號耳，其中或爲圖畫，或以一字代表一句，決非完整之文句組織使人依其音讀即可得其意旨者也，此蓋由字進化至書之一種階段。

形字經典既有此種空隙之特質，故本字典亦遂不能發揮普通字典之效用，使人依字檢閱即可得經典原意，此由于字雖全部認識，空隙無從填補之故，事之無可奈何者也。只以此畧見此種文字之概況，至探討其經典之內容，恐捨全部翻譯外，亦無其他途徑可循也。

丑、經典中之古音　麽些經典中之讀音，有一部份與今日語言所用者不同，如太陽在語言中讀[ȵi˧ mɛ˧]，在經典中多讀爲[bi˧]，月亮在語言上讀[hɛ˧ mɛ˧]，在經典中多讀爲[lɛ˩]，人在語言中爲[ɕi˥]，經典中或作[tsʰo˩]，……如此之例甚多，蓋經典中所用者，乃古音也。因之本字典中所記各字之音，容與今日語言有出入之處，遇有此種情況發現時，當知此乃今音、古音之不同，或經音、語音之不同，無須詫異，字典中有時除標古音外，亦將今音附記，以供比較。

在此所說之經音語音之分，亦同樣適用于音字之經典，因少數之音字經典，皆由形字經典而來，故經典中之古音依然存在也。

至此吾人可對麽些形字作一概括性之綜覽，大約此項形字正界於圖畫與文字之間，故其文字有極自由之變化，經文中又每每有圖畫之出現。又因若干極需要之文字不易於以具体事物表現，遂又有同音假借之方法發生。至其經典中多空隙，則又爲由圖號文字進化向正式經書之一段過程，現形字及其經典之演化，即正停留于此一階段之上也。

【論音字】　形字既述于此，畧陳音字之概況，音字之特点在此地應陳述者有二：一爲其寫法之繁多雜乱，一爲其分音不分調之缺陷。

甲.寫法之繁多雜亂　觀音字成後之雜,可知其寫法必亦雜亂無章,又加以初創之始,多巴各不相謀,競造新字,故結果極繁多雜亂而不統一。在魯甸打米杵村收集到一本音字字典,內容之編製是先寫一個形字,在它之下收集各種寫法之音字,平均每一個形字之下,可有十個以上的音字,多者竟有三十七個之多。試以 [ʐɿ] 爲例。

一個字竟可有三十七種之寫法,可以想見其繁多雜亂,這也是音字不易認識,不易廣泛流行之一個原因。

乙.分音不分調之缺陷　音字是以一個符號代表一個固定之聲音,但一個聲音可以有幾個聲調,在這裡音字的聲調遂成爲問題,如上面所舉之 [ʐɿ],既可以讀 [ʐɿ] 又可以讀 [ʐɿ] 又可以讀 [ʐɿ]。同樣一個火字 ,變成音字 便只成爲一個 [mi] 的聲音,麼些族常用的聲調有三,便也不知到底該是那一個。這大概是受形字同音假借之影響,但形字本身是圖畫,總還可以有個正讀的標準,一變爲音字,便只成一符號,于是如何讀法,一點標準都沒有。許多有意整理音字的多巴,都曾對作者個人提出這問題,但直到如今,音字這一點缺陷,仍然沒有填補起,音字不能廣泛使用,這大約亦是原因之一。

音字本身雖有上述之缺點,但由音字寫成之少數經典,卻爲麼些文字之組織作一劃時代之進步。蓋以往形字之經典,多爲速記式,或散記式的,至音字經典出,方成爲逐音記字,依次誦讀,即可得意之完整形式,此一進步可能影響及全部形字經典。近日已在若干地域見有此種演進之趨勢,唯尚不敢預測其後效何如。

其他關于音字之各項問題,理當詳細陳釋者尚多,唯此書之編,以象形文字爲主,于此不再費篇幅,俱留於音字字典中論之。

三.本字典之体例:

一.本字典中所彙集之各單字,係根據四五年來在麼些各地域之考察而得,非一地區之所有,故遇某一地區特有之字,俱注明其出處,其不注明者,則爲較普遍之文字,各地區俱見有此字也。文字地域之分別,見前第 VII 頁上之地圖。

一、本編分列爲十八類，其次序如下：

一、天文類　凡天文、日月、星辰、風、雲、雷、電各字屬之。

二、地理類　凡地理山川水石各字俱屬之。

三、人文類　專述人体字形之各種变化。

四、人体類　專述人体器官。

五、鳥　類

六、獸　類　昆虫附

七、植物類

八、用具類　農具、日常用具等。

九、飲食類　飲食用具、食品、飲料俱屬之。

十、衣飾類　衣服、裝飾、金銀寶物俱屬之。

十一、武器類

十二、建築數目、動作等類　凡建築、數目字、動詞以及其他等皆歸此類。

十三、"若喀"字類　專述若喀地域之若干文字。

十四、古宗音字類　專述魯甸、拼切、古宗經音之若干文字。

十五、宗教類　專述宗教上法儀、法器等。

十六、鬼怪類　專記經典上常見之鬼怪之名。

十七、"多巴"龍王類　專記各大"多巴"及各大龍王之名。

十八、神類　專記經典上常見之各大神之名。

排列之原則，依字形而列分，同一基本字形之各種变化，常並列于一處，以見其演变。有特殊相互關係之字，亦爲之破例列于一處，以便于对照。

一、每一單字，先列其號碼，次形字本身，次音標，次釋意，次字源，次各種寫法、各種用法，最後註明其所在地域。

一、本編中所用之國際音標符號如下：

聲母　p　p'　b　mb　m　f　v

　　　t　t'　d　nd　n　l　ɪ(1)

ts tsʻ dz ndz s z

ʈ ʈʻ ɖ nɖ

tʂ tʂʻ dʐ ndʐ ʂ ʐ

tɕ tɕʻ dʑ ndʑ ɲ ɕ j

k kʻ g ŋg ŋ h ʔ w

註(1) ɤ作声母用讀似閃音[ɾ]，作韵尾時時表示該韵腹元音有捲舌性。

韻母 a æ ɛ i(1) ʌ(2) ʌɤ ɯ(3) o u(4) uɤ Y

註(1) 作io時此音有撮口之傾向。

(2) 在ts tsʻ s 等声母後讀似[ɿ]，同時嘴角向兩旁扯。

(3) 在ts tsʻ s 等声母後讀似[ɿ]，在tʂ tʂʻ ʂ 等声母後讀似[ʅ]

(4) 在双唇声母後讀似[ʉ] 在其他声母後讀似[ʋ]

附註. 字典「本文」中作韵尾之[ʋ]，依此例皆应改寫作[ɯ]

聲調 ˥ ˧ ˩ ˨(1)

註(1) 此調出現次數很少。

一.本編除單獨字体外複合詞類之常用者亦一併收入之。

一.本編附有漢文索隱、音標索隱各一，漢文索隱依文字筆劃多少排列，音標索隱依發音部位之前後排列。

一、天文類。

1. [mɯ˥]天也，象天含覆之形。

此字另有兩種寫法：一作 ，筆劃多細緻，乃麗江東山江边一帶版本之一種特徵；一作 ，云象天上有日月星辰軌道之形，魯甸一帶之巫師有時將此字讀爲 mɯ˥ ʂwa˩，乃天高之意也。

2. [mɯ˥ nɯ˥ dʐv˥ lv˥ kwɛ˥]意爲天上放事端下來，麼些人以爲人間之是非爭執，有係天上放下者，画一石自天而下，此即起事端之石也，在退口舌是非經典中有文詳述此石引起爭端之始末。石音 lv˥ 其第四音也。

3. [mɯ˥ nɯ˥ sɯ˩ o˥ kwɛ˥]意爲天給三份福份。上画一天，旁有一彎曲下垂之線條示由天賜予之意。 字在此讀作 o˥ 句中之第四音也。

4. [mɯ˥ tʻv˥]天晴。象日出天晴之形。

此字在占卜經典中常讀作 ȵi˥ me˥ mɯ˥ bv˩ gʌ˥ lɛ˥ tʻv˥，意爲太陽由天下出來，乃卦象之一吉卦也。

5. [mɯ˥ kʻɯ˥ za˩]意爲天狗下來。象一狗由天上下來之形，其爪特别放大，乃象形文中常見之手法。云天狗下降，来人間作祟放禍也。

6. [kɯ˩ dzɯ˩ mɯ˥ ʂɯ˥]意爲天上生滿星。上画一天，下画三星，旁有若干小点充滿其間，示星宿众多生滿天上之意。

7. [mɯ˥ ȵo˩ sɯ˥ hɛ˥]意爲春天三月或春天。雲南春天爲風季，故于天下画一風以爲季候之標識。風下有眼睛者，以眼睛有時讀 ȵo˩ 乃注句中之第二音，使人易于联想也。

8. [mɯ˥ ʐo˩ sɯ˥ hɛ˥]意爲夏天三月或夏天。雲南夏天爲雨季，故于天下画一雨字以之爲季節標識。唯此字亦可釋作天下雨，須看經典中之情況活用，若左近有春秋冬各字則可決定爲夏。

9. [mɯ˥ tʂv˩ sɯ˥ hɛ˥]意爲秋天三月或秋天，秋季花好，故于地上画一花，以之爲秋季標識。

10. [mɯ˥ tsʻɯ˥ sɯ˥ hɛ˥] 意爲冬天三月或冬天。冬日多雪，故于天下寫一雪字以爲冬季之標識。此字亦可釋作天上下雪，須視經典中之情況而決定之。

11. [mɯ˥ tʻv˩ dy˩ kʻo˥] 意爲開天闢地。ZS注其第二音，ㅁ 注其第四音。經典中有時說人類之開天闢地，此乃指凡人之開闢田地，亦用此字。

12. [mɯ˥ mɯ˥ dy˩ ɬY˩ gv˥] 意爲天地之中央。此指地位及方位，與下一字不同。此字上畫一天，下畫一地，中畫一矛，注其第四音。兩旁各有兩圓圈，乃示其方位之意。此字亦可讀爲 mɯ˥ lɛ˥ dy˩ zv˩ gv˥，意亦爲天地之中央。

13. 此三字皆讀[mɯ˥ nɛ˩ dy˩ kwa˥ ŋgɯ˥]意皆爲天地之中間，專指空間而言。三字寫法不甚相同。第一圖有一 字注其第四音，第二圖有 OʒO 字注其末一音，第三圖只有一 之符號，以之示空間之意。

14. [mɯ˥ nɛ˩ dy˩ tʂo˥ tʂo˥] 意爲天和地相接聯。象天地交泰之形，以之化生萬物者也。此字又可讀爲 mɯ˥ dy˩ tʂo˥，亦天地相接之意。又可讀爲 mɯ˥ sa˥ ɣɯ˥ lɛ˥ pʻv˥，ɣɯ˥ sa˥ mɯ˥ lɛ˥ pʻv˥。乃天之氣向地下噴，地之氣向天上噴之意。

15. [mɯ˥ zɛ˥ tsʻɯ˥ tsʻɯ˥] 人類祖先一代之名也。天字注其第一音，有翅注其第二音，由 鬼之字源而來，二人以脚互踢注第三第四音，原讀 tsʻɯ˥ tsʻɯ˥ 在此讀作 tsʻɯ˩ tsʻɯ˩ 也。

16. [mɯ˥ kɛ˩ tsɛ˩ ho˥ ty˩] 意爲十八層天上。 乃十八之意，即第三第四兩音。上有一 字，乃末之一音，在此作層解。 本畫一酒盅或茶盅，注第二音也。

17. [mɯ˥ ko˥ tʻv˥ ga˥ kwa˥ pʻur˩ zo˥ tɕi˥，dy˩ mbɛ˥ ɕi˥ ga˥ kæ˥ mɛ˥ mi˥ tɕi˥] 此乃指二人名。一爲男，云由天門边生出，畫一鶴頭注其名之第一音 kwa˥，一爲女，由地上村中生出，故畫一地，畫其有頭飾示其爲女，mi˥，第二句之第七音也。此二人爲夫婦，在經典中極常見，似有以之影射一切人類之意。且其動作變化甚多，或作互，或生病……，如此圖所示，二人臥倒，若加一 井 ŋgo˥ 字，便成生病。

18. [mi˥ wɛ˩] 九宮，命宮也。象人生命運天爲生成賜下之形，見于占卜經中。其九宮算法與漢人者同。

9. [mɯ˧ ɣɯ˧ tʂv˥ kv˧ p'ɯ˩ ɣv˥] 意爲天下初出的白色一團。此指渾沌初開時，萬物未成之先，有此白色一團以生善一方面之萬物者。
此字由 个 字注其第一音，下字注其第五音，意爲白，以之指善之一面，个字四方有閃折線，示其動蕩光明之意。

10. [mɯ˧ ɣɯ˧ tʂ'v˥ kv˧ na˩ ɣv˥] 意爲天下初出的黑色一團，與上一字相對以化生惡之萬物者。將 个 字全圖爲黑，示其爲惡之一面，即第五音也。

11. [mɯ˧ ŋgv˧] 雷也。
由天上畫一曲折閃擊之箭頭，示雷由天上下降，可以擊毀人物也。

12. [ɲi˧ mɛ˥]日也，象太陽之形。
在經典常讀爲 bi˧，蓋古音也。
又讀爲 ɲi˧，此指日月年歲之日，如，' ⊕ 爲一日，[dɯ˧ ɲi˧]，古 ⊕ 爲今天 [tʂ'ɯ˧ ɲi˧] 古'' ⊕ 爲明天，[sa˧ ɲi˧]，正如漢文日字原指太陽，亦可指時日之日也。
此字在古本經典中或寫作 ⊛，或寫作 ⊛，⊛，皆象日中有物旋轉之形。

13. [mba˩]光芒也，光亮也，象日有光之形。
[mba˩ p'o˧]陽坡也，太陽常時照到之处，與下一字陰坡相對，或稱爲[mba˩ ŋgɛ˧ p'o˧]。
此字有時讀爲日，與上一字完全相同，因太陽原有光芒，又寫法定則尚未成立，故其活動性甚大也。

14. [nda˩ p'o˧]陰坡也，陽光不常照到之处。
太陽下有一鐮刀 ⌒⌒，注其 nda˩ 音也

15. [ɲi˧ mɛ˧ ka˩ ɣv˥]正午也，意爲太陽正好正暖，當地常用語所謂之太陽正辣也，象太陽中天光芒四出之形。

[ɲi˧ mɛ˧ na˩]黑道日也，不吉之日也，見于占卜經中，永寧附近之若喀字中亦有之。于太陽中加入黑点四，注其音 na˩，又示其意黑也。

[bi˧ na˩] 黑太陽也。麼些經典中言鬼地一切皆黑，天地日月星辰無不爲黑色，故有黑太陽之字，以與人間之白日白月相對。
此字之黑與上黑色一團之黑表現方法不同，一以全体塗黑，一以黑点示意。

28. [ɲi˧ me˧ gv˩]西方也。象日落無光之形。日落于西，故以之爲西方。麼些語意即日落之處也。

此字古寫作 ，象中黑無光之形，遂演變成爲 形。

此字當與 字參照。

29. [nda]日落之光或晚霞也。象日落時内無光耀外有斜暉之形。

此字或讀爲ɲi˧ me˧ gv˩ nda˩，因上有一西字也，全句有西方晚霞之意。

30. [ɲi˧ me˧ ɣua˧ pʰa˩ dzɯ˩]意爲太陽生鬍子，实即指朝霞及晚霞。霞光萬道，恰如太陽生鬍子也。

此字有時讀mba˩，象陽光四射之形，與下 字之nda˩相對，有陽字之意。

31. [so˧]早上也。以日表示時間，以 注其音也。

此字不容倒置，若將 字置于 上，則意思全变，乃指明天也。

32. [ɲi˧ me˧ tɕi˩ mɯ˩ lv˧]意爲雲繞起太陽，画太陽爲雲繞起之形。

此字當参照雲字，雲原作 ，在此因繞太陽，遂成爲環形也。

33. [ɲi˧ me˧ ndʐɯ˧ ndʐɯ˩ ɲo˧ ɲo˧ ne˩]意爲太陽驚抖起來。画一太陽加驚抖曲折線示其意。此字在日月爲 所吞食時每每見之。

34. [mbo˧]亮也。象日月明亮之形。

或讀日ɲi˧ me˧ he˧ me˧ mbo˧ dɯ˩ lv˩ la˧，乃日月光明照耀之意。

35. [mba˩ ŋgiɛ˧]曬太陽也。

象人向陽曝曬之形。

36. [pv˧]曬乾也。

象日光曬田地之形。地上有点点者，示水氣蒸發，故爲乾也。

37. [ɲi˧ me˧ kɯ˧]日光也。

象日有光之形，下有一脚 ，注其末一音，使與其他字有別，且使易于联想也。

有時寫作 ，其意仍爲太陽光。

38. [ɲi˧ me˧ tv˧]東方也。

意爲太陽出來之方向，日出于東，故以之爲東方。 原爲水桶，在此注其末一音。

39. [ɲi˧mɛ˧gv˩] 西方也。此字與 字相同(28)唯下多一"○"字。此字原象鷄蛋，應讀作 kv˥，今在此讀作濁音，乃落之意也。

此字近多作 ，中間之黑点消失，一如 之爲 也。

40. [ɲi˧mɛ˧mbo˧kʰɯ˧tʰv˧] 意爲太陽由坡頭出來。畫一太陽出在坡頭 坡也。其第三音。此字見於占卜經典中，爲卦象之一，吉卦也。

42. [ɲi˧mɛ˧mbo˧tʰɯ˧gv˩] 意爲太陽由坡後落下。畫一太陽落向坡後。此字亦見於占卜經中。爲卦象之一，不吉之卦也。

43. [hɛ˧mɛ˧] 月也。象月之形。

或讀爲 [ɛ˩]，經典中常用之，蓋月之古音也。今日語言中有時称月爲 hɛ˧mɛ˧tsɯ˩。

此字有各種寫法： ， ， ， 。

此字有時亦作月份之月。與下一字混用。

44. [hɛ˧] 月份之月也。以直立爲別。讀音亦與月亮不同。唯麼些文尚無確定不移爲大众皆一致遵守之讀法，故此字常與 字混用，仍須觀經典中当時情况而活用之。即形可互通，而音及意則已凝固也。

45. [ha˧] 晚上也。象月出天上之形。以倒置與月及月份有别。

假音可作宿或睡，在經典中給菩薩神人睡覚皆曰 ha˥。

46. [ho˧] 夜也。象月出夜深之形。以月中黑点示意。

此字有時加一"ㅂ"字成 ，或作 ，皆讀 ho˧kua˧，乃半夜之意也。

， 此二字亦常混用。唯半夜則多用中心有黑点者。

47. [mʌ˧] 不也，無也，未也，否也。凡一切否定之意皆用此字。

象月缺無光之形。云係畫月盡夜月薄無光之形，故 ， 皆有厚度，而此獨無。古本多作 ，觀 ， ， ， ， 之演進，知此說之可徵。蓋 之一字作否定辞用，必不可少，然既無實物可象，又無同音之字可供假用，故不得不出此迂迴之途徑。今日麼些農人于下弦月光細時，常曰"這個月沒有了" tsɯ˧ hɛ˧ mʌ˧ dzo˧ sɛ˩，猶存此遺意也。

48. [na˩ fv˧] 黑暗也，指天黑之黑。畫一月亮表示夜，又全体塗黑以示天色黑暗之意。

49.  [lɛ˥na˩],黑月亮也.月亮加一黑点以示意.此指鬼㚾界中之月亮.与前黑太陽可相参照.此字或寫作 ,有時且作月份不吉,讀hɛ˥na˩,与下一字同。

50. [hɛ˥na˩],月份不吉也.見于占卜書中。

51.  [hɛ˥mɛ˥tɕi˩ nɯ˧ʏv˥]雲圍繞月亮也.
此字可与前雲繞太陽一字相参看。

52.  [hɛ˥mɛ˥ɣwa˧pa˩dzɯ˩]意爲月亮生鬚子.此指月亮初升.或月亮將落時所生之霞暉.此字或讀爲 nda˩,乃陰之意,取太陰正當中天之象.以其鬚子作光芒也.當与前太陽生鬚子一字相對照,其意乃顯。

53.  [hɛ˥mɛ˥ndʐʏ˥ndʐʏ˩ŋo˥ŋo˥nɛ˩] 意爲月亮驚抖起來.
此字當与太陽驚抖起來一字对看.如日月將蝕時便常有此二字也.

54.  [hɛ˥mɛ˥kɯ˥]月亮光也.象月亮光線之形.加一  字注其末一音也.

55.  [hɛ˥mɛ˥mbo˩kv˧tv˧]意爲月亮由坡頭出來.故画一月亮出在坡頭.此字亦見於占卜經典中,爲吉卦.卦象之一。

56.  [hɛ˥mɛ˥mbo˩t'o˩gv˩]意爲月亮向坡後落下.故画一月亮落在坡後.此字亦見于占卜經典中,爲不吉卦象之一

57.  [hɛ˥tɕ'ʌ˥].陰魂失落也,以太陰表示陰魂,上加一曲線,下加一外向之動線,以示陰魂有失落也.

58. [hɛ˥]陰魂也.原象太陰之形,少其中間之小圈,以示与月亮有所區别.實則此二字音同,原可通用.故失落陰魂仍作 .唯近有若干經典中,有意將此二字分開,故記于此,以備一格。

59. [kɯ˩]星也.象星之形.此專指恒星.在北地一帶,或寫作 ,象星宿光芒四射之形.或平列寫作 ,在作千千萬萬解時[tv˧tv˩kɯ˧kɯ˩],則只画一圈作 .唯此種用法只限于与米字同在一處方可.若單獨寫作 ,則不免与鸡蛋之寫法相混.

60. [kɯ˩p'ɯ˩mæ˧io˩]彗星也.象一星生長尾之形.意爲白星生尾.
或讀曰 kɯ˩mæ˧p'ɯ˩,乃白尾之星也.二者皆指彗星.
或于星後加一ㄗ字成 ,意仍相同不變.ㄗ音 p'ɯ˩ 意可作白,指明星之性質也.

61. [kʻa˥ kɯ˩] 北極星也。乃帝星之意，云此星居于天中，众星皆繞之迴轉也。此字見于北地，故寫法亦從之。麗江一帶或寫作 ，意仍相同也。

62. [so˥ kɯ˩] 啟明星也，金星之出現于東方者。 乃若喀地域内之寫法，與 同可作早晨解，故意亦爲早晨之星，與啟明星之意亦相當

63. [kʻv˥ kɯ˩] 長庚星也，金星之出現于西方者。此亦若喀地域内所見之字，意爲晚星，以 字注其音也。

64. [kɯ˩ ɯ˥] 好星宿或星宿好也。此字由 字及 字合成， 字常作好解，故合此二字可作好星宿及星宿好解也。此字亦見于若喀地域。

65. [ʂʌ˥ ho˥] 北斗七星也。象北斗七星之形。
当地人習慣称北斗爲七姊妹，故此字亦可讀爲 ʂʌ˥ ho˥ kɯ˩ mɛ˥ hɛ˩，乃北斗七姊妹之意，或讀爲 ʂʌ˥ ho˥ kɯ˩ mæ˥ pʻɯ˩] 乃七星白尾之意。

66. [tʂʻua˥ tsʻʌ˩]，昴星也。象昴宿六星之形。意爲六十，傳云此星原爲六十顆，後爲北斗七星所偷吃，遂只剩下今日之六顆，北極帝星知之，遂將北斗調向北方，又令參宿在後監視，故今日昴宿之後，參宿不久即隨之而出現。
或称此星爲 tʂʻua˥ tsʻʌ˩ kɯ˩ bv˩ zɯ˥，乃六星兄弟之意。
麼些經典中以此星爲二十八宿之頭，所謂之 ，tʂʻua˥ tsʻʌ˩ kɯ˩ kv˥，是也。二十八宿在麼些經典中称爲 ，ɲi˥ tsʌ˩ ho˥ kɯ˩，其位置與漢人者不同。

67. [mi˩ ʌ˩ n˩] 紅眼星也，相當于漢人之畢宿，金牛座之主星也。其色甚紅，故名曰紅眼

68. [sɯ˥ tʻo˩] 三星也，相當于漢人之參宿，專指中央平列之三個二等恆星，西洋獵户座獵人腰帶上之三明星也。
此字或寫作 ，讀 sɯ˥ tʻo˩ kʻua˥，意爲三星之角，蓋與下一字之 相區別也。
此字或又讀爲 sɯ˥ to˩ ŋga˥ kɯ˩，意指參星爲勝利之星，云此星能战勝一切星宿也。

69. [sɯ˥ tʻo˩ la˩] 意爲三星之手，相當于參宿中之伐，西洋獵户座獵人之腰刀也。
麗江一帶寫作 ，讀 sɯ˥ tʻo˩ gv˥，乃三星身体之意。

70. [kɯ˩ pʻɯ˩ dʐʌ˩ kv˥] 二十八宿之一，當漢人之天狼星，大犬座之主星也。
 字注其第二音，謂星白也。 原爲天秤上之法碼，在此借之以注第三音也

71. [kɯ˩ p'ɯ˩ dʐʌ˩ mæ˧] 麼些人二十八宿之一,相當于漢人之南河星,指其最亮之一顆在此 字注其第三音, 字注其末一音。

72. [tʂv˩ k'o˧] 麼些人二十八宿之一,相當于漢人之鬼宿,因此星不甚明白,似一團粑(炒麵)撒向天空,故画若干碎点于星旁以示意。下二字注其二音。

73. [bo˩ k'o˧], 麼些人二十八宿之一,共兩顆,其最亮之一顆相當於漢人星圖中之軒轅十四。下二字注其二音。

74. [bo˩ to˧] 麼些人二十八宿之一,共兩顆。在軒轅十四之旁,即与軒轅十四共成西洋獅子座獅頭部份者也。 二字注其音。

75. [bo˩ ma˧] 麼些人二十八宿之一,共兩顆。此指獅子星座之後脚部份。 二字注其星名之二音。

76. [ʂwa˩ k'wa˩] 麼些人二十八宿之一。共兩顆,其一似爲漢人之五帝座一。另一顆在其下而偏南。因觀察時此星已近地平線,不復清晰,故不敢確定。以上所識星座由雲南中甸縣北地恩水灣村大多巴 者告知。

77. [hɣ˩ kwa˧] 麼些人二十八宿之一云爲兩顆。不識其確定位置。

78. [ʐɣ˩ nv˧], 意爲 星之嘴也,麼些人二十八宿之一。其確定位置不知,唯云 星皆三個一組,由五帝座趨向角宿房宿之方向。

79. [ʐɣ˩ hɛ˧] 意爲 星之耳也,爲麼些人二十八宿之一,不識其確定位置。此字或寫作 或又寫作 ,音意皆同。

80. [ʐɣ˩ miʌ˩] 意爲 星之眼,爲麼些人二十八宿之一。不識其位置。

81. [ʐɣ˩ tsʅ˩], 意可釋爲 星之肩胛骨,爲麼些人二十八宿之一。

82. [ʐɣ˩ ba˩], 麼些人二十八宿之一。

83. [ʐɣ˩ dv˩] 麼些人二十八宿之一。嘗遇一多巴述此星甚紅,頗似大火星。然尚不敢確定。或云此星一名 ʐɣ˩sʌ˧, 乃 星之肝之意。

84. [ʐɣ˩ tɯ˧] 意爲 星之腰,爲麼些人二十八宿之一。或讀曰 ʐɣ˩gv˩,乃 身之意

85. [ʐɣ˩ bʌ˧] 意爲 星之脚板,麼些人二十八宿之一。

86. [ʐɣ˩ mæ˧] 意爲 星之尾,麼些人二十八宿之一。爲 最後一星,不識其位置

87. [fv˥lɛ˧kʌ˧kɯ˩]麼些人二十八宿之一。經一若喀地方大多巴習文開之指点，知此宿在漢人所謂南斗一帶。麼些人以此星爲最吉之一顆。

88. [py˧bo˩]．麼些人二十八宿之一。麗江巴甸大多巴告知爲漢人之河鼓星，即俗稱之牛郎星。

89. [ʐua˧mo˧tsɛ˧kɯ˩]麼些人二十八宿之一。相當於漢人天文圖上之匏瓜。下画一馬注其第一音。若喀地方寫之作 。

90. [pa˧k'o˧]麼些人二十八宿之一。相當於漢人二十八宿之室宿。麼些人以爲室，壁二宿(即西洋所謂之大正方)爲一蛙，故以蛙字 名此二宿也。

91. [pa˧by˧]．麼些人二十八宿之一。即漢人二十八宿中之壁宿。

92. [na˧ŋgv˩]麼些人二十八宿之一。即漢人二十八宿中之婁宿。此字画一矛桿戳一黑点之形。以黑点注其第一音，又以戳之動作注其第二音。

93. [t'a˧kɯ˩]．麼些人二十八宿之一．在胃宿一帶。或讀曰 t'a˧kʌ˧。此星爲麼些人二十八宿最末之一顆，所謂星尾 是也。由 至此，共二十八宿，占卜算命時用之。關於星宿在天空之位置，麗江，魯甸，北地，及若喀地方各處多巴所云，有少許出入，多在于星名而座位之分合。

94. [mbo˧]．光明也，明亮也，象明星輝煌之形。若見于 此種情況下，則合而作媒人解。

95. [za˩]行星也，象星行動之形。古本中或寫作 。常借此字之音作下來解。如 則爲由天上下來也。又作為煞神解，指其能降凶禍于人，及能吞食日月也。画神鬼象時作 。

96. [ni˧mɛ˧thɛ˧mɛ˧za˩nɯ˧ {suɯ˧ / ka˩}]意爲太陽月亮爲煞神所欺，爲煞神所蓋也。象 吞食日月之形。

97. [hæ˧]．風也，象風紋吹拂之形。有時作風流解。如所謂之祭風道場，即祭因風流而情死之鬼魂也。

98. [ɯ˧ndzo˧hæ˧nɯ˧k'æ˧]意爲灰土之山被風吹去。或讀爲 ɯ˧mbv˧hæ˧nɯ˧k'æ˧，乃灰土之堆被風吹散之意。当神兵神將殺鬼怪時常用此語，指將鬼魔掃蕩淨盡之意。

99 [ɦo˧ sɯ˩ hɛ˧]春三月也。以風爲春季之標識。下二字一爲數目之三，一爲月份之
此字當再前 之春天三月相對看。近日經典中多用本字而少用前者。

100. [hɯ˩]雨也。象雨滴之形。此字不能寫作 。因一滴者常可作奶汁或露水解也。
此字若加一黑点 則作大雨或黑雨解。
或讀爲 ʐo˧，乃夏天之意。參看下一字。

101. [ʐo˧ sɯ˩ hɛ˧]。夏三月也。以雨爲夏季之標識。下二字注其三月。再春三月同。
此字當再前 之夏三月相對看。近日經典多用本字而少用前者。

102. [tʂʻv˩ sɯ˩ hɛ˧]秋三月也。以花爲秋季之標識。旁二字注明三月。
此字可再前 之秋天三月相對看。近日經典中多用本字而少用前者。

103. [mbɛ˧]雪也。象雪花之形。
此字可借音作"村莊"，如 意爲大的村莊裡。
又常借音作"厚薄之薄"。

104. [tsʻɯ˧ sɯ˩ hɛ˧]冬三月也。以雪花爲冬季之標識。下二字注明三月之意。
此字可再前 之冬天三月相對看。近日經典中多用本字而少用前者。

105. [tɕi˩]雲也。象雲朵之形。
此字或寫作 ，近多寫作 。

106. [tɕi˩ sʌ˧]霧也。雲霧也。
下画一雲示其意，注第一音。上画一木，注其第二音。合此二音而作雲霧解。

107. [ndʐʯɤ˧]露也。象露滴垂珠之形。
此字或簡寫作 ，乃象露珠一滴之形。

108. [ɲi˧ pʻɯɤ˩]霜也。象露結爲霜之形。下画雪花，因霜白如雪花也。上又加露滴之捲
符號以再雪有所區別也。
或讀曰 mi˧ pʻɯɤ˩，因云霜着人肉，有大樣辣痛之感也。

109. [ndzo˧]雹也。象雹能毀物之形。俗呼之爲雪彈子。

110. [tsʻɣ˩] 雹也。象雹大之形。
或讀爲 tɕʻo˥，亦電字之意。麼些電字有二，嚴格分之以 爲 tɕʻo˩。俗多混而用之

111. [tʻo˩]電也,象電光閃折之形,此字或讀爲tsʻY˧,与上字相混,蓋此二字,形既相近,意復相同,相互混用,不足爲怪也.

此字或寫作 音義皆相同。

有云電有此二字,乃陰電陽電之意,唯亦不能確指孰爲陰,孰爲陽,姑存之以備一說.意者麼些人对一事物常有二名,如人類之称 称 ,電亦或原有此二名.

112 [mɯ˧ɕi˧dʐi˧tʻɯ˩]虹也,意爲火舌飲水,故画作一物两端有口吸水之形,此動物爲何名,未有人識,意者或多巴由火舌飲水而造出此形.

此種寫法,只見於魯甸一帶,此字見于打米杵之經典中,或寫作

或讀爲mɯ˧ɕi˧dʐi˧tʻɯ˩,乃天舌飲水之意,意仍爲虹,因虹之形狀,上麗于天,下飲于地,故亦甚似天舌下垂而飲水也.

在經典中多讀爲kv˧,乃虹之經音或古音也。

語言中或讀爲mi˧ɕi˧ʂɯ˧hæ˩,乃黃黃綠綠的火舌之意,形容虹之美麗顏色,或又讀爲mi˧ɕi˧ʂɯ˧hæ˩dʐi˧tʻɯ˩,乃黃綠火舌飲水之意,經典中偶而用之,意仍指虹而言。

或又讀爲mɯ˧rɯ˧nda˧dʐi˧hɯ˩,此只見於語言中,當虹彩現時,兒童常以此名指而呼之,實爲麼些經典中聖海 之名也。

此字當与後地理類中之 字對看,一由天而下,一則出于地上,意皆指虹也.

113. [tsʻɑ˧]穢氣也,象穢氣之形.

可作杖量之意,可作一種神名,即量地之 神也, 則爲一不潔之鬼名.

与 同,皆不潔之意也,此氣常加于一切事物之上,示事物爲其蒙穢之意.

114. [dʐɯ˧]時刻也,此字字源尚不確知,疑与下一字有関,麗江一帶多巴云爲記時之物,似不甚可靠,因其說过于抽象,如每边六点以表十二時辰等語,皆似不可徵信.

此字又可作街市、街子用,借其音也,当地称市集爲街子.

115. [dʐɯ˧]時刻也,此字爲若喀字之一,只見于北地以北之若喀地域,該处多巴云此字係象垂滴欲落之形,曾見麗江古本經典 作 ,故疑由 之次序演進,由若喀之 而成爲今日之 ,考其演变,徵以地理,此一說或亦有成立之可能也.

116. [dʐɯ˧]垂滴也。象垂滴之形。此字亦見於麗江一帶，為參看方便，移置于此。由讀知 、、皆原音dʐɯ˧，可能皆象垂滴之形。依麼些文同音借用之通例，其本之平調，可讀為低調之dʐɯ˩，即可解作時刻、時候者也。在麼些文字之上源見喀字之 在其下游又見 及 ，音既相同，形復不遠，可證其可為同一字源。因時刻、時候一字為經文中最常用者，無可象形，遂借本字之音，久之，失其本源，成今日之分歧現象。然由字形看 、、、、，自可為一系，音又同讀為dʐɯ，則其中淵源之親密，似較麗江多巴抽象無據之解釋，尚多令人滿意也。

117. [ha˥]夜晚也。可參看前ha˥字各條。此字見于魯甸之一本經典中，他處不多見。上畫半圓弧線，示籠罩覆蓋之形，下加一黑點，示其色黑，合而作夜晚之解釋。

二、地理類

118. [dy˩]大地也。象厚土之形。有云此字與下一字之土地相混，須以 為大地， 為土地。如此區分固佳，然須知麼些文字，尚未凝固，其活動性原甚廣大。

119. [ʐɯ˧]土地也。象土地之形。

借ʐɯ˧之音，可作輕重之重。麼些人常說唯地最重，故用地之音以為重。

此字與上一字相互通用，有時 可作土地， 亦可作大地，視經中情況而定。

120. [tʂɯ˧]土也。象田間有土之形。或云以黑點示土色，亦可通。

此字或讀為tʂɯ˧na˩，乃黑土之意也，因有黑點，原可na˩也。

121. [zɯ˧dzʌ˩ la˧ʐʌ˧dy˩]，乃豐草大地之意。象大地草生豐滿之形。

或又讀為dzi˧dzʌ˩la˧ʐʌ˧dy˩，乃人類豐饒大地之意。經典中最常見之讀法也。

或又單讀為dy˩，仍作大地解。

122. [kv˥]虹也。象虹出地上之形。此種讀法為虹之經音，其他讀mi˧ɕi˥dzi˩tɯ……等，皆與上一面之112號虹字相同，可以檢看，不一一重述。

123. [tʂɯ˧ʏ˧gv˥]地之中央也。中畫一地，上一矛桿，注第二音，有向四方引伸之雙線，指示方位之意。與天地中央一字之四方圓圈相同。此字見于若喀地域之內。

24. [dzɣ˩]冰也。象冰凍時冰塊掀動大地之形。故上画一大地，下画冰塊三條將地頂起。此種寫法見于麗江一帶。可與魯甸一帶之 相參看。

25. [dzɣ˩]冰也。象冰箸之形。此種寫法見于魯甸一帶。

26. [ho˧]深也。下画一地，以上下之括線示其中央深沉之形。有云以此二線示一地上深溝之形，亦可通。上寫一"八"字，注其音也。因"八"之音與"深"完全相同也。
此字亦有寫作 ，略去上面之"八"字者，亦甚通行。

27. [tʂɯ˧ ɣɯ˧ ɳo˧ ɳo˧] 地在動盪之意。画一大地，上下各加抖動線條數根，示其震動之意。當神下降人間，或將有非常之變時，常有此字出現。
或讀為 tʂɯ˧ɣv˧ɳo˧ɳo˧，乃土石震動之意，仍指地在動盪也。

28. [ɣʌɣ˧] 施肥料之田地也。麼些人之土地有此二種之分別：一年年施肥之田地，当地人称之為糞地；一為刀耕火種之山地，須每年一換地位者，当地人称之為火山地。本字象施肥之田禾草茂盛之形。亦有作 者，音意皆相同。

29. [k'ɯ˩] 火山地也，刀耕火種之地也，不施糞肥之地也。或曰"生地"也，蓋以上一字為熟地，實以漢人辭彙中無最適當之名称，故說法各有不同也。此指山上生地，以火焚其草木，以其灰為肥料，而撒燕麥、苦蕎之地。画地上有翻出一土塊，此種火山，"或"寫火山之一程序也。將土塊翻出堆起，以火燒草木于下，以種洋芋之類也。

30. [mbo˧]田埂也。以地 及石 示意，以 注其音也。蓋 (坡)與田埂同音(不同調)，故以之使人易於联想也。此字見于魯甸一帶。

31. [ɣɯ˧sa˧]地氣也。象地氣上升之形。
[tʂ'v˩ɣv˧]烟嵐也。象遠処烟嵐之形。此指晴日地上遠処之藍色烟嵐也。

32. [dy˩mbv˩]地震也。地上出一閃折形之箭頭，示地震能毀人物之形。實指地上電火轟毀人物之意。
或讀曰 ɣɯ˧mbv˩，乃地塌之意也。常因久雨水大而成。

33. [ʐʌ˩ io˩ dy˩ ʂuɤ˧]意為地上草生滿了。象草生地上之形，又加若干繁細小点，示草生長充滿之形。
此字常與 連用。"天上星生滿了，地下草生滿了"，乃最常見之兩句吉祥話也。

134. [ɣɯ˧py˩kʻwa˩gɯ˧] 地陷也，象地陷下裂之形，中一曲折線示地有裂紋也。此種現象麗江之南山一帶常有之。經典中亦有敘述及禳解地陷者兩册。

135. [ɣɯ˧py˩kʻwa˧]，地上自成之洞也。與地陷所成之洞不同。
此字由 字及 字合成。 爲假借音亦可作洞解也。

136. [tʂɯ˥na˩dzi˩nɯ˧tʂɯ˥] 山洪也。意爲水冲黑土，上画一水，下画一黑土，中間許多小点乃示山洪泛濫之形也。

137. [pɯ˩na˥ɣɯ˧kæ˧tʂo˩] 黑白交界之地也。象地之形，上有黑白二字以示其意。下白也第一音，又黑也第二音。 乃其第三音也。
此字之意實指陰陽交界之處，以黑白象徵陰陽也。黑指鬼，白指人及神。
或寫作 及 以黑点黑色示黑之意也。

138. [ndzo˩]，山也。象山之形，其上環狀平行兩画，有云爲路，有云爲雪線者，尚不知孰是。借此字之音常作在字用，如在家在山上之類。
在若喀地域内，此字常寫作 此最原始之山也，今又有作 者，由此遂成今日之 形。

139. [mbi˥˩]山崩也，山倒也，山塌也，象山壞之形。
可與 崖崩一字相參看，其表現方法相似也。

140. [ŋv˧ɣv˧] 雪山也。意可釋爲銀色石山，因山經雪之侵蝕，崖色如銀也。外画一山，中有一 字，注第一音，意即爲銀也。麼些人之地域中常有雪山。
有人指此即爲雲南麗江之玉龍大雪山，實乃泛指一切雪山而言也。

141. [ndzo˩kv˧] 山頂也，山頭也。
下画一山，上画一蛋，注第二音，合而作山頭解。有時以 代○，作 意亦相同。

142. [ndzo˩ kʻɯ˧]，山脚也。
上画一山，下有一脚 字，合而作山脚解，或寫作 及 。

143. [ndzo˩mbɯ˩] 山着火也，象山上火起之形。如此讀法指山林之自行燃燒。
或讀爲 ndzo˩ ndzi˥，乃放火燒山之意。此指農人牧人之放火燒山。
或讀爲 ndzo˩ mi˧ nɯ˧ kwa˧，乃山爲火燒燃之意，全山林木俱焚，指大火燒山之意。

4. 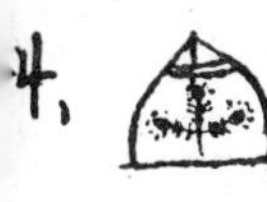
[dzʏ˧]小山崗也，以示其意，以注其音，合而小山崗之意。原爲花椒，其音與小山崗同，調不同，故加之于山下，使人联想其爲山崗也。或寫作。

5. 
[ndzo˥ʂwa˥]高山也，画一山上加一字，字音[ʂwa˥]常作高解，故兩字相合併，遂成爲高山之意。

6. 
[so˧]場上之山也。麼些人稱高山之草地曰場，此指場上之山。凡山至一定高度，樹木不生，唯有一片草地，最宜牧畜，实即高山高原上之牧場也。麼些人称此種高山草坪曰場，即象形文之字也。有時字寫入山腹内，作此形，意不變。字在此作音符之用，乃作意符之用，因此字乃指高山草坪上之高山也。

7. 
[ɯ˥ndzo˥]灰山也，土山也。
画一山，中画若干小点，示其爲灰爲土也。山字下面單劃雙劃皆可。在其經典中，常依本來之行格黑線爲底，則無單劃亦無，如此圖中所示。

8. 
[ŋv˧ʏv˧to˧ndzo˥wa˧]雪山松坡也。此指雪山上松樹生得起之地帶。
此字複合而成，雪山也，前二音。松也，第三音。又可再讀爲第四音，借音可作在，注其第五音，合而作雪山松坡解。

9. 
[ndzo˥na˧ʐwa˥ʏwa˧]此麼些經典中之神聖之山也。在古本經典中有作者，其下有台基三級，示此山爲修築而成。經典中有「修神山記」ʐwa˥ʏwa˧tsɯ˧，云古時天地動搖，故修此神山以定天地，與女媧煉石補天故事有相彷彿處。今日麼些巫師擺神座時，中央立犂頭一塊，云以之代表神山，觀古本之作與犂頭甚相彷似，故知今日之寫作者，乃演變之結果，未必爲其原形也。

10. 
[ndzo˥na˧ʐwa˥ʏwa˧kv˧]此指神山之頂也。下画神山之形，上寫一字以注末一音。此字亦可寫一字代替，意仍相同也。

11. 
[ndzo˥na˧ʐwa˥ʏwa˧ʁɯ˧]此指神山之腰也。于山腰部份画兩短線以示意。
此字又一形狀寫作只画此神山之半腰，以此示山腰之意。

12. [ndzo˥na˧ʐwa˥ʏwa˧kɯ˧]此指神山之山腳也。于神山下画一腳以示意。
此字又一形狀寫作只画神山之山腳部份。此三字联觀則其意義甚爲清晰也。又此三字皆可將其前二音略去，由第三音讀起，意仍無変化也。

153. [na˩ ŋv˧ ɣv˧]黑雪山也。画一雪山中点一黑点以示其意。注第一音合而作黑雪山解。有云此即指玉龍雪山之南端之一部份。此一带石色較黑。故稱之曰黑雪山也。此字又一寫法作 ，經典中亦常見之。

154. [tɕi˩ ŋv˧ ɣv˧]此指麗江白沙一帶所見之玉龍雪山也。意為雲之雪山。故上画雲字以示意。此一帶為玉龍雪山之主峯故常有雲。

155. [zʌɣ˩ ŋv˧ ɣv˧]此指麗江西南十五里之文峯山。画一雪山響振有声之形。以 注其第一音也。或讀為下一字之音。意仍不變。可參看下字各條。

156. [sɛ˧ pi˩ zʌɣ˩ ŋv˧ ɣv˧]。此仍指文峯山也。 字之解釋同上。3字乃麼些文之另一種字体。所謂 gʌ˩ ba˩ 字者是。可称為音字。以此3字注第一音。 乃象字。原象聲。于此借其音注山名之第二音也。

157. [kɯ˩ ŋv˧ ɣv˧]此指中甸縣北地之雪山也。
画一雪山。上端寫一 字。此星也。借其音注山名之第一音。

158. [ʔɛ˧ na˧ ndzo˩]山名也。指麗江西南約十里之馬鞍山。
 注其第一音。• 注其第二音。

159. [kʌ˥ mo˥ ndzo˩]。山名。指麗江東北七日程永寧地方之獅子山。
山下画一鷹 頭。注其山名之第一音。

160. [mbuɤ˩ ɣv˧ ndzo˩]山名。指西康鹽源縣屬左所土司地中間之大山。当地人呼之為毛牛山。 亦即為毛牛也。注第一音 注第二音。放牧之意也。

161. [ma˧ mi˧ pa˧ ɣwa˩ ndzo˩]山名。云在木里土司境內。距俄丫地方一日程。在俄丫時有彼処人來云如此。未得親至其地。
◎乃酥油。注第一音。 乃火。注第二音。

162. [ko˩]場也。此專指高山小平原之草坪。高原牧場也。麼些人專称之為 。用漢語說時。只說為場。與普通之場。含意有不同處。
画一半圓形之草場。四周作 狀者。乃草也。示其為草場之意。
此字或畧去中間之注音字"P"只作 。此只象草場之形。"P"或為後來增入者。"P"原為針。亦可寫作 。針之音與場同。故注于字中。使人易於联想得意也。

3.  [mbo˩] 坡也，小嶺也，當地所謂之小梁子也，象山坡小崗之形。此字有時作複合字用寫作 。作媒人解，于媒歌中常見之。

4  [tsɛ˩ ȵi˧ dzʌ˧ kʷɛ˩ mbo˩] 意為指十二個山凹口處，于祭風經中常見之。因情死鬼等皆送往此地也。此蓋指麗江之玉龍雪山，因玉龍山有十三峯，故有十二凹口也。畫一坡形，末一音。上有二字，X十也，第一音。ıı二也，第二音。括狀之( )，乃示其處也。

5.  [ɡo˧ sɯ˩ ka˧ ɣɯ˧ mbo˩] 當地常見之坡頭上石經堆也。凡山崗凹口中常有之，用石堆成，上樹一柏木塔，行人至此，常誦經語，蓋至此已達山頂，故於此敬礼神明也。下畫一坡，因經堆常在坡頭，畫 ，因經堆由石堆成，上有柏 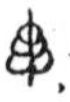 ，示其中間之柏木塔也。此字或讀為 ɣv˧ kæ˩ mbo˩。

6.  [ɣv˧]，石也，象石磊磊之形。此字之用法極多，為經典中最常見字之一。
讀作高調 ɣv˥，可放牧解，如  則為放羊，蓋與 字同意，可相对看。
或作人種名，当地麼些人稱栗粟，麼些之混血兒曰 ɣv˥ɣv˥，寫作  ，亦借石之音。
讀作平調即石也，又可作不務正業流蕩玩耍解，即  字也，指流蕩之青年男女。
讀作低調 ɣv˩，可作新舊之舊，可作暖和，可作搬起，舉起，與 字同。
又為鬼名之一。  鬼也。 
 兩字联用，可作夫婦、夫妻解。

7  [ŋgwa˩] 石炸裂開也。

8.  [ɣv˧ ŋgɯ˧]。石炸裂有紋也。
此字與上一字相似，而尚有分別，此字裂痕不大，有紋而已，上一字則裂開石縫甚大也。

9.  [hʔɛ] 石灰也，象火燒石頭之形，火燒石灰石便得石灰也。此字于北地見之。

0.  [ɣv˧ hɯ˩] 此若喀字之一。云象石上生草之形。看病書中有之，云使之如石上生草一樣，使瘡生膿而痊癒也。

1  [ɣv˧ mbv˧] 意為燒石，麼些巫師多巴法儀之一種，以一石燒之使發紅，置于底有柏葉之銅瓢內，再以杜鵑樹葉及艾蒿放于石上，然後將此各物置于神座脚下，或其他地方，以水澆之，使起水氣而除穢，故畫石上置艾，艾上有水滴之形。

172. [tsɛ˥]砌也,疊壘也,取以石砌牆之意,故畫一地,地上堆石,旁有一雙角形之鬼,持石來砌,双角形之鬼,名tsɛ˩,取其音相同也。
或只作 形,亦可作砌字用。

173. [ndzo˩]落下,掉下也,象一石由高架上掉下之形。

174. [nʌɣ˥]壓也,上畫一石,下畫一艾,意爲石頭壓置于艾蒿之上,此亦多巴常作之法儀,以石作神壓置于艾上,取艾乾淨之意也。
此字亦有人讀zʌ˩,仍爲壓之意也。

175. [æ˩],山崖也,畫山崖巉巖之形,內有一鷄頭,乃注其音,因鷄崖同音之故。
此字有寫作 ,其上之二平行環形線條,或與 字之環線有同意。
曾在一古本經典中見寫作 象崖立削拔之形。
現多數多巴于崖內只寫一鳥頭 此蓋誤字也。

176. [ŋgiɛ˩]石鐘乳也,畫一崖上出石鐘乳之形。

177. [æ˩mbiʌ˩]崖崩崖倒也,象崖壞崩倒之形。

178. [æ˩kwa˥]崖洞也。
畫一山崖,旁加一 字,原象角,在此字中作音用,注其第二音也。

179. [ŋv˥tɕi˥æ˩kwa˥],放死人木身之崖洞也,麼些人死後原用火葬,超渡時,以松木作人身代之,故畫作 ,其藏此種木身之崖洞,各處皆有定所,故此崖洞亦有專名。

180. [æ˩dzi˩ndzo˩]瀑布也,意爲崖上水流掉下來。
崖上畫一水,下有若干点点者,乃示水流跌下之意。

181. [æ˩tʂʌɣ˥]崖層上自生成級磴也。
畫一崖中加一 字,原象骨節,在此借音用,注第二音。

182. [ma˧mi˧pa˧ɣwa˩æ˩]崖名也,亦在木里土司境內,與161号之 爲一地,或呼爲山,或呼爲崖也,爲經典中常見地名之一。

183. [dzi˩],水也,象源頭流水之形,古本中作 。

184. [ho˩gv˥lo˩]北方也,象水頭之形,古本中作 ,截取水 字之上一端,若與下一字之南字 水尾相合觀,尤爲瞭然,蓋當日麼些人造字時,在一向南流之河旁。

35. [i˧ tsʰɯ˩ mɯ˩]南方也，取水尾之形，與上一字合觀 正成為 水也，故此一字亦有寫作 者，作 者乃畫其水源頭也。麼些人造南北二字時，正居於由北向南流之大河邊，故依水之流向而定南北也。此水據個人未確定之攷察，可能即無量河也。

此字或只讀為mɯ˩，乃低處之意，水之流處為低地也，可參看下一字。

36. [mɯ˩]低處也，寫作 恐人讀作南方，因以 字注其音也。 為火，讀mi˧，與此音有近似處，因而借用。或寫作 亦同。

37. [mɯ˩]低也，低處也。畫一地字以示意，唯地最低也。上畫 以注音，與上一字同。

38. [dzi˩]小水也，畫小水之形。

有時讀作平調dzi˧，作衣裳解。

39. [tʰʌ˩]滴也，点也，象滴水之形。

40. [pʌ˧]濺也，起水花也，象濺水花之形。

41. [tɕʰi˧]冷也，象水上出水氣之形，水氣冷，故以為冷也。

此字之取意當與 之熱字相對觀，火上之氣 為熱，水上之氣 為冷也。

42. [tsʰɯ˧]冲也，象水冲之形。此字與水滿有時相混，須視經典情況而活用。

43. [tsʌ˧]阻水也，擋水也，象阻水之形。

44. [lo˩]澗也，箐也，水流成谷，故為澗也。

45. [kʰæ˧]溝也，象小水流成溝渠之形。有時與上一字混用。

46. [tsʏ˧]溝也，或讀為lo˩ tsʏ˧，意亦同。

畫一溝渠之形，上加一 字以注其音，使別於 也。

47. [dzi˩ ɣʌ˩]混水也，濁水也，洪水也，象水中有泥沙之形。洪水例為濁水也。

48. [i˧ bi˩]大江也，于水上畫兩平行線，云示江岸，或云為江流平穩之形，故亦寫之作 形，仍相同也。

49. [dzi˩ kʰwa˧]水洞也，水源泉也，有時亦可作水井解。

此字由 與 合成，借 之音kʰwa˧作洞穴解也。

50. [dzi˩ me˧]水尾也，由 字與 兩字合成。 為尾之形，在此合作水尾解也。

201. [a-ii mbur˧]水槽也象水在木槽中流來之形麼些人山居時于木上刻小槽叠連
以引遠方之水上画一小水下有一引動之線示水流之來路。
此字或寫作 意亦相同。
借音可作遷移搬家与下一字同。

202. [mbur˧]搬移也原象水槽之形簡化借音而作遷徙搬移解。
此字常与 字連用作 乃人類之遷徙也。

203. [dzi˩ ŋgv˥]水櫃也麼些人盛水之具多以大木剜空做成故画作水在槽中之形。
或讀爲dzi˩kʌ˥乃水箱也亦盛水用唯用木板拼製成非剜空巨木而成者也。

204. [ko˧]水泡田也象水泡稻穀之形 爲水 爲穀根下有点点者示水泡之意
旁画一針 乃注其音也此字見于魯甸。

205. [tɯ˥]泡茶之泡故画一盌內中有物上端來一水示冲泡之意。

206. [ndzo˩]橋也中画一水兩端有板可通也。
或寫作 乃較古之寫法也。

207. [ndzo˧ndv˩]地名橋頭也地在麗江石鼓至巨甸之間此處有鉄索橋故名橋頭。
此字由 与 二字合成注地名之音也。

208. [dur˩]水沫也浪花也泡沫也象水上起浪沫之形。
或只寫作 只画其泡沫也。

209. [dzi˩dur˩mɯ˥kv˥la˥]洪水滔天也意爲水浪花打到天上故爲洪水也画地上水
沫長滿之形下有一海 示大地皆成爲海也。

210. [tsv˧]硝水鹼水也當地人称之爲臭水色紅黃有辣味画水中有硝或鹼之粒狀
物此字与 字連用時作早飯 解。

211. [tsv˧kwa˧]硝水洞也指出硝水之源泉。
此字由 与 二字合成 之解釋見上一字 乃注末一音。

212. [tsʼv˥]晨霧也云象水上起霧之形讀古宗人之音又有人云解作水水氣

213. [hwa˩]一股水之股云象水合數股成爲流泒之形。
此字有時借音作一神名即求子女時之hwa˩神寫作 此字見于魯甸一帶

214. [hɯ˥] 湖也。當地人習慣上称之爲海子，实即湖泊也。故画一水泊之形。觀此字之形意，察麼些人之地域，知其不能形成海字之觀念也。借音可作箭翎及粘箭翎用。

215. [hɯ˥] 去也。多巴驅鬼走時常用此字，含有命令使去之意思。在寫一 字以注其音，下加一動線以示此乃与行動有関之hɯ˥字，使其别於上一字之湖也。
此字見於魯甸一帶。

216. [nduɤ˧˥]，水波蕩漾也。象湖水蕩漾之形。借音可作濕字解。

217. [mɯ˧ɣɯ˥nda˧dzi˩hɯ˥]麼些經典中神湖之名也。麼些兒童常指虹而以此名呼之。上有一` '字，以注其名之第一音。

218. [hɯ˧hɯ˥]炭也，木炭也。以二字注音而成。 注其前一音， 字注其末一音。

219. [hɯ˥ko˥]或[ko˥]乃湖水乾涸之意。画一湖泊，下有漏洞，水由下面淌出，故爲湖水乾涸之意。上有一` '字，原爲針，在此借其音以明乾涸之意也。

220. [ɣuɤ˧]泥潭，泥泊也。象湖泊水中有泥之形。或有寫作 者，意仍相同。
此字借音作錯誤解。 爲不錯，常于經典中出現。

221. [ɣuɤ˧]泥塘也。象塘之形。此種寫法只見於北地一帶。

222. [dzi˩ji˧ɣuɤ˧ʂuɤ˥] 意爲水流潭满。下画一潭，上有水流来，有許多碎点者，示水满之意。此乃麼些經典中最常見之吉利話也。

223. [ʐɯ˧] 路也。象路弯曲之形。麼些地區多山，故所画之路亦爲弯曲之小徑也。

224. [ŋgwa˩] 岔路，义路也。象路歧分岔之形。

225. [tsʻɛ˩ȵi˧ʐɯ˧pʻuɤ˩dzɯ˩]十二條路會合之地也。象十二條路交义之形。或于字旁加`Ⅻ'字樣以明十二之意。
在祖先迁徙路程中亦有此地名，乃指木里土司地猞猁坡下之一處。
或于旁加一` '字，又可讀ʐɯ˧pʻuɤ˩ŋgv˧ʐɯ˧dzɯ˩，乃九條白路會合之点，意与十二條路會合点同，皆指众路所會集之処也。

226. [tv˩ʐɯ˧na˩kʻa˧dʑæ˩]意爲千條路之大城。此爲象徵之筆法，实指陰陽交界之會合之点。故多巴云此城在陰陽界之間，蓋指人死皆歸于一處也。

227. [sʌ˩]沙也。象沙粒之形。此字有時寫作 ，亦象沙粒細瑣之形。唯有時与穢相混。

228. [ɣɯ˧dæ˩]秧田也象田揷秧之形此字見之於麗江一帶北地以上似未曾見之

229. [ʐɯɣ˩]方隅也角落也故画四方角落之形此字僅見于北地以上之若喀地域他处有時皆誤之爲法碼，實則此二字形声義皆不相同也

三人文類

230. [ɕi˧]人也象人之形此字在語言上如是讀經典中另有人字也

此字若將頭点黑作 讀 na˩ɕi˧乃麼些人之自称也且常寫作 乃又以 字注ɕi˧之音也

[zo˧]男子也與女子之 字相對待此字有此兩種讀法須視經典情況活用之

231. [hɣ˥]立也象人站立之形或作 意仍同

232. [ndzɯ˩]坐也象人盤腿而坐之形麼些人常見之姿勢也

233. [ts'o˧]跳也象人跳躍之形或作 意同

借此字之音可作樓房解參看後之 字

234. [v˩]舞也象人婆娑起舞之形

235. [ts'ɯ˧]跪也

236. [ndo˧]跌下來也象人倒立跌下之形

237. [ŋo˧]抖也象人驚抖之形

此字在經典中常借音作自称之我

238. [fæ˧]翻也象人翻手之形此字僅見于北地上一日程之東壩子其讀音頗似受漢人影響因麼些人另有翻之一字

239. [p'o˩]跑也象人跑步向前之形此種寫法見於魯甸一帶此字之讀音亦頗疑其有漢語之影響因麼些人有 及 二字皆爲跑之意義也

240. [zɯ˧]蹉曲也象小兒蹉曲之形

241. [ŋgiɛ˧]懶也画一懶人蹉曲而懶動手脚之形或讀爲 la˩ŋgiɛ˧意仍爲懶也

242. [tɯ˧]起立也站起也象人曲腿欲起之形此字借音可作地位解又可作泡茶之泡

43. [ɣo˥ʂɯ˧]麼些一部經典之名也。此字由神與盲字合成。麼些人常用此種手法以省筆劃。此為麼些經典中主要之一部，大小法儀皆須先誦此部經典也。

44. [mbv˩]爬也。
此字有作，多見于麗江一帶人身上之卄字，乃以字注其音也，意不變。

45. [ʂæ˧]左也。象人伸左手之形，指示左方之意。
有時作，取兩手伸指左方之意。

46. [i˩]右也。象人伸右手之形，指示右方之意。
有時作，取兩手伸指右方之意。

47. [dɯ˩]大也。象人大腹便便之形，因而作大字解。或又曰此乃象胖人之形，胖人在麼些語中曰ka˧dɯ˩，為力大之意，故由此作為大用，亦通。
此字唯見於北地江边一帶及若喀地域內，或作坐像，意形皆不變。过金沙江後，忽皆作形，其解釋見下。

48. [dɯ˩]，大也。此種寫法最常見麗江，多巴云此乃象中央大而四周小之形。實則此字由上一字大腹便便之人演变而來。参看若干古本經典，始知此字之演變大約如下：大字之意，念抽象無從表現，因直取諸自画一大腹之人，作，此立像。因又作坐像，此後寫之者不識其原意，遂成為，頗似一物件而不似一人体。由麼些人遷徙路線記，，，，，，之变化程序，知此說之較可徵信，而中央大而四周小之說，未必即確實也。
此字讀為平調時可作一，可作擲海貝卦時一種卦象，即一枚黑一枚白之卦象也。
又可作得到之得，可参看下一字之。

49. [dɯ˧]得也。以人示意，以注聲，一形声字也。此字見於魯甸一帶。魯甸乃今日麼些人遷徙之下游所在，故此一字原象人形()，向南渡过金沙江後，遂失迷其本意，故誤書之為，及至下游，又以誤傳誤，更于其旁加一人字作，成一形声字，文字演变之程序清晰可見。若復其原，以一人拿一大腹之人，尤有意趣。麼些巫師若知此中曲折，當亦莞爾而笑也。

50. [ɣv˩]抬也。象人举手上抬之形。此種寫法僅見于若喀地域內，他処未嘗見之也。

251. [ŋʌ˩]我也.象人反身自謂之形.故此字亦有作 ，人自指自己之鼻.云此即我.
上有一五 字.乃注其音.然非今日麼些之音.因今日麼些語五為ɯa˧.讀作ŋʌ
者.乃以古宗人音注之也.此例甚不少.如 等皆是以古宗音注麼些
此或古來麼些人與古宗人深有淵源之故.今日若喀人之讀音.仍有若干字較
江一帶近古宗人音.可知地域及演變之關係也.

252. [ɣo˩]一攀也.麼些人之一種長度名.指雙手伸開一攀[pʼæ˧]之長.故畫作一人
手伸攀之形.今日麼些地方猶有"攀桿"約五尺長.量氆氌時多用之.

此字借音作"玩耍"解.

253. [ɣo˩]此字與上一字同.或仍象攀量之形.與上字同一意義而兩種表現方法.亦
人因此字可借音作"玩耍"遂指之為跳繩玩耍之形.然麼些人少見作此種遊戲

254. [to˩]上也.象人向上攀登之形.足下有一動線.示其向上之意象.
或讀為tsʼwa˥.亦攀登而上之意.

255. [za˩]下也.象人下降之形.
有時以 字代替本字.因其音相同也.

256. [tæ˩]拉也.象人曲身用力拉物之形.

257. [tʼæ˩]拉也.與上字同.唯多加一石以示意.此種寫法見於麗江一帶.或作 .

258. [kæ˥] 滑也.象人滑下之形.

259. [mɛ˥] 求也.象人躬身伸手向人求物之象.
或讀為so˩.乃找之意.非尋找失物之找.仍向人求找一点東西之找也.

260. [kɯ˧] 意為"第一"及"好呀".象人伸大拇指恭維人之形.古宗人朝山过麗江一帶時
常作此姿勢以向人索物.故此字之意仍含有乞求之意味在內也.

261. [ca˧] 跑也.象人跑步之形.此種寫法讀音.皆由若喀地域內得之.

262. [kwa˧]跨也.象跨越之形.

263. [tsʼo˧]伸腿也.象伸腿之形.此字得之于魯甸.由大多巴和文質先生告知.

264. [ndzi˩]走也.行也.象人行走之形.下有動線示其動向.如兩平伸.乃為走.若上升則
可為上.若下降則可為下.可與254.255.兩號字之 及 參看.

265. [ʂv˧] 身子也，人体也，象人體之形，特別放大其身體部份以示其主要意思所在。
在麗江一帶此字有時作 ，有時且即以 蛋字代此字之音，如 。

266. [gɯ˧] 飽也，象人腹中充滿食物之形。
此字有寫作 及 者，唯後一形須注意便勿与 之一字相混。

267. [ʐo˩] 飢也，象人無食物腹中空虛，口中嗷嗷待哺之形。

268. [ʐo˩] 飢也，此飢字之又一寫法，只象嗷嗷待哺之形，此種寫法見之于魯甸一帶。

269. [mba˧] 喉瘿也，甲狀腺腫也，當地人称之曰"大脖子"，故画人頸部生大瘤之形，此字
或寫作 ，意仍相同。

270. [tɕʌ˧] 麻瘋病也，當地人稱之曰"癩子"，画人全身生惡瘡之形。
此字借音作瘡疤疤痕解，若与 字联用寫作 ，在經典中有時作"錢"字用。

271. [pʻi˧] 出天花也，象人生痘之形。

272. [tʻv˧] 出瘡也，象人出瘡之形。

273. [ʂwɛ˧] 痣也，画人生黑痣之形，此字与上一字形相同，而以部位區別之。
此字見之于魯甸一帶，有時且借音作官長解，因其音相同也。

274. [pʏ˧] 嘔吐也。

275. [ʂɯ˧] 瀉也，象人瀉肚子之形。

276. [pʻʏ˩] 虧也，象人背負重物又口中嘔吐之形，故為虧損也。嘔吐之音与虧損同，因
又作此字以相區別也，此字得之于麗江。

277. [mbi˧] 溺也，画人小便之形。
或寫作 。

278. [rɯ˧] 屙也，象人大便之形。

279. [kɛ˧] 屎也，象人屙屎之形。

280. [ɣʌɣ˩] 喊叫也，画人口中出声之形。

281. [ndzʌ˧] 唱也，画人歌唱之形，以口中線條顫抖与喊字不同，蓋歌唱有曲折高低也。

282. [kʻv˩] 嘯也，象人長嘯有回声之形，故其声線出而折回，當地人名之曰"吼"。

283. [pʻɛ˧] 呸也，象人曰"呸！"之形，以意象画之如此，多巴逐鬼去常用此字，与 同。

284. [zæ˩]笑也。象人大笑有聲之形。此字角歌唱之唱字以口中動線顫動不顫動爲
此字近日多寫作 蓋畧去人身，唯以其口以示意也。

285. [ʂʌ˥]說也。言也。象人口中言說之形。
此字在麗江一帶，常寫一音字于其旁作 上，或僅寫一上字以記音，皆說之意。

286. [k'o˩gv˧dɯ˩p'ɯ˩]口中之白唾沫也。口水也。象人口中出涎液之形。
此字或只讀末二音，或于字旁加一「卞」字以注其末一音，作 ，意皆相同也。

287. [gv˩]彎腰也。象人曲脊拱腰之形。上加一弧線，以指示本字主要意旨之所在。
此字之弧線内若加細点則成爲背負東西之意。

288. [go˩]負物也。象人負物之形。

289. [dv˩]腹也。画人放大其腹部以示意。

290. [sɯ˩]生也。活也。象人有氣息之形。
此字有時讀爲 zɯ˧ʂʌ˥，乃長命之意，多見于經典之結尾處。

291. [ʂɯ˧]死也。象人倒地而死之形。頭上生長髮者，乃示其爲鬼之意也。鬼寫作 ，故
此字亦可作鬼死之意用。因麼些文之習慣，倒地者常可作死解也。

292. [ndza˧]瘦也。象人瘦毛長之形。
可借音作不好解。

293. [ndzɯ˩]驚也。象人驚抖之形。以曲折之電光線示其驚抖之意。

294. [pæ˩]攔格也。勸架也。象人張開雙手以攔勸兩方之形。
此字見之于北地一帶，他處甚少看見。

295. [ɡʌ˧]蹦也。象人亂蹦之形。画人跳躍若生翅膀之意。
此字得之于魯甸，據多巴言，有規則曰跳 ，無規則曰蹦 。

296. [ndzi˩]飛也。象人生翅能飛之形。
此字亦見于魯甸，須與神名之 ，鬼名之 ，及下一字之脚快之年青人相別。
前二字之分別在于頭上，後一字之分別在于脚上。

297. [zɛ˥tɕi˧bʌ˧io˩]脚快之年青人也。前二音云年青人，後二音云脚步輕快也。故画
生翅之人，又于其前脚作行動線形以示意。有翅注第一音，乃 鬼之名也。

98. [tɕ'i˥] 冷也。畫人寒冷發抖生凍瘡之形。此字可與前 [glyph] 水氣之冷字相對看。

99. [bi˥]搓也。象人搓麻線之形。
此字借音作平安用。有時寫作 [glyph]，乃象女人搓麻之形。唯須與 [glyph] 字相區分。

00. [ho˥] 截也，攔也，等也。当地人呼之曰"短"，"把路短起"乃麼些人常言之漢語，意為在路攔截起使不得通過，或在要路上相候也。故畫一人持棍在路上攔截之形。

01. [ndʏ˥]趕也。象人持棍趕逐之形。
此字又常見只寫作 ／ 乃只象一棍棒之形，以棍象徵趕逐之意。
接一個人亦曰 ndʏ˥，如接請一個多巴巫師來，便常用本字也。

02. [rv˥] 放牧也。象人持竿牧羊之形。

03. [rv˥] 放牧也。象人持竿放牧之形。竿下不畫一羊而畫一石。羊乃示意，石以注音。因石與放牧同音(不同調)，故石有時即可作放牧解，在此作音符用，成一形聲字。
此種寫法見之于魯甸一帶。

04. [dʑɯ˧]吊起也。象人吊挂之形。
此字見之于北地。彼地有時用此字作街子及時刻解，皆借音也。

05. [lo˥] 過溜索也。象人過溜之形。此乃橫斷山脈中常見之一種渡法。以竹編為長索，繫联江之兩岸，人以竹溜筒於上滑過。觀圖所示，可知其大意。

06. [ji˥]睡也。象人睡卧之形。口上出氣示有生息，恐誤為死或死屍也。

07. [ji˥]睡也。與上一字同。唯上加一 [glyph]，示其為床。此亦魯甸之一種寫法也。

08. [nʌr˥]藏躲也。象人藏躲入洞之形。

09. [bv˩]，鑽過去也。象人鑽洞之形。此字見于魯甸。

10. [ʈ'ɚ˥]。頭頂觸物也。撞也。畫人頭上有物生角撞頂之意。

11. [ʈ'ɚ˥]。撞也，觸也。象牛以角撞人之形。

12. [ndzɯ˧] 吃也。象人張口食物之形。
此字有時借音作一尊佛像之尊，如十八尊羅漢等。
此字有時寫作 [glyph]，略去全身，只現一口。此法因較簡便，故今日用此形者漸多。

13. [k'a˥]苦也。象人口含苦物之形。或略去人身作 [glyph]，以黑示苦意。借音作生氣解

314. [tɕʻi] 甜也。画人口中含起一刺之形。刺非示意。乃以注聲。因刺与甜爲同聲故。此字或寫作 亦畧去人身。以口示意之例。

315. [tʻɯ] 飲也。象人飲酒之形。据云古代飲酒以管吮吸。如圖。此字讀作平調 [tʻɯ] 常作他解。因他之一字。不易表現。故以此字借音用也。

316. [tʻɯ] 飲也。蓋畧上字之形而成。亦常借音作他。

317. [tɕo] 下活扣。捉鳥雀也。象人持活扣之形。此字可与活扣之 字相參看。古本中亦有寫作 者。今多用簡畧之形。

318. [liæ] 聯也。象人伸手有所勾聯之形。此字僅見於麗江一帶。讀音疑或有漢化影響在內。

319. [pʻɯ] 乾渴也。象人掘湖水使乾之形。

320. [dzi ʂɯ] 引水也。象人引水之形。

321. [tsɯ] 塞也。象人以物塞洞之形。

322. [po] 帶也。送也。象人送物之形。或寫作 意仍相同。

323. [tsa] 富也。安樂也。象人有飯可吃之形。故爲富也。

324. [bɯ] 客人也。画人衣冠整齊坐而食肉之形。

325. [bɯ] 客人也。只画人衣冠整齊端坐儼然之形。

326. [bɯ] 客人也。画以肉飯供客之意。

327. [ʐo] 飢也。象人腹中飢餓欲得飲食之形。[ʐo] 晌午飯也。象人腹中飢餓時得飯之形。故爲晌午飯也。麼些人用漢話說午時。便只稱之曰晌午。

328. [ʐɯa] 量也。画人量米穀之形。

329. [by] 粗也。以人環抱大樹之狀以示粗意。可与 之粗字參看。

330. [lv] 抬也。象人抬石之形。亦意以 注聲。

331. [mbo] 擔也。画人肩挑石頭之形。此字得之于魯甸。

332. [ro] 举也。象人举刀之形。此字見于魯甸。

333. [ɯ] 抱也。画人抱樹之形。此字亦得之于魯甸。其寫法與329字有别。

34.  [mo˩],披也,穿也,画人披皮之形,麼些人常於背上披一羊皮以為衣,故画如圖之形,此字見之于魯甸。

5.  [ʐur˩]揉皮子也,象人以脚踐揉皮子之形。
[ŋæ˩] 揉皮子也,意相同。

6.  [ŋgv˩] 刺也,象人以矛刺物之形。

7.  [dæ˩],能幹也,画人能幹手執旗標之形。
此字有時寫作  改寫為女子之頭形,此乃指女子之能幹,因麼些族女子地位甚高,故專有經述女子之能幹事蹟,在此經中,本字亦隨其主人之性質而改變。有時此字借音作地基用,与  字同。

8.  [dæ˩],地基也,以  象形,以  注音,此字見之于魯甸一帶。

9.  [mo˩]兵也,象人武裝持矛之形,頭戴者或云為盔,或云為旗。

0.  [dzʌ˩]強盜也,画人散髮持長矛之形,故為強盜也,此字以頭飾与上一字相區別。此字借音作搶劫,有時与上字混用。

1.  [la˩py˧] 手鐐也,画人手上有鐐之形,或寫作  画一人帶手鐐為另一人牽起之形。

2.  [k'ɯ˧py˧]脚鐐也,画人脚上有鐐之形。

3.  [pa˩],貼扶也,画人用手掌貼扶之形,將其手放大向外示貼扶之意。此字見之于魯甸。

4.  [p'v˥]播種也,画人撒種子之形,故大其手以示意,点狀物乃指種子也。

5.  [p'v˥]播種也,以人示意,以  注音。

6.  [zɯ˩]抓撓也,画人抓癢之形,將手放大示抓撓之意。
此字見于魯甸一帶。

7.  [ŋgwa˧] 盲也,象人目盲之形,或讀為 mia˩ŋgwa˧,仍為目盲之意。
有時亦畧人身作 。

8.  [ŋgiɛ˧]跛也,画跛者脚步蹣跚持杖而行之形。
此字亦可讀作 k'ɯ˧ŋgiɛ˧,第一音乃脚之意,仍為脚跛之意也。

349. [hɑ˩]買也，画人手持銀子以示購買之意。麼些若干地域內，至今猶用銀錁爲貨，故画人持銀子之形。此字得之于魯甸。

350. [po˥]拜也，象人手持香柏之葉跪拜之形。

351. [sʌɪ˩]放犬行獵也。画一人領起一犬之形。犬只画一頭部以示意。其常用之手法。或讀曰k'ɯ˧sʌɪ˩，意爲領犬，仍爲帶犬出獵之意也。

352. [p'iʌ˥]削木也，画人削木之形。

353. [ndzʏ˩]劈柴也，画人劈柴之形。

354. [ʂɯ˥ tʏ˥]，打鉄也。

355. [hæ˥]佩刀也，画人佩長刀之形，边地上常見之裝扮也。

356. [p'ɯɪ˩] 解也，画一人解束索之形，下有一樁，示原束拴之意。此字見于魯甸。

357. [pɯɪ˩] 拔樁也，画人拔樁之形，下有土点，示樁由此拔起之意，此字見于魯甸。

358. [ŋgæ˩]夾也，画人在兩塊木板之間，示爲木板所夾之意。

359. [ŋʏ˩]哭也，画人哭泣流淚之形，由目中下垂作点者，乃淚珠也，此爲本字之特徵，若無此点則易与看字或見字相混也。
此字或寫作，示眼淚由面上分流之形。或寫作，只示一眼哭泣，以此一目代表全意。有時畧去人形，單寫作。
此字借音，可作鑲銀子之鑲，于麗江中見之。

360. [lʏ˩]看也，画人雙目視線外注之形。
或讀爲do˩，乃見之意。有人以視線長者爲見，短者爲看，此種區分法見于麗江一帶。有人以視線及物者爲見，寫作，不及物者爲看，寫作，而不論其視線之長短，此種區分法，見于魯甸一帶。
此字有時畧去人身，只寫作，与音意全同，其視線長短，及物不及物之區分，亦与上述者同。一字可讀二音，此蓋由于麼些文字尚未凝固，常因時活用故也。

361. [do˩]見也，目光及物也，此字多見于魯甸一帶之经典中。或畧人而只作。

362. [lʏ˩]看也，画人持鏡照看之形，鏡中亦有一人，乃示鏡之所見也。
[kʌ˥wa˩ lʏ˩]照鏡子也，画一人持鏡子對照之形，鏡之一字，可与，相參看。

63. [kʌ˧] 鏡也。画明鏡之形，四周有光彩外射之線，中央有一人形，示鏡子能照人也。
[kʌ˧wa˩]鏡子也。
[mi˩ɣv˧kʌ˧wa˩]此指陰間鬼王所持之陰陽鏡，能照見人之生平過失者。

64. [kʌ˧]鏡子也。外象鏡子之形，內注鏡子之音，為譬，借其音用也。
此字得之于魯甸打米杵村之經典中。

65. [ʔɛ˩ɣv˧ mi˩ɣv˩]此若喀區域內之鏡子寫法也。外無光耀，內無人形，依地域及器形看，可能較 、 二形為時較早也。讀音亦不相同。

66. [so˩] 學習也，讀書也。画人以目對書之形。 乃書本，實画麼些文經典形狀也。

67. [mbʌ˧]蔭蔽也，躲雨或躲太陽也。画人在大樹下之形。

68. [t'o˩] 靠也。画人坐有依靠之形。/ 之一画，乃示其依靠之事物。

69. [t'o˩] 靠也。画人依靠一松樹之形。因松與靠同音（不同調），故又以之作注音之用。
此字見于魯甸一帶。

70. [wa˩k'ɤ˧]咬骨頭也。象人口咬骨頭之形。

71. [ndzæ˩]騎也。画人騎馬之形。馬只画部份，乃省略之手法也。
[ʐwa˧ndzæ˩] 騎馬也。第一音為馬之意。此字可有此兩種之讀法。

72. [dzi˧ts'ɛ˩zi˩li˧ndzæ˩]乘車子也。画人立于木輪車之上。此種木輪車極簡單，今日猶用之以曳木料。前二音意為車，末一音為乘，中二音乃車輪之滾轉也。

73. [dzi˧ts'ɛ˩zi˩li˧ŋgo˩nɯ˧ʂv˩]後面拉起車子之意。画人拉起雙輪木車之形。麼些人曳木料時常見之圖形也。

74. [ts'a˩] 和泥也。画人以雙脚在泥潭中和泥之形。下有一地字，示其在地上，因恐誤認作人陷於泥潭中也。

75. [lɛ˧tɕo˩] 回轉來也。画人回轉行去之形，以 之線條示其動向。

76. [tɯ˧] 強要進家之客。画一人強進家屋之形。當地人称此情況為估着要進來。
此字見之于魯甸。

77. [si˧] 窮也，苦也。画人鬚長潦倒之形。

78. [o˩]以火罐吸灸瘡病也。画人身上置火罐之形。此字見於人類的來歷經典中。画

作 形實指一神爲麼些經典中重要神祇之一。在此只注意取其灸病之形意

379. [tʂwa˩]結婚後之男子也。画人頭上有冠帽之形以示意。以與 字相分別也。
此種寫法見于麗江。唯每易與 字相混。須注意形式大小之分別。

380. [tʂwa˩]結婚後之男子也。此種寫法見于魯甸。以 示意。以 注声。 乃床也。
其音與婚後男子同。故以之作音符用。

381. [kv˦pur˥]梳頭也。画人以木梳梳頭之形。

382. [p'ɛ˩]播揚也。画人以箕播揚之形。在經典中此字常讀爲 mo˩tʂɯ˩mo˩p'ɛ˩nɛ˩。

383. [lɛ˩tʂɯ˩]喝茶也。画人喝茶之形。 爲茶。第一音。 爲喝第二音。可與前之飲字 相參看。此即于飲字上加一茶字也。

384. [kv˧tʂʌr˧]洗頭也。画人以水 洗頭之形。

385. [p'v˧]老人也。画人年高多鬚之形。
[ʔɛ˩p'v˧]祖父也。仍取其年高多鬚之形而以之爲祖父也。

386. [zo˧]男子也。示男子有性器之形。此種寫法見之于麗江一帶之古本經典中。
此字可與女子部份之女字相參看。

387. [k'a˩]帝王也。画人安坐服冠之形。此種寫法見于魯甸經典中。

388. [k'a˩]王也。此各處皆見之帝王寫法也。画人頭上生角坐起之形。或云以角注其音。然今日角王二字音不完全相同。或古時音同借用。不然則另有其他關係在内也。
或讀爲k'wa˧ndzɯ˩。用有角坐起之意。作不乾淨之坐地解。

389. [k'wa˧hy˥]不乾淨之立處也。借有角立起之音而作此解。

390. [ndzɯ˧]官也。大官也。画人端坐張鬚有威之形。

391. [ɣɯ˩]小官也。吏也。画一人頭上生一蕨菜 之形。乃作注音用也。
此字亦常寫作 意仍相同。

392. [ndzɯ˧mv˧mɛ˧nɯ˧nur˧]意爲官長心中知道了。經中常見之習語也。此字由三字合組成。 官也。第一音。 心也。第二第三音。皆為象形。 奶汁也。末一音也。
以此音借作覺得。知道解。乃借音之用法也。

393. [tʂə˧]戴帽也。画人戴帽之形。以雙手上希及帽之形 而與衣冠整齊之字相別

394. [vɿʐɯ˧] 侍候人的人，打雜幫忙的人，云：人手中有所執事，曲身恭謙之形。此字常見於燒天香經典中。
此字或于人身之旁加一酒字以注其音，作　，注末一音也。可與　相參看。

395. [ndzaˀ] 瘦也。象人瘦毛長之形，上加一滴露水，多巴云此乃因露與瘦音有相近之處，故而洪用。然二字音實不同，姑存之以待後証。
此字見于魯甸，或又寫作　，人瘦弱杖而後能行，ㄟ之問題，與上述者同。

396. [ioˀ] 壓人魂魄也。画將人倒置壓于地穴中之形。蓋一種邪術，示拘人魂魄壓之土中，而致人于災殃之意。

397. [ioˀ] 壓人魂魄也。示將人壓于地下，與上一字意同而形不同。

398. [kwɛ˧] 棺材也。画人在棺材中之形。
或讀為kwɛ˧tsɛ˩，似為棺材之畧，变其音。因麼些人原用火葬，可能無此名称也。

399. [kiɛ˥] 刨也。画刨土中人体之形。此字見于魯甸。

400. [nv˧] 埋也。象埋人土中之形。此字見于魯甸，或寫作　。

401. [ndzʌ˩] 難也。画人腳下有阻礙之形。
此字見于北地，可與麗江之難字　，南山一帶之難字　，魯甸之　各字相參看，同為一字而取意各不相同，成有趣之地理分佈。

402. [zɣ˥] 小兒也。画小兒揚手要人扶持之形，與　字之手有分別也。
[ɣv˧bv˧] 此魯甸一帶之讀法，意為孫子。以手向上為識別，若手向下作　，在魯甸一帶則讀為兒子zo˧也。
此字于人頭加作　，于魯甸一帶則作孫女解。

403. [ŋgo˩] 病也。象人卧病在床之形。此字見于魯甸。

404. [ŋgo˩] 此病字之又一寫法，画一女人卧倒呻吟之形。此字亦見于魯甸。
有時于此二字之旁加一原表倉字之井字以注音，寫成　及　。

405. [ndzi˥] 燒人也。象火葬燒人之形。
[mbur˩] 燒人也。與上同，唯讀法有異耳。

406. [pv˧so˧lo˧] 男子火葬法也。画燒一男子之形。或云　象老人，或云此象男神，即之，皆通。此經文中語，有專述火葬法之經典。或讀為 pv˦ so˦ kɛ˥。

407. [tʂʻur˦]無父母之子也。孤寡也。或孝子也。画人髮亂蓬頭之形。
[ʂur˥]有時讀作此音，乃滿之意也。取頭上盈滿之意。可與 之滿字相參看。

408. [zɯ˧ ʂʌr˥]，長命也。高壽也。可與前 字相參看。
以 字注第一音在此借作命字解。以頭上曲折之長線 示長之意也。

409. [kwa˧ io˥ hɛ˧ hɯ˩]意為听到好消息。画一人生角耳聞消息之形。角為第一音，耳為第三音。第一音在此作消息解。第二音在此可作輕。第三音為耳。第四音為安樂。合而可作听到輕快的消息，耳朵很安樂受用。
又可依字面解作生了角，耳朵很安逸。以第一音為角，第二音為生，第三音為耳，第四音為安逸。蓋此乃麼些經典之吉利話，云主人此家作此法事之後，听到好消息。亦可云作此法儀後，如耳上生角，有所保障，亦通。
或寫作 ，云好消息自天而下也。

410. [zɯ˧ ʂʌr˩ ha˧ i˧ kv˧ pʻur˩ ndzæ˩ ʂɯ˩]意為長命，富實，白頭，黃牙，仍為例行之吉利話也。 為長命，已見上述，第一第二音也。第三第四音乃有飯吃之意。第五六音為白頭，以 注其第六音，白也。第七第八音乃黃牙，云人老時頭白牙黃也。以 示其牙也，第七音。

411. [zɯ˩]，拿起也。擡起也。画人拿起一物之形。此字見于若喀地域內，亦讀若喀音也。

412. [ŋga˧]跨過也。画人有所跨越之形。此字見于若喀地域內，亦讀若喀音也。

413. [tsɯ˧]奉也，送也。画人雙手之形。尚不知其何所指。亦若喀字之一也。

414. [hõ˥]此亦若喀字之一也。云為一神名。云使人口與肚之神也。不知其形意之所指。

415. [ba˩]散髮也。画人披頭散髮之形。此字見于若喀地域內，亦讀若喀音也。

416. [mbo˧]口舌是非也。此亦若喀字之一。不知其形意之何所指。

417. [la˩ wa˧ dzi˧ mɯ˩ tv˧ , o˧ kʻo˥ dzi˧ dy˩ kʻo˧] 以手開天，以脚闢地也。指人之開闢田地。画一人以手足開天地之形。此字常見于燒天香之經典中。前二音為手，第三音指人，四五兩音為開天，六、七二音指腿，八音指人，末二音為闢地也。

418. [kɤ˧ tsɯ˧ ʂɯ˩] 吊頸子死也。画人吊死樹上之形。或讀為 tsɯ˧ 懸吊而死之鬼也

9. [ɑɹ˩] 打架也,象二人以兵器相交之形,故爲打架也,此字有時只寫作 X 畧去雙方之人形,有時又讀爲 la˥, 乃打字之意,與 字混。

0. [sʏ˥sʏ˥] 殺仗也,画二人以矛桿交仗之形。

1. [la˥], 打也,画人以棍打人之形。

2. [sʏ˥], 殺也,画人以刀殺人之形。

3. [tsʻɯ˧tsʻɯ˧] 互踢也,画二人相踢之形,或只讀爲 tsʻɯ˧, 乃踢字之意也。此字常借音作歷些 傳説中人類遠祖二代之名,即 及 二代是也。

4. [mæ˧] 趕得上也,画追人趕及之形,此字見于魯甸。

5. [mʏ˥] 推也,画推人之形。

6. [tɕʻɐ˩] 拉也,画二人拉物之形,可與前 , 各字參看。

7. [nv˧] 埋也,画埋人之形。

8. [tʻæ˩] 抬也,画抬人之形。
此字見于麗江,讀音亦似有漢化影響,或寫作 ,唯此種寫法在魯甸作哄騙解。

9. [tɕo˩] 哄逗小兒也,画大人哄逗小兒之形,此爲魯甸讀法,在麗江常將此字讀爲 [tʻæ˩] 作抬解,見上一字。

0. [ʂʌr˥] 牽引也,画人牽引盲者之形。
此字借音可作長短之長。

1. [tsʻʌ˥tsʻʌr˧] 洗不潔也,画人以淨水瓶中之水洗手,此乃多巴常作之法儀,爲人以淨水瓶中之水灑頭洗手,洗除不潔之意也。

2. [ɯ˧la˩bɛ˧] 做生意也,画二人口中交談手中有所比擬之形,今日边地作牲畜交易時,仍于袖中互摸手指以比數,此圖即画其意也,有時且簡化作 。
此字二人口中須交談,不然易與朋友夥伴之字相混,多巴有時亦混用之。

3. [ndʐv˧] 朋友也,夥伴也,画二人攜手同行之狀。
[ndʐv˧hɯ˩] 有時讀爲如此,意仍不變。

4. [ndʐv˧] 朋友也,同伴也,画二人同行边走边談之形。

5. [a˩] 聚會也,画众人皆往聚會之形,脚下作点狀者,有云示人多生灰塵之意。

436. [ʂɯ˧ʂɯ˩ ŋgo˧ŋgo˧]生死分離也。為生，示鬼，故為死。中間) (乃分離符號，而成生死分離之意。常見于開喪經中。

437. [kwɛ˩]套起也。画以索套人之形。

438. [ndzɯ˩ ŋgwɛ˧]商量也。議會也。象二人並坐商議之形。

439. [dzɛ˧dzɛ˩]共同吃飯也。画二人同食之形。常見于祭天經典中。
[dzɛ˧dzɛ˩ ha˧ ndzɯ˧ ji˩] 有時如此讀，乃共同吃飯香甜之意。

440. [tʏ˧tʏ˧]共同穿衣也。画二人共同穿衣之形。常見于祭天經典中。
[tʏ˧tʏ˧dzi˧mo˩ʏv˩]有時如此讀，乃共同穿衣暖和之意。

441. [nv˩ ŋa˩]你我也。画二人相背之形，各指自身，故為你我也。
此種寫法見于若喀地域內。

442. [sʌr˩] 領也。以一手伸長示領引之意。此亦若喀地域內之寫法也。

443. [o˧tʻɯr˧] 頭套也。画人頭上有套物之形。此亦若喀字之一也。

444. [tʂʌr˩]使用也。画一人手執一骨節之形。有時寫作簡寫也。
人為意標，乃音標，合而作使喚之意用。下若干字皆同此例。
有時讀為tʂʌr˩ɕi˧，人讀末音，骨節讀第一音，又成為被使用的人。

445. [ko˩]，抛也，丟也。画人執生薑，以薑作音符用也。

446. [mbæ˩]跑也。画人跑路之形，以蜂注其音，因蜂與跑同音也。

447. [dzʌ˩]跑也。画人跑路之形。以字注其音。此字有賽跑之意。
原為天秤上之法碼，因其音與跑同，故而借用也。

448. [po˩]跑也。画人跑路之形，以字注其音。
原為隻腿，因與本字音同，故遂借用作音符。本字頗似有漢音影響在內，因其音與漢音跑字相近，且麼些語中原有上二音之跑也。

449. [ʐv˩]，仇人也。画人頭上有一柳葉之形。以柳葉注仇人之音也。

450. [zɯ˧]執也，拿也。画人手執青稞之形。以青稞注執之音也。

451. [kʻv˧]割也。画人以鐮刀割物之形。
[kʻv˧]偷也。不取割物之意，而以其音作偷竊之偷。

152. [vɪ˧ʐɯ˥]，侍候的人，幫忙打雜的人。画人手中拿一蛇，蛇非用形，乃取其ʐɯ音，以之注明人之屬性也。与 之造字法相同，可參看前之 字各條。

153. [kɯ˦]恭維而求人也。与前 字意相同而造字法不同。 乃象形，此為借音也。画人手捧一胆 之形，以胆字注其音也。此字見于魯甸。

154. [io]拿也，以人示意，以猴記音。猴与拿同音，故画人拿一猴頭之形。此字見于魯甸。

155. [o˦]本命也。画人拿一穀堆，以 注本命之音也。此字見于魯甸。

156. [ʂɯ˥]剥皮也。画人拿一皮子之形，皮子中有一 字，原画肉塊，在此以之標剥字之音。此字見于魯甸。

157. [tʏ˩]，生長也，指人之生長。画一人，旁画一打鉄砧鏟，以之注生長之音。此字見于魯甸。

158. [nv˩]你也。画人頭上有一黄豆，以黄豆注你字之音也。此種寫法亦常見于魯甸。有時即以 字借音作你。

159. [o˩]奴隷也。 原為一神名，在此注奴隷之音也。此字見于魯甸。此指男僕。

160. [ɕ˦]自己也。画一人反身自謂之形，又以 字注其音。此字亦見于魯甸。以其手之姿勢与上一字之奴隷相區分。有時此二字亦相混用。此字或讀為o˦ to˥ o˦。

161. [ɲi˦]要也。画一人形，又寫一 ıı 字以注其音。ıı 原為數目之二字，因其音与要字同，故而借用也。口中出一氣線者，示問人要不要之意也。此字見于魯甸。

162. [pɯ˥]出來也，出現也。示一人形，下有動線以明出現之意。頭上画一蒿艾以注其音，因艾与出現音相同也。他處多直以艾借音作本字用，此魯甸之寫法也。

163. [kʽv˩ɕi˦]内人也，家中人也，或本族内之人也。画一人，示意，以一 字注其音。原象口琴 Jew's harp 之形，当地人称之為口絃，因其音与内同，故而借假也。
在魯甸一帶此字或只讀為kʽv˩，可作三歲以下之男嬰兒解。

164. [by˩]，外人也。与上一字相對待，其造字方法相同。以人示意，以 注音。 原画麥粉，以之借音作内外之外。或讀為by˩ɕi˦，意仍相同。在魯甸一帶讀作by˩時，亦可作女嬰兒解。当地之多巴云：因女嬰兒長大嫁与外人，故三歲以下之男嬰兒称之曰内 ，三歲以下之女嬰兒称之曰外，言男兒在家内，女兒須出外也。

465. [ɯ˩]捧起也,圍抱也,画人由下捧抱之形,手上有一 字以之注音也。
此字見于魯甸。

466. [ʈɯ˥],泡茶之泡也,冲泡也,画一水盆以示冲泡之意,上有一作起立狀之人以此
字注本字之音也,因"起立"与"冲泡"同音,此字見于魯甸。

467. [ʈɯ˩],安鍋灶也,画一鍋以示意,而以"起"字注其音也。
[bv˧ʈɯ˩]或如此讀,第一音爲鍋,第二音爲安放也,或寫作 ,示一人持鍋
置之形,又于鍋中寫一"起"字以注音也。

468. [mæ˧]趕得上也,画一人拿得一尾之形,以人示意,以尾 標音也。
可与前464号之 字相参看,一以形示,一以音成者也。

469. [ndʑi˧]走也,画人行走之形,又以酒薬一字 注其音,因二者之音相同故也。
此字可与226號之 字相對看,音意皆同,而造字法殊異,一全象形,一附音標

470. [rv˩],举也,抬也,画人举抬一石之形,以人示意,以石注音。

471. [zɣ˧tɕi˧]小兒也,画小兒之形,以 字注其末一音,意爲小也,原画一羊毛剪,在
此全作音符用也。
此字有時只讀zɣ˧,仍爲小孩之意, 字在此種場合中頗似作意符用,然此
甚不多見,故尚不敢決定其性質。

472. [ʔɛ˧sɯ˩] 父親也,画一人頭上生樹之形,以樹注音用也,標本字之末一音。
此經典中之称謂也,現今麼些人尚能識之,而甚少用之。

473. [dzɛ˧ɯ˧]姪子或外甥也,画一人頭上有一麥,借其音注第一音,使人易於联想
意也,此字或寫作 ,意亦相同。

474. [ʔɛ˧bv˧]兄也,哥哥也,画一人一鍋,人以示意,鍋以定声,注其末一音也。
此字有時見作 之寫法者,作兄弟解,或畧作 ,讀爲bv˩zɯ˧。

475. [gɯ˧zɯ˧]弟也,画一人手有一草 ,以草注弟字之末一音也。
草字只爲注音,故有画在頭上者,作 ,有画在旁边者,作 ,意皆同。

476. [ho˩]本族人也,親戚也,画一人有三横劃者,云爲肋骨,以注音用,此麗江之說法也
[kʻo˩]本族人也,親戚也,此魯甸各處之讀法,此指父系之親屬。

477. [ɕi˧kʻv˥]賊也.偷東西之人也.画一人頭上有一稻穗,手中執一鐮刀,作割物狀.稻穗注其第一音,意爲人.割物之鐮刀注其第二音,意爲偷.合而成爲偷東西的人.
此字可与 451 號字相參看: 可爲偷,加一 字,便成爲偷物之人也.

478. [ʐv˥ʈɯ˧]意爲仇人起來了.画一頭頂柳葉之人,作起立之狀.柳葉注仇字之音,見 449 號字之解釋.起立之狀,注第二音,見 242 號字之解釋.合 , 二字而作仇人起來之意.

479. [zo˧ɕi˩zo˧tɕʻi˩]意爲養兒能幹,与養女美麗相對,爲麼些經文中常用之頌語.
画一人讀爲 zo˧,作兒子解.頭戴一稻穗,讀第二音,作養.手持一旗,示能幹之意.即前 337 號之 字也.

480. [ʑɿ˧pʻv˥]播種五穀也.画一人放大其手,作播種狀.見前 344 號之 字.人手上有一 字,以麥標五穀之音也.五穀原寫作 ,今以画一麥而代替之也.

481. [sɯ˩zo˧]父子也.画二人並立之形, 爲父,見 472 號字 之解釋. 爲子,見 230 號字之解釋.合而作父子解也.

482. [sɯ˧pʻɛ˧]王子也.大官長也.画一人端坐儼然,上有一 字,注其前一音,合而作王子解.全以音標注時,則有 之一字也.
此字与 472 號之 字時相混用,因二字皆以 字爲音標也.

483. [nv˥mɛ˧tɕʻi˥]心痛難過也.画一人心上有一尖刺之形.心爲前二音,刺乃第三音,在此作難過解也.有時亦略去人體而作 .

484. [nv˥mɛ˧ʂv˧rv˩ʐʌr˧],意爲心中想着害怕.画一人心,乃句中之前二音.心有動線向外,附有点,指三四兩音,意爲想.有四直線,表其爲四,讀作古宗人音,借而作害怕.合而作心中想着害怕解.

485. [sɛ˧mɛ˩go˧]恭敬求神也.以人躬身示其意.以 字注其第二音,以 字注其末一音. 爲五倍子, 乃背負物,在此全借作音符用也.

486. [sʌ˧io˩mi˧kʻɯ˥]拿柴燒火也.画一人一手拿柴 一手拿火 之形.火下有一足 ,乃借其音作燒火之燒也.
此字見于祭祖 經典之中.指隨同死者一同超渡之小兒,如此侍奉祖先也.

487. [zo˧]男子也。兒子也。此字由及二字合成，人示其性質，注其声音。原象大酒甕之形，在此借其音用。或寫作，乃画甕之全形。

488. [ɕi˧]人也。画一人形又以一字注其音。原爲稿其音与人字同也。

489. [na˩ɕi˧]，麼些人也。或拿喜人也。画一人將頭点黑，注其第一音，頭上生一稿穗注其末一音。此二字音乃麼些人之自稱也。

或寫作，以頭中之一点黑注其第一音也。或寫作，乃坐像也。

490. [mɛ˩]麼些人之一支也。麼些人自分四支，此爲其最長之一支，今永寧及若喀地域內多有之，如洛吉河一帶自稱姓習者，皆爲此一支也。画一五倍子以注其音。

491. [ho˩]麼些人之一支也。麼些人自分四支，此其第二支也，今北地一帶多有之。此字画一人一肋，以人示意，以肋注音也。或將字寫于人頭上，意相同。

492. [ʂv˧]麼些人之一支也。麼些人自分四支，此其第三支也。麗江一帶和木二姓最多，姓和者多即本支人也。有以和与ho˩之音相近，疑麗江之和爲麼些人之第二支，實不如此也。此字由及二字合，以示意，以定声。之一字又由及二字合成，爲骰子，爲一種蓑草，合成一形声字[ʂv˧]，今又以此形声字作音而注此一支人之名也。有時且只用字作爲本支之名。

493. [iʌ˩]麼些人之一支也。麼些人自分四支，此其第四支也。今麗江木姓一系皆此一支之人也。此字由及二字合成。爲一植物名，或云即係烟草，在此注本支人之名也。此四支即木氏歷代宗譜碑上所謂買何宋葉四支是也。

494. [bʌ˧]西番人也。画人披髮向上之形。此蓋昔日西番人之形狀。據永北直隸廳志所記永寧所屬夷人種類西番項下謂，"西番一種，多住山岡，隨牧迁徙，男子披髮向上……"，可知此乃当日之寫實圖画也。

此字一腳端有腳板，此与其他各字不同，在他處寫作，每爲表示行走之意，在此則有注音之用，因腳板與西番同音也。有時即以字作西番解。

495. [ha˧pa˩]漢人也。画一人戴帽之形，以服飾區別此爲漢人也。旁画一木，有二用途，一表意，指東方，東方屬木也。一表音，讀[sʌ˧ha˧pa˩]，仍爲屬于木方之漢人也。此麗江一帶之說法。若全記音，今多以二字標之。

6. [gʌ˩lo˧tsʏ˩]人種名,居麼些人之北方。或云即今青海一帶之郭洛人也。于經典中知此種人善战。麼些人至今猶畏之。画一人頭上有 ,云爲小米。在此注末一音。此字或寫作 , ,更古老之古本寫法作 ,画一人戴火狐帽,穿虎豹皮衣形状。或当日此族人作如斯之裝扮也。或旁加一 字[dzi˩gʌ˩lo˧]指其在北方也。

77. [dʑʌ˧ a˩]人種名或地名也。各處多巴多指之爲印度人。北地一帶舊曆新年時有印度老丈之戲,一人頭戴大帽,着奇異服裝,与人歌謔。或即取其大帽而作本字。其寫法有 , ,各狀,皆變化其帽飾而成。

亦有人指爲青海一地名,此種人亦在青海,尚不知其詳情,存于此以待後証。

78. [dʑʌ˧ a˩ dy˩, tso˥ la˧ ly˩]意爲印度地方看左拉卦書。此指一種占卜方法,畧近似看生辰八字之方法,依人之生辰看卦書而吉凶也。今麼些多巴猶用此種卜法。有專門此項經典。左拉乃暫譯四,五兩字之音。

79. [gv˧dzɯ˩]古宗人也。指雲南西北部之一支藏人。画其戴大皮帽之形。今日來麗江之古宗人,猶常作此種裝束也。

此字或寫作 ,乃其坐像也。又常于其加一 鉄字,讀爲[ʂo˩gv˧dzɯ˩],乃指屬于金方之古宗人,昔日古宗人在麼些人之西方也。

00. [gv˧dzɯ˩ kʰɯ˧ tɯ˥ pɯ˩]意爲古宗人打抽線繩卦。画一古宗人手中拿若干線結之形。此種占卜法云有两種:一即抽線書卜,有圖片三十餘張,每張上結一線,以圖片置手中,令求卜法任抽一線,得一圖片,即依圖片而占凶吉,如此號字所示,即其卦象之一也。麼些人今猶用之,巫師處皆有此種占卜经典也。又一法以一束線置手中,先抽出一根不結,餘皆閉目于两端结之,成,展開視其成雙成團者爲好,單一者則認爲不吉也。此法古宗人今猶用之。

01. [lɛ˥ bv˧]民家人也。今大理一帶多有之。画一人有特殊頭飾,以之爲民家人之標識。其頭飾確指何物尚不知,有指爲今日民家姑娘頭巾之两角者。

或寫作坐形 ,或于其旁加一 火字,讀[mi˧lɛ˥bv˧],指其在麼些南方也。

02 [lɛ˥bv˧ bæ˩mæ˧to˥]意爲民家人擲海貝卦。画一民家人擲二海貝之形。此亦麼些人常用之一種占卜方法,有二貝,五貝,十三貝等之各種方式,各有其專用之經典。

503. [mɯ˧ zɯ˧ sa˧ sɯ˩ so˥]意爲栗粟人打竹片卦。画一人坐而占卜之形。前二音爲麼
人对栗粟人之稱謂，以頭上之个字注第一音。手中持竹片，乃其占卜之用具也
卜法以三十二條小竹片，搓乱分爲三份，內一份作自己，外一份作外人，中一份
菩薩。以各份之單雙爲驗，雙吉單凶。以此比較其內外勝負而定吉凶。今日維西
帶之栗粟人猶常用此法占卜。

504. [nʌ˧ nʌ˩ dy˩, ts'i˩ ko˩ kɯ˥]。意爲妞牛地方燒羊髀骨打卦。画一人持羊髀骨，以
炙之。妞牛地者云即大涼山內有名之妞牛壩也。故此種人可能爲羅羅人。觀今
羅羅人猶最愛用羊肩胛骨打卦，並証以地名之相符，知此說之可信。 之一
極少單獨使用，由其卜法地名方推知之，因今日麼些人距大涼山遠，巫師亦不
其所指。三十二年過西昌見傅茲嘉先生時，由傅先生告知涼山情况，方証实此

505. [ɣv˥ ɣv˧]人種名，指麼些栗粟之混血種，今日麗江魯甸梓里江橋一帶猶有此
人，曾收集到此種人之经典二冊，以麼些文寫成，而讀爲栗粟音也。
画一人頭上有石塊，注其音也。此字常作坐形，因避免与 游玩流蕩相混也。

506. [ɣv˩ ɣv˧ æ˩ mbur˩ ts'ɯ˥]意爲魯魯[ɣv˩ ɣv˧]人打雞骨卦。画此種人持看雞脛骨之
其卜法于將鸡煮熟後，取鸡脛骨兩相配比，觀其長短顏色以定吉凶，骨節下有
以细竹条穿插之，遂成如图中之形。

507. [ɣv˧ mbur˧ ɣv˧ za˩]此祭風道塲中之一部经典之名。祭因情而死之鬼魂，故此字
指嬉戲不務正業之青年男女。
画一人頂一石下來之形。 注其第一音及第三音。 可作搬迁，在此借音
注第二音。作行走下來状者，注末一音。合此四音而作一部经典之名。其內容述
死之來歷，爲麼些美麗詩歌之一。

508. [ɣɯ˧] 親戚也。画一人頭上有一蕨菜之形。人以示意，蕨以注音。此指母親一系
親屬，可与476號之 字相对看。
此字有時与官吏之吏字相混，以坐立而分。吏多作坐形 ，親戚則常站立

509. [ʔɛ˩ gv˧] 舅父也，叔叔伯伯也。依经典中所見，比自己高一輩之男子，常以此稱
呼之。永寧地方之麼些人並以此呼母親之配偶。画一熊頭人，人以示意，熊以注

10. [tsʻo˩] 人也指一切人類经典中如此称現今語言中多用ci˧ 蓋古音也画一長鼻象頭之人人示其意象注其音因麼些語象讀爲tsʻo˩也故有時只画一象，亦借音作人及人類解。

[bɛ˧ lo˧ bɛ˧ tsʻo˩/tsʻɯ˩ zɯ˧]意爲勞苦之人也画象頭注tsʻo˩字之音或只讀末三音意仍相同參看 各條。

[tsʻo˩ zɛ˧ ɣɯ˩ ɯ˧]人名也爲洪水之後人類第一代始祖以象字注其第一音可參看 及 ， 各字。

11. [tsʻo˩ zɛ˧ ɣɯ˩ ɯ˧]人名也爲洪水後人類第一代之始祖以象頭 注其第一音卍字注其末一音有時于人名之後加讀一zo˧字表明其爲男性也。

有時連寫两卍字 讀[tsʻo˩ zɛ˧ ɣɯ˩ ɯ˧ ɯ˧]指明爲心好之一人因当日彼等原有五弟兄以心好心壞識别之也故若寫作 讀[tsʻo˩ zɛ˧ ɣɯ˩ ɯ˧ kʻwa˩]乃指其中心悪之一人也依麼些经典 人類之來歷中所記彼等弟兄五人与其姊妹六人乱婚遂致洪水冲天人皆毁滅唯 有恩於神依神指示得脱此難遂爲洪水後人類之始祖後上天娶天女 遂有一切人類。

12. [bɛ˧ lo˧ bɛ˧ tsʻo˩/tsʻɯ˩ zɯ˧]勞苦之人也泛指一切人類画一象頭之人手執一鋤在工作之形 注第四音 注第一音乃工作勞動之意lo˧即爲工作活路之意。[bɛ˧ tsʻo˩/tsʻɯ˩ zɯ˧]仍爲勞苦之人 爲工作 爲人末一音爲古代之古云勞苦一古之人也tsʻo˩有時爲若干多巴改讀爲tsʻɯ˩故並列記之。

13. [tsʻo˩ zɛ˧ ɣɯ˩ ɯ˧]人名也洪水後人類之始祖見511号字之各條釋文此一種省畧之寫法也以長鼻之状表示爲象注第一音頭生雙角云示其爲牛注其名之末一音也即木氏歷代宗譜碑上之草羡里爲爲也可參看511号字之 字各條。

14. [ka˧ lɛ˩ tsʻɿ˩]人名也画一人頭上有一 字以之注名字之末一音也。

此人爲麼些族近古始祖之一由彼之四子遂分爲今日麼些 ， ， ， 之四支依麼些经典所記此人爲洪水後之第六代人由 起经 [ɯ˧ hɯ˩ no˩] [no˩ bɛ˩ pʻv˩] [bɛ˩ pʻv˧ wa˩]， [wa˩ ka˧ lɛ˩]至本人共六代也。

[ka˧ lɛ˩ ka˧ tsʻɿ˩]或如此讀仍爲此人之名即木氏歷代宗譜碑上之哥來秋也。

515. [tsʻo˩ ʐɛ˧ pʻur˩ dɯ˩]人名，畫一人頭作象頭，以注其名之第一音，旁有一下字，以注其
名之第三音。此人有求不死之藥記之故事，在開喪经典中。

516. [la˧ o˧ la˧ sa˩ zo˧]，人名。畫一人頭戴帽子之形，旁有一𠄌 字，以注其第四音
前四音為其名，末一音指明其為男性也。此人例為迎神接神之使者，常寫作

517. [do˧ sa˩ ŋa˧ tʻv˧]人名。為古代能人之一，即曾殺 龍王者。祭龍经典中有
即此人之列傳也。爲麼些经典中有文藝情味故事之一。

518. [io˩ pɛ˧]岳父也。畫一猴頭之人，以猴頭注前一音，旁有麻布，以之注後一音。合而作
音作岳父解，與猴及麻布本意無關涉也。

519. [io˩ mɛ˧]，岳母也。畫一猴頭之人，猴以注前一音，旁有一旻字，以注後一音。合而作
岳母解，全借音而成新意。

520. [tʂwa˩ nɯ˧ pi˧ li˩ mo˩]意爲男的吹笛子。畫一人持笛而吹之形，男子無頭飾，與下
一字对照，其意乃明也。

521. [mbɯ˧ nɯ˧ kʻo˧ kʻv˩ kʻæ˥]意爲女的彈口琴。畫一女人彈口琴之形。口琴之解釋見
〤63號字，以人頭飾分別男女，見下一字各條。

522. [mi˥]，女人也。畫一人有頭飾之形，此為女子之特徵，其說法有二：一指帽飾，麼些
婦女之帽，作如斯 之形狀。一指髮飾，麼些婦女束髮于頂作髻，古本中見作
及 ， 。皆畫此形，蓋其髮髻形式如此，故其帽形亦如此，觀古本多指其髮
則此字似可能由髮飾之 变而爲 ，遂成爲 ，由此遂指之爲帽飾也。
此字在经典中視当時情況，有時讀作[mbɯ˧]，如上一字所示，在求神供養時例如
此常見之圖形，男子例讀爲tʂwa˩，女的例讀爲mbɯ˧，蓋指成婚後之男
女也。參看380號之 字，及52〤號之 字。
[mɛ˧]有時如此讀音，乃母親之意也。今多于其旁加一旻字，以注其音，寫作 。

523. [mi˥]，女人也。畫一人有頭飾之形，身下一点，蓋指女子性器也。此字見之于
某一本古老经典中。

52〤. [mbɯ˩]絕也，絕嗣也。云畫女子经水常流遂絕子嗣之状，或云指经水斷絕之形。
[mbɯ˧]結婚之女子也。與前380號之 字相对。字形之解釋見上。在此借其音

25. [ʔɛ˧dzɯ˧]，祖母也。画一人有頭飾之形，示其爲女性，又画其鬢毛蒼乱之狀，以示其爲老，故會其意而為祖母也。其頭飾上端亦較方，麗江一帶之寫法如此。

或寫作安坐之形，。在魯甸一帶有時見寫作，不注意其頭飾而以字注其音。唯此種寫法不甚常見，故附于此，不单独為立一字。

26. [mɛ˧]母親也。画一女子之形，恐不明其意，以一字旁注其音，使不与女人，女兒各字相混乱也。

在经典中有時以人体之大小分别母女，如二女並立，則常指高者為母，低者為女。麗江一帶有時以頭飾形狀分别母女，方者為母，圓者為女。

27. [mi˥]女也，女兒也。画一女子有頭飾之形。恐人讀爲母字，故于其旁加一火字以注其音。泛指一切女人多用字，專指女兒之意多用字。亦可寫作。

28. [ɣv˧mɛ˧]孫女也。画一女兒之形，以雙手向上要人扶抱之狀示其幼小，故為孫女。此乃魯甸一帶之寫法。与之孫子同一表現方法也。

29. [po˥]，孕也，懷胎也。画一女人腹中有小兒之形。

30. [tɕi˧hʌ˩]生育也，生小兒也。画一女人生小兒之形。

31. [mi˥ hæ˩ tsʻo˩ dʐv˧]人口與旺也。全句意為娶來女人多生子女。乃经典中常用之吉利話也。画一女子生一小兒之狀，下有若干小点，乃示其繁多之意。麼些文字中常見之一種表現方法也。旁有一字注其末一音。四音全寫則為。

32. [sa˧ ɲi˥]扯麻撕麻也。画一女子口中銜麻，以手扯撕之形。麼些人織麻布為衣，此常見之婦女工作形態也。或讀為 sa˧ ɲi˥ sa˧ kwɛ˩。

33. [tʂʻɯ˧ mɛ˧]新娘子也。妻子也，媳婦也。画一女子盛裝之形。有云象其頭髮上捲之形。今日搶婚時將女子頭髮澆水搽乱，籠之向上，則不敢復逃，云是其遺意。

534. [pɛ˧]播揚也。画女子执箕播揚之形。亦讀 mo˩ tʂɯ˥ mo˩ pɛ˧ nɛ˩，見前382號字。

535. [kv˧ fv˧ ma˩ nɯ˧ ma˧]，以酥油擦頭髮也。画一婦女以酥油回擦頭髮之形。

536. [sɯ˧ mo˩]，披衣服也，指当地之一種毛製披毡。画一女子披毡之形。或只讀末一音，意為披或穿也。

537. [da˩]，織也，織布也。画一戴頭飾之人，指其女性。旁有一原始織機作織麻布之狀。

538. [dzi˩ pa˧ pa˩]背水也。画一女子背水之形。[Dongba glyph]爲水桶及水。麽些人取水之方法爲背一木桶接水入其中，負而返家。此乃麽些婦女例行之工作也。
有時讀爲 dzi˩ o˩，乃背水之意。或讀爲 dzi˩ o˩ dzi˩ pa˧ pa˩，乃背水背水之意也。

539. [ndzwa˧]此字常在咒語之中，用全取其音。云画一女子有物入其陰户之形。其確切字源尚不識。或云取其投中，去中之麽些音也。

540. [ʈɯ˩]，辛苦也，难也。云取生育艱難之形意。然有時且見有不戴頭飾之形者，尚不知其所指。寫作[Dongba glyph]。

541. [mo˩ so˧ lo˧]女子火葬法也。画火葬焚化女子之形。可参看 406 號字之[Dongba glyph]。
[mo˩ so˧ kɛ˥]，仍爲女子火葬法也。

542. [ndɛ˩]交合也。画男女媾精之形。此種讀法多見于咒語中。
[zʌ˩]壓也。或讀 mbɯ˧ zʌ˩ tʂwa˩ mɯ˧ zʌ˩，乃以男压女之意也。
[ɳi˧ kv˥ pɯ˧ pa˧ bɛ˧]，意爲兩個來变化，乃化育之意也。或只讀末三音，乃略兩個而專指变化，化育之意也。

543. [to˩ to˧]抱也。画一婦女抱小兒之形。

544. [ndzʌ˧ tsʻo˧]唱且舞也。当地人稱之曰跳調子。画二女且唱且跳之形。

545. [dʐo˩ mi˩]女僕人也。画女人頭上有一手鐲之形。[Dongba glyph]以示意，[Dongba glyph]以注音，合而作女僕解。

546. [dzɛ˧ mɛ˧]，姪女也，外甥女也。画一女子頭上有一麥穗，人以示意，麥以注音，合而作姪女或外甥女解。

547. [ʂv˧]領也。画母領子之形。中有一[Dongba glyph]字(骰)以注其音。

548. [mɛ˧ mi˩]，母女也。画母女之形，母字旁有一[Dongba glyph]字以注其音。

549. [mbɛ˧ mi˥ nv˥ hy˩]意爲村中說紅道黑之女人。由[Dongba glyph]，[Dongba glyph]，[Dongba glyph]各字合組而成：[Dongba glyph]雪也，第一音，在此借音作村，[Dongba glyph]女人也，第二音。[Dongba glyph]乃第三第四音，意爲嘴巴紅也。合而作村中好說是非之女人解。

550. [kʻa˧ ka˧ ʂʌ˧ ʂʌ˧ i˧ dʐɿ]争吵相罵相打也。画二女子争吵打罵之形。
[Dongba glyph]乃前二音，由[Dongba glyph]字而來，在此作生氣争吵解。[Dongba glyph]乃打架也，画[Dongba glyph]棍相打狀。

[mi˩ɕi˩mi˩zi˧]意爲養女好看，指生的女兒都美麗，乃麼些經典中常見之吉利話也。爲女，第一第三音也。爲稻，在此借音作養，第二音也。爲美麗，末一音也。合而作養女好看解，與此類字之養兒能幹常联用之。

[tsɛ˧hɯ˩mɯ˩ɭo˧bʌ˩mi˩]，女人名也。画一女人，頭上插一片葉子，以之注其名之前一音也。前四音爲其名，末一音指明其爲女性。有時只讀其前四音。

此女爲經典中所記之一天女，爲由天上領來人間，生三子，分爲古宗、麼些及民家三族，在人類的來歷中，詳述其下凡之經過。

3. [o˩i˧tv˧nɯ˩mi˩]女人名也。画一女人之形，旁画一米字以注其第三音。

此女爲之姊妹，曾殺水怪，爲有名能女之一，有經典在喪經中內詳述其殺水怪之經過。

[do˧tsʌ˩ɕo˩ma˩mi˩]女人名也。画一女人手执一柏葉，下有一團酥油之形，柏以注第三音，◎以注第四音，末一音仍指明其爲女性也。

此女爲之妻(517)，亦爲古代有名能幹女人之一，在經中有其記録。

[kʰɯ˧mɛ˧dzʌ˩mi˩tɕi˧]女人名也，爲情死經典中之女主角也。

画一女人，旁有一小河灘，注其名字之第一音也。有一字，注其名之第四音。

[mɛ˧nɯ˧hwa˩dzɯ˩ɕi˩] 一生雙胎之意也。画一婦女生雙胎之形，旁有一皿字注其第四音，有雙字之意也。此種寫法見于占卜經中，一吉祥之卦也。

[tʂɯ˧mɛ˧dzi˧mo˩tsʌ˥ʂv˧hy˥] 意爲媳婦穿衣打扮的站起。画一媳婦穿衣打扮站立之形，旁有一字，乃注第六音也。前兩音義爲媳婦，三、四音意爲穿衣，六、五、二音意爲打扮，末一音意爲站起。超渡經中有之。

8. [mi˩nɯ˧ls˧hɛ˩hə˩]意爲女的背獐皮袋，超渡死人時之一種儀式也。由女人及皮口袋二字合成。此專指全皮之口袋，非用若干皮子縫合而成之口袋也。当地人常以此種口袋裝糧食盤纏，以供上路行獵之用。画一獐頭口袋之狀，有長牙，示其爲獐，不点睛，示其爲死物，動物例以不点睛爲死也。獐腹中之点点乃指全皮口袋中所裝之糧食。以此口袋掛于女子腰間，乃超渡法儀之一種。

第一音爲女，第二音意可爲的，第三、四兩音指獐皮口袋，末一音意爲掛，披及斜挂。

559. [lɛ˧ hɛ˩ hæ˥] 背獐皮口袋也。画一人背獐皮口袋之形。此乃超渡死人時之一法儀，斜挂獐皮口袋于身上以送死者及接死者之遺福也。云昔日 葬其父時此遂沿傳至今也。有專经典詳述此事，即以本字為经典名。

[zo˧ nɯ˧ lɛ˧ hɛ˩ hæ˥] 与女子背獐皮袋並列時，常如此讀，意為男的背獐皮袋，加重其為男性之意。或于其頭上加一 字，以明注男子之意。

560. [dzɛ˧ ʂɯ˩ kʻwa˧ ɳʌ˩ lo˥] 意為把袈裟搭在肩膀上。此指喇嘛圍身用之红黄布。前二音為此種毛布之名称，三四两音指肩上，末一音乃搭披之意也。

561. [la˧ ma˩ bʌ˧ ɾɯ˩] 喇嘛也。画戴喇嘛帽趺坐之形。或只讀其前两音。或于人旁加 二字以注其前二音。意仍為喇嘛。经典中有時亦只讀末二

562. [tsʻa˥ mba˩] 黑喇嘛也。一種巫師。画一披髪巫者之形。以 咬啃之状注其一音，生大脖子 以注其第二音。此字見于魯甸一北寒泒之開喪经典中。

563. [ʐv˥ bɛ˧] 做莊稼也。当地稱之曰做活路。
画一人頭有柳葉，手在以鋤工作之形。 以注其前一音， 以注後一音。

564. [ʐv˩ tuɾ˥] 结仇也。画一人以示意，手中有一柳葉，以注前一音。葉上有一结 注其後一音，合而作仇恨或结仇解。

565. [ʐv˩ tuɾ˥ bɛ˧] 使有仇恨或结仇恨也。 与上一字同，下加一 字，以注末一音，乃做作之意，在此可譯為结也。

566. [ʐv˩ nɯ˧ ʐv˩ tuɾ˥ bɛ˧] 意為仇人来结仇。末三字之解釋与上一字同，于人頭上加一柳葉，注明其為仇人也。見449號字。

567. [ʐv˩ pʻy˩ mɯ˩ mɯ˩ pʻy˩] 仇人向下边虧損之意。画一仇人口中嘔吐向下之状，以吐注虧損之音，第二第五两音也。下有一 字，以注第三音，下方之意也。

568. [ɣʌ˥ ŋgiɛ˧ ɣʌ˥ tɕʻi˧] 曬糧食(種子)看守糧食也。画曬糧食于器中，一人持棍看鳥雀之形。

569. [tʂʌɣ˧] 洗也。画一人洗手之形， 為水点，状示其洗意。
或寫作 ，意仍相同。

570. [zɯ˧ ʂʌɣ˩ ha˥ i˧] 長命富實也。見290號字。腹中充实乃点明有食物之意。末二音

四人體類

71. [kv˧]頭也。画人頭之形。不画眉目口鼻,以免与下一字之面字相混雜。

72. [pʻa˧]臉也,面也。画人面之形。着眼耳鼻口,以与頭字相區分。或簡寫作。
可作四方八面之面用。如即四方八面也。

73. [ɣʌ˩]美麗也。人面有花,故為美麗。画一花朵在人面之中。此多指天然生成之美。

74. [ŋgiɛ˩]好看也。此多指人工裝飾之美,与上一字天然美相对待。画人面簪花狀。
[zɿ˧],或如此讀,亦好看之意也。与上一字相对,仍有裝飾美之意在內。

75. [miʌ˩gv˧ miʌ˩tsɯ˩fv˧]眉毛也。
[miʌ˩tsɯ˩fv˧],亦可如此讀,仍可作眉毛解。然若嚴格分之,如此讀实指睫毛也。

76. [miʌ˩] 目也。有時讀[ɳʌ˩],蓋古之一種讀法也。借此音可作指示地方之副詞。
如人類大地上,龍王地方上,鬼的地方上……皆用此音,有這裡那裡裡字之性質。

77. [mʌɤ˥] 合目也。画閉眼之形。
[miʌ˩mʌɤ˥]使眼色也。画人動目使眼色之形。

78. [pʻo˥]隻也。画一隻眼睛之形。

79. [lʏ˩]看也。画人目光外視之形。

80. [do˩],見也。以目光動線長短相分別,短者爲看,長者爲見。此麗江一帶之區分法。

81. [do˩]見也。画目光及物之形。不及物為看,及物爲見。此魯甸一帶之區分法。

82. [ɳʌ˥]沾染污漬也。以点点示意。以字注其音。此字見于魯甸。

83. [miʌ˩ ŋgwa˧]盲目也。画目而不点睛,示其不能見也。

84. [do˧do˩]相見也。画二目相見之形。

85. [ŋv˩]哭也。画有淚珠之形。

86. [lʏ˩]看也。画看物之形。恐与見字混,故以犁(矛)字注其音也。此魯甸之寫法。

87. [do˧]羊毛捲也。以羊毛示意,以見注音。魯甸之寫法也。

88. [hɛ˧]耳朵也。

89. [mi˧]聽見也。画有動線入耳之狀,故為听也。有時動線曲折,作,意仍相同。

590. [ŋi˧ mʌɤ˩] 鼻子也。此字得之于魯甸。画鼻子之形。不甚形似。蓋经中不常用之也。

591. [ŋi˧] 鼻涕也。画鼻涕之形。此字甚常用。多見于祭祖经典中。

592. [nv˥] 口也。画口之形。以黄豆 注其音。恐口 字不易清楚認識也。

593. [nv˥] 口也。此魯甸一帶之寫法。画一動物之口部。又以 黄豆注其音也。

594. [pɛ˩] 吐也。画口吐物之形。口作側面觀之画法也。

595. [pɛ˩˥] 吐也。此字有三釋。一云象口中有苦物欲吐出之形。如此說法為正確。則画口之正面。一云象酒渣之形。讀 pɛ˧ 以黑点爲酒渣。又一種為若喀地方之說法。云爲盛米之木升也。長方形為升。黑点爲糧米。此三種字源說法。似以第一種較合理。

596. [pɛ˩] 吐也。由 及 二字合成。此魯甸之寫法。合二字作一字用。若此二字字源皆取口形。則一字之中。口有正面側面兩種画法也。蓋麼些人多注重音。字之原形每每忽畧之也。

597. [ʔɛ˥] 啊！之声音也。画發此音時口舌之形状。此字極常見。经典開始常有此音。

598. [ʔɛ˧˥] 一種声音也。較上音低而畧升。語詞中用之。画法与上一字同。而以露齒表示此音讀時須見齒牙之意。

599. [ŋgo˩] 白齒也。

600. [ndʐæ˩] 犬齒也。獠牙也。或寫作 。

601. [kʻæ˧] 咬也。咬硬物也。此種寫法見于魯甸。

602. [kʻo˧ gv˧ ndʐæ˩ ʂɯ˩ kʻɛ˧] 意為口中的黄獠牙折斷。画口中折斷之形。 乃折斷之符號也。注末一音。前二音意為口中。三、四兩音意爲黄色獠牙。

603. [ŋgɯ˧] 嚼也。象口動嚼物之形。或寫作 。
可借音作相信解。
[gɯ˩] 或如此讀。常在经典中作真及真實解。此一字有此兩種讀法也。

604. [tʻɯ˩] 飲也。画人張口飲水之形。此字見于若喀地域。
[dʑi˩ tʻɯ˩] 飲水也。各处皆如此讀法。

605. [ɣʌɤ˩] 喊叫也。画人喊叫有声之形。可与280號字 相参看。一示全身。一示頭部也。頭上作 神之冠。云在麼些洪水故事中有 神叫一声。天上听到了之句也。

6. [po˧] 啣也。画中銜肉塊之形。可与鳥類中之 字相參看，音意皆完全相同。此乃較古老之一種讀音，今日語言中多讀為 mbo˩。

7. [hy˩] 紅也。画口唇之形狀，于其上加一火 字以示意。蓋火与口唇皆為紅色，由此取意遂為紅。在經典中常以 代紅字用，如 為紅虎， 為紅脚等。

8. [tsɯ˧]塞也。画束草塞口之形，以口示意，以 注音。可与321號之 字相对看，一為象形一取形声。

9. [tsʻa˧]，[tsʻa˩]，[tsʻæ˩]，咬也，吞咬也。有此三種之讀法，意皆相同。由口 及盐塊 二字合成。口以示意，盐以定声。盐原音 tsʻɛ˧，与本字之讀音尚有若干不同，蓋亦不得已者，使由盐字易于联想得本字之音也。

0. [tɕʻi˩]甜也。以口示意，以刺 注音。参看314號之 字。

1. [kʻa˧]苦也。画人口含苦物之形，以黑点示其為苦也。参看313號字 。常借音作生氣懊惱解，或寫作 。

2. [hɯ˧]牙也，齒也。画齒牙之形。或寫作 ，側面觀也， ，簡寫法也。借音作"去了"之去，又借音作"富"，讀作 hɯ˩ 也。

3. [hɯ˧]去啦之去。常指过去之動作。画一牙齒以注其音，加一動線以指行動之意。

4. [ɕi˧]，舌也。画口中出舌之狀。

5. [sa˧]氣也。象口中出氣之形。或寫作 及 。借音作漫溢解。凡一切水氣皆作本字。

6. [ɣwa˧pa˩]鬍子也。

7. [kɛ˧]頸也。

8. [la˩]手也。此字有各種寫法，正看側看，捲曲轉折，多不勝画，要皆為手也。此字常与 字联用作 ，乃菩薩神人之意也。

9. [kæ˩]抓也。画手抓捏之形。此字見于魯甸。或寫作 。

0. [la˧tʂɯ˩]指甲也。

1. [la˩pʌɤ˥]戒指也。

2. [po˩la˧]姊妹多也。以手中持物注第一音，手注第二音，借此二音作姊妹众多解。

623. [ʂɯ˥]拾東西之拾也。画一手檢拾一物之狀，此示其意，拾得之物 ，乃麼些人之家神竹簍，以家神注此字之音也。此種寫法見于魯甸。

624. [ndɣ˥]趕也，画以手持棍趕逐之形。
[ndɣ˧]如此讀則作清閑解，借音而用也。

625. [la˩dʐo˧]，手鐲也，画一手 一鐲 之形。 字亦常單獨使用。

626. [la˩ji˥k'wa˧]袖也，画袖子之形，此字第一音爲手，第二音爲瞧，第三音爲洞，合而可作手瞧之洞洞解，故爲袖也。麗江周慰蒼趙玉生二先生爲余如此說，殊有意趣。今多讀爲 la˩ io˥ k'wa˧，蓋漸变漸失其原意矣。

627. [la˩ mbæ˧ tsʌɤ˥]下臂也，由肘至手之一節。经典中多如此讀。
[la˩ mɯ˥ t'v˧]今日語言上多如此讀。

628. [ȵi˥ ȵi˧]乳也，画乳出乳汁之形。

629. [p'i˩]肩胛骨也。

630. [ho˩]，肋也，画肋之形，可借音作遲，作深。

631. [ho˩] 趕一群牲口也，当地漢語曰邀，画一棍 以示趕邀牲口之意，下画一肋骨 以注其音，此亦一較古之音。此字見之于魯甸。亦可讀ho˧，作攔截解。

632. [nɯ˧]心也，画心之形，或寫作 ，或簡寫作 。
此字借音之用法極多变化，在麼些語文法未全部明瞭前，頗不易有完美之釋述，今以最粗略之說法示其大概，頗有一部分似漢語之"的"字，如怎樣做的……，故此字在经典中極常見。
[nv˥ mɛ˧]或如此讀，仍爲心也，語言中亦多用此音也。

633. [nɯ˧ ndʐɯ˩]心乱也，象心意紛然四馳之形。

634. [ʂv˧ ɤv˧]想也，象人心中有所思想之形。

635. [ʂv˧ ɤv˧]，想也，与上一字同，而以 字注前一音。此二字皆見之于魯甸。

636. [nv˥ mɛ˥ ʂv˧ ɤv˧ k'wa˩]，心中想壞事也，画心中思想之狀，以一▲字注明其爲惡，爲壞，末一音也。

637. [nɯ˧]，覺得也，覺察也，以心 示意，以 注音。 原爲乳汁，在此作音符用。

38. [nv˥ mɛ˧ tʂ'ʌ˥ nɯ˧ ɤv˥] 心爲穢氣所纏繞也,画心 爲穢氣 所纏繞之形。

39. [ŋgæ˩ t'a˥ nɯ˧ ŋʌ˩ tʂ'o˥] 快刀戳心也,画以刀刺心之狀,前二音意爲快刀,中二音意爲心上,末一音意爲戳揷也。

40. [tʂ'uɤ˥] 肺也,画肺包心之形,或寫作 。

41. [kwa˩] 一種内臟,有云指橫隔膜,有云指牲畜胸前之軟肋。

42. [kwa˩] 与上一字同,此北地一帶之寫法。

[ka˧] 或如此讀,此亦北地之讀法也,北地多巴有時借此音作好字用。

43. [ho˥] 胃也,肚子也,画反芻胃之形,或寫作 。

作一種願望意的語尾助詞,如所求如願啦之啦,麼些經典末尾之 是也。

44. [tsi˥] 脺臟也,或寫作 。

45. [bv˧] 腸也,或寫作

46. [kɯ˩] 胆也,中一点黑,示其苦意,借音作萬及恭維乞告。

47. [sʌ˥] 肝也,以 象形,以 注音,有時亦只作 。

48. [mby˧ ly˧] 腎也。

49. [ka˧ tsɯ˩ sʌ˥ ŋʌ˩ tʂ'o˥] 意爲細針戳肝,画肝上有一針 之形,針爲第一音,第二音爲細,三,四兩音爲肝上,末一音戳揷也。

50. [ʈ'ɯ˥] 腰脊也,象脊椎之形,亦有寫作 字者,指明其腰部,唯与287號字混。

51. [ʂæ˧] 血也,画血滴之形。

52. [ŋgv˧] 筋也,以 示形,以 注音。

53. [ʂɯ˧] 肉也,画肉塊之形。

借音作黃,讀作 ʂɯ˩,又借音作死。

54. [ʂʌɤ˥] 汗垢也,汗漬也,画肉上有汗滴之形,此字見于魯甸,常以之注多巴教主名號之第三音,所謂之 [to˧ mba˩ ʂʌɤ˥ ɤwa˩],是也。

55. [ʂɯ˧ ndʐæ˩] 花肉也,雜色肉也,画肉塊,点点示其色花。

[ʂɯ˧ ndʐæ˩ tɕi˥ gv˧ mbo˩] 此乃死者住処之一地名也,以 注其前二音。

56. [ʂɯ˧ ndʐuɤ˧] 新鮮肉也,意爲有溼氣之肉,供肉与神時如此稱,画肉有溼氣之状。

657. [ʂɯ˦hy˩]紅肉也,帶血之肉也。画肉上有一火 字,火色紅,故爲紅肉也,实指血之肉。此以肉施鬼時之稱法,鬼不忌諱血也。
658. [tɕʻi˩]痛也。画肉上有刺抖動之狀,刺 以注其音,抖以示其意,痛甚則抖也。
659. [na˧ʂɯ˦tɕʻi˩]筋肉痛也。以 • 三字合成,前二音有瘦肉之意,故爲筋肉,一音爲痛,与上一字同。
660. [ʂɯ˦tuɤ˩],肉板也,俎板也。画肉 及俎日。
661. [ʂɯ˦hæ˧tuɤ˩],切肉之俎板也。与上一字同,加一刀以示割意。
662. [ʂɯ˦nda˧tuɤ˩]砍肉之俎板也。將刀置于肉上示砍之意。
663. [tsʻʌ˥]臓也,云画胎胞之形。
664. [tsʻæ˦]此字無意指,全用其音,多巴教主一代之名中用此音,字源由 字來,两旁加線示其意,表明讀音有轉变也。
665. [ẇa˦]骨也。
借音作一種口舌之鬼名。
666. [by˦]粗也。画骨上有麵粉之狀, 以示意, 以取声。
[wa˦by˦]粗骨也,或如此讀,如此解。
667. [tʂʌɤ˥]骨節也。
668. [wa˦tʂʌɤ˥]骨節或関節也。画骨節相連之形,或寫作 各形。
669. [tʂʌɤ˥gv˦mbo˩]骨節病之一種,画骨節中有病之狀。
670. [læ˦]男子性器也。
671. [læ˦pæ˩]去勢也。
672. [pʻv˦]雄性也,云象男性性器之形,与下一字相參考。
此字常借音作價值解,又借音作祖父解,如 即爲祖孫同堂之意也。
673. [mɛ˦]雌性也,云象女性性器之形,或寫作 。
近日经典中亦常見寫作 ,多讀爲mɛ˥,此實形字与音字 之合体字,上面之 乃音字之一種符號,且疑其來自藏文中也,麼些人常用以变形字之音讀。此字讀作mɛ˥,可作要求解,又常作語尾助辞,如是了,這樣做麼,不是啦,之末一音。

74. [k'ɯ˧]足也。画足之形，以見腳趾，否與下一字相區分。不見腳趾爲足，見腳趾爲下一字之腳板也。

此字借音作去，即魯甸一帶之　；又借音作裝置安置，即魯甸之　字；又借音作垂直的刺開，即魯甸之　字。蓋原皆以　字借音，後乃漸行分化也。

75. [bʌ˧]腳掌也，當地人謂之腳板。画由下上視腳板之狀，因而得見腳趾，以此與上一字之足相區分。

此字常借音作西番人，因音相同，故可與494號字　相參看，一借音一象形也。

76. [k'ɯ˥]去也。画一足，下加一動線以示意。此種寫法多見於魯甸。

此字之讀音，疑其受雲南一帶漢語之影響，因音相近。又麼些另有去[bɯ˧]字也。

77. [zʌ˩]壓也，制伏也。画以腳踐壓之形。此字原由多巴壓鬼之　字來，畧去倒地之鬼，代以　，遂成本字也。

78. [zʌ˩]壓伏也。画多巴以腳壓鬼之形。

[tsɯ˩ zʌ˩]或如此讀，乃壓鬼之意也。第一音爲鬼。

79. [bʌ˩]合腳也。画以鞋合腳之狀。

80. [k'ɯ˧]垂直的刺破開也。以)(示意，以　注音。此字多見于魯甸。

于多巴法儀中用此字，在超渡死人時，多巴以法杖之鐵尖刺破木盌以占兆也。

81. [k'ɯ˧]線也。以　示線之形，恐不易識，又以　字注其音也。

此種寫法見于魯甸一帶。

82. [k'ɯ˥]裝放也，安置也。画一腳及一木盆　以示意，裝放須入一器皿中，以此爲代表也。　以注音，因足與裝放在麼些語中音相同也（不同調）。

[lo˧ ŋʌ˩ k'ɯ˥]或如此讀，乃放在木盆中之意。前一音爲木盆，中一音乃裡之意也。

83. [p'ɛ˩ k'ɯ˧]神桌上之麻布也。　爲麻布，第一音，　乃注其第二音。

[p'ɛ˩ k'ɯ˧ tsɯ˥]鋪放神桌上之麻布也。末一音鋪放起之意。

84. [mi˧ k'ɯ˥]点火燒火也。由　火及　二字合成，火以表意，　足以注末字之声，合而作燒火解。

85. [mi˧ k'ɯ˥]燒火也。画燒火之形，　爲火把火焰，又加　，　二字以記音。

五鳥類

686. [v˥ zi˧]鳥也。画鳥之形，于其頭上加一 字以注末一音。 原象花朵美麗之形，美丽与鳥之末一音相同，故借用于此。此字見于魯甸。

687. [mbi˩]飛也。画鳥飛之形，此語言上之飛也。有時简畧寫之作 。
[ndzi˩]飛也。此经文中之飛也。

688. [da˩]飄翔也。画鳥不動翅尾飄翔空中之形。
有時与上一字相混用，蓋麽些文活動性甚大，又彼此不全相同，須变通而用之也。

689. [hwa˩ zɛ˧]燕子也。
此字之特徵在其分叉之尾部。以此与其各鳥相區分。或寫作 。

690. [kwa˧]鶴也。
此字之特徵在其長喙。故近日多巴常畧寫之作 ，以其長喙与其他各鳥相區別，畧去全身而一部分示意，此法近常用之，故每一動物之特徵于此極関重要也。此字常与 字連用，作 ，可作白鶴解，又常作媒人用，因白鶴為天，地之媒人也，其詳見于媒歌。有時 二字連用，借音作穏穏當當解。又單用時可作騙哄

691. [kwa˧ ŋgɯ˧]中間也。以 注其第一音，以 之符號示空間之間隙，合而作中間之意解，見前13號字。有時寫作) (，其意亦同。

692. [æ˩]雞也。
今多寫為 或 ，以鸡冠為特徵，而与其他鳥類相區分。
関於雄鷄雌鸡之别，多巴有各種説法，一云可以冠之大小分，以 為雄，以 為雌。一云以鸡腮之肉總分 為雄， 為雌。現经常見之分法，仍為注音，即以 [æ˩ mɛ˧]，為雌鸡，以 [æ˩ pʻɯɤ˧]為雄鸡，唯此字若讀為æ˩ pʻɯɤ˩，亦可作白鸡解也。
有時借鸡字之音，作拘留解，如拘留在地獄中之類。

693. [fv˥ dʑi˧ æ˩ na˩]鬼的黑鸡之名，画一鸡而將其身塗黑，亦有画其全身点以黑点者。此鸡曾生蛋，因而成各式鬼怪，見于叙述各鬼怪來歷之经典，地獄中亦有之。

94. [tɕo˥] 啼也，為鳴也。画雄雞引吭長鳴之狀，口中所出之曲折動線乃雞之鳴声也。常借此字之音与他音連用而作新意，如 [tɕo˥ tʂo˩] 常作當初最早解。
二字連用時亦多作轉回來解，参看375號字，一象形一用音也。

95. [tɕo˦ tɕo˦]，客氣也。画二雞对啼之形，借其音而作客氣之意用，常於書信中見之。
[tɕo˦ tɕo˩]，鷄並啼或雞乱啼也。画二雞並啼之形，天明遠近雞唱或將鬥而啼也。

96. [æ˩ dzo˩] 雞架也。画雞棲于架上之狀。

97. [bv˩] 孵卵也。

98. [bv˩] 孵卵也。中画一蛋，上下圍蓋，示孵化鸡雛之意。

99. [bv˩] 孵化也。以卵〇示意，以鍋注音。

00. [ɕʌ˩] 休息也，空閑也。画一雞而于中間加一"下"字，此蓋為一音字，以之注明此鸡不讀æ˩，讀与"下"字相近之ɕʌ˩也。借此音遂可作空閑及占卜解，見下条。
此字之字源甚奇特，用麼些之形，古宗之音，及漢人之字組合而成。乃麼些象形文之鸡也，然欲讀古宗人之ɕa˧音苦無明示，遂取漢文之"下"加于鸡身之中，標其讀法，因漢文之"下"字讀音与古宗之雞相近也。麼些人用之以作占卜及空閑用，此則由于麼些詞彙中此音極需要，在其本身無可象形，又無同音字可假借，不得不出此曲折迂迴之途。
關于"下"之為漢文一節，須与"上"字並列比較其音讀方可論証。上、下二字皆入于麼些音字字彙中，讀上為ʂʌ˥，讀下為ɕʌ˥，ɕa˧，皆与漢文本音近似，知其可能借用漢字，此為較顯明之一二例証，須觀音字与形字之全部論断方可証此說之可信。
[ɕʌ˥] 打卦卜兆也，或問卦求兆也。字源已見上述，此本字最常見之用法。
[ɕa˧] 古宗之雞也。麼些人学古宗经語時，即讀此音。麼些经典中時有古宗語也。

01. [ʔa˥] 鴨也。以扁嘴為特徵。
借音作答應之声音。又為十萬，麼些人計數之最高單位也，讀作 ʔa˩。

02. [mbæ˧] 野鴨也。以上節之扁嘴為特徵。
[mbæ˧ na˩] 亦野鴨之一種，身体較小，或讀為 mbæ˧ ʔa˥。

03. [mbæ˧ ʂɯ˩ mbæ˧ ɣɯ˩ mɛ˧] 鴛鴦也。画鴛鴦平飛之形，以身上花紋扁喙為識

704. [ʔõ˩] 鵝也。画鵝之形，以頭上突起及其扁喙爲特徵，或畧其口部之特徵，而只意其突起，作 ，麗江一帶之寫法如此。

705. [lɛ˧ kæ˩] 烏鴉也。画鳥而以黑色塗其全身，以黑爲其特徵，蓋天下老鴉一樣黑。此字或寫作 ，以身上之黑点示意。又簡畧只画其頭部作 ， ，皆爲烏

706. [dzɿ˩ k'o˧ na˩ lɛ˧ kæ˩] 水老鴨也。画老鴉之形，以 二字注其前二音，乃边上之意也。第三音爲黑，末二音爲烏鴉。

707. [bo˩ fv˧] 梟也。画梟之形，以頭上之冠毛爲特徵。
今多只画其頭部作 。

708 [dzɿ˧ bʌ˩] 蝙蝠也。
此字之旁若加一"⺊"字，則成爲[hæ˩ i˧ dzɿ˧ bʌ˩ p'ɯ˩]，意爲帶金片之白蝙蝠，经典中常見之使者，凡迎接神人皆以此蝙蝠及516號之 二人前往，经典極常見之字也。其坐騎爲一大鵬，見于求占卜经典中。

709. [ɕʌ˩ go˩] 大鵬也，以頭上之冠毛爲特徵。
此鳥常爲 之坐騎，因蝙蝠力弱，由大鵬將其馳上天界，方能求神也，其事于求占卜经記麼些经典中有文藝價值之一冊也。

710 [ɕʌ˧ tɕo˩] 大鵬鳥也。或寫作 ，以其頭上生角有寶物 爲特徵。
[dv˧ p'ɯ˩ ɕʌ˧ tɕo˩] 大鵬金翅鳥也。爲些些经典中重要神祇之一，頭生有角，角有寶物，其來歷見於 经中，即大鵬鳥龍王爭鬥之经也。
有時寫作 ，乃示其爲神端坐之狀，其名在经典中常有变動，在祭龍经中讀[lo˩ by˥ pv˥ ʂɯ˩]，在麼得鬼 经典中讀作[i˩ ʂɯ˥ di˩ wa˧]，在延壽经 中讀爲[to˧ tɕ'o˧ kʌ˥ bv˧]。

711. [hɯ˩] 箐雞也。野雞之一種，以其美麗之冠毛爲特徵

712. [fv˧] 雉也。
此字今多寫作 ，以其披離之冠毛爲特徵。

713. [ma˥ i˧] 孔雀也。
此字今多畧其繁複，只画其頭部寫作 ，以其特殊美粟之羽毛與他鳥相識

714. [tsɿ˧ li˧]鳥名，有云即所謂之鶺鴒鳥也，画鳥之形，以其冠毛及身上花点爲特徵。有時簡寫作 。

715. [kʌ˧ po˧]鳥名，布穀鳥也，以其身上之花点爲特徵，簡寫時作 。
此鳥口中常出動線，示其鳴唱，布穀鳥叫了，好消息到了，乃麼些经典中常見之詩句，原文寫作 ，[kʌ˧ po˧ lɛ˧ tʌ˧ tsɯ˩, kʻwa˧ hɯ˩ lɛ˧ mi˧ tsɯ˩]。
亦常于其旁加一綠松石寫作 ，讀爲[wa˧ hæ˩ kʌ˧ po˧]，乃綠玉布穀之意，指其色綠也。又爲抽像卦三十三卦象之一。

716. [wɛ˩]鳥名，鷂子也，以其身上有花点及鈎狀之嘴爲特徵。
近日普通经典中多簡寫作 。

717. [hwa˧]，白鷴鳥也，画白鷴之形，黑頭白身紅脚，雪山森林中有之，以黑頭爲特徵。
簡寫之作 及 ，皆以其黑色冠毛爲標識，借音作一群之群，作一種麥病。
常于其旁加一"下"字寫作 ，讀hwa˧ pɯ˩，仍爲白鷴鳥之意。

718. [hwa˥] 銹也，以 示意，以 注音。
此種寫法見于魯甸一帶，他処多直以白鷴本字 借音而用。

719. [ndzæ˩] 麻雀也，以身小有斑点爲特徵。

720. [ndzæ˩ mɛ˧ ɣwa˧ na˩] 黑下巴之麻雀也，画一麻雀，点黑其下巴，此雀上天求经爲収風鷹" " 所食事，見求占卜经記中。
此字多簡寫之爲 及 。

721. [ndzæ˩]泥也，画泥 之形，以雀 注音。
[ndzæ˩]花斑色也，雜色也，以 示花斑色之意，以雀注其音。
此字見于魯甸，可有泥及花斑色兩種解説，因其圖意皆可通釋，又其讀音完全相同也。

722. [kʌ˥]鷹也，画鷹之形，以鈎狀之嘴爲特徵。
多簡寫之爲 ，以身上有花点否与鷂子相區別，無点爲鷹 ，有点爲鷂 。

723. [tɕi˧ ndɔ˩]山鳥之一種，似麻雀而大，身上有斑点，此字見于魯甸，尚不識其漢名。

724. [tʂv˥] 水鳥名。当地人以漢話稱之爲水葫蘆。云画其頭上有水花之形。観其形
似即爲凫。
借音作迎接。又作地脉及地脉之神。

725. [tʂʌ˥] 水鳥名。画一鳥頭上有二圓圈。此乃以鳥形示其意，又以 注其音。 乃
字之tʂʌ。以形字見意，又以音字注音。此例近日漸有出現，如 字皆是

726. [tʂʌ˥] 水鳥名。有云即爲鷺鷥。画其頭上冠毛之形。以此爲特徵。
此字与上一字音同而形不同，尚不知其是否即爲一物。

727. [ɲi˧ zɛ˧ gv˧ ndʐæ˧] 身斑之吸風鷹也。後二音言其身斑，前二音乃其名也。此
鷹身体較小，常以翅拍風而停于空中，故麼些人以其爲喝風也。
画一鳥形，以鈎嘴示其爲鷹，首有一 字注其首音。身上有花点乃注明其末二
此鳥即吞食黑下巴麻雀者。云因此爲神所罰，不准喝水，只許喝風。見求占卜經
或簡寫作 。

728. [rwa˧ mæ˧] 鳥名。有云爲雲雀也。大小似麻雀，灰色。
画一鳥形，以 二字注其音。或簡寫作 。
或讀爲[hɛ˧ i˧ rwa˧ mæ˧ pɯ˧]，于其尾上加一 字，末一音也。

729. [tʻo˧ rɯ˧] 斑鳩鴿子也。画一鳥边画一松木 ，以注其首音。
若嚴格分之，此爲斑鳩，加一 字讀[ɕi˧ tʻo˧ rɯ˧]方爲鴿子也。

730. [tʻo˧ rɯ˧ pa˧ rwa˧] 斑鳩嗉也。斑鳩之解釋見上一字。放大其嗉部以見意。

731. [rɯ˧ tsʻɛ˧] 綬帶鳥也。以其長尾爲特徵。又以 二字注其名。 爲牛虱，
其名之首音 爲鹽，注其名之末音。

732. [tɕi˧ ʂʌ˧] 喜鵲也。画鳥之形，以羊毛剪 注其首音。

733. [ko˧ tɕi˧ mæ˧ pɯ˧] 鳥名。高山上有之。
画一鳥形上加一針 ，以注其名之首音。尾有一 字，以注其名之末一音。

734. [ko˧ tʂʌ˧ ɤʌ˧] 鳥名。高山上有之。其第一音即有高山草場之意在内。
画一鳥形，以 字注其第一音，以 字注其第二音。此魯甸一帶常見之音字

735. [ɕʌ˧ go˧] 大鵰也。画大鵰之形，見706号字之解釋。又加一下字以注其音。看700號

36.  [ʂo˥] 雞冠也。画雞冠之形。此字可与下一字之 相对看，一僅形似，一則注音。

37.  [ʂo˥] 雞冠也。画雞冠之形 ，恐人不喻，又于下加一鉄字 以注其音。 原象斧頭之形，常作鉄字用，在此又以鉄字之音以注雞冠。
此種寫法僅見于魯甸一帶。蓋原画作 ，不易識别，至此為之加一音符。

38.  [pa˥] 野鴨頭上之冠毛也。
此乃北地一帶之寫法。

39.  [pa˥] 亦野鴨頭上之冠毛也。此種寫法見於魯甸一帶。

40.  [bɛ˥ bɛ˩]，雞腮下之肉繐也。
此字見之于魯甸。

41.  [ndv˧] 翅也。画鳥翅之形。或寫作 及 。

42.  [ndv˧] 仍為翅也。以 象形，以 注音。 為毒花，其音与翅相同，遂于此借用作為音符。此種寫法見于魯甸，他处未曾發現。

43.  [kʌ˥ tʂɯ˩] 鷹爪也。画鷹爪之形。乃多巴法器之一種，以鉄打作鷹爪之狀，以此救死者出地獄血湖海也。

44.  [tʂɯ˩] 爪也。画鳥爪之形。
常借音為多巴之一種法儀撒炒苦蕎等給鬼也。

45.  [zɯ˩] 抓也。画鳥以爪抓物之狀。
或讀為 dʐʌ˩，与下一字相混。可相对參看。

46.  [dʐʌ˩] 抓住也，抓碎也。画鳥抓物之形，以 示其粉碎之意。

47.  [kʌ˥ ndv˧] 鷹之翎毛也。画鷹翎之形。
此亦多巴法儀用品之一。多巴為人開喪時以鷹翎插于法帽之上。

48.  [nɯɤ˩]，羽毛也，指鳥身上之细毛。
或寫作 ，示其毛细之意。

49.  [mæ˧] 鳥尾也。画鳥尾之形。

50.  [ma˥ i˧ mæ˧] 孔雀尾也。画孔雀之尾形。
或單寫之作 ，亦孔雀之尾也。此為多巴法儀用品之一，常插於淨水瓶之上。

751. [kv˧]蛋也,画蛋之形狀。
常借音作一個人之個,或讀爲gv˧,或讀爲kv˥,讀作gv˧時,且可作身体解。
與 連用,作那裡解,寫爲 。
蛋可由附加他字而变爲各種顏色,如 , , , , ,即红蛋,黄蛋,绿蛋,白蛋,及花蛋也。麼些族有以萬物卵生而成之傳說,故蛋之形色甚多。

752. [dʑv˩]蛋欲孵变而生物也,或蛋变壞而不能用也。
[kv˧ kv˥ kv˧ dʑv˩]蛋要孵变之意也,经典中常如此用。
或寫作 ,仍示其孵变之意也。

753. [i˩]漏也,画蛋殼漏水之形。
二字联用,对神則爲祷告,对人則爲恭維。讀爲[i˧ i˧。]
[i˧ da˥]爲经功錢,指多巴爲人唸经所得之銀錢。
[i˧ nda˩],主人家也。经典中常寫作 ,乃主人這一家之意也。

754. [kv˧ dʑi˩]蛋水也,画鵝蛋蛋殼中水之形狀。麼些人以卵化生萬物,故其蛋水亦常变化新事物也。如经典中有云,以蛋水化 神湖者,是其一例。
[kv˧ kv˥ kv˧ dʑi˩]经典中有時如此讀。

755. [kv˧ mæ˥]後裔後代也。由 及 二字合成。 爲蛋,第一音也。 爲尾,第二音也。蛋有種族之含義,当地人用漢語称之曰人種後代。麼些人好論種族世系,常于经典中以古人而述一故事,然後自称乃此古人之人種後代,因依其前例亦供神壓鬼而得平安福報等語,于此銜接之处,常用 此字也。
[kv˧ kv˥ kv˧ mæ˥]亦如此讀,乃指蛋中最後剩下渣滓之類,常以此变出鬼物。
[tɕʻo˧ tʂɯ˩ kv˧ mæ˥]亦常如此讀,前二音乃本族之意,亦同一種族後代之意也。

756. [kv˥]罩起也,画罩起一鳥之形, 爲罩蓋之物, 爲被罩之鳥,中有一蛋 ,乃注kv之音也。此字見于若喀地域之内。

757. [kʻʌ˥]巢也,有神鵝以白雲做窩而生人神,故亦讀[tɕi˩ pʻur˩ kv˩ kʻʌ˥]白雲之巢也。

758. [po˧]銜也,画鳥銜肉之形。

759. [ha˩]棲宿也,画鳥宿棲樹上之形。

六.獸類 昆虫等附.

0. [hY˧˩]野獸也.泛指一切非家畜之獸類.画一野獸之頭.似獐而無牙.以此為識别.其耳須長大方能形似.若倒寫作" "則示死亡之意.其他獸亦同.

1. [la˧]虎也.

以身上有紋為特徵.故近日多畧其其身体而作 .麼些人分獸類為生角的.生爪的.和生花紋的三種.虎乃紋類中最有名者也.

此字在经典中極常見.大部份经典皆以 此字作開場白.麗江一帶之版本且常將此一字加以彩色.在此種場合下.讀為[ʔɛ˧ la˧ mʌ˧ ʂʌɤ˥ ɲi˧]虎字原為第二音.然常以之代替全句.因此乃麼些经文中開頭例語.如英語中之once upon a time常為一故事之開端者相同.麼些经典前部常為一故事.其開端常為[ʔɛ˧ la˧ mʌ˧ ʂʌɤ˥ ɲi˧].意為太古的時代.若逐字記音.當全寫為 .然麼些文字組織尚未完成.常以一"虎字"便代替全句.故多數经典皆以一 "虎字"作開場白也.

或讀為[ʔɛ˧ la˧ mʌ˧ ʂʌɤ˥ bɛ˧ ʈʻɯ˧ dʑɯ˩].仍以"虎"字注第二音.且以之代替全句.此亦常用之開場例語.全文应寫為 .有"從前什麼事物都沒有的時候"之意.与"太古的時候"意思相同也.

2. [la˧ tʻo˩ ŋga˧ dʑv˧ mæ˥ nɯ˧ ndʑo˩] 此退口舌是非经典中常用之語也.意為以老虎樣之威風在後面来趕"多巴"用以驅逐众鬼使之逃去.云後面更為利害也.第一音為虎.以虎頭表明之.第二音"為"背後"第三音為"戰勝.第四音為"事端".五六兩音為"後面".末一音為"在""為"有.

3. [la˧ ndʑɛ˩] 老虎之獠牙也.画虎生獠牙之形.

其他猛獸亦生獠牙.如豹.熊.野猪等.寫法于此示例.不一一重複列举.

4. [la˧ ɯ˧ tʂa˧ tɛ˩]虎皮褥子也.画馬上鞍褥之形.加虎紋表明其為虎皮也.

5. [ndʑɯ˧]豹也.经典中有時讀為[ʐʌɤ˩].有時借ndʑɯ˧之音.作打忠之打.近日多畧全体而只画其頭部.作 .以身上環紋為特徵.

766. [ndʐɯ˩]打鬼之打也。画一棍及一豹之形。棍以示打之意。豹以注打之
此字常用于織鬼之上。所謂之 [lɛ˩ tʂʌ˧ ndʐɯ˩]打織鬼是也

767. [ɣv˩]龍也。以角及特殊之鼻子爲特徵。
亦可只画其頭部作 及 。可借音作舊作暖和。

768. [wa˧ hæ˩ mɯ˧ ndʐɯɤ˧]綠松石色之青龍也。画一龍於其旁加一 綠松
石及 天。 可作一二兩音用。 注第三音。亦可簡寫作
在此名稱中。称龍曰 mɯ˧ ndʐɯɤ˧。乃浮天之物之意。故頗疑此爲龍之本名
後受漢人影響讀爲 ɣv˩。因龍與 ɣv˩ 音相近也。
此爲神龍之名。与下一字之短角黑龍爲仇敵。黑龍乃鬼怪之龍也。

769 [ɣv˩ na˩ kʻwa˧ ndv˧]短角黑龍也。画一龍短其一角又于角上画一黑点示
其爲黑龍。此乃鬼怪之龍。与上一字之青龍互爲仇敵者也。

770. [ɣv˥˩ ndzɯ˩ tɯ˧]東南方也。画一龍頭安坐之形。龍第一音。坐第二音。麼些
人以十二属排列方位。龍当居東南方。故本字之意即龍坐之方位也。

771. [lɛ˧]獐也。以其牙爲特徵。
或簡寫爲 及 ， 。皆以其長牙爲識別。
常借音作語助詞用。如 爲下来了。 爲生氣起来了
二字連用可作回来解。

772. [lɛ˧ ndʐæ˩]獐牙也。或寫作 。

773. [lɛ˩ kv˩]麝香也。

774. [ʂɯ˩] 獅也。以頸上長毛爲特徵。
近多簡寫作 。

775. [dv˧ pʻɯɤ˩ si˧ ŋgɯ˧]神獸之名。神獅也。有白海螺樣神獅之意。画一獅子上
加一 海螺以示意一二兩音也。

776. [tʂv˧ si˧ na˧ pv˩]神獸之名。此獸有云爲鯊魚者。地獄中之劍樹。由經典
中言。即由此獸之口中生出。

777. [pɣ˩] 箭猪也。或寫作 。皆以其身上長箭爲特徵

78.  [tʂʻwa˥] 鹿也。画鹿之形，以其分岔之犄角為特徵。近日則多略去其身体只画其頭部作  。

79.  [tʂʻwa˥ mɛ˧]母鹿也。以濶耳為特徵。
近多簡寫作  。

80  [tʂʻwa˥ kʻwa˧]鹿角也。

81 [gv˩]熊也。以耳為特徵。
近多簡寫作  。

82.  [ɣwa˧gʌ˩] 一種動物，不識其漢名，因麼些人地域内無此種野獸，经典中敘述其他族中使用之動物有此名，以其彎角為特徵。

83.  [bo˧ tɕi˧] 野猪也，以拱嘴多毛為特徵。

84.  [dv˩] 野猫也。以身上之花点為特徵。

85.  [hɯ˥ lɛ˧]黃鼠狼也。以其耳及大尾為特徵。
腹中有一  字，注其名之第一音。此字得之于魯甸。

86.  [ɯ˧ tʻɯ˧]火狐也。画火狐之形，以其身上之花纹為特徵。其大尾之形，為狐狸之特識，因又于其身上加條狀花纹，使有别于狐狸也。

87.  [ndʑæ˧]狐狸也。画狐狸之形，以其大尾為特徵，故画一似狗之動物頭部，而于其後加一大尾，成一不甚合理之頭尾相联圖画，使人能明其所指而已。

88.  [hwa˥ zwa˧] 松鼠也。以花点及大尾為特徵。

89.  [tʻo˧ lɛ˧] 兔子也。以其鬚与其他動物相識别。

90  [kʻɯ˧ py˥]狗獾也。画一狗形  ，此其第一音，又作嘔吐之状，此其第二音，以此二音，作狗獾子解，不依圖形而作狗在嘔吐解也。

91.  [bo˩ py˥]猪獾子也。画猪  在嘔吐之形，猪，第一音，吐，第二音，合而作猪獾子解。

92  [lo˧]黑麂也。以其濶大之耳為特徵。
近多簡寫作

93  [lo˥]去，或过去，之意。多巴逐鬼之語。以  注音，下加一動線以示意。

794. [ɡo˥ kɯ˧] 狼也，野狗也。
畫一狗形，于其旁加一 (柏) 字以注其前一音， (狗) 注其末一音。

795. [ʔɛ˥ io˩] 猴子也，以其頭部似人爲特徵。
亦可寫作 。
[io˩] 亦常如此讀，常借音作祖先，及輕，拿各意。

796. [sɛ˩] 崖羊也，以角爲特徵。
常簡寫作 。
常借音作完了之了，又與 字合作怎樣解。

797. [i˧] 山驢也。

798. [tɕ'i˩] 麂子也，以其角爲特徵。
近多寫作 及

799. [sɯ˩] 独角獸也。

800. [kɯ˥] 穿山甲也。
借音作穿鞋之穿，又作熏乾淨用。

801. [so˩] 水獺也，以身上花点及鬚爲特徵。
此字亦常寫作 。可借音作乾淨。

802. [tɕo˩] 野馬也，以其耳長並鬃爲特徵。

803. [p'a˩] 狽也，以黑嘴爲特徵，或寫作 。亦有人云爲狼。

804. [p'a˩ mba˩] 狽叫或狼叫也。
[p'a˧ mba˩] 禮物也，借狽叫之音，變前一音而作此解。

805. [tsʻo˥] 象也，以長鼻爲特徵。
若於象背上加一 字則讀爲 [hɛ˥ sɯ˧ tsʻo˩ zɛ˧] 乃黃金大象之意，神獸之一也。

806. [tsʻo˩] 人也，泛指一切人類，原爲象頭，借其音而作人。今日稱人曰 ɕi˧ 讀 tsʻo˩ 僅見于經典，蓋古音也。
此種寫法依動物簡化之例亦可作象解，唯經典中此形常作人之意用

7 [tsʻo˩ zɛ˧]人類始祖之名也,亦可讀爲[tsʻo˩ zɛ˧ ɤɯ˥ ɯ˧],見511号字之解釋.
此字由 及 二字合成, 爲第一音,生翅之狀爲第二音,作人狀
示其爲人也。

8. [dzi˧] 人也,人類也,原画一獸,借其音而作人類解,其獸名尚不識,经典中
亦從不見其作獸解,常与 字联用,皆作人類解.
此字或寫作 .以其尖耳或黑耳爲特徵也.

9. [dzi˧ zɛ˧]人類遠古去系一代之名也,亦可讀爲[dzi˧ zɛ˧ tsʻo˩ zɛ˧],乃
人類大洪水前一代之去系名也。
由 及 二字合成 爲第一音,生翅狀爲第二音.

0. [mɯ˧ io˩ kʻwa˧ ʂʌɪ˩]長角天羊也。以長角爲特徵。
亦可簡寫作 。

1. [tɕi˥ iʌ˧ kʻwa˧ pa˩] 濶角之牛也。以濶角爲特徵。
亦可簡寫作 .云今日俅江边有此動物.和才先生曾親見之.

2. [ʂuɪ˥ ma˩ kʻwa˧ ɤv˥],弯角之崖牛也。以弯角爲特徵.
亦可簡寫作 及 .

3. [ʂuɪ˥],滿也.以点点狀示充滿之意,以崖牛注其音。亦寫作 ,及 。

4. [lo˩ by˥ kv˧ tv˩]光頭之黑麂子也。此多指雄者。
画一黑麂之形,加一'米'字以注其末一音。

5. [lo˩ by˥ mæ˧ pʻuɪ˩]白尾之黑麂子也。此多指雌者。
画一黑麂子之形,加一'丏'字以注其末一音。

6. [ɤv˩ ʐwa˧ kʻwa˧ dzɯ˩]生角之龍馬也.画馬生角之狀.
第一音爲龍,第二音爲馬,第三音爲角,第四音爲生.

7. [mbi˩ kv˥ ʐwa˧ na˩]能飛之神馬也.画一馬生翅之形。身上有一黑点,注
其末一音也。第一音爲飛,第二音爲會,第三音爲馬,末一音爲好。(不作黑)

8. [mɯ˧ fv˥] 竹鼠也。
画一鼠形,另以一'芈'字爲注前一音,意盖合而作竹鼠之意.

819. [nɯ˩]家畜也。泛指一切家中畜养之動物。原画一曲角之羊，以此爲家
之總称。有時普通之羊 亦讀此音。

820. [ʐwa˧]馬也。
近多簡寫作 ，以其鬃毛爲特徵。
经典中又常讀爲[ŋgo˩]及[tʂʻv˧]，蓋馬之古音也。

821. [tɕi˧] 馱子也。画馬馱有馱子之形。

822. [tʂʻv˧ zi˧]馬好看也。画一馬鬃生一花。馬讀第一音， 爲第二音，意
美麗好看。
[tʂʻv˧ zi˧ mbo˩ zi˧]，经典中亦常如此讀，意爲馬好看、鬃好看。

823. [ŋgo˧ tʂʻo˩ tɕʻɣ˧ tʻv˧]，馬生惡瘡也。

824. [ŋgo˩ tʂʻo˩ la˧ puɪ˥ dzɯ˩]生虎紋之狀馬也。画馬生虎紋之形。
此字見于開喪及超渡经中。

825. [ʈʻɛ˩ ʐwa˧]驢子也。以耳長有毛爲特徵。

826. [ʈʻɛ˩ ʐwa˧]驢子也。此記音办法以旗 記第一音，以馬 記第二音
合二音而作驢子解，不依圖形而作馬背上有旗。

827. [dʌɪ˩] 騾子也。以其耳爲特徵。

828. [mbuɪ˩] 犛牛也。当地人以其身上多毛，直呼之爲毛牛。
近多簡寫之作 以其大角爲特徵。

829. [ndzɯ˩]犏牛也。毛牛黃牛交配所生之新種。
近多簡寫作 ，以其細長之角爲特徵。

830. [ɯ˧] 牛也。
近多簡寫作 以其角爲特徵。
在经典中又常讀爲[mo˩] 及[lɛ˥]，蓋牛之古音也。

831. [mo˩] 牛也。牛之古音。以牛示形，以箕 注音。

832. [ɯ˧ ndzɯ˩ ɯ˧]東北方也。画一牛坐起之狀。麼些人以十二屬排列方位
牛列于東北方。故画一牛之坐位以之指明東北之方位。

33.  [mbaɺ]牛吼也。画牛張口出声之形。

34.  [ɣɯɺ]犂田也。画一牛一犂之形，故爲以牛犂田之意。

35.  [ɯ˧ kv˧ pvɺ]，乾牛頭也。画一牛頭而其睛不加点，示其爲死物也。
此種不点睛法可使用于其他動物上，如  爲乾馬頭， 爲乾狐狸頭  爲乾魚頭……，一切動物若需要時，皆同此例。
[moɺ]，屍身也。或倒寫作  。

36.  [k'o˥] 宰殺也。画一牛倒立受口出血之形，倒置而不点睛示其死也。

37.  [o˧ dzɛ˧˥]東西也，物件也。
画一牛  一麥  之形，牛以示意，麥以注末一音。

38.  [dy˧˥]牛犢也。画牛之形以  注其音。𡈼原讀ty˧，在此変爲dy˧。
此字見于魯甸。

39.  [ts'ɯ˥]山羊也。
近多簡寫作 ，以特殊之山羊鬍子爲特徵。

40.  [ioɺ]綿羊也。
近多简寫作 ，以其細直之角爲特徵。
与  合用時可作子女解。

41.  [io˧˩ ndzɯɺ ʈɯ˧] 西南方也。麼些人以十二屬排列方位，羊當居于西南方，故画一羊之头位以之指西南之方向。

42.  [ɕoɺ lo˧] 西藏羊之一種，德欽一帶有之，毛細，可以之織毛布。
画一羊 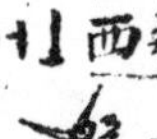 一柏  之形，羊以示其意，柏以注其第一音。

43.  [ɣɯ˧ ioɺ zo˧ ɯ˧] 孝子也，開喪及超度死人時稱孝子以此名，有如蕨菜之可憐如綿羊之訓順的好兒子之意。
画一人羊頭上生蕨菜  之形，蕨第一音，羊第二音，人形以示其意。

44.  [tʂʌ˥] 糾纏也。画有乱繩糾纏羊角之形。

45.  [boɺ]猪也。
近多簡寫作 ，以拱嘴及鬃毛爲特徵，常借音作份數之份。

846. [bo˥ tsʻʌ˧˥] 琵琶肉也。画一全猪之形，不点其睛，示其只餘外殼之意。此 麼些地域内之一種冷咁食品。殺猪後只剔出其瘦肉，又縫合而貯之。故 一全猪之形，不点其睛，示其爲琵琶肉。

847. [bo˧ by˩] 猪圈也。画一木欄内置一猪以示意。

848. [kʻɯ˧] 狗也。
亦常寫作 及 ，以其雙耳前傾爲特徵，頸間所戴乃獵犬之脖圈。

849. [kʻɯ˧ ndzɯ˩ ʈɯ˧] 西北方也。麼些人依十二屬之次序排列方位，狗当居 西北方，故画一狗之坐位，以之指西北之方向。

850. [kʻɯ˩] 走去之去及放出去之去也。
此字由 及一動線 組合而成。犬与足皆注其 kʻɯ 音，下加一 動線示其爲与動作有関之 kʻɯ 音也。
可与676號之 字相參看。蓋恐 之一音尚不清晰，因又加一 雙注其音。此字見于魯甸。

851. [kʻɯ˩ mo˧ kʌ˩ tsɯ˩ dzɯ˩] 生鷹爪之獵犬也。
此字見于開喪及超渡经典中，理想之動物也。

852. [gʌ˩ mo˥˧] 駱駝也。麼些地域内無駱駝，故画一怪獸之形，可能由于傳聞 駝有背峯之形容，遂于背上作凸起之状。此字見于魯甸。

853. [hwa˩ lɛ˩] 猫也。

854. [fv˩] 鼠也。
近多寫作 ，以鼠鬚爲特徵。
常讀爲 [kʻv˩]，作年解。蓋由于鼠爲十二屬之首，十二月各排一屬，以一 之鼠当一歲之首，故以之代表全年也。

855. [kʻv˩] 年也，歲也。
鼠原可作年用，仍恐人不喻，又于其下加彎線，借用彎曲之声音也。

856. [ɯ˧ hy˩ la˧ pu˩ dzɯ˧] 生虎纹之红牛也。
画一牛，于其身上生有虎纹，又有一 字注明其爲紅色。此牛蓋地有之

7. [k'wa˧]角也。象獸頭有角之形。此字原寫作 ，於若干古本经典中尚可見之，今乃变爲单線之 。
可借音作声名，又可借音作消息。 二字連用可作聽見。

58. [k'wa˧]角也。画单角之形。与上字同而取形有異。

59. [mbur˩ k'wa˧ ʐɯ˧ na˩ tʂɯ˩]意爲毛牛角裝好酒。画一毛牛之角，点点狀者爲酒。前二音爲毛牛角，中二音爲好酒，末一音爲冲裝也。
此乃麼些人之一種習俗，有喜慶之事時，以毛牛角裝酒而宴賓客也。

60. [k'wa˧ hɛ˧]角与耳也。画角耳相联之形。
[ɣ˥ hɛ˧]意爲中间之魂魄，由矛“ ”及耳 二字合成，借此二字之音，又作新解。此字見于放替身经中。

61. [kæ˩]虎纹也。可泛指一切獸類之花纹。
[pur˥˧]虎紋也，亦可讀爲 pur˥ kæ˩，指獸身上之花紋，亦可讀作 pur˥ wɛ˩。

862. [tʂɯ˩]爪也。画猛獸之爪。亦常讀爲[la˧ tʂɯ˩]虎爪之意也。

863. [ɯ˧]皮也。
画動物之皮。

864. [la˧ ɯ˧]虎皮也。
一切動物均可依此法而画其皮，空其目，存其特徵即可。

865. [so˥]全皮也。殺一動物，不剖開其皮，而將其內部取空，留其空殼以備裝物，此種剥皮方法，名之曰 so˥。
画一皮子之形，中有一“ ”字，此麼些人之三字，在此讀作古宗音，以注剥全皮之音也。

866. [so˥]全皮也。象剥全皮之形。与上一字同，而造字方法殊異，此象形之法也。

867. [ɯ˧ ndʐɯ˧]湿皮子也。画一皮子而以露水飞注其音。

868. [fv˧]毛也。画毛之形。
常借音作去。每見于多巴逐鬼之句尾，音亦有变，讀作[fə˩]。

869. [p'i˩]肩胛骨也。画動物肩胛骨之形。麼些人用以炙兆占卜者也。

870. [p'i˩ kɯ˥] 燒肩胛骨也。炙骨求兆，麼些人占卜之一種，有專用之經書，依其開裂之紋而占吉凶。画一肩胛骨上有小火之狀，麼些人占卜時，以火草一小團沾油置于骨上而燃之，即如圖中所示者也。

此字亦可寫作 ，因 與 常混用也。

871. [p'i˥]遺失也。以 注音，以一動線 示意。

[ts'i˥]丟棄也。 與 混用，亦可讀為[ts'i˩]。在此加一動線，変其音作丟棄解，亦可寫作 。

872. [ts'i˩]亦肩胛骨也。此字與 字常混用，二者形既相近，音亦因時変用， 亦可讀為 p'i˩， 亦可讀為 ts'i˩，意又皆可作肩胛骨解，多巴亦不细分此二者，只因時而活用之。

有時作来到之來，又畧変此音讀作[tʂ'ɯ˩]，在若喀地域内以倒立者 為 tʂ'ɯ˩，以平置者為 p'i˩。

873. [tɕ'i˥] 呼吸也。画一肩胛骨之形，上加一刺 以注音，下加一曲折動線以示意。此字見之于魯甸。

874. [kæ˧ ʂwa˩] 前腿也。画動物前腿之形。

[la˩ p'i˩]動物上肢也，相当于人之手，故以 la˩ 稱之。

875. [mæ˥ ʂwa˩]後腿也。

[ndo˩ ʂwa˩] 仍為後腿，指帶臀座之一腿也。

876. [kæ˧ ndzo˥ lo˧] 前半截也，上身也。

以一牛為代表，画牛之前半截，不点其睛，示其已死也。

877. [mæ˧ ndzo˥ lo˧]後半截也，下身也。画牛下半身之形。

878. [k'wa˧]蹄也。

879. [ŋgo˩ k'wa˧ ndʐæ˧ bv˩ ʐv˥]馬蹄為泥所陷也。画蹄 在泥中 之形。第一音為馬，第二音為蹄，第三音為泥，第四音為下，末一音為陷。

880. [ŋgo˩ k'wa˧ ʂo˩ tʂv˩ t'o˥]馬蹄釘鉄掌也。画馬掌之形，又以鈴 注第四音。前二音為馬蹄，第三音為鉄，第四音為馬掌，末一音為釘打也。

381. [kʻwa˧ ŋgɯ˧]蹄子炸裂也。画一蹄子之形，中加一曲折之線條，示其裂痕。[ŋgɯ˧]或只如此讀，裂開或炸開之意也。

382.  [mæ˧]尾也。
借音作"能夠"及"趕得上"解，事物之末尾，结果，後部，皆用本字。 
則為"下卷"，经典封面常有之。

383.  [mæ˧ tʻur˥]完结也，结尾也。由尾、结二字合成，以尾注前一音，以结注後一音，合尾结二字之音而作"結尾"之意。

384.  [py˩ mæ˧ tʻur˥]完壇經也。為一部经典之名，多巴作法完畢最後誦唸之一部经典也。為结尾，与上一字同，乃誦经作法之意，第一音也。

385.  [ʔɛ˩ ŋga˧ mbur˩ mæ˧ pʻur˩]白毛牛尾也。画毛牛尾之形。多巴作開喪法儀時，持白毛牛尾以招魂。

（以下為昆虫等類）

386.  [nʌ˥ mbʌr˩]蜻蜓也。

387.  [pʻɛ˧ lɛ˩]蝴蝶也。
蝴蝶与蜻蜓之區別，不甚明顯，蜻蜓翅長，蝴蝶翅濶，可以此為識别。因麼些人非画昆虫好手，常画一昆虫，又似蝴蝶，又似蜻蜓，視经中情況而活用之。

388.  [mbæ˧]蜜蜂也。画一飛虫之形，尾部之，示其有螯。亦偶有人指其為毒刺。此字可借音為"糖"，又可借音為"跑"，即字也。亦有寫作。

389.  [mbæ˧ kʻɯ˩]蜂窩也，蜂巢也。画樹上有蜂窩之形，旁有一蜂以示意。[mbæ˧ pʻy˩]蜂窩之又一種讀法，或寫作。

390.  [mbur˧ xʌr˥]蠅子也。以長脚為特徵。经典中述大洪水後，世界上什麼東西都沒有了，蒼蠅也沒有事做，只好搓手搓脚，本字即表現有此種意境。

391.  [mbur˧ tsʌ˩]蚊子也。画蚊子之形，以曲脚為特徵。或寫作。

392.  [ʔɛ˧ gv˩ ndʑe˩ tʂo˥]大胡蜂也。一種身上有黄黑環纹之大蜂，以其身上虎纹狀之條纹為特徵。麼些经典中云，此種花纹係由虎身上偷得而成者。

893. [ndzʌ˧ la˩ tʂʻur˥ bv˧ dzo˧] 蟬也。画蟬之形，口中出曲折動線示其声也。

894. [mo˥] 牛蠅也，或稱爲牛蚊子。
常借音作老，又以之指死，因嫌死字過於直率也。又借音作夠。

895. [ɣɯ˥] 牛虫也。当地人或稱爲牛背虫，于牛皮上穿洞而寄生于牛体內。
常借音爲打獵之神，所謂 ，是也。又常借音作放，逃，解。

896. [la˧ ɣɯ˩] 遊戲也。画一人獨脚站立舞動雙手之形。
下有一 字，乃注其末一音。此字常作一部经典之名，祭情死鬼之经

897. [mbɯ˧ ʐɛ˧ kwa˧ ɣwa˩] 繭也。

898. [ʐɛ˧] 蠶蛾也。

899. [py˥] 馬蟥也。吸血之蛭，画其身黑噬人之状。

900. [bi˧ di˩] 小虫也。泛指一切小虫，亦可讀 by˧ di˩。

901. [rur˧] 牛瘟虫也。画小虫之形，旁有 者，蓋以泥塘注其音也。
亦有寫作 及 者。

902. [ndʐur˧] 虫名，據魯甸大多巴和文質言，即所謂之冬虫夏草也。當地人稱之曰虫草，画一雙頭之虫以示意，以作驚抖狀注其音。
此字亦常寫作

903. [by̠˧ di˩ kʻo˧ ro˧] 昆虫也。泛指一切虫類。
画一虫及一團麵粉之形，以虫象形，以麵粉 注音。
或寫作 。雙頭者常見于魯甸，一頭者通見于麗江其他一帶。

904. [kʻɯ˧ ʂo˧] 跳蚤也。经典中有'像跳蚤一樣黑的一匹馬'等句。

905. [la˧ ma˧ tʂʻwa˥ mia˧] 蜘蛛也。画其能吐絲之状。

906. [tʂʻwa˥ wa˧] 螞也。

907. [tv˥ ɕi˩] 蜈蚣也。

908. [tso˧] 蜥蜴之一種，當地人呼之爲四脚蛇。此字与蛙相似，而以身上有彩色花点爲特識。 二字联用作一種占卜之名。

909 [pa˧]蛙也。畫青蛙之形，以其頭部爲特徵。亦有寫作 及 者。近多簡寫爲 ， ， ， ，各種形狀。可借音作寬，見下 字。又借音作到達。又作向額上点酥油之法儀用語。 此三字常聯用，讀[pɯ˧ pa˧ bɛ˧]乃變化化育之意，經中常見之。

910. [hæ˧ ʂɯ˩ pa˥ mɛ˧] 黃金大蛙也。神蛙之名，曾吞食占卜經典，爲神人殺死而生八卦者也。畫一大蛙，于其肩上加一 字，爲第一音，有金之意。第二音爲黃，第三音爲蛙，末一音爲大。亦常寫作 。

911. [pa˥ hæ˩ kwa˧ dzɯ˩]生角之青蛙也。畫青蛙生角之狀。 注第二音，在此作青色之意。麼些人以爲蛙蛇皆爲龍王之物，生角之青蛙，龍王家人也。

912. [pa˥ hæ˩ la˧ tʂɯ˩] 生虎爪之青蛙也。亦經典中所述之龍王家人也。

913. [pa˥ hæ˩ la˧ tʂɯ˩ tsɛ˩ po˧ dzɯ˩]生有十隻虎爪之青蛙也。畫一蛙生十手之狀， 注第二音。此蛙據經典中所云，乃一種 鬼之母也。

914. [pa˩]寬也。以木板 示意，以青蛙 注音。或寫作 。

915. [pa˩ ŋæ˧ rɤ˩ so˧]此乃多巴作法儀式中之術語，意指拴三種動物于門口以除穢也。此乃一句古宗語，指牛、毛牛及羊子三種動物。末一音爲三字，前三音乃三種動物之名也。

916. [pa˥ hæ˩ nɯ˧ dʑi˩ o˥]意爲青蛙來舀水。畫青蛙舀水之狀。
此字見一北寨派之開喪經典中，云龍王家開喪時，以青蛙爲舀水之人也。其他如黃鼠狼吹火，老熊舂碓，猴子推磨等，皆列之于下。蓋野獸皆屬于龍王，龍王家有婚喪大典，野獸理當各執其事以服役也。

917 [hɯ˩ lɛ˩ nɯ˧ mi˧ mo˩]黃鼠狼吹火也。
爲火，第四音。 末一音，原爲箕，在此借音作吹。

918. [gv˩ nɯ˧ mɯ˧ tʂv˩ ty˧] 老熊來舂碓也。
乃麼些人之地碓也。通常以腳踏其末端而舂米。

919. [ʔɛ˧ io˩ ɣv˧ tʻa˥ mɯ˩]猴子推石磨也。
乃麼些人之石磨，手磨之一種也。麼些人以之磨糌粑（一種炒麵）等。

920. [ʔa˧ pa˩ kv˧ tv˧ ɣv˥] 蝌蚪也，画蝌蚪之形，以雙目並列爲特徵。

921. [tɕʰi˥] 口舌是非鬼之名也，画一小虫，借其音作口舌鬼用，虫名尚不認

922. [ʐɯ˩] 蛇也。

可借音作打雞的人 見452號字，又借音作神座 見下一字。

923. [ʐɯ˩ ɣv˧] 神座也，麼些多巴昔日作法時，以羊毛披毡鋪於桌上以作神

即羊毛披毡也，以此示神座之意象，蛇以注其名之第一音。

此字見于魯甸。

924. [ɣv˧ dzʌ˧] 飛蟒也，画蛇生翅之形，乃神蛇也，爲一切蛇類之王，居于神

神樹 上，經典中常有之。

925.  [ʐɯ˩ hæ˩ kʰwa˧ dzɯ˩] 青蛇生角也。

画青蛇生角之形，腹內有一 字，乃第二音，意爲綠青綠麼些人不分

926.  [mbɯ˩ na˧ ŋgv˩ go˧] 九頭蛇之名，画三蛇相纏之形。

亦 鬼之一種。

927.  [ɲi˧] 魚也。

或寫之爲 。

借音作需要，又作輸敗等字用，皆借音也，有時以 11 字代之，因 11 二與

魚之音相同也。

又常與 字兩相聯用，寫作 ，乃地獄之意，讀作[ɲi˧ ɯɛ˧]，借

字與 字之音也。

928.  [ɲi˧ po˧] 雙魚寶物也。

画雙魚之形，上加一 字，示其爲寶物，第二音也。

此爲宗教上八寶之一，其他如 法輪 寶傘等共八件，常一同出

現于經典中。

929. [bv˧ tv˧] 蝦也。

画一小虫之形，恐人不識，于其下画一鍋 以注第一音。

亦有寫作 者，與上同例，唯以桶字 注其第二音。

七植物類

30. [ndzʌ˥]樹也,泛指一切樹木。画樹木直立生長之形,若不直立,作倒地狀,則易與柴[sʌ˧]字混,若不分樹幹,則成爲(字),常與松字[tʼo˧]混。實則此三字常相互通用,形狀相近,多巴依经典之情况而活用之,非有嚴格之分别。以上所述,乃近日來一種演進之趨勢。

31. [bi˧] 森林也,當地人稱之曰老林。画竹樹叢生之形。(字)爲杉,(字)爲松木,(字)爲栗,(字)爲竹子,合雜樹叢竹之意而指明其爲森林。

32. [bi˧] 森林也。画森林之形,以(字)借字注其音,見299號字。

33. [sʌ˧],柴也。画樹倒地之形,故爲柴也,亦可作木之總名。
有時寫作(字),因可避免與尾字(字)相混雜也。

34. [dza˧]發芽也。画木之生意盎然形狀,以樹尖上曲折向上之線,示其生芽。

35. [dza˧]發芽也。画草生芽茁然之狀。

36. [dzɯ˩]長着也,生起來也。與生長之意不同,生長指其動作,長着指其存在。画一樹木以示意,要加一(字)字以注音。

37. [py˩ sʌ˧]祭木也。此字由(字)及(字)二字合成。(字)前一音禳祭之意,(字)後一音,木柴之意也。合而作祭木解,指巫師禳祭時所用之各種樹木。

38. [pur˧]朽也。画木幹朽壞之形。
此字見於魯甸。

39. [gv˩] 弯也。象樹彎曲之形。此字見於魯甸。

40. [sʌ˧dzɯ˩ ndzi˧ kv˥]意爲樹木生起會走動。画木生脚走動之狀。麼些经典之開頭常有此語,云太古時候,樹木會走路,石頭會說話。(字)[ɣv˧ ŋgɯ˧ ta˩ kv˥]。

41. [ndzʌ˥] 唱也。(字)示唱歌口中声浪振動之形,(字)注唱歌之音。因恐唱(字)字與笑(字)字混雜不清也。

42. [ndzʌ˩ na˩]鬼樹也。画黑樹之形,以黑注末一音。白屬於神,黑屬於鬼也。

943.  [ndzʌ˥] 抽拉木料也。画一樹木下加一～動線，以示抽拉木料之意。在北地一帶讀此音可作抹摘解。魯甸一帶借此音可拔苗之拔。
[tʂʰɐ˩] 拉拖也，取曳木之意象。

944.  [ndzʌ˩ ŋga˥ la˥] 樹幹之分杈也。

945.  [ndzʌ˩ la˩] 樹枝也。此指生長于樹上者

946.  [kʌ˥] 樹枝也，此指摘下者。故画一枝之狀而不生於樹上。

947.  [kʼɛ˧] 斷折也。画樹斷折之形。

948.  [ndzʌ˩ tsʼʌ˥] 砍倒樹也。画一斧頭，以示砍樹之意。

949. 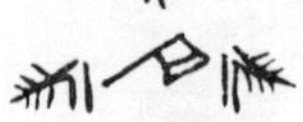 [ɕi˩ tsʼʌ˥]，砍森林種山田也。當地人称之曰開火山，砍倒森林燒之作肥料而種糧食也。故画一斧頭居中，两边皆有倒樹之形，此乃開火山之第一步工作。第一音有火山之意，第二音乃砍木之意也。

950.  [sʌ˧ bv˩] 魂魄爲木所壓也。画一人鑽木之形，以鑽字注末一音。而不作人鑽木頭解。

951.  [sʌ˧ hæ˥ kɛ˧ tʏ˧] 木料一截也。画木頭一段之形。
在麗江一帶，此字有時讀爲 sʌ˧，仍可作木柴解。

952.  [sʌ˧ hæ˥ kv˧ tʰur˥ tʰur˧] 包起木頭也。画以物包裹木頭之形。

953.  [sʌ˧ ma˩] 栩包也，松脂结成之大包。

954.  [sʌ˧ ma˩]，栩子也，松肪也。當地人用之以代燈。画木中有油之形，爲酥油，在此注末一音。

[mɯ˥ tsʏ˧] 或如此讀，語言今讀如此。

955.  [ɣv˥] 纏也，象藤纏樹之形。

956.  [ndzʌ˩ wa˧] 樹幹也，以樹示意，以(骨)注末一音。或讀爲 sʌ˧ wa˧。

957.  [ndzʌ˩ kʼɯ˧] 樹脚也，指樹根出土之一截。

958.  [gɯ˩] 落下來也。象果實落地之形。

959.  [nur˧ wa˩ ndzʌ˩] 构木也。
画樹木之形，以乳汁注第一音，注第二音，原爲綠松石也。

0. [tsʻɯ˧ ɯ˩]板栗樹也。画樹之形，樹旁有一山羊，注其第一音，有一妖怪注其第二音，合此二音而作板栗樹解。

1. [by˧˦] 粗也。画樹以見意，寫麵粉 以注音。

2. [tsʻɛ˥]葉也。画樹葉之形，此種讀法多見于经語中。
[pʻiʌ˥]葉也，片也。此種讀法多見于日常言語中。

3. [tsʻɛ˥]拆毀也。画一予 以見意，以樹葉注其音。如拆毀房屋等便用此字。此字見之于魯甸一帶。

4. [hæ˧ tv˧ tsʻɛ˥ pv˥]狂風暴雨也。以樹葉注其第三音。 為風，第一音也。指雨將來時之暴風。上画一風，下画樹葉飛舞空中之形。
或於 下加一 字，以注末一音，寫作 。

5. [tʻɯ˥]包葉也。指大葉籠包小葉之意。画一大葉籠包小葉之狀。

6. [tʻo˧] 松也。画針葉樹之形。
可借音作"後"，又此字與樹 字常相通用。

7. [tʻo˧ ŋgɛ˩]松脂也，可製松香者。画一松樹出松脂之形，亦可單讀為ŋgɛ˩。

8. [ɕo˥]柏也。當地人呼之為香樹。画柏木團團之形。古本中有寫作 者。
 二字联用作一切吉祥順利解。

9. [ɕo˩ mi˧]香末也。置香炉中熏以敬神者。由 ， 二字合成。 第一音， 第二音，合而作香柏末解。上有曲折之動線示香煙缭繞之意也。

0. [ɕo˥ hæ˩ kv˧ tɯ˥ tɯ˧]香柏樹頂自柏纏结也。此乃麼些经典中所陳述之神地景色也。

1. [ɕo˥ hæ˩ lɛ˧ dzi˩]柏木香梯也。敬神之物。麼些人房屋之中柱上多有之。上刻一百一十八面，故似梯形。即圖中之 後二音也。

2. [tʻo˩ mbɛ˥ lɛ˥]松果殼也。此字見于若喀地域內。

3. [sɛ˩ tʻo˧]松子也。画松子松頂结松果之形。

4. [hæ˩ i˧ ba˧ da˩ ndzʌ˥]麼些经典中神樹之名也。為一切樹木之王。画一木生于神山座上之形。今日魯甸山中有一種大葉杜鵑，猶襲此名。

975. [hwa˧ sʌ˧] 高山木名，樹皮層層脫落作白色。画一樹木以示意，上立一鵰鳥 以注其樹之名。

976. [mbɯ˩] 栗樹也，以濶葉爲特徵。

977. [zv˥] 楊柳樹也，以彎長之葉爲特徵。

[zv˥ hæ˩] 今語言上如此讀。

或寫作 ，常借音作仇敵解。

978. [zv˩ tur˥] 结仇恨也，以柳葉 注前音，以结 注後音，參看 564 號…

979. [zv˩ mæ˧ tur˥] 仇人结尾之法儀也，麽些人作法事時常將仇人之魂…拘來而咒壓之，此指对仇人结尾時之法儀也。

由 ，，三字合成 第一音仇人也 二三兩音结尾也。

980. [mo˩] 杜鵑樹也，以葉上有黑点爲識。

981. [ɣɯ˧] 冷杉也，有時于樹上加一 字以注音，古本中寫作 。

982. [sʌ˥] 雲南鉄杉也，当地人稱爲白袍，画一杉木，以說字 注其音。

983. [la˧ kʻa˧] 小葉白楊也，画樹之形，又以苦字 注其音，或寫作 。

984. [bo˩ bv˧] 山茱萸之一種，此字或寫作 。

985. [tʂv˧] 漆樹也，画漆樹有漆汁之形。

986. [sɛ˧ pi˩] 香樟木也，以其葉爲特徵，亦有于樹旁加 二字以注其音者，乃一音字 爲牛膠，在此合注香樟之名。

987. [si˥ li˩] 黎也。

988. [dzi˙ tsɛ˩] 櫻樹也。

989. [i˧ kʌ˥] 楷木也，或称小葉黄蓮木，麽些人以之燒天香用

990. [bv˧ dzv˧] 桃也，以鍋 字注其首音。

[bv˧ kʻa˧] 在若喀地域内如此讀。

991. [dzɣ˩] 花椒也。

992. [dzɣ˩ ndzʌ˩] 花椒樹也，画其子黑多刺之状。

[dzɣ˩] 花椒也，有時亦如此讀，如此解，与上一字同。

3. [ba˩]花也。画花朵之形。或寫作 ， ， ，各種形狀皆爲花也。有特別意思時常細細描画。古本中亦較細緻。今則多畧作 。亦寫作 可借音作花開之開。

4. [zi˧] 美麗也。画花朵美麗之意。象以花爲美麗之象徵。以花上有二曲線爲識別。蓋示花精或芳美之意也。

5. [zi˧] 美麗也。此若喀地域內寫法。取意似亦与上同。唯画法有異。

6. [zi˧] 美麗也。此魯甸之寫法。画一美麗花朵 之形。恐人不喻。因于其下加一 字以注其音。 原爲草。讀[zɯ˧]。音近而假借也。

7. [pʻɛ˩ sɯ˩ pʻɛ˩ zi˧]織麻布。麻布好看也。画人織麻布之形。上有一花。示其美麗也。一、三兩音意爲麻布。第二音爲擺置經線。末一音爲美。

8. [pʻi˧ tv˧ pʻi˧ ɣʌ˩] 出花(天花)出得好看也。画一人出痘之形。以手執一花。示其美麗好看。昔日麼些人以水痘吹入鼻中。常由此引出危險。故有此劇重之語。指將天花出于身上。不顯于外也。一、三兩音爲痘。末一音爲好看。

9. [tʂʻʌr˧]葯水也。葯也。取花上清露可以爲藥之意。

0. [tʂʻʌr˧]葯水也。葯也。与上一字同。唯下加 字以注其音。此魯甸之寫法。

1 [tʂʻʌr˧]獻藥水也。此指向神前獻清水鮮花之意。画盆中有水。水上有葯花之形狀。

2. [ndv˩]毒也。画一花。將其塗黑。以示有毒之意。

[ndv˩ ba˩] 偶亦如此讀。乃毒花之意也。

3. [ʂwa˧ ba˩]一種小葉杜鵑花。以花示其意。以 字注其音。

4. [kv˧ tsɯ˧ za˥ ba˩]花名。色黑。麼些婦女以之作黑色染料。用以染帽飾等。由 、 、 花三字組成。 、 一二兩音。 乃末一音。

5. [hwa˥ hwa˧]，摻合也。配合也。画兩朵葉花合在一碗。以見意。中有一 字以注音。蓋由于葉多摻合配成之故。此字見于魯甸。

6. [sɯ˩ kʻa˧ ba˩]梅花也。画梅花之形。

[sɛ˩ kʻa˧ ba˩]仍爲梅花也。讀音微有不同。

1007. [sɛ˩ k'a˧ ɣwa˧ mo˩ ba˩]陰陽交界處之梅花樹也，畫一边開白花，一面開
花之樹形。或讀爲[sɛ˩ k'a˧ tɕi˩ tɕi˧ ba˩]，[ba˩ pʻɯ˩ hɛ˩ tɕo˩ bɯ˩ ba˩ na˩ tsɯ
1008. [ba˩ ɣy˧]花苞也。以 爲第一音， 爲第二音，合二音而作花苞解
1009. [sa˥ ba˧]雄麻也，畫麻 之形，以 注其末一音。或寫作 。
1010. [tʂ'ʌr˧ ndv˩ lɛ˧ tʂv˧ p'i˩]，葯草與毒草分隔開也，一端畫葯草，一端畫毒
草，中有一" "字，以作分隔開之符號。
[tʂ'ʌr˧ ndv˩ lɛ˧ mby˧ mby˧]亦可如此讀，乃葯、毒分開之意也。
1011. [ʂo˥ da˩]青刺之一種，畫其開小花之狀。或讀爲[ʂʌ˥ da˩]。
1012. [ʂʌ˥ da˩]青刺名，與上一字同，畫青刺之形，以 字注其音。
  原由音字之上變來，此音常作說解，因附以說 之形狀，遂成爲 。
此種寫法唯見於魯甸一帶。
1013. [ŋgʌ˩]花謝也，畫花瓣敗落之狀。或寫作 。此字見于麗江一本經典
1014. [ɶ˧]五穀也，畫 稻 之形，以之泛指一切五穀。
1015. [ɶ˧]五穀也，此又一種寫法，以麥爲代表，下有顆粒以示众多之意，其麥
微下垂，以此及其下之顆粒爲識別。
1016. [ɣʌr˥]種子也，畫種子之形。
1017. [hʌ˩] 穗也，或讀爲[ŋgɛ˧]，指熟而彎垂之意。
1018. [bɛ˩] 莢也，畫莢果之形狀，此字見于若喀地域内。
1019. [ɕi˩] 稻也，畫稻穗之形。
可借音作"養"，又借音作"人"，如"• "="那麼些人"也。
1020. [ɕi˧]百也，以 ✕ 記數，以 記音。✕ 原爲十麼些人之百，原寫作 十，依理
寫爲" "，然麼些多已 ✕、十 二字混用，視經典中情况而隨時變動其音讀
今寫之爲 ，约定俗成，亦不知其字源有誤也。此字見于魯甸一帶。
1021. [ɕi˩]穀稻也，此字見于北地及洛吉河一帶，寫法與 不同，通常皆以
爲当地麼些人之姓，此本爲 之一支，今則從音多變爲姓習。
1022. [ɣɯ˩] 未熟也，生也，由 字變來，以一边生芒爲識，此字見于江边四

23. [fv˧] 稻病之一種，白稻病也。稻出白穗實不飽滿也。画稻莖上有病之形。
24. [bɯ˩] 稗子也。此字見於若喀地域內，因若喀地域種稗子也。
25. [dzɛ˧] 麥子也。画麥穗之形。
可借音作姪子、姪女用。又可作打夥吃飯，雜拼食物等意。
又可借音作打岔。
26. [dzɛ˧ ba˩] 麥花也。由麥及花二字合成。
27. [hwa˥] 麥病之一種，紅麥病也。麥出紅穗實不飽滿也。画麥桿上有病之形。
28. [mɯ˧ dzɛ˧] 大麥也。象其實飽滿肥大之狀。此字見於中甸縣之江边四村。
29. [zɯ˧] 青稞也。画青稞之形，以其曲芒爲特徵。
借音作執，作拿，又可作拉着不放走之意用。
30. [mɯ˩ zɯ˧] 燕麥也。用天與青稞之音，合而作燕麥解。
31. [nv˩] 黃豆也。
常借音爲你，即字也。[ȵi˧ nv˩] 可作妻子解。
32. [tsʸ˥] 小米也。或云黍也。
常借音爲賠償用，又借音作替代，作償還。
33. [tsʸ˥] 償還也。借之音，下加者云爲木牌，多巴常于木牌上画事物以償還龍王、鬼等之債務也。
34. [tsʸ˥ ʐwa˩] 還償也。有償出之意。爲前一音，爲後一音，原爲量米之形，在此有量出去而歸還之意。于還鬼債等處常用此字。
35. [nɛ˥ pʸ˧] 火麻也。画其葉上有毒刺之形。
36. [ȵi˧ mɛ˧ ta˩ ba˩] 向日葵也。画其形，于其旁出一太陽放光之圖，以明此花有向日之特性。前二音爲太陽，第三音爲向，末一音爲花。
亦有人讀爲[hɛ˧ mɛ˧ ta˩ ba˩]，換日爲月也。
37. [tsʻo˩ hɛ˧] 仙人掌也。画仙人掌之形，又以二字注其音，意爲象耳。
[tsʻo˩ ɕi˥] 亦有人讀仙人掌如此，乃象舌之意。字須改字也。
38. [ko˩] 薑也。画薑之形。常借音作拋擲，即字也。見前44.5號字之解釋

1039. [kv˦] 蒜也。画大蒜之形。此字原寫作 ，又演变爲 ，今多寫爲 ，漸失原來形似，故若干多巴已不識此字字源，由若干古本经典方証實之。常借音作會不會之會，讀作 kv˦，经典中極常用之。又常作兩個三個之個。現今語言中称蒜爲[kv˦ʐʌr˦]。

1040. [dʐi˩k'v˦ʐv˦] 石花菜也。画石上生石花菜之形。或加一 字以注其中音，寫作 。語言中讀石花菜爲[dʐi˦k'v˦]。

1041. [k'ɯ˦dv˩] 一種植物名。似即爲紫蘇，味香，子可榨油，有家生野生兩種。亦寫作 及 。

1042. [nɛ˦] 䅟米也。常借音爲誰，又作疑問式之語尾助詞，頗似漢文之"呢?"。或寫作 ，皆象䅟米之穗也。

1043. [la˦ na˩]高粱也。或讀爲[ha˦ na˩]，[ha˦ la˦]。葉上有黑点以注末一音。

1044. [ʔɛ˦gɯ˩]甜蕎也。画蕎之形，以 字注其末一音。

1045. [ʔɛ˦k'a˦]苦蕎也。画蕎之形，以 字注其末一音。

1046. [dʐv˦]繁多興旺也。画草子繁殖之形。借音作"事端"，作"繁殖"。

1047. [mo˩] 菌也。画菌傘之形。此字有各種寫法，原作 ，漸变爲 ， ，遂成今日常見之 。此字又常变讀 mɯ，而爲他字注音，如 ， ， 等。

1048. [mɯ˦ʐɯ˦ndi˦k'æ˦k'æ˦]，爲经典中之一地名。画菌子分兩岔之形，以注此地名之音。

1049. ，， [ndi˩]蕨也。[ʐɯ˩] 或如此讀，意仍爲蕨。常借此音作"官吏"及"親戚"解。

1050. [pɯ˩]，根也，根鬚也。如菜菔蕪菁等之根形。画一菜菔之形，上加一蒿 艾以注其音。此字見於麗江一帶。

1051. [tɕi˦k'ɯɛ˩]瓜也。画南瓜之形。常以之泛指一切瓜類。

052. [ndzo˧]蕪菁也。画蕪菁之形。或寫作　。此经典中之讀音。借此音常泛指一切菜類。在日用語言中讀爲[ʔɛ˧ k'ɯ˩]，经中亦偶一用之。

053. [ndzo˧ ʐʌɾ˥]菜種子也。
画一蕪菁之形，以此爲第一音，作菜解。于菜上加一喊字　，注其末一音。

054. [lɛ˧ by˩]菜菔也。画菜菔之形。
此字与上一字蕪菁画法相似，以一長一圓而相區分。

055. [kɯ˥ ʂo˩]韭菜也。画韭菜之形。此字見於魯甸。

056. [no˧] 苜蓿也。画苜蓿草之形。此字僅見於北地及剌寶一帶，麗江各處未見此字，或寫作　及　。
常借音作牲畜神及牲口用。又借音作蓿草解。

057. [dʐɯ˧]，木通科之一種植物，或云即貓兒屎果也。亦寫作　。
此字通用于魯甸一帶，皆借音作時，讀爲[dʐɯ˩]与麗江之　用法相同。借音作時之用處多，故其本意反不見用，麽些文中不乏此例也。

058. [zɯ˧]草也。
常借音作去代及時危用。

059. [ʐʌ˩] 莎草也。又常借音泛指一切草類。

060. [no˧]豐殖也，以　示其意，以羽毛　注其音，音近而假借也。
常作牲畜神及骟牲用，与　同。　乃麗江一帶之寫法。

061. [ko˩ zɯ˧ tʂʌɾ˥]節節草也。画其節節中空之形。或讀[ko˩ zɯ˧ tʂʌɾ˥ mbv˩]。

062. [pɯ˧] 艾也。蒿也。象其形。
借音作出來及出處來歷用。　　一名則爲變化，化育。

063. [fv˩] 蘆葦也。

064. [ʂv˥] 蓑草也。上画蓑草　之形，下以骰子　注其音。
近多簡寫作　，常借音爲麽些四支中一支之名，即　吴字也。又借爲紙。

065. [hwa˧ tɕi˩]屬于蓼科之一種植物，味酸，可飼猪，画其初出芽之形狀。
或寫作　，此種寫法見于若喀地域内。当地漢名稱此植物曰酸漿菜。

1066. [iʌ˧]云象煙葉之形。或云高山上有一種植物亦以此為名[iʌ˩]。
常借音作贈送，即下一字之 也。又常借音作情死鬼用，如 。
1067. [iʌ˥]贈送也，給予也。用 之音，下加一動線 以示意。
1068. [iæ˩]姓。昔日為 之一支之麼些人，除大氏土司外，現多改為此姓。
上畫一 字，下加一方形符號以示其音有變。
1069. [iʌ˩ pɛ˩]正月也。由 、 二字合成，借二字之音而作正月之意用。
1070. [mɯ˥]竹也。
1071. [mɯ˥ ʂɯ˩ la˧ ho˩]竹子之一種。以 三字注其二三四各音。
1072. [mɯ˥ kʻɯ˧]竹腳也。畫竹下生腳之形。
1073. [mɯ˥ ʂʌɹ˥ tɕʻi˧ dzɯ˩]節上生刺之竹也，畫竹節上生刺之形。
云將鬼送至此等地方，麼些地域內竹少有生刺者，故即送鬼至遠方之意。
1074. [mɯ˥ tsʻɛ˩ ndʐɯ˧ dʑi˩ ʂv˩]用竹子修小屋也。此乃超渡死人用之小屋。
北寒一派多用竹屋，如圖。北地一派多用松木搭成。
內有一 字注其第四音，屋之意也。 字注其末一音，意為修築。
或寫作此形，竹頭有露，注其第三音，有濕字之意在內。
1075. [ŋgo˧ mi˩]，藤子也。以 示其形，以 二字注其音，蓋恐與竹相混也。
1076. [sa˧]麻也。以 象形，以 注音。
 原象人口出氣之形，在此作一音符用，注麻之音也。
1077. [mbi˩]，竹棚也。畫竹棚之形。此指高山上牧人所搭之竹窩子，上出一桿
，乃示伐木搭架之意。
1078. [tɕʻi˧]刺也。畫刺之形。
或寫作 ，常借音作看守，讀作高調tɕʻi˥，亦可作寒冷解。
1079. [tɕʻi˧ na˩]，黑刺也，荊棘也。畫荊棘之形。
1080. [bɛ˧ pʏ˥]葫蘆也。
[dʑi˩ tɕʻi˥ bɛ˩ pʏ˧]，此指內裝冷水之葫蘆，于 內懸以滴 者也。
（本類中有譯為植物名詞，都是由廬山森林植物園秦子農先生告知的，敬於此致謝意。）

八用具類

31. [tsʻo˧ kv˥] 鋤頭也，画鋤頭之形，此字常与 字相混， 有時寫作 ，須注意其内刃之曲度，与鋤頭之 ，仍不相同也。

32. [bɛ˧] 做也，工作也，画一鋤下有一物之狀，示其正從事工作之意。

33. [bɛ˧] 做也，工作也，画一鋤下有土点之形，示正從事工作之意。

34. [bɛ˧] 工作也，画鋤刨地之形以見意。

[ndzɯ˧] 以鋤頭挖地也，此字常与下一字相混用。

35. [tsa˥ kʌ˩]，麼些人用之一種刨鋤，形如小鋛，麼些人常以之掏挖木盆等。[tsa˥]，常如此讀，乃以小鋛掏挖之意也。

或寫作 ，以其内刃之曲度与鋤頭可相區别，然多已亦常混用之。

36. [la˩ tsa˥ la˩ bɑ˩] 手乱拍乱弄也，画一女子双手乱爲之形，以 字注其第二音，一、三兩音皆爲手，末一音爲掃打。

37. [dv˧] 犂架也，当地人稱爲犂弓，指全犂也。

38. [tsʻɯ˧] 犂頭也。

或寫作 及 ，可借音作豎起，有時作跪。

39. [tsʻɯ˧ mo˩] 鑄犂板之模也，画犂模之形。

此字常作出處來歷用，常与 笛子或 艾蒿並見，讀 [pɯ˩ ɣɯ˧ tʂo˧ mo˩] 乃出處來歷之意， 字在此當後二音，指其先有型範在也。

此字或寫作 。

40. [tʻo˧ pʻur˩ sɛ˧ do˧ tsʻɯ˩] 建立松木经塔也，画松樹上有旗之狀示其爲经塔下有一犂頭，注其末一音，乃建立之意也。

[tsʻɯ˥] 豎起也，以樹经塔示意，以犂頭注音。

41. [i˧ tʂɯ˥] 犂架联牛頭担之竹繩或藤索也，当地人用漢語稱之曰牛千金。

42. [i˧ ndzɯ˧] 牛鼻穿桿也，麼些人以二牛並耕，故画兩條牛鼻穿桿之形，圓圈乃穿牛鼻之物，多以麻索做成，兩直線乃指其桿身，長約五尺。

1093. [rwa˩]牛軛也。當地人稱爲牛扁擔。二牛並耕時置于牛頸上之扁擔也。有洞以穿繩繫牛頸者。或寫作 。可借音作能夠，堪。

1094. [kʌ˥]耙也。

1095. [˩a˧dzʌ˩]扒子也。當地人稱之曰地扒。有木及鉄者二種。

1096. [kwa˥]麥架也。麼些人以架曬麥。如圖，有画一麥以示意作 。

1097. [kɯ˥rɯ˧] 連夾棍也。或寫作 。當地人以之擊糧食用。稱之曰糧桿。

1098. [kɯ˥rɯ˧hɯ˥]以糧桿打糧食也。

1099. [ŋgo˩]倉也。画麼些人木倉之形。古本中有寫作 者。
常借音爲痛爲病，又常注馬之古音。
又常作分離，分別解，即下一字之 也。

1100. [ŋgo˧]分開也，離別也。以 示意，以 注音。此字見於魯甸。

1101. [ndza˧]倉中無糧也，不好也。以中間一小黑点示意。

1102. [ndzæ˧] 富實也。画倉中盈滿之狀。

1103. [ha˧dzɿ˩ŋgo˩ʂɯ˥]糧食滿倉也。画倉滿之形，内有 (飯) (水)二以注前二音，糧食之意也。

1104. [kʻɯ˧la˩ŋgo˩] 脚手痛也。由 三字巧爲組成， 字在作病痛解也。

1105. [dzo˩]馬槽也。象馬槽中有食之狀。亦有寫作 及 者。
 二字联用，有短篇故事之意。经典名称常用之讀作 tʂʌ˥dzo˩

1106. [tʻæ˥] 刺叉也。農人以之叉刺。有時借音爲戴帽之戴。

1107. [kʻo˩] 欄柵也。農人立于地边以防牲畜踏踐田苗者。
可借音作親戚解。故476號字之親戚亦有人以 爲其注音字者，因之音讀不正確， 与 亦相近，作音符用時因簡化而混雜也。

1108. [kʻo˩rɯ˧] 親戚也。由 二字合成，借音而作親戚解。

1109. [hwa˩dzwa˧]牛圈欄也。

1110. [tʂv˩] 碓也。画木碓之形。掘地爲凹而以之舂米。今日麼些人猶如此也。

111. [tY˧] 舂也。画以地臼舂米之形，以脚踏其後一端，使其前端升起而舂米也。常見麼些婦女背負嬰兒，以脚舂碓，手中持線捞以轉線，口中唱催眠歌。舂米之節奏，線捞之輪轉，与歌声相和答。旅行於麼些地區常見之圖画也。

112. [ty˧] 舂也。象人舂鹽或辣椒之狀，与舂米之舂取意不同。

113. [tsæ˧] 輕舂也。画碓中有米之形，指米將熟而輕舂之使白也。

与 字亦常混用。

114. [nda˩] 鐮刀也。画鐮刀之形。麼些人用之鐮刀，刀上有细齒。

115. [k'v˧] 割也。以一断曲之線示其割意。此字与上一字有時相互混用。

借音可作偷，見451號字之 。常借音為年，讀作 k'v˥。

116. [mo˩] 簸箕也。

可借音作吹，如吹火及吹笛子，吹法螺等，看下一字之吹葉子。

可借音作披穿，如穿衣服之類，与前334號字同意。又可借音作牛之古音。

可借音作兵，如 亦可龍王的兵解，作339號字之 字用也。

与 字联用，可作規模解，寫作 ，多指多巴作法儀之規模程序。

117. [p'iʌ˥ mo˩] 吹葉子也。画人以口吹樹葉之形，下有一 字，注其末一音，乃吹字之意也。

118. [mo˧ k'ɯ˥] 吃飯也。此較 為文雅，麼些鄉间之人今猶用之。

由 及 二字合成，借二字之音而作此解也。

又為一本经典之名，給鬼飯之经也。

119. [ŋgɛ˩] 曬也。画以箕曬糧食之形。

120. [hɯ˩] 富也，舒服也。画糧食成堆之狀，故為富也。此字見於剌寶之经典中。

121. [ho˩] 刮糧食也。画以木板刮到糧食之狀。

122. [k'ʌ˥] 籃子也。画竹籃之形。

可借音作勤快解，又常借音作旁边用。

 二字連用，作口舌是非之罪過解。

123. [k'ʌ˧] 溝也。画一溝 之形以示意，又于其上加一籃 字以注音

1124. [la˩ iʌ˧]撮箕也,画竹製撮箕之形。

1125. [p'v˥ tv˩] 大籐籠也,多以竹編之,作盛糧食之用。

1126. [p'ʌ˥ k'wa˩] 羊圈也,以竹編成,圍羊其中而宿夜也。

1127. [p'y˩]大竹籮也,亦裝糧食用之,亦有人云與 p'v˥ tv˩ 相同。

1128. [to˧] 木板也,画木板之形。

可借音作陡解,見下一字之 。

可借音作上面用,如"在你上","在家庭上","对你父親上説"之上,在經典中皆以□字借音抵用。

又常爲多巴教主注音,寫作 。

1129. [to˥]陡也,以山示意,以□注音。

[ndzo˩ to˥]或如此讀,乃陡山之意也。

1130. [to˥]陡也,以崖示意,以□注音。

[ʐʌ˩ to˥] 或如此讀,乃陡崖之意也。

1131. [tʰɯɤ˥]以繩穿木而便拖引也,此字見于魯甸打米杵之一部經典中,蓋借用此音以注神人之名也。

1132. [to˧ mba˩]多巴也,指麼些人之巫師,即此種文字之使用者。

由□(木板)及 (大脖子)二字合成,画板上生癭瘤之狀,借音而作多巴解。

此種寫法,唯見於北地一帶,亦常以之注多巴教主之名。

1133. [to˧ dʐɯ˧] 借木板上垂滴之狀,用□及 之音,常以之作多巴之名。

[to˧ ʂʌ˧]画木板上有血之狀,借□與 之音,而作多巴之名。

麼些多巴之法名,例以[to˧]字作第一音,寫作□,譯漢字即多巴之多也。

1134. [dʐɯ˧]垂掛也,以木板示意,以 注音,或寫爲 ,象懸垂于門也。

[to˧ dʐɯ˧]仍爲多巴之名,魯甸之寫法如此。

1135. [ŋgɯ˧]裂也,画木板間有裂紋之形,可借音作中間。

1136. [ŋgɯ˧]裂也,画木板間有裂紋之形。

[ŋgɯ˧]剷板也,麼些木屋上之木板曰剷板,示其叠瞑之形。

37.  [tʻɣ˥] 相疊联也。画麼些人木屋上木板相疊相連之形。
可借音作一層一層之層。又作保佑加被用。

38.  [ʐʌɤ˩] 柱子也。以木柱示意，以 ⅲ 注音。ⅲ 為數目之四，用古宗音讀為 ʐʌɤ，今日若喀地域内猶如此讀法也。
可借音作響，又可借音作害怕。

39.  [hɛ˧to˩ʐʌɤ˩] 耳鳴也。画人耳鳴之状，又以字注其音。

40.  [bæ˩] 木牌也。
可借音作喜欢，又可作打牌之牌。

41.  [bæ˩] 喜欢也。以注音，以曲折閃動線示意。此字見于剌寶经典中。

42.  [pɣ˧] 升也。画升之形。

43.  [bɯ˩] 半升也。以一外向之動線，示其半升之意。
可借音作走去之去。

44.  [ʐwa˩] 量也。画以升量米之形。
可借音作還賬之還，又可借音作賒得。

45.  [ta˩] 箱子也。
可借音作説話。

46.  [ta˩] 立起，樹起也。画一箱子側立之形。
可借音作遮擋。此字見于魯甸。

47.  [nda˥]，承肩之木板也。麼些人以之作負物之用。或讀 [da˥]。

48.  [kʻo˧]，門也。画單扇門之形。
常借音作一種口舌鬼之名，即之也。可借作名誉用。
[ho˥] 又常如此讀，見於经典之结尾，為一祝願希望之語尾助詞。

49. [pʻo˧] 開門也，開也。画一門，又于其旁加一外拉之動線，以示開門之意。

50.  [ʈʌɤ˥] 閉門也，閉也。画一門，又于其旁加一字（鬼名）以注其音。

51.  [kʻo˥] 名誉，名声也。以記音，以下一曲示其音有变。
[kʻo˧mbo˩] 或如此讀，乃門坎之意也。

1152. [k'o˧mbo˩] 門坎也。以 (門)、(坡)二字注其音。

1153. [k'o˩] 接也,兜接也,類物承接之意,以 (門)注其音,以一抛擲線 示其意。

1154. [dzɯ˧] 懸垂也,畫懸垂門上之形,此字見于若喀地域內。

1155. [k'o˧] 地上陷洞也,以 門注音,加一動線示其音有变也。
或讀爲[k'ʌ˧],意思不变。

1156. [tsɯ˧] 塞也,畫門以示意,寫 以注音。

1157. [k'wʌ˥] 徵兆也,借門之k'o˧及盌 之kwa˥,合而改讀此音,作吉之徵兆解,此字見于麗江一些字之又一方法也。

1158. [tv˩] 桶也,畫水桶之形,古本中有寫作 、,乃麼些婦女用以背水。
[t'v˧] 经典中大半如此讀,作出現及來到出來等意思用,经典中最常之一字也,字源由水桶而來,但於经典中作水桶解時甚少,作出作到等時極多,成一種本末倒置之現象,麼些文不乏此種例証也。

1159. [mʌ˧tv˧] 不出,不到,沒出,沒到之意也,等于 二字之联用。
原爲一 字,今將其反轉,示其否定之意,于經典之開頭常用之,如日月星辰沒有出現的時候,山川樹木沒有出現的時候等,常有多巴寫 以代表沒有出現的意思。

1160. [gʌ˩] 上面也,畫一小凳小台以示上边之意,或寫作 。
常借音作有領屬意思的的字用,如我的東西,你的山羊綿羊等。

1161. [tswa˧] 床也。
借音作已婚之男子用,即380號之 字也。

1162. [tswa˥] 隔也,以門 示意,以床 注音,或讀[tswa˥k'o˧],乃內房門之意

1163. [tswa˧ŋgɯ˧] 檔隔也,以 注前一音,以 (裂)注後一音,合而作檔隔之意用。

1164. [gʌ˩ŋgʌ˩] 掀也,象人掀物之形,以 注其音,或只讀爲[ŋgʌ˩]

1165. [ŋgʌ˥] 咒罵人之死也,以 示意,以 注音(音近而借用也)。

366 [tʻɛ˧] 旗也。或寫作，皆象旗幟之形。
此三字常連用，作像……一樣解，讀[tʻɛ˧ nɯ˧ gv˧]，經語也。
二字联用，作書，作信解，讀[tʻɛ˧ ɯ˧]。
二字联用，可作這樣讀[tʻɛ˧ bɛ˧]。

367. [ly˥] 挂旗也。画旗帶飄揚之形

368. [tʻɛ˧ pur˩ hɛ˧ nɯ˧ kʻɛ˧]，旗為風吹破也。画風穿旗破之形，乃不吉卦象之一也。

369. [tʻɛ˧ ɯ˧] 書也。画書之形，以旗 字注其首音。
亦可作書信解，因音同故也。

370. [tʻɛ˧ ɯ˧] 書也，經書也。画麼些文經典捲起之形。或讀為mbv˩ rɯ˧ tsɯ˧，經書也。

371. [tʻɛ˧ ɯ˧] 書也，經書也。画麼些文經典一頁之形，猶有貝葉經之形式也。
亦可作書信解。
[mbv˩ rɯ˧] 經典也。

372. [mbv˩ rɯ˧] 經典也。画經典之形，以 字注其首音。 為一音字，讀作mbv也。

373. [tʻɛ˧ ɯ˧] 書也。象書之形，以 字注其首音。
[tɕiʌ˩] 或如此讀，乃經之意也。今日之語言猶如此讀。以 字有宗教之象徵，故以之指明此字為經典也。

374. [pur˥] 寫也。画寫書之形。乃表示麼些人所用之竹筆也。

375. [pur˥] 寫也。画人手寫經之形。
或寫作全身 ，或画作多巴 ，因麼些族寫字者多為巫師也。

376. [so˩] 讀書也，学習也。画書本之形，以 字注其音。
与366號字 同一意思，一全以圈画表示，一注以音符也。

377. [so˧] 大稱也。此地一帶称大稱曰[so˧ dɯ˩]，知此為称之古老讀法。觀其各種寫法 ，皆象稱之形，知此說之可徵信。
常借音作早上，又可作啟明星，亦可作搓，又可作剥全皮及学習。

1178. [tɕi˥] 稱也，画稱之形，讀稱之今音也。

1179. [dzʌ˩ ŋga˧] 天秤也，画天秤之形，或寫作 。

1180. [dzʌ˧ ma˩] 戥子也。

1181. [dzʌ˩] 法碼也，戥錘也，象戥錘之形，常作借音之用，用本意時甚少。
常借音作豐華解，如人類豐華之大地上 。
又常借音作奔跑，見1114號字之 。

1182. [tɕa˧ ma˩] 甲馬也。麼些人有死亡于外者，則請多巴放甲馬神將以
找其魂魄，唯見於此部經典中。此字由 二字合成，取其音近似而
借也。此字僅見之于魯甸，或讀作[tɕʌ˧ ma˧]。

1183. [ʂɯ˧ kɯ˩] 稱肉也，画稱上懸肉之形。

1184. [kɯ˩] 鍋份量也。

1185. [ʂʌ˧] 画也，画一束画之形，指多巴用之神像画。

1186. [kʻo˧ kʻv˩] 口絃也(Jew's harp)，以竹片做成，長三寸許，中留竹簧，有一
三片兩種，執嘴邊以手彈之成音，變化口腔形狀而成歌曲，声細微，常二
对坐而彈，麼些青年男女談情之樂器也。一片者較大，一端有線繩，以手
線而振動其竹簧使之成声。三片者無線，三片音有高低，奏時三枚並置
際，以手彈之而成歌曲。圖中所画者，乃單枚有線之口絃也。
常借此字之後音作内外之内。又可作請人之請。

1187. [pi˧ li˩] 笛也。麼些人之笛，有直吹橫吹兩種，皆以pi˧ li˩為名，其音与
箄二字極相近，頗疑其有外来影响。元世祖征大理時，曾贈木土司別時
礼樂曲一部，亦可能於此時滲入麼些辞彙中，附記于此，以備一說。

1188. [ho˩ rv˧] 葫蘆笙也，下以葫蘆做成，上插竹管，有簧，吹之以成樂曲，多以
伴舞。栗粟人此種樂器極普遍，麼些人或又從栗粟人学得者，因麼些人
以竹笛伴舞，又近栗粟人之區域方有此種樂器也。

1189. [tʂʌ˩] 琵琶也。
此亦為栗粟人常用之樂器，經典中因有抱琵琶之天神，故有此字也。

190. [ʂwa˩]高也。原象墻上高架板之形。麼些人之木屋中，高處有長木架以承物，名曰[ʂwa˩ dɯɤ˧]，依此物而作本字，作"高"之意思用。
可借音作"紫色"[ʂwa˧]，又常借音作一種小葉杜鵑木之名。

191. [ʂo˧] 熏也。畫熏架之形。麼些人灶上有高木架，以之熏物。上畫一高架之板以象形，下畫一火 字以示意。

192. [ʂo˩ dɯɤ˧]熏板也。麼些人灶上之高架也，常置物其上而熏之，名之曰熏板或熏架。畫火上有架，架上有物之形。

193. [tɕʻo˧ tʂʻɯ˩]本族也。畫穿通而掛之形，穿通乃第一音，挂注第二音，合而作本族解。原、家麼些木匠之釘鑽，或讀曰[tv˧ zɯ˩]，此字見于魯甸。

194. [pɛ˧] 門鞘也，掃鞘也。

195. [kʻwa˩] 樁子也，或寫作 。
在北地東壩子一帶，借此音作"不好"作"壞"用。

196. [tʻo˥] 打樁子，釘樁子也。畫一斧頭以見敲打之意。

197. [ʂwa˥]楔子也。以斜立與樁字有別。或寫作 。

198. [tʻo˥] 打樁子，釘樁子也。象打樁入土之形。
[ndʐwa˧]或如此讀，在經典中記咒語之音，見539號字之解釋。
[tʏ˧] 舂也。有時亦如此讀，與 字相同。

199. [pʻæ˧]拴也，綁也。畫以繩拴樁之形，邊地人以之拴牲畜也。

200. [ndzʏ˧]冲濺也，舂跳也。畫舂米濺跳之形。

201. [kv˩ dv˩] 打鉄用之風箱也。
[pʻv˧ ʂɛ˩] 今日之語音如此，經典中只讀上音也。

202. [kv˩ dv˩] 皮風袋也。以獸皮做成，一端有二夾板，張開以入氣，合而压之，氣由另一端之小口出，以之作吹火之用，古宗人旅行時皆用之。
或寫作 。

203. [da˧ tv˧] 大木槌也。畫大木槌之形。剄大樹釘楔子者。

204. [dzi˧ tsʻɛ˥] 車也。畫兩輪木車之形，麼些人今猶以之曳木。

1205. [fv˧] 鋸也。画鋸之形。

1206. [t'i˩] 鉋子也。画鉋子之形。經典中多讀作[t'i˥]。
常以之注一護法神之名 是也。

1207. [tʂ'ɚ˧]木鑽也。

1208. [ɯ˧ k'wa˧ mɯ˥ na˩ ŋgv˧˩] 墨斗也。有用牛角製成者。前二音即牛角之意

1209. [ts'o˥] 銼也。画銼之形。或寫作 。

1210. [tʂ'ɯ˩ tsʌ˧]木匠用之曲尺也。
此字見於魯甸一册祭木匠之經典中

1211. [kwɛ˥] 刮鉋也。多巴以之刮木牌用。經中有圖如此 示其用法也。

1212. [kɛ˩] 鉤子也。

1213. [tʂ'ɯ˧] 挂也。吊也。象挂吊之形。
常借音作這 古‼ 二字常聯用。這些或凡是這一類的之意也。

1214. [tʂ'ʌ˥]這裡也。由古 tʂ'ɯ˧ 及 tʂ'ʌ˥ 二字拼音而成。此非嚴格之拼音
法只由二音切讀而成所需要之音。
此字僅見于魯甸。

1215. [lo˥] 木盆也。以之作揉麵之用。或寫作 。
借音作洛路，工作用。

1216. [ʂɚ˧ ɣʌɚ˩] [ʂɚ˧ lɚ˩] 案桌也。桌子也。

1217. [lɛ˧ dzɿ˩]梯子也。

218. [tɕo˩ zɯ˧] 馬鈴也。馬頭間之小鈴也。

1219. [tʂv˩] 鐘也。常借用爲人名注音。

1220. [ts'ɯ˥ dv˩]革囊也。以革爲囊。吹氣其中。浮以渡江者。所謂革囊渡江者即
指此物。画革囊充氣之形。或讀作[ts'ʌ˥ dv˩]。意不變。

1221. [ɯ˩] 船也。画小渡船之形。

1222. [tsa˥ p'iʌ˩] 划水之槳也。画一木槳下加一線以示意。

1223. [tsa˥ p'iʌ˩]打人之刑板也。亦可作槳解。因音相同也。

1224. [ɕi˧]網也。画漁網之形。

1225. [ɕi˧ ta˩]攔網也。画攔網取魚之形。
[ɕi˧]或如此讀，意仍爲網也。

1226. [ʂv˩]骰子也。
常以之注一種龍王之名，是也。又借音作聳拉。

1227. [ʂv˩ to˥] 擲骰子也。画於盤中擲骰子之形。

1228. [ʂɯr˥]滿也。以点点示盈滿之意，以骰注其音，音近而假借也。見魯甸。

1229. [ʂv˩ tɯ˧]趕龍王起去也。麼些人以爲山林田地，皆龍王所有，故欲闢田地，須趕龍王起去也。由二字合成，即龍王之，乃起立之意也。

1230. [ndɣ˩]棍子也。
[ndɣ˥]趕也。画一棍子以示意，麼些人稱接一個人來爲趕一個人來。如經典中常有把某一個多巴趕來唸經之語。

1231. [kæ˧] 架竿也。麼些房中門側有木桿作架，以之放衣服被蓋者。麼些人傍灶向火而卧，晨起即將衣被放于架桿上，留灶边木炕以坐人。
常借音作前，如前面，前方，從前，皆可用本字。

1232. [kæ˩] 秋千架也。

1233. [bɯr˩]繩也。此蓋古音，今多讀爲[æ˩]。

1234. [ndʐv˧]鑰匙也，亦有寫作者。或讀曰[ndʐv˧ kv˩]。

1235. [tsɛ˧ ma˩]火鐮也。或寫作。

1236. [tsɛ˧]，[tsɛ˧ ma˩]此若喀地域内火鐮之寫法，或寫作，。

1237. [tsɛ˧ ma˩ tsɛ˥]打火鐮也。以火鐮擊石出火，示打火鐮之意。

1238. [iʌ˧ kwɛ˥]煙斗也。当地人稱爲煙鍋。

1239. [tɛ˧] 剪刀也。

1240. [tɕi˥] 剪羊毛之剪刀也。古本中作，者是其原形。今多借其音作小，羊毛剪之本意反極少用。

1241. [tɕi˥] 此北地一帶之羊毛剪也。亦多借音作大小之小。

1242. [fv˧ rv˥]毛毯子也。以 [illegible] 示毯子之形，以))) 示其爲毛製品也。

1243. [[illegible]rv˥]草蓆子也。以 [illegible] 示蓆子之形，以 [illegible] 示其爲草製品也。

1244. [tɕi˩]馱子也。

[tɕi˩ kwa˧]鞍子也。

1245. [tʂwa˥ ʂwa˧]轡頭也。

[tʂʌ˥ ʂwa˧] 或如此讀，仍爲轡頭也。

1246. [ndʑi˧ bv˧]鐙也，馬鐙也。

1247 [pɛ˧ li˩ pɛ˧ tsʻo˥]馬鞭也，此經典中之讀法。

[mæ˧ dʐo˧]馬鞭也，今日之語言讀如此，亦有讀作[mo˧ pi˩]者。

1248. [kwɛ˩]狗之脖圈也，或讀爲[kʻɯ˧ kwɛ˩]以第一音指明其爲狗也

1249. [lɛ˧ nda˧]皮口袋也，麼些以之搭于馬上而馱糧食用。

[kɛ˧ by˩]，[dv˩ mɛ˧] 或如此讀，意仍不變。

1250. [po˧] 寶物也，亦象寶物之形，此字見于麗江。

1251. [po˧] 寶物也，象敬神寶物之形。

1252. [po˧] 寶物也，象寶物之形，此種寫法多見於魯甸。

1253. [sɛ˧ py˩] 廟殿上之金頂也。

1254. [pi˩] 牛膠也。

1255. [pʻi˩ tsɛ˩ pʻɯ˩]扇子也。

此字見於一冊祭官家太太之經典中。

1256 [mɯ˩ rɯ˧ ʑwa˧ ŋgo˩]竹馬也。

多巴以竹片做成，以之送鬼作玩具者。

125 [bæ˥ kv˩]掃帚也，画竹掃帚之形。

[bæ˧]掃也，以掃帚示掃除之意。

1258. [sa˧] 鎖也，或讀曰[kʻo˧ sa˧]。

1259. [pɯ˥ mɛ˧] 木梳子也。

1260. [pɯ˥ tsʌ˧] 篦子也。

九飲食類

61. [k'wa˥]盌也。麼些人多用木盌，此蓋象其常用之木盌形狀。

62. [k'wa˩]壞也。画一三角形，全塗作黑色，示其為壞。▲ 即可讀此音。恐人不識，因又以盌 字注其音也。

63. [pa˥] 大盌也。画大碗之形，以雙線与盌字相識別。語言上讀為[k'wa˥pa˥]

64. [pa˥] 大盌也。与上一字同。以盌 示意，以蛙 注音。

65. [dɛ˧] 木碟子也。麼些人有木製淺小之碟，以之作供神待客盛裝藥品之用。此象其木碟盛物之形。

[ŋgæ˩ bɛ˧]今日之語言讀如此。[dɛ˧]乃經典中之讀法也。

66. [dɛ˧]木碟也。与上一字同。以 示意，以 (七)注音。 原為數目之七，在此不讀今日之麼些音，而与古宗人之七音相同，故此字亦可作七解。當經典中用古宗語言誦讀時，便可作古宗人數目之七。

67. [ha˧]飯也。画盌中有飯之形。

68. [kv˩] 反叩起之意。画飯盌反叩起之形。

[tʂ'v˩ sɛ˧] 亦常如此讀，乃糧盡沒飯吃之意也。

[ha˧ ndzɯ˧ kwa˥ lɛ˧ kv˩] 亦有如此讀者，意為吃飯的飯盌反叩起，仍指沒飯吃之意。

69. [kv˩kv˧] 合叩起來也。画二盌相合叩之形，仍為沒飯吃之意。

[ha˧ ndzɯ˧ kwa˩ kv˩ kv˧]意為吃飯的盌合叩起來，仍指糧盡之意。

70. [ndʐʌ˩]難也。画有飯有筷之形。人間所難者無过於吃飯，故麼些人以吃飯之形表艱難之意。蓋農作辛苦，对飯不禁有此感慨也。

此字多見於麗江附近，在南山一帶人有 之一字以表艱難。

71. [ha˧ i˧]有飯吃也。画盌中有飯之形，以上有一氣線示其有飯之意。

72. [nuɪ˧ ha˧]奶飯也。以上一曲線 示其有奶水之意。

亦可作糯米飯解，因二者之音相同之故。

1273. [ha˧ pʻi˥] 喪禮物品也麼些人有喪事其親戚以酒,米,肉,香等礼品來禮品即 也,由 注其前一音以一動線注其後一音。

1274. [ha˧ na˩ pʻi˥] 丟鬼飯也麼些人偶有小病以火炭置于飯中而施鬼字即指此事,字之造法與上一字同,唯飯中加一黑点以注第二音.

1275. [ha˧ tɕʻi˥] 冷飯也,以飯 注前一音,以刺 注後一音.

1276. [ha˧ hy˩] 紅飯也,以血染之飯也,指刑人將死時给予之常休飯也.
画飯上有火之形,飯以注前一音,火以注後一音
此字見于麼些经典夢兆書中,不吉之夢也.

1277. [dzɛ˩] 拼攏食物于一盌也,画飯上有肉之形上有一麥 以注其音.

1278. [kʻwa˥ kʻɯ˧] 以法杖 砸木盌以看兆頭也,麼些人作超渡死者之事,多巴持法杖來于門前砸刺一木盌以覘兆頭之吉凶。

1279. [hy˧ by˩] 炒麵也,當地人呼之曰糌粑,將糧食炒熟,磨之爲麵,而作食及乾糧也,画盌中盛炒麵之形.

1280. [ndzʌ˩] 難也,画炒麵一盌可食之形。
此字見於麗江南山一帶,蓋南山之麼些人以糌粑爲日常食品,在彼等目中,其間困難者無过於此,與1270號 之難字同一造字法也。

1281. [dzo˧] 有也,画盌中有物之形。
或寫作 ,象器皿内有物之形,此字見于魯甸。
或寫作 ,易與炒麵一字相混。

1282. [ndzʌ˩] 難也,画稀粥一盌之形,取其四溢難禦之意,此字見于魯甸,彼有言曰強盜我擋得,稀飯擋不得[dzʌ˩ qɯ˩ ho˧ tʻa˥ la˧, hɯ˧ tsʌ˥ ho˧ mɯ˧ ...]
由此取意而作難字.

1283. [sa˥] 漫溢也,画水流出盌外之形.

1284. [o˥] 傾潑出去也,画將飯傾潑出去之形.

1285. [ho˧] 湯也,画盌中盛湯之狀,又以肋 字注其音.

1286. [lɛ˥] 茶也,画泡茶之形,又于盌中加茶葉 之形以示其意.

287. [tʂʻwa˧]米也。画盌中有米之形，又于其上画一鹿角 以注音。

288. [kɛ˧]盅也。象茶盅酒盅之形，以狭長之体型与盌 字相識別。
常借音作某某事物上面句法中之上面，如給牲口上吃、十八層天上等。

289. [bv˧]鍋也。当地人称之曰羅鍋，多以銅打成。
可借音作哥哥。

290. [tɯ˩] 安灶安鍋也，煨也。画鍋安置于三脚架上之形。
或寫作 ，画鍋安于三石上之形。金沙江情歌云：三個石頭打眼灶，即指此種最原始式之石灶也。

291. [fv˥] 補鍋也。画補鍋之形。或讀為[pv˥]。

292. [bv˧ kʻɯ˧]鍋裂也。或讀[bv˧ kʻʌ˥]。

293. [ji˩]漏也。画鍋漏之形。此字見于魯甸。

294. [ɚ˧] 銅也。画一鍋，鍋多以銅製成，恐人仍不能分辨，又于鍋中加一 字， 常作紅字用，銅与鍋与紅皆有関联，因以鍋及紅標識此為銅字，鍋以識其質，紅以標其色，麼些區域左近所產者多為紅銅也。

295. [tɕʌ˥]煮也。画鍋中煮物之形。

296. [lɛ˥ tɕʌ˥]煮茶也。画鍋中有茶有水之形。

297. [bɯɤ˩]濺也。画水濺溢之形。

298. [hɣ˧]炒也。画鍋中炒物之形，鍋下有火以示意。此指乾焙之炒也。

299. [bv˧ lɛ˧ kv˥ tɯ˩]鍋反叩于灶上也。意指無飯可吃之困难也。

300. [kv˥]反叩起也。画一鍋反叩起之形，鍋下有一蒜 字以注其音。因從鍋翻之意，遂亦倒置作 。

301. [ɚ˧ bv˧ ʂo˩ bv˧ kv˥ kv˧] 銅鍋鉄鍋合叩起也。此字見于超渡死人之經典中，云死者之魂魄被拘留于此銅鍋鉄鍋内也。

302. [tʂʻo˧]炒菜也。此指以油水煎炒之炒。画一鍋内有一 字以記音。

303. [sɯ˧ bv˧ ʔɛ˧ pʻv˧ tʂʌɤ˥] 祖宗三代之意也。由 三字合组成， 注第一音， 注第二音， 注末一音，以之作祖先三代之意用。

1304. [pv˥]甑子也，似籠用以蒸飯者，象其下可透氣之形，或寫作 。常借音作送，如送鬼之處，便常用本字也。又常作度日之度，因含有送度光之意在内。 二字常联用作相遇解。

1305. [bv˧ dzɛ˩] 勺子也。

1306. [p'iʌ˩]水瓢也。

1307. [ɯ˧ sɯ˧]竹漏勺也。

1308. [by˩] 麵也，画麥生麵粉之狀。常借音作外，作粗，又可作粉碎之意用。

1309. [p'ɯ˧] 糠也，画糠之形，以点多顆细，使别于麵。有時寫作 ，唯有時每涉字混，多巴遇此字，例依情况而活用之。

1310. [ma˩]酥油也，画一餅酥油之形，由牛乳中提出，捏之作餅狀，麼些地域多有之，每日清晨以之作茶而飲之也。可借音搽油，作粉末。 二字联用作喇嘛解， 二字联用作一種護法神用。

1311. [ma˩ ndʐʌɾ˩]酥油溶化也，此指其自行溶化而言。[ma˩ ndʐʌɾ˩]煎化酥油也。

1312. [ma˥]粉末也，以点点示意，以 字注音。

1313. [t'v˥] 奶渣也，牛奶中取出酥油後之渣滓也，味酸，捏之如圓形。常借音作趕鬼之趕，又作退，又作作祟，亦可作一步一步之步。

1314. [t'v˥]奶渣也，此若喀剌寶一带之寫法，借音用法南上同。

1315. [ʐwa˧ k'wa˧ dɯ˧ t'v˥]意為馬蹄一印之地，以 注其前二音，以 字注其末一音。

1316. [t'v˥ tɕ'i˧]，送鬼走路也，多巴法事之一種，以 字注前一音，以 字注後一音。又可借音作小兒初学之路用。

1317. [t'y˧]數層相扣联也，以 字注其音，音近似而假借也。上下有線示上下層節扣联之意，此字常借音作加被福澤之意用， 是也。

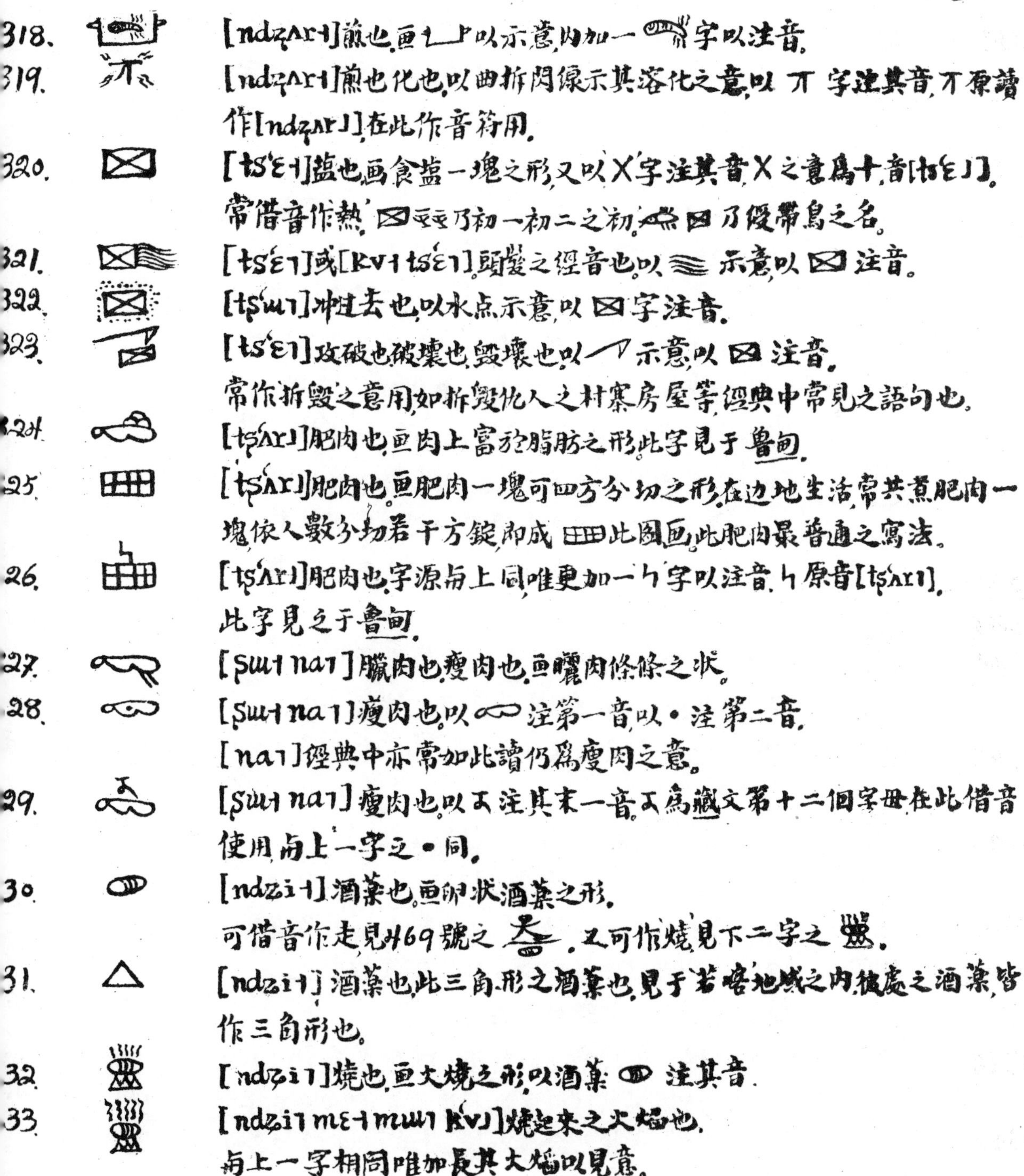

318. [ndʐʌr˧]煎也。画 以示意，内加一 字以注音。

319. [ndʐʌr˧]煎也化也，以曲折閃線示其溶化之意，以 字注其音， 原讀作[ndʐʌr˩]，在此作音符用。

320. [tsʻɛ˧]鹽也，画食鹽一塊之形，又以X字注其音，X之意爲十，音[tsʻɛ˩]。常借音作熱， 乃初一初二之初， 乃候帶鳥之名。

321. [tsʻɛ˥]或[kv˧ tsʻɛ˥]，頭髮之經音也，以 示意，以 注音。

322. [tʂʻɯ˥]冲走去也，以水点示意，以 字注音。

323. [tsʻɛ˥]攻破也破壞也，毀壞也，以 示意，以 注音。常作折毀之意用，如折毀仇人之村寨房屋等，經典中常見之語句也。

24. [tʂʻʌr˩]肥肉也，画肉上富於脂肪之形，此字見于魯甸。

25. [tʂʻʌr˩]肥肉也，画肥肉一塊可四方分切之形，在边地生活，常共煮肥肉一塊，依人數分切若干方錠，即成 此圖画，此肥肉最普通之寫法。

26. [tʂʻʌr˩]肥肉也，字源与上同，唯更加一 字以注音， 原音[tʂʻʌr˥]。此字見之于魯甸。

27. [ʂɯ˧ na˥]臘肉也，瘦肉也，画曬肉條條之狀。

28. [ʂɯ˧ na˥]瘦肉也，以 注第一音，以• 注第二音。[na˥]經典中亦常加此讀仍爲瘦肉之意。

29. [ʂɯ˧ na˥]瘦肉也，以 注其末一音， 爲藏文第十二個字母，在此借音使用，与上一字之•同。

30. [ndzi˧]酒藥也，画卵状酒藥之形。可借音作走，見469號之 ，又可作燒，見下二字之 。

31. [ndzi˧]酒藥也，此三角形之酒藥也，見于若喀地域之內，他處之酒藥，皆作三角形也。

32. [ndzi˥]燒也，画火燒之形，以酒藥 注其音。

33. [ndzi˥ mɛ˧ mɯ˥ kʻv˩]燒起來之火焰也。与上一字相同，唯加長其火焰以見意。

1334.  [ʐɯ˧]酒也,画酒之形,中有一可吮吸之管,昔日麽些人以此方法飲酒

1335.  [ʐɯ˧ tʻɯ˩]飲酒也,有時如此讀,實与315號之飲字同

1336. [tʻɯ˩]飲也,由 字简化而來,只餘一口吮吸于器中之形,此字見于魯甸

1337. [tsʻɯ˥]虹吸取酒也,画以曲管虹吸取酒之形。

[ʐɯ˧ na˩ tsʻɯ˥]吮吸好酒出來之意,有一黑点以注第二音。

1338.  [ʐɯ˧ ɭʏ˥]二酒也,以  字注其末一音。

1339.  [mbur˧ nɯ˧ ʐɯ˧ dʑi˩ kʻɯ˥]以木槽來放酒也。

乃木槽,山居以引水者,今以之放酒,言其富過常人也。

1340.  [zo˩]酒甕也,以之釀酒者,甚大,象其形。

常借音作男子,兒子解,又器物之小者,亦多加一 字以形容之,借其音也。

1341.  [kʌ˩]酒罈也,此盛酒之大罈,可裝數十盌酒者。

画一罈形,以  示其爲酒器,以  字注其音。

1342. [tʻa˩],酒罐也,象各種酒罐之形,可持而飲酒者。

1343.  [ʔɛ˧ ʂʌr˩]筷子也。

1344.  [ʔɛ˧ ʂʌr˩ pʏ˥ tv˩ ɾʏ˥˩]放筷子之竹簍子也。

[ʔɛ˧ ʂʌr˩ kʻɯ˩ tv˩ ɾʏ˥˩] 裝筷子之竹簍子也。

1345. [pʏ˧] 裝供神米之簍子也,此字見于北地,当地之麽些人以之裝祭天用之供米。

1346.  [bæ˩ kʻv˩] 刮板也,用以刮聚糧食者。

[ho˩ pʻiʌ˩] 或如此讀,意仍相同。

1347. [ŋgv˧ ɬʏ˧ ndʏ˩]炒麵所用之攪棒也,有時只讀其中間一音。

1348.  [gv˧]云爲炒鍋也,經典中多如此讀,蓋古音也。

[hɯ˩ la˩]今語言稱炒鍋如此。

1349. [tɯ˩] 煨也,画煨茶之形,麽些人嗜飲苦茶,常以小土罐于火塘邊煨茶,罐中插一竹棒,如圖,乃以之調和塩茶之濃度者,此字見於北地一帶。

1350. [tʏ˥]茶罐之古音也,今讀茶罐爲[ɯ˩ ʐɯ˧],画茶罐煮茶之形。

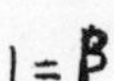

351. [tʰuɹ˩]俎板也。畫切肉切菜之板，于板上又加一結扣， 音[tʰuɤ˥]，以之注本字之音。

352. [dv˩ pɛ˥]飯團也，似雲南之粗餅，揑之成團狀，如圖，亦以之供神施鬼。此字在魯甸一帶常見，以尖形者爲飯團 ，以圓頂者爲酒藥 。在他処此二字常依情況需要而活用之。

353. [by˩ ndv˧]麵塊也。畫麵塊之形，常以之作施鬼食之用。

354. [nuɤ˧]乳也。畫乳滴之形，下乃盛乳器具也。
常簡寫爲 ，只畫乳滴之形，而略其承裝之器。
可借音作覺得。

355. [tso˧]火塘也，灶也。畫麼些人室內火塘之形，上有三石，乃以之作架鍋之架脚者。麼些房屋一角，闢作火塘，于塘上燒飯，于塘边睡覺。今多以鉄作架脚，然北地哈巴一帶，仍以石作成 ，如圖，仍有三石 之遺意也。
[kwa˩]灶石也，以之支鍋，燃火其中者。畫三個石頭之形，此原始之灶石，今多改爲鉄製之三脚架。唯旅行露天燒飯時，仍以三石作成灶也。

356. [kwa˩]鉄三脚灶架也。

357. [mi˧]火也。象火之形，或寫作 及 各種形状。
常借音作熟，解，如麥子熟了。讀作[mi˥]，有時以之注女字之音。
又借音作听見，及听到，即 字也。讀[mi˧]。
又借作名字之意用，讀作[mi˩]。
又常变音作[muɯ˩]，下面之意也。
又常变音作[hy˩]，可作紅及低，蓋由于火色紅，故以之轉而爲紅，遂由此再借音可作低字講也。
在經典中，此字可加于各事物之上，使之加添紅色之屬性，如 爲紅牛， 爲紅虫， 爲紅脚， 爲紅鞋等等，以及紅天紅地……皆無不可也。

358. [tsʌ˧]熱也。以火上出氣示其意。

359. [muɯ˩]，下面也。畫火在一横之下形状，以之示底下之意。

1360. [mi˧ ɕi˥] 火舌也。画火焰長伸如舌之形。
[mi˧ pʻiʌ˥]火焰也。
1361. [mi˧ ndʐɯ˧]火燃也。画火在燃燒之形。
1362. [mɯ˥ kʻv˩] 火烟也。加長其火烟以示意。
1363. [mi˧ tʻv˩] 火把也。画火把之形。以 字注其末一音。
1364. [mbv˧]燒肉也。画火上燒肉之形。
借音作一種口舌鬼之名，阝及 者是也。
1365. [ŋgʌ˩]熄也。以火尖下折示意，蓋吹火使熄時火烟下散之形狀。
1366. [kʻʌ˥]使熄也。画反轉火把使其熄滅之形。
[ŋgʌ˩]或仍如此讀，乃火自行燃熄之意也。
1367. [fa˧]爆亮也。云火光爆明也。示灯花明亮之形。
1368. [pʻo˥]炮也。画下有炮身之形，上加一斜燃之火以見意。
1369. [pʻo˥] 炮也。又一種寫法見之于魯甸。
1370. [ʂv˥ ma˩ mi˧ tʻv˩ tʂɯ˥]点起棚子之火把也。
以 注其前二音，上加火以示意。
1371. [dʑi˩ la˧ mi˧ kʻɯ˥ mi˧ ndʐɯ˧] 意爲在水上点火火亦燃燒。
此多巴自吹法螺之語也。云其法力高強，能于水上放火使燃也。
画水上有火之形，以火上有烟示其正在燃燒之意。
或寫作此形。
1372. [fɶ˧] 驅鬼去也。画以火驅鬼之意象。
多巴对鬼作法既畢，以火燒之使去，口中大声叱之曰[fɶ˧]，画此法儀
1373. [mi˧ kʻʌ˩]口舌罪過也。以 字注其前一音，以 (籃)字注其後一音。
1374. [mi˩ pɯ˥]寫名字也。画人于書上寫字之形，以 注其前音，意爲名字
1375. [gv˧ hy˩] 一種祭天團群之名。麼些人祭天，分若干團族，日期規則皆有
出入，此十一日(農曆元月)殺猪大祭之一群也。以身注前一音，以 注後一音
1376. [iʌ˧ tʻɯ˩] 吸煙也。画人口銜烟斗吸烟之形。

十衣飾類

377. [kv˧ mo˩]帽子也。画各種帽子之形。麽些人帽子　大小兩種。小者如瓜皮帽。大者指可遮日擋雨之一種。此專指大帽而言。与下一字有别。

378. [pY˧˩Y˧]小帽也。瓜皮小帽也。麗江城區之麽些姑娘今猶帶此種小帽。

379. [tsʻɯ˥ pa˧]毛牛毛之氈帽也。西番之巫師以之爲法帽。

380. [bɛ˧ tɕi˩]麽些婦女結婚時所戴之三角小帽也。上多飾以銀扣。今日鄉村中尚多有之。或寫作　皆象此種三角帽之形。

381. [kv˧ mo˩ kv˩ nɯ˧ tʻe˧]帽子會的人戴。画一帽子之形。下有一　字以注第三音。意爲會也。

382. [pʻiʌ˩]辮頭髮也。画辮髮之形。
可借音作最喜欢用。

383. [sɯ˧]披氈也。多以羊毛趕成。今羅羅族人尚以披氈爲衣。有單披、夾披兩種。圖中所画者乃單披也。麽些人亦喜用之。由經典及記載上之印証。知昔日麽些人常服此種披氈也。

384. [mbɛ˩]衣破也。以披氈　象形。以雪花　注音。

385. [tʂʻɯ˥]衣爛也。画衣裳破爛之形。以披氈代表衣裳也。

386. [lɛ˧ nda˧]口袋也。
[la˧ nda˧]或如此讀。意同。

387. [pʻɛ˩ dzi˧]線编之口袋也。

388. [dzi˧]衣服也。經典中多如此讀。
[ba˧ la˩]有時如此讀。今語言猶讀如此。意仍爲衣服。

389. [tʂo˩]縫衣服也。画衣上有針線之形。
[zɯ˩]或如此讀。意仍爲縫。

390. [ba˧ la˩ bi˥]半件衣服也。画半件衣服之形。
[ba˧ la˩ io˥ kua˧]衣服袖口也。經典中有云喜鵲不織布穿着白袖口。

1391  [io˩ ɯ˧ pa˥ hæ˩]麼些婦女背上所負之羊皮披背也。形如圖，乃麼些婦女之一種背飾，以羊皮做成，上綴大圓盤二，小圓盤七，稱之曰肩担日月，背負七星。今日麼些婦女，尚佩用之。畫羊皮披背之形，上有一 綠松石，以之注末一音，意為綠，因此種圖皆以紅綠色線繡成也。中有一 字，乃音字之[io]，第一音也，意為羊，第二音意為皮，第三音意為大圓盤。

1392. [bɯ˩]帶子也。
常借音作出処來歷用，經中常見之文句也。

1393. [kɯ˥]帶子也，腰帶也。麼些人以之繫腰者，多以毛布，麻布做成。
麼些人稱帶子曰[bɯ˩ kɯ˥]，經典以此二字分此二音。

1394. [tʻar˩]圍裙也。

1395. [lɛ˧]褲子也。
[lɛ˧ kʻwa˩]今語言上讀褲子如此。或寫作 。

1396. [za˧]鞋也。或寫作 。

1397. [za˧ na˩ dzi˩ nɯ˧ pɯ˧]意為黑鞋子被水冲去，此乃夢書中所載
兆之一，不吉利之夢兆也。

1398. [ho˩ za˧]靴子也。畫當地蠻靴之形，今日麼些多巴跳神時猶多着蠻靴也

1399. [da˩]織也。畫織機以示意。此象原始形狀之織布機，今猶用之以織麻布

1400. [pa˧ li˥]紡綫錘也。

1401. [nɯ˥]扭繞也。畫綫纏扭之形，指搓扭成單線，以之扭繞于紡綫錘之上也
[ndv˩]此古音也，經典中多用之。

1402. [bo˧]紡綫也。畫以輪轉紡綫之形，此指既抽出單綫于紡車上合双綫也

1403. [kʻæ˧]織機上加於經綫上之交竹也。在軟綜之後，以之疏分經綫者

1404. [kʻæ˥]彈羊毛之弓也。

1405. [tʂɛ˩ ŋgv˧]梭也。畫織布梭之形。
[to˧ lo˩]或讀之如此。

1406. [ta˥ mɛ˧] 筬也。織機上之織筬，用以叩緯線使緊密者。

1407. [ɯ˩ nv˥] 軟線也。織機上之線筬，用以上下交叉經線者。
或寫作 ，皆象其形。

1408. [to˧ pɛ˧] 捲經線之木板也。漢人以軸，麼些人以板。

1409. [p'ɛ˩] 麻布也。畫麻布之形。麼些一部份人以麻布為衣。
 二字連用，作大官長及王子解。字形亦可直寫作 。

1410. [p'v˥] 氆氌也。藏地出產之一種毛織品。畫其布上有毛之形。

1411. [k'a˧ da˧] 卡叠也。一種絲麻所織之長帶，多為白色，以之敬神或供獻活佛者。畫絲織巾帶之形。

1412. [tʌ˥] 摺也。畫摺疊之形。

1413. [ɣʌɣ˧] 擀毡用之竹簾也。
可借音作短。此種毡簾甚長，而其音與短全相同，故麼些人有謎語曰：長的說成短，[ʂʌɣ˩ nɯ˧ ɣʌɣ˧ lɛ˧ ʂʌ˥] 即指毡簾也；短的說成長，則指筷子，因筷子甚短，而其末一音為 ʂʌɣ˩，可作長字解也。
可借音作該，又可借音作射中之中，打着之着。

1414. [k'o˧ da˩] 門簾也。
有指此字為帶子者，參看1392，1393兩號字。

1415. [ko˩] 針也。古本中原寫作 。
可借音作遞交，如 便為父親遞給兒子之意。[sɯ˩ nɯ˧ zo˧ lɛ˧ ko˩]
 二字連用，便成為家裡。
 二字亦常並見，作相遇解。

1416. [k'ɛ˧] 折斷也。畫針折針斷之形。
[ko˩ k'ɛ˧] 針斷也。

1417. [pɛ˥] 挑也。畫以針挑物之形。如挑刺之類。

1418. [pɛ˥] 挑也。畫以尖刺挑物之形。

1419. [ko˧ ko˩ bɛ˧ lɛ˧ ndzɯ˩] 很親愛的坐起也。以針注一二兩音，親愛也。

1420. [ta˥ko˧]答應也,回話也,画人答話之形,以回注前一音,以⼁注後一音

1421. [k'ɯ˩]線也,

1422. [p'ɯ˥]断也,象線断之形,

1423. [SE˩]完也,象線尽之形,此種寫法見于東壩子及若喀地域,

1424. [k'ɯ˩ pɯr˧] 線束也,

1425. [pɯr˧]束也,捆也,画線束之形以示意,

1426. [tɯr˥]结扣也,画線结之形,
常借音作動詞之拴結,又常与尾字合成一字,作完結,结尾解,

1427. [tso˥]錐子也,
常借音作接,如連接,接着之意,
書之上巻下巻,以此字作巻字用,如 即上巻, 即中巻也,下巻則寫作 ,有尾巻末巻之意,經典之封面常見之,

1428. [tɕ'o˧]穿也,画錐穿皮之形,或寫作 及 ,意皆同,
常借音作種族用,如 乃本族一族之意,經典中常見之 乃種族後代之意,当地人用漢話称之曰人種後代,意仍相同,

1429. [ŋv˩] 銀也,画銀錁之形,麼些人一部份今猶用銀錁爲貨幣,此画其十两錠之形,当地人稱之曰大錠,觀古本等之寫法作 与实物对照知其不誤,觀下一字白銀生角,亦可知係由銀錁之两角微翹而取形,
借音作鑲,如銀子鑲嵌之類,

1430. [ŋv˧ pɯr˩ k'wa˧dzɯ˩]意爲白銀生角,画白銀生角之形,此由于銀錁两端微翹似角而来,經典中云,当初没有争战之事,爲白銀有角争战起来了,爲黄金有眼争战起來了,在此处便用本字,

1431. [ŋv˧ pɯr˩ hε˧ k'v˥] 白銀耳環也,
画白銀 之形,两旁加耳環以示意,

1432. [hε˧ k'v˥] 耳環也,画人耳戴環之形,或寫作 ,

1433. [hε˧ k'v˥] 耳環也,鄉间之麼些婦女,今猶戴此種耳環,

34. [ŋv˧ pɯ˥ tʂo˩ zɯ˧]銀鍊飾品也。以銀鍊繫成長一尺許，婦女掛于右側，以作裝飾。鍊下繫銀魚、銀花、鈴鐺等，跳舞時錚錚有声。麼些婦女今猶佩之。
下有一 字，注其末一音。上有一花，因末一音亦可讀zɿ˧，美麗之意也。花下有一 字，注其前一音，銀之意也。

35. [tsɛ˧ ka˩ la˩]懸耳挖、牙剔等之環扣也。婦女于胸前挂挖耳、剔牙、拔刺等之小物件，在豫北家鄉一帶，土名曰十小件。此指其上之總環扣。

36. [dzo˧]鐲也。象手鐲之形。常借此音作有。
[la˩ dzo˧]手鐲也。

37. [la˩ pɯ˥]戒指也。亘当地戒指之一種，以各種色彩寶石叢嵌而成，有三星、七星、九連環之名。

38. [la˩ pɯ˥]戒指也。与上一字同，加一手以示意。或讀[la˩ pɯ˥ dzɯ˩]戴戒指也。

39. [hæ˩]金也。
此字字源有三種說法：一云象金錠之形，一云象金頸扣之狀，一云會二銀合成之意。関于此字之变体有 、 、 、 、 ，並列于此，以供選擇，因不知何者較為正確也。
有時讀[ʂɯ˩]，了黃之意也。金為黃色，此二字在經典中常混用之。

40. [hæ˧ ʂɯ˩ miʌ˩ dzɯ˩]意為黃金生眼。亘金字下有一眼之形。
經典中有云為黃金有眼，爭战起來了，意為黃金光亮照人，遂起争端也。

41. [ʂɯ˩]黃也。由金字演化而來，金色黃也。
此字与金字常混用，因二字原由一源而出。麼些文活動性甚大，又加以各巫師習慣用法之不統一，依其大体，為區分之如此，非確定之論断也。
或作 ，乃若喀地域之寫法。或原形如此，後方為之加光芒其他等，遂成今日之 ，若喀居于上游，可能有此理也。

42. [ʂɯ˥]新也。用 、 二字之音，以作新解。見於魯甸。
可音[ʂɯ˩]， 音[ʂɯ˧]，合切二音，遂成新字之[ʂɯ˥]。此麼些音之切法，以二調切出另一調也。因麼些常用声調有三，此法尚可通用也。

1443. [io˥]玉也象玉飾品之形麗江一帶寫玉如此。

1444. [io˥]玉也魯甸一帶之寫法如此。
外象寶玉之形內以ㄚ字注玉之音ㄚ為一音字讀作[io]。

1445. [wa˩]綠松石也畫綠松石裝飾品之形。
常借音作影子作魂魄因魂與影在麼些文中同音[wa˩]也。
常借音作是如　見二字便可作是啦之意。
與　字合用時常可作子女福份解　是也。
又可依經典中情況需要常讀為[hæ˩]乃綠之意也蓋綠色不可象
以綠松石代此字綠松石色綠之故也。

1446. [wa˧ hæ˩ mbo˧ dɯ˩ ɣv˥ la˧]光明照耀的一團綠松石也畫大綠松
耀四射之形此石見於開天闢地之故事由此生出善良一方面之萬

1447. [hæ˩]綠也由綠松石變來放光示其綠色也。
此字見於麗江蓋有意於將綠松石及綠二字分開之一種嘗試在今
見之大部份經典仍是以　之一字依情況而活用之作綠或綠松

1448. [ʂo˧ ɣwa˩]珊瑚也畫珊瑚之形。
常借音以注一龍王之名　是也。

1449. [tʂo˩]黑玉石之一種麼些人多以之作唸珠等飾品此畫貫黑玉之
形狀有寫作　者。
借音作早作快　為燒天香　為起初。

1450. [tʂo˥]掃也以　示意以　注音此字見于魯甸。

1451. [tʂo˩ ɣv˧]黑玉石之礦石也以　注第一音以　注第二音。

1452. [tʂo˩ na˩ khɯ˧ tsɯ˧ tsɯ˧]黑玉之腳相銜接也畫兩玉腳根相接之
此亦描寫神仙地方之美妙景物也可與970號字　相並看。

1453. [piʌ˧]海貝也借音作成完成借音作變化又可作像不像之像又作
[bæ˩ mæ˧]海貝也以之作裝飾品或以之擲卦占卜。
[zʌ˧ bæ˩]或如此讀意仍為海貝。

十一 武器類。

154. [ŋgæ˥]刀也。画尖刀之形，經典之中，讀音如此，蓋古音也。
[ʐɯɹ˧]刀也。今語言中讀刀如此，或讀曰[ndɑ˥ piʌ˩]。
155. [ndɑ˥]砍也。象刀砍物之形。
常借音作一種神名，祭天時之地神也。神寫作，音[ndɑ˧]。
156. [tsʻʌ˥]割開也。画以刀割索之形。
157. [ʂʌ˥]剸斷開也。此字見於魯甸，或作。
158. [tʂʻv˧ pʻi˥]分開也。画以刀分物之形。
159. [hæ˥] 切也。画以刀切肉之形。
[ʂɯ˧ hæ˥] 或如此讀切肉之意也。
160. [kʻʌ˧]剷也。如剷松棚之類，象以刀剷板之狀。
161 [ʂɯ˧]磨刀也。或以作磨刀石，或以石字示意，上加一刀，故爲磨刀也。或讀曰[ŋgæ˩ ʂɯ˧]，第一音指明其爲刀，作磨刀解。
162. [ʂv˥] 拔刀也。画刀在鞘中欲拔出之形。或讀曰[ŋgæ˩ dʑi˩]，刀鞘也。
163. [ʂv˥] 拔刀也。画拔刀出鞘之形。
164. [ŋgæ˩ dʑi˩]刀鞘也。
165. [ŋgo˧ ɲi˧]刮除不潔之物也。多巴常以刀爲人刮穢，云可去災，多巴法儀之一種。
166. [ŋgæ˩ tʻɑ˩ mi˧ ndʐɯ˧ tʂʻɯ˧ hwɑ˧ hwɑ˧]如火光熊熊一樣明亮之快刀也，画刀上有火焰之形。
167. [ʐɯɹ˧ wɛ˧ tʻv˩]刀架起也。
168. [tsʻɛ˥]破壞也。以刀示意，以注音。
169. [wɑ˧ ndɑ˥ tʂɯɹ˩ kʻʌ˧ ʂɛ˩]砍骨頭把俎板都砍開了之意。
画以刀砍骨俎板破裂之形，此乃開喪經中常見之語
170. [ndɑ˧ wɑ˥]十二月也，臘月也。以注前一音，以注後一音

1471. [k'ɛ˧]折也，画刀折之形。
[ʐɯɹ˧k'ɛ˧]刀折也。
1472. [k'ɛ˧]折也，画矛折之形。
[lɣ˧k'ɛ˧]矛折也。
1473. [lɣ˧]矛也，画矛桿之形。
借音作中間之中，如 即中巷也，讀作[lɣ˥]。
借音作一顆一粒之顆粒，讀[lɣ˧]，見下 字。
借音作提除不潔用多巴以蒿艸等爲物除穢也，讀作[lɣ˩]。
1474. [ŋgv˩]刺戳也，画以矛刺物之形。
1475. [p'uɹ˩]攻破也，画以矛桿武器攻破村寨之形。
1476. [lɣ˧]顆粒也，以 象形，以 注音。
1477. [lɣ˧wɛ˧t'v˩]矛架起也。
1478. [bo˩mbæ˧lɣ˧t'uɹ˥po˥]土蜂帶快矛也，指有尾刺之土蜂也。
画一蜂尾上有矛之形，前二音爲土蜂之名，有加一 豬字以注第一者。三，四兩音指快矛，末一音爲帶。
此蜂曾赴 地方探听軍情，舌被割，適歸故今日其声"咦哩嗚嚕"，听不楚，經典中傳說如此，故画其口中有声綫之形。
1479. [lɣ˥dɯ˧tsʌɹ˥]中間一代也。
以 注第一音，以 注第二音，以 注第三音。
1480. [iʌ˩pɯ˥dɣ˩lɣ˥gv˧]地名，即麗江東北七日行程之永寧也。
此 注第一音，以 注第三音，以 字注第四音。
麼些語稱此地曰[lɣ˥dɣ˩]， 也。
1481. [ʂo˩]鉄也，画斧頭之形，斧爲鉄製也，如此讀時最多，可借音作找及乾。
[tsɛ˥t'a˥]經典中之斧頭也，有時又讀爲[mbɛ˧mbɛ˥]，皆斧之經音。
[la˩mbɛ˧]語言上讀斧頭如此，經典中未見用此讀法。
1482. [tɣ˧]鎚打也，画斧頭于墩上鎚物之形。

83. [fa˧] 火爆亮也。画煉鉄時熱鉄光亮之形。以斧爲鉄，于其上加閃爍明亮之火焰。可与1367號字相对看。

84. [ʂo˧] 鑄鉄也。画以火煉鉄之形。

85. [ʂo˥] 修刃口也。画以火燒刃之形，注意于斧刃部份也。

[ʂo˥] 熏也。画以火熏物之形。以 字注其音。

此一字可作此二種解釋，音又相同，字源亦各可通釋，不知孰爲原義也。

86. [zʏ˩] 補鍋也。以煉鐵象形，以 字注音。

87. [wɛ˧ pʻuɪ˩] 打破村寨也。画村寨 被打破之形。以 表示兵器。

[wɛ˧ tsʻɛ˥] 拆毁村寨也。或如此讀。

88. [kʻʌ˧] 刮也。画以斧刮木板之形。麽些人之房頂，皆以此種刮板蓋成。可与1460号之 字之刮相参看。或寫作 。

89. [tsɛ˧] 剁也。以斧頭示意，以 注音。

原爲一種鬼名[tsɛ˩]鬼也。在此作音符用。

90. [mɯ˧ tv˥ ʂo˩ zʌɪ˩] 頂天鉄柱也。

麽些人之房子中柱，有時亦称爲大房子的頂天鉄柱，或指中柱上之柏塔。

91. [ɪɯ˧ sɯ˧] 箭也。或只讀爲[ɪɯ˧]，借音爲重，又可作未完成性質之來。

92. [ɪɯ˧ mɛ˧] 弓也。

93. [kʻæ˥] 射也。画張弓射箭之形。

太陽光照臨之照，亦用本字。

94. [ʂæ˧ mbæ˩] 毒箭頭。麽些人用竹箭，于竹箭上安一鉄箭頭，如圖内有毒，此鉄箭頭名曰[ʂæ˧ mbæ˩]。

[ndv˩] 毒也。着重其箭頭黑色有毒之意。

95. [kʻæ˥ lɛ˧ ŋgɯ˧ za˩] 打着裂開之意也。画箭打板裂之形。

此經典中常用之語言，多巴法力高強，如箭到板裂之有效驗也。

96. [ɪɯ˧ wɛ˧ tʻv˩] 架箭也。画三箭架立之形。

此字与1467之架刀，1477之架矛，皆爲多巴作法之法儀，架武器于神座前也。

1497. [ta˩ na˧] 弩弓也。麼些人之一種武器。以木作成弓架如圖，削竹爲箭。有毒葉毒兩種。昔以之爭戰，今以之打獵。

1498. [tɕo˩] 活扣也。以竹做成上以繩作活扣，以之套捉野物。可借音作哄騙。

1499. [tso˥] 打虎機也。以竹做成機関，且以之打人，云今日尚有之，未獲親見。[la˧ tv˩] 或如此讀，打虎機也。

1500. [la˧ hy˩ tso˥ bv˩ ʂɯ˧] 紅虎在打虎機底下死之意也。画一打虎機，下有一虎，以不点睛示其爲死。

1501. [tɕʻi˩ tsɯ˥] 竪起刺箭也。画樹棒刺箭之形。昔以之獵人，今以之獵獸。[ndv˩ rɯ˧ sɯ˧] 毒箭也。此種刺箭有以毒藥製過者。

1502. [rɯ˧ pv˧] 箭囊也。多以熊皮等製成。此經典中之讀法。[pʻi˧ ta˩] 語言今稱箭囊如此。

1503. [dzo˧] 飛石也。其方法有兩種。一如滚木擂石，以石堆擱于高險之处，以滚落而擊人，字有此圖意。一以繩兜置石其中擲拋以擊人。麼些人今猶用之擊雀驅鳥，字有此圖意。可參看下一字之。常借音作賬，作債，作恩。有，，各種寫法，亦寫作。

1504. [dzo˧] [pʻv˧ dzo˧ kʻɯ˥] 飛石繩兜也。如圖置石中間繩兜中，執繩兩端旋轉之，忽撒放其一端，石遂飛出，以之擊人物等。此字見於若喀地域，当地人用漢語称此物曰披風，自讀爲[pʻi˩ rv˧]。

1505. [bv˧ pv˥] 盾牌也。

1506. [kʻwa˥] 甲衣也。多以牛皮等製成。或讀曰[kʻwa˥ ŋgæ˩]。

1507. [ŋgæ˩] 護心甲也。借音作敗。亦可讀[kʻwa˥ ŋgæ˩]。

1508. [la˩ pa˥ la˩ mbæ˧] 護手甲也。

1509. [la˩ mbæ˧] 護手也。以皮等作成，放弩弓時套於手指上以防受傷者。

1510. [mo˧ kwɛ˩] 盔也，鉄帽子也。或寫作 及 。

1511. [la˧ tɕʻuɪ˥] 鎗炮也。画火鎗之形。此字見于魯甸。

十二 建築、數目、動作、等類

512  [dzi˩]房子也，畫房子之形，或寫作 、 、 各種形狀。

513  [dzi˩]房子也，外畫房子之形，內以一水 字注其音，此魯甸之寫法。

514  [zɯ˧dzi˩]草房也，以 字注明其為草，下有房字以示意。

515  [ŋi˥] 空房子也，以二 字注其音，表明此為空房，此字見於魯甸一帶。

516  [ta˩]隔整房子也，指間隔板壁之類，以房子示其意，以箱子 注其音。

517 [tʻv˩] 蓋房子，建造房子也。

畫一房屋，上以一斧頭示意，下以一 字注音，造屋蓋板，皆須用斧頭也。麼些人以木造屋，故斧頭成為蓋屋之主要工具。此字見之于魯甸。

518 [ʐə˩]修房子也，畫人修屋之形，又于室中加一 (笑)字以注音。

519 此字見於魯甸。

519  [hua˥]一群也，一夥也，畫一家屋以示意，中有一白鷴 以注音。

520  [iʌ˧ko˩]家也，以房屋示意，以 字注第一音，以 注第二音。

有時只寫作 。

521  [dzi˩ tsʻɯ˥ mi˧ mbɯɹ˩]火燒房子也，室內有火 字示意，室外有火焰焚燒之形。

522  [na˩ mo˧ mbʐ˧ tv˥ dɯ˩]大村莊中也。

以•注第一音，以 字注第三音，意為村莊，畫一房屋以示村落之意。

523  [ŋgɯ˩]劃板也，指麼些人木屋頂上之蓋板，于屋上畫劃板之形。

曾見有寫作 者，此象劃板疊联之形。

524  [lɛ˥ tɛ˧ kʻo˧]窗户也，麼些人常于木屋板壁上留圓窗，小而圓，如圖。

525  [kv˥dzi˩] 帳蓬也。

526  [mi˧hy˩tsʏ˥hy˩kv˥dzi˩]紅火紅電光之帳蓬也，或寫作 。

此種帳蓬多為護法神等所住，蓋以之示其厲害也。

527  [kv˥dzi˩]帳蓬也，畫帳蓬之形，又以 字注帳蓬之前一音。

1528. [wɛ˧] 村子也。字源有二說法，一云象村中房屋相聯之形，一云象村中有碉堡之形。亦有人云象土座房之形，以土築成之平頂房也。
与魚字併用，作地獄解。

1529. [wɛ˥ wɛ˧] 圓也。以圓圈示意，以字注音。此字見於魯甸。

1530. [ɤv˥] 一團也。帶有團塊形性質之數量單位也。如一團飯、塊酥油等。
以圓圈示意，以字注音。

1531. [dzɯ˧] 村莊也。云象村中房屋相連之形。
可借音作生長，又可借音作一对。

1532. [dzɣ˧] 擁擠也。人多擁擠，以示其多，以字注其音。音近而假借也。
亦可作小土崗解。
此字見於魯甸。

1533. [dʑɛ˥] 城也，城寨也。或寫作及。

1534. [tʻa˥] 塔也。此象木塔之形。多巴以之祭龍者。刻木之一端作塔狀。有寫作及者之各種形狀。
常借音作可以、及得啦等意思用，又可作快利之快，如快刀快矛之類。

1535. 1 [dɯ˧] 一也。以一畫記一之數。依此例推之至九。

1536. 11 [ɲi˧] 二也。
可借音作需要，11 11二字連用可作一樣樣相同解。
又可借音作輸，作敗。

1537. 111 [sɯ˥] 三也。
有時讀古宗音[so˧]。

1538. 1111 [ɤo˧] 四也。
[zar˧] 若喀地域內如此讀，古宗音亦如此。如字即如此讀，而作柱子解。

1539. [wa˧] 五也。
常借音作是，如貝即是啦之意。

1540. [tʂʻwa˥] 六也。以六畫記六之數。

541. [ʂʌɤ˧]七也,以七劃記七之數。
常借音作長短之長。||||⊕ 二字联用常作昔日解。

542. [ho˥]八也。
常借音作深淺之深。

543. [ŋgv˧]九也。

544. [tsʻɛ˩]十也,由一至九皆以劃記數,至十遂变一符號。
此字常与百字之十相混用,由古本及 ⊠ 藍字字源之攷証,知斜交义"X"者爲十,正交义者"十"爲百,唯今日各多巴多雜亂用之,即依情況需要,讀之爲十,或讀之爲百,X,十,二字之嚴格區分,彼等不甚注意也。

545. [ɕi˧]百也,由X,XX,XXX,……(十,二十,三十……九十)至一百又变一符號。

546. [ʂɯ˩ ɕi˧ tʂʻwa˩ tsʻʌ˩]三百六十也,此經典中常見之數字,舉以作例。

547. [ɲi˧ tsʌ˩]二十也,画双十字以記數,十之讀音有变。

548. [ʂɯ˧ tsʌ˩]或[ʂʌ˧ tsʻʌ˩]三十也,三字变調,十字变音。
凡三十,四十,五十,六十,七十,八十,九十,之十,皆讀[tsʻʌ˩]。

549. [tv˩]千也,由X十二字合成,十百爲千也。
常借音爲直。☽米米 三字联用有閑不住無聊之意。
米米○○爲千千萬萬之意,經典中常見之联用字也,有時只寫作米○。

550. [kɯ˩]可能爲萬,由米米○○爲千千萬萬推測而知,原画天上星宿之形,天上星多,不可勝數,故昔日麼些人或以此會意,而使之爲數目之最高單位。
今日計數萬讀爲[mɯ˧]。

551. [tv˧ tv˩ kɯ˧ kɯ˩]千千萬萬也,此爲經典中形容數目众多之最大單位,意云不可勝數也,米由十百二字合成,○由星上會意。
或简寫作米○。

552. [wæ˧]萬也,此字漢語之萬,中画一五卅字,取其与萬字音近,外加一圈,示其音特别,用特異之讀法也。此字見於魯甸。

553. [dɛ˧]古宗音之七也,中寫一七字,外加一圈以示其有特殊性質。

1554. [sa˥ wa˧] 三月也。陰曆三月之名，以 [Naxi glyph] 注其前一音，以 [Naxi glyph] 注其後一音

1555. [tsɛ˩ dʌ˧] 十一月。陰曆十一月之名，当地人用漢語称之曰冬月，原為十一之意，第一音 [Naxi glyph] 為十，第二音 [Naxi glyph] 原為 dɯ˧，在此变音作月名用。

1556. [hɯ˥ hɯ˧] 圍繞也。以一捲曲形之動線，示圍繞之意。

經典中述及大神下人間，左右有天兵神將圍繞時便有此符號。

1557. [tɕo˥ tɕo˩] 相対環繞也。如日月之運行，画相対環繞之形。

1558. [nɯ˥ nɯ˧] 乱也，紊乱也，糾纏不清也。画線扣乱结之形，旁有若干小

示其紊乱，有云乃以乳汁注其音，亦通。

1559. [nɯ˥ ɣɯ˧] 乱也，紊乱也，糾纏不清也。画線结糾纏之形，此字見于魯甸

1560. [tɯ˥ tɯ˧] 糾纏也。画三结叠重之形，结音 tɯ˥ 在此又示意又借音也。

此字得之於魯甸。

1561. [i˧] 或 [ji˩] 漏也。似由 [Naxi glyph] 字变來，参看753號字。

此種寫法見于北地一帶。

1562. [ŋga˩] 弯也。画遇硬物弯折之形。此字見于北地一帶。

1563. [ɣv˥] 纏繞也。画曲盤纏繞之形。

1564. [o˥] 倒傾出去也。画傾倒棄物之形。

1565. [pv˥] 撒也。象撒播细物之形。

1566. [sa˥] 水漫流出也。

[sa˩] 散開也。

1567. [ŋgv˩] 鑽洞也，穿洞也。

1568. [ndzʌɣ˩] 溶化也。云象冰塊消溶之形。此字得之于魯甸。

1569. [ŋgæ˩] 夾也。象鉗夾物之形。

1570. [ŋgæ˩] 夾也。

[mi˧ ŋgæ˩] 或如此讀，乃火鉗之意也。

1571. [tsɯ˩] 熱鉄見水之声音也。此字見于麗江。

1572. [tɕʻo˧] 穿过也，穿也。画以刺穿物之形。

573. [tʂwa˧]擠牛奶也。畫以器盛牛奶之形，着意点在擠之動作。
此字与1354號之乳字（圖）有時相混用。

574. [tʂʻuɹ˧]抽打也，如打酥油之類，將乳置于桶中，上下抽打，使其廷分解作用，或以酥油置於茶中，上下抽打，使水乳交溶，在此專指此種抽打之動作。

575. [tʻo˥]云嵌石子鋪地也。

576. [tʻo˥]嵌鋪石子或石板也，此魯甸之寫法。

577. [tʂwa˥]拚逗合攏也，畫相逗合之意象。

578. [tʂo˥]接起也，象二物接起之形。

579. [tʂo˥]接起也，象斷而相接之形，此種寫法見於魯甸。

580. [tsɯ˥]塞也，象塞物之形。

581. [tsɯ˧]束也，綁也，畫束綁之形，亦寫作（圖）。
借音作計算之算，又可作疑問式的語尾助辭。

582. [tsɯ˧]束也，綁也，畫束綁之形，此北地一帶之寫法，借音用法与上一字同。

583. [mbʏ˧]分開也，畫分隔之形。

584. [nʌɹ˥]壓也，象压一物之形。

585. [ndzʏ˧]濺跳出去也，畫水一滴濺跳之形，此字得之于麗江。

586. [tsɯ˥]舌向上捲舐也，畫舌伸舐之形。
[tsɯ˩]立起樹起也，借上之音變調而作此解。
此字唯見于魯甸一帶。

587. [tɕʻʏ˧]去也，此字漢語之"去"也，由"窐"字之音[tɕʻo˧]变來，亦讀[tɕʻʏ˥]。
麼些經典有一部份用麼些文記漢人之音，故變化原字之形狀及音讀，此字見於一本送五方五帝之經典中，唯見於魯甸一帶，為前魯甸大多巴和立俊所創譯者。

588. [tʻo˧]脫模子，印模子也，畫鉛模子之形，麼些人以之脫印銀器仗飾者。

589. [kʻɛ˧]折斷也。

590. [kʻɛ˧]折斷也，或讀曰[wa˧ kʻɛ˧]，乃骨頭折斷之意也。

1591. [kv˥] 軍也。以 字注其音，外加軍籠之形。亦可借音作反叩起解。此字見於魯甸。

1592. [to˧] 相疊也。画相疊置之形。

1593. [tsɯ˩] 立起樹起也。以 字之高示其意，云画高高樹起上有零碎璫之形狀。此字唯見於魯甸一帶。

1594. [na˩] 黑也。画一黑点以之示黑之意。

1595. [na˩] 黑也。原画一黑点以示意，恐人忽畧視爲無意之墨點，因于其外一圈線。麼些人之竹筆不易画一正圓，遂两端交叉出頭如圖。此剌寶，東山一帶之寫法，别處不如此，故可依之作版本地域之鑒定。

1596. [na˩] 黑也。此藏文之第十二字母，借音作黑字解。或寫作及。

1597. [na˩] 黑也。画一黑点圍以圈以示注意之意。

[kv˧ na˩] 黑蛋也。以○爲蛋，加黑点示其色黑。

[kv˧ na˩] 擲海貝卦卦象之一，第一擲两貝皆黑也。

1598. [mbo˧ na˩ ɤv˥ la˧] 黑色光耀之一團也。画黑圈有光耀之形狀。此字常見於開天闢地經文部份，以之化生惡一方面之萬物也。

1599. [wa˧ na˩ mbo˧ dɯ˩ ɤv˥ la˧] 光明閃爍之一團黑綠松石也。画一綠松石光明閃爍之形，上加黑点以表明其爲黑色。此字常見於開天闢地之經文中，以之化生惡一方面之萬事萬物。

1600. [ndzɣ˧] 一字一字之字也。字之數量單位也。此字之字源有两種說法，一云象字由墨寫出之形，中央之一点黑色即代表墨也。一云以黑点示意，以蹦跳之形注音，皆通。

1601. [kwa˩] 壞也，惡也，凶也。以黑三角形示不吉之意。

1602. [ndzɐ˩] 雜色也，花色也。以斑点示花色雜色之意。

[kv˧ ndzɐ˩] 花蛋也。以○爲蛋，以斑点表明其爲花色。

1603. [sɣ˧] 錫也。画錫塊不規則之形。常借音作殺，讀作[sɣ˥]，又可一種一樣之種及樣，讀作[sɣ˩]。

04. [pʌɻ˥ ɣʌɻ˧]吹葉子之聲音也。画一木梳注前一音，有顫抖動線，示其聲音之動盪。此字見於祭牧人之經典中，牧人喜吹葉子唿哨也。

05. [tʂʌɻ˥] 古代也。画一級一級之形，以之象徵古代之联續。
有時借音作洗。

06. [tʂʌɻ˥ pv˧ ʐwa˩]還报祖先古代之恩也。
為第一音，古代之意。為第二音，價值恩惠之意。為末一音，償還也。

07. [py˩] 吃麩也。由 [pv˧]及 [pɯ˧]二字切音而成。
此字見於魯甸。

08. [kv˥] 彎也。画一彎之形。
可借音作年歲解。

09. [li˧] 用此音作漢人之李姓。此字見於北地等地，多巴每本人通信時用此字以代李字，彼等自己亦常用此字，字源彼等亦不識，唯有此習慣用法而已。他處多巴則用字以代之。李霖燦便寫成“ ”之形狀。

10. [pɯɻ˩] 解開也。原象解線之形，由古本及北地各處字形之變化，知此字之演变如下：，，，，，原解開繩線之形，漸变至不可識之程度，故亦有指此字為音字者，若沿麽些族迁徙路線巡行一遍，則此問題將釋然矣，且此字之音字寫作“占”，是又一旁証也。
常借音作一重要神祇名，開天之大神也。
又常借音作白，此字常加于其他字上，使之有白色之屬性，如即白蛋也。

11. [pɯɻ˩]解開也，此字見於魯甸，蓋取解繩之形，以字注其音。蓋多巴自渡过金沙江後，已失傳其字字源，至其下游又造此字，竟重複解繩之意，可見古今多巴同具此心，亦大有趣之現象也。若與字同觀，尤增意趣。

12. [pɯɻ˩ dʐɯ˧] 山药也。以字注前一音，以字注後一音。
此字見於魯甸。

13. [ka˧]好也，此藏文之第一字母，借音作好解，有時又借音作累倦解。

14. [ka˥]蓋起也，以象形，以注音。字或寫作及。

1615. [pɛ˧ tʂʻv˥] 經咒中之音。頗似藏文之一種寫法，多巴不識其字源，只知
經咒中如此讀音而已。有謂此爲阿迷字，阿迷乃北地之一大多巴之名
所謂之阿迷字，实即藏文也。

1616. 上 [ʂʌ˥] 說也。此音字之一，然常見於經典中，附記于此。
此音字疑有漢化影響，与"下"字相合觀，則較爲清楚，參看下字条。

1617. [ʂʌ˥] 說也。以口中出氣象形，以"上"字注音合成之寫法，見於魯甸

1618. 下 [ɕʌ˥] 占卜打卦也。
[ɕʌ˩]，閑也。此亦音字之一，疑其受有漢化之影響，因上下二字，皆作漢
寫法，讀音又極近似，二字同見，不偶然也。

1619. [tʂɯ˧] 土也。下画土地，上有一音字之"止"以注音。
音字之"止"，由其讀音上，亦見有漢文之影響。
音字与形字之合体字，多見於魯甸及麗江之一部份，摘其常見者數例
記於此。

1620. [kʌ˥] 鷹也。画一鷹頭，又加一音字之[kʌ]以記音。

1621. [kʻv˥ kɯ˩] 長庚星也，晚星也。
以之一彎注第一音，以○爲星注第二音，此麗江南山一帶之寫法。

1622. [iʌ˩] (?) 搖也。象懸空搖擺之形。此字得之于麗江。
此字據多巴云，唯卜卦書中有之，平常不多見也，記于此，以待後証。

1623. [ʂwa˥] 痛而呻吟也。画人，背下有物，口中呼痛之形。
此字亦得之于麗江，字源甚清楚，而讀音有問題，亦附于此，以待後証。

1624. [kæ˩] 光亮也。
此字与 924 號之一字，有時相混用。

1625. [la˩ mɛ˧] 大拇指也。此字应列於第四類中，因遺忘，補記于此。

1626. [mbɛ˧] 貪饞也。以人示意，以注音。

1627. [by˩ tɕʻi˩ ta˧ lɛ˧] 裝乾糧之搭褳(口袋)也。象其形，以字注其第一音

1628. [ʂo˩ pʻo˥] 鉄炮也。此字見於魯甸，应列於第十一類中，補記于此。

十三、若喀字類。

若喀之中心地域在金沙江N字大灣上之北端，即麗江奉科对江一帶，在永寧之西，中甸之東，當東經100°—101°，北緯27°半—28°之間，主要村寨有洛吉河、俄丫、蘇支、葯睦、上下海羅等，當麗江、中甸、永寧土司地、木里土司地四地接壤之處。

在這裡住有一部份麼些人，語言近永寧之麼些語，亦有象形文字（無音字）大部份與北地一帶者相同，唯有一部份係此地域內所特有，北地、麗江、魯甸一帶多巴皆不識之，觀其位置居麼些近徙路線之上游，可能為象形文之原始地域，因彙集于此以作印証。其字源清晰可辨者，已分插入以上十二類中，于此不再重述。

若喀既為地区之名，又為此一帶麼些人支派之名，讀曰[ʐɯ˧ kʻa˧]，第一音有熱的地方之意，指江边一帶，金沙江边較熱也。在北地之多巴以象形文寫之作 ，若嚴格寫之實应為 。

本類各字多由洛吉河中村若喀大多巴 ，漢名習文開先生所教，謹於此紀念这位遠方友人，並致謝意。

529. [dʐv˧]延伸也。云象延伸拉長之形。亦寫作 。

530. [o˩]堆也，画穀堆之形。或寫作 。

531. [bɛ˩] 置也，放也，字源不識。

532. [ty˧]斗也。借音而用，字源不識。

533. [kʻv˩]彎也，象彎曲之形，或寫作 。
借音可作年歲解。

534. [pɛ˧]升也，当地人称為梆子。云象長方形梆子之形。
疑與 （595号字）相近，用作升乃其借音徬証。

535. [bv˧]腸也。或讀曰[by˩]粗也。

536. [tsɯ˩]藏也云画藏物之形。

1637. [tsɯ˧]束也,御也,画束御之形,或寫作 。
1638. [ʐɯ˩]弯捲也,画弯捲之形。
1639. [ʈɯ˧]方位也,位置也,地位也,云画方位所在之形。
1640. [dzʌ˩]咎華也,云由方櫃之[dzʌ˩ bo˩]变來。
1641. [kæ˧]齒也,画齒水之形。
1642. [lɛ˥]茶也,云象鋪行草地圍茶之状。
或云象經典一頁一頁之形,以之作貝,作張,作面。
1643. [kæ˧]發旺也,云象愈生愈多之形。
1644. [ndʐæ˧]富也,与麗江一帶之 字同。
1645. [o˧]頭也,云象頭之形。
1646. [ʐɯ˩]縫结也,字源不識。
1647. [o˩]神名,与麗江一帶之 大神同。
1648. [no˥]神名,使一切繁殖者,画供死人飯團上插柏葉之形,借音而用也。
1649. [ndʐv˧]同伴也,朋友也,画二人攜手同行之形,可与1134號字相參看。
1650. [mbv˧ tsɯ˩ ʈɯ˧]火葬場所也。
1651. [mbv˧ tsɯ˩ ʈɯ˧]云爲陰間之火葬場所也,以黑色示意。
1652. [tsɛ˩]頁也,云象展開一頁一頁之形,然麼些經典展開之形状,与此不
相似,尚待証明。
1653. [hõ˧]羽毛也,毫毛也。
1654. [kʻo˧]砍成之馬口也,象砍馬口之形。
1655. [po˧]刨也,画刨開板子之形。
1656. [ŋgɛ˩]石鐘乳也,画石鐘乳之形。
1657. [ndʐʌɪ˩]威灵也,溶化也,与麗江一帶之 字同。
1658. [kv˧ kʻa˧]甲衣也,象牛皮甲衣之形。
1659. [mi˧ mæ˧]火尾也,指火焰有烟之形状
1660. [tʂʻv˩]唸也,指唸經之唸,云象口中出氣有声之形。

61. [ʔo˥]神名,即麗江一帶之 大神也,若喀地域寫之如此,字源不識。
62. [kʌ˥]耕地用之木耙也,在北地一帶仍讀爲[tɕi˥]。
63. [ŋv˩ pʻɯ˩ mi˧ tv˩ tʂɯ˥] 白銀火把也,以 注銀第一音,以 注火第三音,畫作火把之形。
64. [ʂɯ˩]黃也,字源不識。
65. [zɛ˩]?神名,字源不識。
66. [ʐʌɤ˧]四也,寫法讀音皆與麗江者不同。
67. [sʌ˧ hɯ˥]活樹梗枝也,象活樹枝之形。
68. [bv˩ tɕʻi˩ lɛ˧ hɯ˩]全皮剝成之乾糧口袋也。
69. [tv˩ lɛ˧ ɕi˧ sʏ˩]千種百樣也,此字有宗教淵源,云千種百樣無不包含於此中也,有包羅萬象之意。

[ɕi˧]在北地一帶如此讀,作百字解,蓋用上字之第三音也。

至麗江魯甸一帶又改讀爲[ɯ˧],乃好之意,見下宗教一類之字彙中。
70. [lʏ˧]顆也,粒也,畫顆粒之形。
71. [v˩]舅父也,與麗江之 同,字源不識。
72. [kwɛ˩] 捲曲也,畫捲曲之形,若喀多巴述一民歌時用及此字,歌如下:

[ndi˩ lɛ˧ ndi˩ kwɛ˥ kwɛ˩, zo˧ tɕi˧ kv˩ lɛ˧ ʂʌɤ˩]。

意爲蕨菜彎彎(捲曲)的長出來了,獨兒子(可以不賣的)領回來了,指荒年賣子之慘劇,因蕨菜彎彎出土,遂得解救也。
73. [zo˧] 兒子也,男子也,畫一人形,頭上之解釋多巴亦不知。
74. [tɕi˧] 可作独生子之独,又可作大小之小,多巴不識其字源。
75. [pa˧] 蛙也,若喀地域有如此寫者,或寫作 。
76. [pʻi˩] 肩胛骨也。
77. [tsʻi˩] 肩胛骨也,此二字字形及讀音之分別,在若喀地域內如此。
78. [ndʐo˩] 山也,此若喀地域內之寫法。

十四,古宗音字類。

此一類字只見於魯甸之兩册經典中,爲前有名之大多巴和世俊所創製,用之記一部藏文經典之音,此部經典之藏文原名尚不識,然爲一部極通俗之經咒,些人稱之曰古宗人之消災經,其音皆学古宗讀法,因名之曰古宗音字類。
其造字之方法,以二麼些字合切一古宗音,蓋由於古宗音有不能与麼些文字全相合者,遂想出此種切音方法,然亦只是先有古宗音在,以麼些文声音之近者,切其彷彿而已,非有嚴密之切音法則也。因多巴对經咒以口相傳,尚未有可依文得音義之方法也。
此類字皆於經咒中作音符用,未有意義,故此類字只有形音而無釋意。
此類中各字,由和才先生發音,張琨先生記音。和先生係麗江魯甸鄉阿時主下人,創作此類文字之和世俊先生係阿時主中村(〃ㄇ〇,〇〇〇)人,兩村距甚近,和先生曾習此兩部經典,故其讀音容有錯誤,依理或不致相差过遠。
此類各字之讀音,依理當与古宗語音系統相参校,目下尚無此種可能,唯以之示在麼些地區之下游,於文字之製作中,有此一體而已。

1679. [hã˥ la˥]
此字由飯〇之ha˥音与手〇之la˩音,二音变切而成。

1680. [ʂɛ˥]。
由音字之ʂʌ˥上,及形字之〇ʂɯ˧肉二字合成。

1681. [kʻi˧]
由形字之〇kɯ˧及音字之〇合成,有云此∴字也。

1682. [ka˧]
此寫藏文之第一字母,又爲加藏文之讀音符號,却又不依藏文之拼音則,而依其需要讀爲本音,蓋只以〇之符號表示此音有变動而已。

1683. [gi˩] 由〇之dʑi˩及音字∴之gɯ˩合切而成。

1684. [tʻv˩] 由之〇及〇二形字切成。

1685. [ia˧˥]
由 及 组成 io˩ 与 iʌ˩ 之拼切也。

1686. [nv˩ː]
由 心[nv˥]及 黄豆[nv˩]合成讀音加長之一種变化。

1687. [i˧˩]
由 字变来加一口腔 形狀示其音有变。

1688. [tsʻɛ˧ɣɯ˧˩]
由 [tsʻɛ˩]及 [tsʻæ˥]二字合成

1689. [tʻɯ˧˥]
由 之[tʻv˧]及 (水泡沫)之[dɯ˩]二字合成。

1690. [no˧˥]
由 之[no˩]及 之[no˥]合成。

1691. [ka˧˥]
由 之[ka˧]及 之[ko˩]合成。

1692. [dzo˧ɣom˧˩]
由 之[dzo˧] 及 [ndzo˧]合成。

1693. [to˧˩]
由 之[tv˩]及 之[do˩] 合成。

1694. [tv˧˩]
由 之[tv˩]及 之[ty˧]合成。

1695. [tom˧˩]
由 之[tv˩] 及 之[to˧]合成。

1696. [ɳa˧˥]
由 之[ɳʌ˩]及 之[ɳo˥]合成。

1697. [ko˧ɣom˧˩]
由 之kv˧及 之kv˧二字合成。

1698. [hɣ˥ rom˥]

由之[hɣ˩]及[lo˩]合成。

1699. [prom˧]

由之[pɯ˧]及[pv˥]合成。

1700 [tʃɯ˧ rɯ˧]

由之[tʃɯ˩]及之[rɯ˥]合成。

1701. [tɣ˧]

由之[dv˧]及之[do˩]合成。

1702. [iæ˩ sɣ˧]

由之[iæ˩]及之[sɣ˧]合成。

1703. [ts'wi˥]

由[ts'ɣ˥]及[tsɯ˧]合成。

1704. [do˧]

由之[tv˩]及之[ndo˩]合成。

1705. [ŋṽ˩]

由之[ŋv˥]及之[ŋv˩]合成。

1706. [ŋa˧]

由之[ŋv˩]及之[ŋʌ˩]合成。

1707. [p'vrv˩]

由之[p'v˥]及之[p'o˥]合成。

1708. [ts'ɣ˧]

由之[ts'ɣ˥]及之[ts'ɯ˧]合成。

1709. [ʔɣæ˩]

以[wɛ˧]字深入口中示其音有变。

1710 [durã˩]?

由之[dzv˧]及之[zv˩]合成。

十五 宗教類

1. 字頭也。在寫文字之先，必須先寫此一符號，當地人稱之曰字頭。麼些經典之開頭例有此字，每新起一段時，亦常用之。
此字不讀音，只作一經文開始之符號，其字源頗似由藏文字頭演變而來。在麼些經典中有　各種寫法。
近日曾見以　等符號寫于經文之末者，蓋倒字頭爲字尾之用也。

2. [ro˩ rv˧]石神也。画石之形。麼些人作法儀時，先樹石爲神，多巴等之門前例有尖形石頭列置大門兩側，左右各一，此亦石神也。作石神之石，多取尖長近三角形者，故画之如圖，以與石字　相識別。

3. [ro˩ rv˧ kwa˥ lɛ˧/nɯ˧ o˥] 向石神撒米供養也。画于石上撒米之形。此爲多巴法儀之一種。

4. [tsɛ˩ tsɛ˧ hæ˩ rv˧ mɛ˧]黄金大石也。此宗教上之神石，一切石之王也。
前二音有拚砌之意，第三音爲金，第四音爲石，第五音爲大。
常見寫作　，加一　字注其第三音。

5. [rv˧ mbv˧ tʂʌ˩ ʂo˥]燒石除穢也。多巴法儀之一種。于瓢内放一熾熱之石塊，上置艾蒿，以水澆之，生大烟霧，發吱吱声，以除穢也。

6. [no˩ pɣ˥]寶物也。八寶之一。画寶物之形。在北地一帶，過農曆新年時，以麵粉印此字之模纹于人衣之上，以取吉祥。
[ɯ˧]麗江魯甸一帶如此讀，乃好之意也。

7. [i˧ dwa˧]寶物之一也。

8. [ɯ˧]好也。此字有宗教上之淵源，因其意而作好也。此麗江魯甸之讀法。在若喀地域讀爲[tv˩ lɛ˧ ɕi˧ sɣ˩]，在北地讀爲[ɕi˧]，見1669號字之解釋。

9. [ɯ˥] 灰塵也。以点点示意，以　字注音。見于麗江魯甸一帶。

10. [kʻa˧ rv˥]法輪也。画法輪之形。此字有一切事物之基座之意，萬物各由其中生出也。有經典曰　25，專述其來歷。或寫作　及　。

1721. [rwa˧ mbv˧ tʂɯ˩] 寶物也。畫寶物之形。人與龍王曾為此寶大起爭鬥。於 [illegible] 之經典中。
在語言中有讀 [hɛ˩ nv˥ me˧] 者，乃菩薩心之意，指其玲瓏通徹也。
有時亦見以 [illegible] 字代替本字而用。

1722. [dzʌ˩ tsɛ˧] 寶蓋或寶傘也。亦八寶之一。

1723. [k'a˧ me˧ kɯ˩] 一種神獸之名，云其胆為無上靈藥。
畫一似蛇之物，以 [illegible] 注其末一音，乃胆之意也。

1724. [no˥] 家畜神也。麼些人供一竹簍，名曰 [no˥ tv˩] 以之為家畜神，此畫竹簍之形。

1725. [gv˧ ro˩ ka˧ lɛ˩] 保佑也。[illegible] 示其高臨護佑之意，[illegible] 有云象一種油之粉皮形狀，注末二音也。

1726. [hɛ˧ dzi˩] 寺廟也。意為神人之房屋。有寫作 [illegible] 者，以 [illegible] 字注其第一音，乃神人之意也。

1727. [t'a˥] 塔也。參看 [illegible] 字（1534號）之解釋。
[tso˧ t'i˧] 或如此讀。
[po˩ ti˧] 藏塔也。此一字有此三種讀法。

1728. [pY˩ sʌ˧] 祭木也。多巴作法所用之各種樹木名曰祭木。畫插祭木于土之狀。有寫作 [illegible] 者，畫祭木之帶葉者，云有葉者祭神，無葉者祭鬼也。
[pY˩] 禳祭也，誦唸也。插起祭木以示禳祭誦唸之意。

1729. [pY˩ lY˧ k'o˧] 開壇經也。作法開始時，多巴誦唸之第一部經典，內太半多巴自誇法力高強之語。
由 [illegible]，[illegible]，[illegible] 三字合組成 [illegible]。[illegible] 注前一音，[illegible] 注中一音，[illegible] 注末一音。

1730. [mɯ˥ kæ˧ tsɛ˩] 打鬼竹片也。畫竹片五裂之形。多巴搖之作声以驅鬼。

1731. [ŋgʌ˩] 彎翹也。畫打鬼竹片彎插于地之形。以之作法擲彈鬼怪者。

1732. [tv˩ ndzʌ˩] 掛天燈之桿子也。
畫立木桿掛天燈之 [illegible]。桿上有一 [illegible] 字以注其第一音。

33.  [dzy˩]懸白也,喪幡之一種,如大籠狀,以紙紮成,懸於死者之大門前,当地漢語称爲懸白,在麼些經典中云此乃千萬銀錢作死者过陰間之路費者。

34.  [tɕ'i˩ k'ʌ˥] 小竹網叉也,多巴作超渡死者之法儀時,以竹編作小叉如圖上掛肉片,以之爲死者開路。

35.  [wæ˧ k'ɛ˧ i˧ lɛ˩]左右弯折之木片也,以木片弯折如圖,下夾一木桿,多巴作法時以之送鬼。

36.  [la˩ pa˥]杜鵑葉等做成束把也,多巴法儀用品之一種,以此代表鬼怪,燒其頭,砍其頸,埋其身,以之壓鬼。

37. 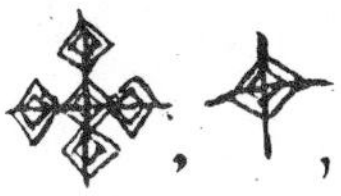 [na˩ k'a˧] 五色線網也,多巴法儀用品之一種,以五色線结織爲網如圖,云以此作鬼神之城市。

38.  [tɕi˩ ndzʌ˩] 刺箭樹也,地獄中有之。

[tʂv˩ si˧ nda˩ ndzʌ˩]由鰲魚口中生出之刀箭樹也,与上一字爲一物。

39.  [tɕi˥ k'o˧] 擋口舌鬼之門也,以松木作成,架于門前,麼些人家家有之。

40. 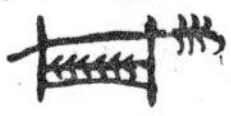 [ŋv˧ dzi˩]放死者木身之小屋也,ꟷꟷꟷ 即此種木身,麼些人以松木爲之,作超渡法儀時以之象徵死者,此画木身放於小小松棚中之形。

[gv˩ dzi˩]意爲舅房,仍指放木身之小屋,因依麼些人之習俗,例須由舅父爲搭此房,以作放木身之處所。

41  [hæ˧ la˧ ʀɯ˩ ndzʌ˩]祭風樹也,当地人用漢語称之日風流樹,因此樹爲祭風流鬼魂而用,画一樹上掛有紙旗,五色線網等之形狀,在麼些人之心想中,此種情死之鬼魂最貪嬉戲,故以紙旗,口笛,口弦等懸于此樹上送之。

42.  [mɯ˥ ʀɯ˧ kv˩ k'ʌ˥] 祭風用之小竹籠也,此亦送風流情死鬼之物,云使其宿住此間也。

43. [tv˥] 頂也,多巴法儀之一種,以剖裂之木叉夾雞蛋其中,以頂阻不祥也。

44.  [ndæ˩]趕鬼之三木橛也,多巴法儀用品之一,以山茱萸樹枝削成如圖,以之趕鬼,有專經典詳述其來歷。

45. [tɕ'i˩]趕鬼之竹刺,多巴法儀用品之一,以之趕鬼用者。

1746. [tɕʻi˩ ŋgʌ˩]擋鬼之箭枝也。多巴作法時用之，以木或竹為之，或九根或八根交叉插立如圖，以之擋鬼。

1747. [kʻwa˥ biʌ˩] 木牌也，多巴法儀用品之一，削木牌如圖，上画天地日月辰宿像動物等，或以之供神，或以之償還龍王之債。

1748. [hæ˩ dɐ˧] 大法帽也，多巴祭天或作大法時戴之，上插一旗，下有一字以注其第一音。

1749. [bɛ˩ kʻwa˧]鉄法帽，当地人称為鉄五佛冠，以鉄打成插于帽上。

1750. [mɯ˥ tv˧] 法杖也，多巴作開喪法儀時用之，原以竹為之，今多改之為上有彫飾懸布條小鈴，多巴持以破地獄者。

1751. [ma˩ li˧ kæ˧ ɣʌr˩] 手轉經也，以經咒裝于一小筒中，手持而搖轉之，其功德等於誦經，边地之喇嘛及老年人，常用之以度歲月。

[li˧]或只如此讀，取上字之第二音也。

1752. [bʌr˧ dʌr˩] 唸珠也。

1753. [la˩ nɯ˩ bʌr˧ dʌr˩ ndzʌ˥] 手轉唸珠也，或寫作 ，画一喇嘛轉唸珠之形。

1754. [ʐɯ˩ ɣv˧ tɯ˩] 鋪起神座也，画鋪起毡子，樹起犁頭，撒起神糧之形，麼多巴对神座之陳設如此。

[sɛ˧ do˧ tsɯ˥] 立神座也，与上一字同意。

1755. [po˩ mba˧] 淨水瓶也，多巴法儀用品之一，多以銅打成，内裝淨水，上插葉串或孔雀尾。

1756. [dv˩ dʐɯ˧]降魔杵也，多巴法器之一，多以銅製成。
或寫作 及 。

1757. [py˧ by˧] 木降魔杵也，多巴法器之一，以木刻成，三楞，似降魔杵而大。

1758. [tsʌ˧ ɣʌr˩]板鈴也，多巴之主要法器，以銅製成，似鈴而扁平，左右搖之声，以之驅鬼敬神，当地漢語称之曰板鈴。

1759. [ti˩ ʂæ˧]小鈸也，以銅製成，多巴法器之一種。

60. [mbuɤ˩ kʻwa˧] 毛牛角之號筒也。多巴法器之一種。第一音爲毛牛之意。
[mo˩ kʻwa˧] 號筒也。第一音爲吹之意。
61. [fv˥ zɛ˧] 海螺也。多巴常吹之爲法螺。
[dv˧ pʻuɤ˩ fv˥ zɛ˧] 白肚子之海螺也。有時只讀其前二音，白肚子之意。
62. [fv˥ zɛ˧ mo˩ kʻwa˧] 海螺之法螺也。多巴法器之一種。
63. [nda˧ kʻʌ˩] 多巴用之大皮鼓也。曲木爲棒而擊之。
64. [æ˧ lo˧] 小銅鑼也。多巴法器之一種。
65. [po˩] 大鈸也。多巴法器之一種。或讀作[tʂʻæ˥]。
66. [ta˧ bɹʌɤ˩] 小手鼓也。多巴法器之一種。
或寫作，表示其鼓錘正擊於鼓面上也。
67. [tɕæ˧ tɕy˧] 三角叉也。多巴法器之一種。
68. [no˩ by˥ ɤɯ˥ sɯ˧] 八寶神箭也。画一箭上繫有五色布之形。
[sɯ˥ ɤɯ˧ sɯ˧] 家神箭也。麼些人有一竹簍，內供家神，此簍內插有一箭，即家神箭也。与上一字爲一物而名称不同。
69. [ɕo˩ ɤv˧] 香炉也。
或寫作。
70. [ɕʌ˩ kɯ˧] 古宗人祭鬼時所用之一種祭木。
此字見於北地一帶。
171. [sɛ˥ sɛ˧ mby˧ wa˧] 金銀紙包也。供神及祖先時用之。画金銀紙包一個之形。此字見於魯甸。
172. [la˩ zɯ˧] 手捏麵也。画手捏麵之形。多巴法儀之一種，以手捏麵施鬼也。
173. [mbæ˧ mi˧] 神燈也。画供神燈盞之形。
或寫作，下画灯盞之形，上有一火字以注末一音。
174. [ɕo:˧] 供神許願也。画人手持香條跪拜供神之形。
175. [ɕo˩], [ɕo˥ dy˩] 香，香條也。画一地香條之形，上有一柏以注其前一音。香條由柏末作成也。或寫作，象其包有柏末，上有香烟之形。

1776.  [bv˩]許願也。画以香條紙包等向神許願之形。
或寫作 [illegible]。此字見於麗江。

1777.  [ɕo˩ kʻɯ˧ kʻɛ˧]香條之脚折斷也。画香條折脚之形。
麼些人有以香條占卜之法。此不吉之兆頭也。

1778.  [pʻi˩ ɕʌ˩]炙肩胛骨以占卜也。以形字之 [illegible] 注其前一音，以音字之 [illegible]
注其後一音。參看504號字。

1779.  [æ˩ mbɯɹ˩]打鷄骨卦也。画雞脛骨相比之形。參看506號字。

1780.  [æ˩ ndʐi˥]燒雞也。多巴法儀之一種。燒雞以施鬼也。

1780. [1o˩] 施鬼食也。多巴法儀之一種。即將各項食物少許，置于一盆中，以
頭点之而施鬼食也。

1781.  [iʌ˧ kʻʌ˩]送鬼之竹籃也。多巴作法時，以竹籃爲鬼坐処，以此竹籃驅鬼
送之。画各種鬼之木牌等並置于一籃中之形。

1782.  [ɕo˧ ʐʌr˧ na˧ tsa˩] 經堆也。画石堆上有柏木塔，旗幡之形。

1783.  [ŋv˧] 超度死人時之木身也。麼些人以松木爲之。上端留枝葉，砍斷，于
端刻口目，將此二截合併束之，以作死者之木身。
[ŋv˥] 超度死者也。以此木身代表超度法儀之動作。
或倒置寫作 [illegible]。

1784.  [ŋv˧ kʻɯ˧]木身之脚也。画木身上生脚之形。

1785.  [ʐɯ˩]死人之未超度者。
画一死者之木身，在作超度法儀時，先以[ʐɯ˩]称呼死者，画一蛇頭以
其音。既超渡之後，則呼爲[io˩]，画一猴頭以注其音，見下一字之 [illegible]。

1786.  [io˩]祖先也。死人之已超渡者。
画一超渡時之木身上加一猴頭以注音。

1787.  [to˧ ma˧]鬼之麵偶也。以麵團揑成，画其置於盆中，上插紙旗之形。

1788.  [iʌ˥ lo˧]神之麵偶也。画麵偶之形，与鬼之面偶有區別。
[sɛ˧ do˧]或如此讀，仍爲神之麵偶也。

1789. [iʌ˥ lo˧ kv˧ tʂʌr˧ ʐv˧ tv˧] 麵偶頭上出藥水也。云菩薩地方有此神奇。或云爲 麵偶頭上出奶水，將第四音改讀爲[nur˧]

1790. [ha˧ ɕi˧ t˧ ma˧ ta˩ lɛ˧ ʐæ˩ kv˩ bɛ˧] 把麵偶做得會說會笑。此多巴云其麵偶做得維妙維肖也。画一麵偶張口言笑之形。

1791. [tʂʻo˥ pa˧ ndʐi˥] 燒天香也。麼些人燎柏葉等以祭天敬神，当地人称之曰燒天香。画一台上有火，火上有柏葉及麵粉等物之狀。

或寫作 ，其台亦有寫作 此形者。東壩子一帶皆如此也。

1792. [ɕo˩ nv˩ pa˥] 香板也。燒柏葉敬神之木板也。画一手板上有火燒香柏葉之形。多巴法儀用品之一。

1793. [pi˩ nv˩ pa˥] 臭板也。燒肉出臭氣以招鬼送鬼也。画一手板上有火燒肉之形。多巴法儀用品之一。

1794. [kɯ˧ tʂɯ˧ ʈʌr˩ ʐʌ˩] 吊狗壓 ʈʌr˩ 鬼也。多巴法儀之一種。或只讀其前二音。

1795. [kwa˥] 神糧也。画糧食之形，以一鶴頭注其音，指供神之淨糧也。

1796. [nda˧ ɤv˩ wa˧ tʂʌr˥ kæ˧] 十字骨節也。多巴在退口舌法儀中用之。画骨節交結及解開之形狀。

1797. [nur˧ wa˩] 遺福也。以綠松石 注其後一音，以乳汁 注其前一音。

1798. [wa˩] 陰魂也。由綠松石 借音而來，加一閃爍線以作區別。

1799. [wa˩ ʂʌr˥] 招魂也。以 為魂，下有一動線以示意。有時以 七 注音。

[wa˩ kʻv˩] 喊魂也。以下之一曲線作喊回之意用。

1800. [ʂʌr˥] 招回之招，如招魂之類。以七 字注音，以 示招回之意。

1801. [ʐɯ˩ ɯ˧ mɯ˧ tsɯ˩ ʈɯ˧] 火葬場也。麼些人昔日全以火葬，故有此字。

[ʐɯ˩ ɯ˧ mɯ˧ tsɯ˩ ndv˩] 或如此讀，仍爲火葬場之意。

1802. [sɯ˧ pʻɯr˩ ta˧ so˧] 白羊毛線穗也。多巴以之象徵領得福澤而用。

1803. [kwa˧ pʻɯr˩ kwa˧ ɤɯ˥ tv˧, gv˧ hɯ˩ gv˧ ɤwa˩ bɯ˧] 多巴称呼死者之二代名詞也。对男死者，称前一名，对女死者，称後一名。

1804. [ʔo˧ ma˩ ni˧ pɛ˧ mi˧ ho˧] 六字真言也(唵嘛呢叭咪吽)。麼些經中亦有之。

十六、鬼怪類。

1805. [tsʻɯ˩]鬼也。画鬼生長髮之形。人倒地生長髮為死，直立生長髮為鬼。
可借音作来到又可借音作倔作狭參看下一字。

1806. [tsʻɯ˩]細也，狭也，以木板示意，以鬼字注音。此字見於魯甸。

1807. [tsʻɯ˥]跪也。画跪之形，又以鬼及犛頭双注其音也。
此字見於魯甸。

1808. [tsʻɯ˩ ȵo˥]鬼驚抖也，画鬼驚抖之形。
[ȵo˥]一種鬼名。

1809. [dv˩] 鬼名，以尖頂為特識，云此鬼髮上竪作尖頂之狀。
或寫作 画其黑髮上聳之形。

1810. [dv˧ pʻɯ˩ ʐwa˧ ȵʌ˥] 鬼名，為 (514號字)之化人。以眼注其末一音。

1811. [dv˩ ʐɯ˧ tɕʻʌ˧ pa˧ la˧ ʐɯ˥]鬼名，為 鬼中之能幹者，画一
字注第四音，以 字注第五音。 則第一音也。

1812. [tsɛ˩]鬼名。以頂上雙角為特識，云此鬼頭髮兩岔也，或寫作 。
可借音作用，又可借音作砌。

1813. [tsɛ˩ tsʻɯ˩ ʐwa˩/la˩ pa˥ tɕi˥ dɛ˧] 鬼名， 鬼中之能幹者。
以 注第一音，以 注第五音，以 注末一音。

1814. [ȵʌ˩] 鬼名。以頭上一縷高曲為特徵。

1815. [zɛ˩]鬼名。會飛之鬼，故画其生翅之形。

1816. [mɛ˩] 鬼名，画鬼之形，以五倍子 注其音。
常只寫一五倍子 以代此鬼之名。

1817. [tʌɪ˩] 鬼名，無頭鬼，横死鬼也。画鬼無頭之狀亦寫作 。

1818. [tʌɪ˩] 封阻道路也。以路 示意，以 注音。此字見于魯甸。

1819. [tʌɪ˩ pʻɛ˧ tʌɪ˩ ʐv˥] 拴擺 鬼也。画拴擺 鬼之形。

1820. [kʻɯ˧ ndzɯ˧ tʌɪ˩ iʌ˩] 鬼名。 鬼中之能幹者。以狗頭注其前一音。

821. [ʈʌ˩ da˥ ŋgv˩ gɔ˧] 九頭鬼王名也。画九頭鬼王之形，大注其第一音。

822. [ʈʌ˩ tsɯ˩ la˧ kv˧ ʐʌ˩ mæ˧ dzɯ˩, ndv˧ dzɯ˩ mbɪ˩ kv˧ tsʻo˧ kv˧ ʈʌ˩] 生虎頭豹尾，有翅能飛會跳之大鬼也。画大鬼生虎頭豹尾有翅之形。

823. [tʻv˧] 鬼名。以 注音，以鬼示意，或只寫一 字借音而作此鬼之名。

824. [tʻv˧ tsʻɯ˩ ɯ˧ kv˧ dzɯ˩] 生牛頭之 鬼也。

825. [la˧] 鬼名。以虎頭注其音，有時且常以虎頭 代替此鬼之名。

826. [tɕi˧], [tɕi˧ tsɯ˩] 鬼名。以鬼示意，以 注音，有時只寫 字以作此鬼名。

827. [tɕi˧ tsɯ˩ ʐwa˧ kv˧ dzɯ˩] 生馬頭之 鬼也，口舌鬼之一種。

828. [tɕʻi˩] 鬼名，口舌鬼之一種。以 注鬼之音，或只寫一 字借音作此鬼名。

829. [kʻo˧] 鬼名，口舌鬼之一種。以 注鬼之音，或只寫一 字借音作此鬼名。

830. [mbo˧] 鬼名，口舌鬼之一種，借燒肉之[mbv˧]音而作鬼名。

[mbv˧] 燒肉也。多巴法儀之一種，燒肉供鬼也。

831. [ndʑi˧] 鬼名，口舌鬼之一種。以 注鬼之音，有時直以 字作本鬼之名。

832. [wa˧] 鬼名，口舌鬼之一種。以 注鬼之音，有時直以 字作本鬼之名。

833. [wa˧ tsɯ˩ kʻɯ˧ kv˧ dzɯ˩] 生狗頭之 鬼也。

834. [ndʐɯ˧] 鬼名，鐵鬼之一種。以豹頭注鬼之音，有時直以 作本鬼之名。

835. [ndʐɯ˧ mo˩] 鐵鬼之兵也。画一鐵鬼手執矛桿，示其爲兵。

836. [tʂʻʌ˩ tsɯ˩] 鬼名，鐵鬼也。以 字注鬼之名，或寫作 。

837. [tʂʻʌ˩ mo˩] 鐵鬼之兵也。画一鐵鬼，以持矛示其爲兵。

838. [tʂʻʌ˩ tsɯ˩ pa˧ kv˧ dzɯ˩] 生蛙頭之鐵鬼也。

839. [tʂʻʌ˩ tsɯ˩ ʔa˧ pa˩ kv˩ tv˧ ɣv˩ kv˧ dzɯ˩] 生蝌蚪頭之鐵鬼也。

840. [tʂʻʌ˩ tsɯ˩ tʂwa˩ wa˧ kv˧ dzɯ˩] 生螞蟻頭之鐵鬼也。

841. [tʂʻʌ˩ tsɯ˩ tsʌ˧ ɣʌ˩ kv˧ dzɯ˩] 生板鈴頭之鐵鬼也。

842. [tʂʻʌ˩ tsɯ˩ nda˧ kʻʌ˩ kv˧ dzɯ˩] 生大鼓頭之鐵鬼也。

843. [lɛ˩ tʂʻʌ˩] 鬼名，地獄鬼之一種。以獐頭注其第一音，以 字注其第二音。

844. [lɛ˩ tʂʻʌ˩ to˧ ma˧] 地獄中 鬼之麵偶也。

1845. [k'wa˧ ts'ɯ˩] 鬼名。以□注鬼之名。或只寫一□字，借音而作此鬼之名。

1846. [ʐv˧] 鬼名，以□字注鬼名之音。或只寫一□字，借其音而作此鬼之名。

1847. [kv˧] 鬼名，以□字注鬼名之音。或只寫一□字，借其音而作此鬼之名。

1848. [ts'ɯ˧] 吊死鬼也。画吊頸子鬼之形狀。

1849. [ts'ɯ˧ zo˧ k'ɯ˩ ʂʌɿ] 長腳桿之男吊死鬼也。画一鬼过分放長其腳，仍人不識，又加一□字以注末一音，長之意也。

1850. [iʌ] 情死鬼也。以□字注鬼名之音，或直寫一□字以代之。

1851. [iʌ mi˩ kɛ˧ ʂʌɿ] 長頸子之女情死鬼也。放長其頸，又以頭飾指其爲

1852. [t'i˩ ʐwa˧] 鬼名。多巴有称之爲娃娃鬼者，以其貪玩也。以頭上之□爲特

1853. [t'i˩ ʐwa˧ ʐɿ kv˧ dzɯ] 生雞頭之□鬼也。

1854. [mi˧ ts'ɯ] 火鬼也。以火注鬼名之音，亦有以□作此鬼之名而用。

1855. [mi˧ ts'ɯ ʐɯ kv˧ dzɯ] 生蛇頭之火鬼也。

1856. [mi˧ mo] 火鬼之兵也。画一火鬼□，以持矛示其爲兵。

1857. [mbɯ] 鬼名，絕鬼也。画鬼之形，變化□字形狀以注其音。

1858. [mbɯ mo] 絕鬼之兵也。画絕鬼之形，以持矛示其爲兵。

1859. [kv˩ gv] 女鬼名，画其終日哭泣之形。

1860. [to] 鬼名，画木牌木枝之形。以木牌木枝作替身而償此鬼也。見下一字。

1861. [to k'ɯ] 放替身也。麼些人有病，則請多巴作放替身法儀以禳之，以牌画人，以木枝作人而償鬼。以木枝木牌注前一音，以□字注後一音。

1862. [ndo] 啞鬼也。画此種鬼木牌之形狀，多巴刻木牌如此也。可借音作啞吧，作愚笨，又可作遇見不吉之事。

1863. [ndo˧] 跌倒也。以□示意，以□字注音。

1864. [to˩ nɯ˧ ndo ʂv˧ ʂv] 啞鬼領起□鬼也。多巴逐鬼之語也。
[to˩ nɯ˧ ndo ʂʌɿ˧ ʂʌɿ] 啞鬼拉起□鬼也。

1865. [la dzɯ] 生手之木鬼也。削木而成蓋以抵償鬼之無手也。

1866. [bʌ˧ dzɯ] 生腳之木鬼也。以之抵償鬼之無腳者。

367. [mo˧] 水怪也，鬼之一種，画鬼大腹之形。

368. [ʔɛ˧ mbɯ˩ mo˧] 水怪之名，以 注末一音，以 之变形字注第二音。

369. [bi˧ lo˩ tsʻo˩ pʻo˥ mo˧] 水怪名，云為水怪之父也，以 注其第三音。

370. [ɯ˩] 女水怪也。画水怪生毛摊髻之形。

[ɣv˧ mɛ˧ mo˧ ɯ˩] 女水怪名，云為水怪之母也。

371. [ɯ˩] 妖怪也，以身上有毛与水怪相區分。

372. [mi˧ ma˩ sɛ˧ dɛ˧] 中央鬼王也，以 字注其名之第一音。

373. [kɯ˧ za˩ na˩ mo˧] 中央鬼王之妻也，以○注其名之第一音，以●注其名之第三音。

374. [ʈʌɾ˩ za˥ dzi˧/dzʌ˩ bv˧] 東方鬼王也，画猪頭鬼王之形，以火字注其名之首音。

375. [ʂɯ˩ ndʐɯ˧ dzi˧ bv˧] 南方鬼王也。画一牛頭鬼王之形。

[ʂɯ˩ ndʐɯ˧ dzʌ˩ bv˧] 或如此讀，仍為南方鬼王之名。

376. [lɛ˩ tɕʻi˧ sɯ˧ pʻv˧] 西方鬼王也。画一鬼頭鬼王之形。

377. [nv˩ ndzɯ˧ dzʌ˩ bv˧] 北方鬼王也，画一鳥頭鬼王之形，以 字注其名之第一音，吃之動作可注其名之第二音。

378. [na˩ ʐɯ˧ tso˥ mbv˧] 鬼王名， 地之大鬼王也。以●注其第一音，蛇頭注其第二音。

379. [i˧ da˥] 鬼名，餓鬼也，画其頸细腹大之形。

380. [i˧ da˥ kʻɯ˧ kv˧ dzɯ˩] 生狗頭之餓鬼也。

381. [ɬa˩ ma˧ i˥] 似為六道之一，在此道中專以殺伐為事，以手注其名之第一音，或讀曰[ha˧ ma˧ i˥]。

382. [ɣʌɾ˧ ʂɯ˧ lo˧ ŋgo˧] 鬼王名， 地方之大鬼王也。

此字之寫法与南方鬼王同，因經典中之情况而活用之。

383. [gv˧ ɣɯ˥ gv˧ dzʌ˩] 飛魔之王也。

384. [iʌ˩ ndzɯ˧ ʔɛ˧ dzɯ˧] 情死鬼之女鬼王也。

画一女鬼王頭上簪花之形，以高髻及簪花為特徵。

1885. [kʌ˥ tv˧ si˧ kwɛ˥] 情死鬼之男鬼王也。以鷹頭注其名之第一音。

1886. [za˩] 鬼名。画其肩上有丈之形。
此與星辰之 不同。唯有時以 字借音作此鬼之名。

1887. , , [ɕi˧ ɯ˩ ɕi˧ pʌr˧ pʌr˧ ɯ˩ pʌr˧ tʌr˧ za˩] 鬼名。爲 鬼之一。字源不詳

1888. [ʂv˩] 鬼名。画鬼有尾之形。

1889. [mɯ˧ ɯ˩ ʂv˩ ndzɯ˧] 鬼王名。 鬼之王也。常與 爲敵。

1890. [ŋɛ˧ sɛ˧ mi˧ wɛ˩] 鬼名。 之子也。以崖羊頭注其名之第二音。

1891. [ʂv˩ mi˩ kɯ˧ za˩ na˩ mo˧] 鬼名。 之女也。以 字注其名之第二音

1892. [ɕi˧ si˧ kv˧ pʻia˩ kə˥] 鬼名。披頭散髮之窮鬼也。画窮人散髮潦倒之
形。此龍王鬼之一種。

1893. [o˩ mia˩ ŋgwa˧ ɯ˧ swɛ˧ kɯ˧ ŋɛ˧ lɛ˧ ʂʌr˩] 鬼名。瞎眼的僕人領着跛
子官長之鬼也。亦爲龍王鬼之一種。

1894. [ɕi˧ tɕʌ˧ tɛ˩ zwa˧ ndzə˧] 鬼名。麻瘋病人騎毛驢子之鬼也
此亦龍王鬼之一種。

1895. [tsʻɯ˩ dɯ˩ wa˧ na˩] 黑骨大鬼也。画一鬼王黑骨之形。
麼些神鬼常彼此對立。如此黑骨大鬼，即白骨大神 之仇敵也。

1896. [dv˩ na˩ ta˧ so˧] 鬼名。 鬼之一。與 爲仇敵者。
以 字注其名之第二音。以回字注其名之第三音。

1897. [ndə˧ mɛ˧ ɯa˧ na˩] 鬼名。以狐狸注其第一音。以黑点注其名之末一
音。此鬼爲 之仇敵。

1898. [kʻɯ˧ na˩ ʂo˩ kv˧ dzɯ˩] 鬼獸名。鉄頭黑狗也。以 · 注第二音， 注第
三音。此狗爲白神獅 之仇敵。

1899. [fv˩ dzi˧ ndv˩ zɯ˩ na˩] 鬼蛇名。黑毒蛇也。画一蛇形。以 注其第三音。
以黑点注其末一音。此蛇爲 之仇敵。

1900. [sɯ˧ mi˩ ma˩ tso˧/tʏ˧ kv˩ ʂv˧ ma˩] 女鬼名。地獄鬼王之一。又曾與多巴
教主 結婚者。画其頭頂銅鍋，手執鐮刀繩索青刺之形。

十七、多巴、龍王類。

麼些族之多巴,在經典中稱爲[py˧ mbv˩],其地位甚高,且在龍王之上,因而天地神人等等,各有其多巴,總集於此另作一類,又以龍王各名附入之。

01.  [to˧ mba˩]多巴也。麼些人之巫師,畫巫師頭戴五佛冠之形,在經典中原寫作,漸簡化作,其冠原有五瓣,正面看只見三瓣也。

[py˧ mbv˩]多巴之古音也。經典中稱多巴如此,其地位在人神之間,在鬼及龍王之上,各神各龍王又各有其[py˧ mbv˩]也。

多巴自稱有三種:一日[ɣɯ˥ kv˧ py˧ mbv˩],聰明能幹之多巴也。一日[la˧ iʌ˩ ɳɯ˧ bo˩],自食自足之多巴也。一日[la˧ tʂ'o˩ nda˧ hɯ˩],唯開喪時用之。

02.  [py˩]多巴唸經也。畫多巴口中出声氣之形。

03.  [p'ɛ˥]呸!也。畫多巴呸鬼之形,常見於逐鬼經典之末尾。

04.  [t'v˥]趕鬼也。畫多巴以打鬼竹片等趕鬼之形狀,下有一字以注其音。

05.  [ȵi˧]刮除不潔之物也,多巴法儀之一種,見1165號字之解釋,畫多巴以趕鬼各物並一包不潔之物懸于其上,合而驅鬼之形,或讀曰[ŋgo˧ ȵi˧]。

06.  [ts'ɯ˩]來也。畫多巴來誦經之形,以一犂頭注其音。

07.  [pa˥ ma˩ pa˥]結婚時塗酥油之礼也。麼些人結婚時,由多巴向新婚夫婦前額点酥油一小片,蓋賜福之意也。畫多巴手持酥油,新婚夫婦下跪之形。

08. 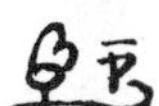 [p'a˩]女巫也。畫女巫打卦之形。卞字云係而來,打卦之祖師也。

09.  [p'a˩]巫也,與上一字同,象其披頭散髮下神之形。或寫作。

語言上稱巫者曰[ʂæ˧ ȵi˩],[ʂæ˧ ȵʌ˩]或[ʂæ˧ p'a˩]。

10  [t'i˥ ɣua˧ sɯ˥ bɛ˧ go˧]神巫三弟兄也。常生於崖上。以注其前二音。

11.  [to˧ mba˩ ʂʌɾ˥ ɣʌɾ˧]多巴教主也。以字注其第三音,音近而假借也。或將第三音讀爲[ʂæ˥],或將其形寫作、、,皆以字注音方法也。

12  [kʌ˥ bv˧ t'a˩]多巴教主之第一大弟子。旁三字注其名之三音。

13. 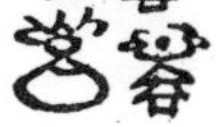 [na˧ bv˧ t'a˩]多巴教主之第二大弟子。旁三字注其名之三音。

1914. [py˧ ba˧ mi˩ tʂɯ˥ di˧ dɯa˧] 多巴教主之第三大弟子也。

1915. [gv˧ dzɯ˩ py˩ py˧ mbv˩, ty˧ so˧ tʂɯ˥ mbv˧] 古宗人之多巴名末四音爲多巴之名。由經典上言，知此多巴爲多巴教主之長子。

1916. [na˩ ɕi˧ o˩ py˧ mbv˩, ly˩ ʂɯ˧ ma˩ da˥] 麼些人之多巴名也。以 指明其爲麼些。以丰字注其名之第一音。經典中云此爲多巴教主之次

1917. [lɛ˧ bv˧ ʂɐ˩ py˧ mbv˩, sɛ˩ bv˧ sɛ˥ ɣv˧ / ʂɐ˩ ʂɯ˩ ʂɐ˩ ɣʌ˩] 民家人之多巴名也。末四字爲名，因地域之不同，有此二種之讀法。經典中云，此爲多巴教主之第三子

1918. [gʌ˩ tsɛ˧ tsɛ˧ mbv˩] 東方之大多巴 [py˧ mbv˩] 名。以注其名之第一音，以四注第二第三兩音，有時以注其第四

1919. [sɛ˥ zɯ˧ mi˩ ŋgo˥] 南方之大多巴名。以 井 注其末二音，亦有以或 二字注其名之前二音者。

1920. [na˩ sɛ˥ tʂo˧ ro˩] 西方之大多巴名。以 • 二字注其名之前二音。

1921. [gv˧ sɛ˧ kʌ˧ mba˩] 北方之大多巴名。以二字注其名之後二

1922. [so˧ io˩ tsi˥ gv˧] 天地中央之大多巴名。以二字注其名之前二

1923. [mɯ˧ gv˧ py˧ mbv˩, na˥ bv˧ so˧ ŋgo˧] 天之多巴名。以字注明此爲天之多巴，黑点注其名之首音，井字注其名之末音

1924. [dy˩ gʌ˧ py˧ mbv˩, sa˧ bv˧ sa˧ la˩] 地之多巴名。畫一以示其地之多巴，以字注其名之第一音及第三音。

1925. [bi˧ gʌ˧ py˧ mbv˩, ʈa˩ ma˧ ʈa˩ dzɯ˧] 日之多巴名。以示其爲日，以注其名之第二音，以注其名之末一音。

1926. [lɛ˩ gʌ˧ py˧ mbv˩, tɕi˧ da˧ tɕi˧ iʌ˩] 月之多巴名。以示其爲月，以刀砍雲注其名之前二音，以字注其名末一

1927. [kɯ˩ gʌ˧ py˧ mbv˩, ɣɯa˩ pa˧ zi˧/zɯ˧ ʐɐ˧] 星之多巴名。以字示其爲星，以生蓊子之狀，注其前二音以字注其第三音。

1928. [za˩ gʌ˧ py˧ mbv˩, za˩ so˧ dzi˧ bv˧] 多巴名，之多巴名也。以字示其爲行星，以字注其名之第二音字注其名之第三音

29. [tɕiɿ gʌ˧ py˧ mbv˩, tɕi˧ la˩ pa˧ ty˧] 雲之多巴名。
以字示其爲雲,以字注其名之第二音。

30. [hæ˧ gʌ˧ py˧ mbv˩, hæ˧ nda˧ lo˧ ɕo˧] 風之多巴鬼名。
以字示其爲雲,以字注其名之第二音,以字注其名之末一音。

31. [kv˧ gʌ˧ py˧ mbv˩, kv˧ tʻa˧ ŋga˧ o˧] 虹之多巴名。
以字示其爲虹,以二字注其名之第二第三音。

32. [sɯ˧ gʌ˧ py˧ mbv˩, ʂɯ˩ so˧ ɕʌ˩ qwa˧] 家神之多巴名。
以字示其爲家神,以字注其名之第一音。

33. [o˩ gʌ˧ py˧ mbv˩, io˩ tɛ˧ tʂʻɯ˧ mbv˧] 五穀神之多巴名。
以字示其爲五穀神,以羊頭注其名之第一音,以(剪)字注其第二音。

34. [no˧ gʌ˧ py˧ mbv˩, tɕi˧ ɣɯ˧ tɕi˧ so˧] 家畜神之多巴名。
以字示其爲家畜神,以字注其名之第一音。

35. [i˩ ʂɯ˧ bo˧ ndzo˧], 多巴名,之多巴也。以猪注其名之第三音。

36. [dzʌ˩ bv˧ tv˧ tʂʻɯ˧] 多巴名。之多巴也。
以字注其名之第一音,以字注其名之第四音。

[dzɿ˧ ɯ˧ ʂæ˧ ɣʌɣ˧] 多巴名。之多巴也。

37. 以字注其名之第一音。

38. [mɛ˩ gʌ˧ py˧ mbv˩, mɛ˩ py˩ kv˧/gv˧ la˧] 多巴名,一支之多巴也。
以注其支名,以字注其名之第三音,以注其名之第四音。

39. [ho˩ gʌ˧ py˧ mbv˩, ho˩ py˩ zɛ˧ tɕi˧] 多巴名,一支之多巴也。
以字注其支名,以生翅注其名第三音,以字注其名之末一音。

40. [ʂv˧ ga˧ py˧ mbv˩, ʂv˧ py˩ wa˧ by˧] 多巴名,一支之多巴也。
以字注其支名,以注其名之後二音。

41. [iʌ˩ gʌ˧ py˧ mbv˩, iʌ˩ py˩ la˧ tv˧] 多巴名,一支之多巴也。

42. [dv˩ gʌ˧ py˧ mbv˩, mbɯɿ tʻa˧ tɕi˩ iʌ˧] 多巴名,鬼之多巴也。
以字示其爲鬼,以毛牛頭注其名之第一音,字注其名之第四音。

1943. [tsɛ˩ gʌ˧ py˧ mbv˩, tsɛ˩ ʂɯ˧ na˩ qwa˧] 多巴名昊鬼之多巴也。
以昊記鬼之名，以 · 記此多巴名之末二音。

1944. [tʂʌ˩ gʌ˧ py˧ mbv˩, tʂʌ˩ tv˧ so˧ dzi˧] 多巴名大鬼之多巴也。
以大記鬼之名，以 記其名之第二音。

1945. [mo˧ gʌ˧ py˧ mbv˩, iʌ˩ ŋv˧ so˧ pv˧] 多巴名水怪之多巴也。
以 記水怪之名，以 記其名之第一音。

1946. [ɯ˩ gʌ˧ py˧ mbv˩, tɕi˩ dʑi˧ nda˧ kʌ˩] 多巴名妖怪之多巴也。
以 記妖怪之名，以 字注其名之第三音。

1947. [tsʻɯ˧ gʌ˧ py˧ mbv˩, zɛ˩ bv˧ ɣwa˧ ʂʌ˧] 多巴名吊死鬼之多巴也。
画吊死鬼之形，以生翅記多巴名之第一音，以 字記其名之第三音。

1948. [mbɯ˩ gʌ˧ py˧ mbv˩, mbɯ˩ tʂɯ˧ na˩ qwa˧] 多巴名絕鬼之多巴也。
画絕鬼之形，以 · 二字記其名之末二音。

1949. [mbɯ˩ gʌ˧ py˧ mbv˩, mbɯ˩ kʻɯ˧ ɕʌ˩ so˧] 多巴名仍爲絕鬼多巴之
此絕鬼多巴之又一名，以 字注其名之第二音。

1950. [mi˧ gʌ˧ py˧ mbv˩, mi˧ dɯ˩ zi˧ zæ˧] 多巴名火鬼之多巴也。
以 記火鬼之名，以 注其名之第二音。

1951. [tsʻɯ˩ gʌ˧ py˧ mbv˩, tsʻɯ˩ ʂɯ˧ ŋgo˩ mbv˧] 多巴名昊鬼之多巴也。
画昊鬼之形，以 字注其名之第二音。

1952. [tsʌ˧ gʌ˧ py˧ mbv˩, tsʌ˧ ʂo˧ tɕi˧ mbɯ˧] 多巴名 鬼之多巴也。
以 記鬼之名，以 注其名之第二音，以毛牛頭注其名之末一音。

1953. [tsʌ˧ gʌ˧ py˧ mbv˩, kʻv˧ dʑʌ˩ gʌ˧ lo˧] 多巴名 鬼之又一多巴
此多巴只見於 · 大除穢經典中，以 字注其名之第一音。

1954. [tsʌ˧ gʌ˧ py˧ mbv˩, ta˧ ɲɯ˧ dzi˧ bv˧] 多巴名 鬼之又一多巴也。
此多巴只見於 · 大除穢經典中，以回字注其名之第一音。

1955. [tsʌ˧ gʌ˧ py˧ mbv˩, tsʻɯ˩ ɣʌ˧ dzi˧ bv˧] 多巴名 鬼之又一多巴也。
此多巴只見於 · 大除穢經典中，以 字注其名之第二音。

56. [kʌ˥ ndzɯ˧ sɛ˧ zɯ˧] 多巴名。餓鬼道之多巴也。以 示其為餓鬼。以 注多巴名之第一音。以 注其第二音。

57. [ɕo˩ so˧ dy˩ gʌ˧ py˧ mbv˩, ty˧ so˧ ha˧ tɕi˧] 多巴名。 地之多巴也。以 注前二音。蓋六道之一也。以 注多巴名之第一音。

58. [la˩ ma˧ i˥ dy˩ gʌ˧ py˧ mbv˩, tsʌr˥ dzi˧ pa˧ ty˧] 多巴名。 地方之多巴也。蓋亦六道之一。以 字注其名之第一音。全句中之第八音也。

59. [bɛ˧ tsʻo˩ zɯ˧ dy˩ gʌ˧ py˧ mbv˩, gʌ˩ ɕi˧ py˩ mɛ˧] 多巴名。人道中之大多巴也。 為六道中之人道。以 字注多巴名之第二音。

60. [hɛ˩ dy˩ py˧ mbv˩, ma˥ mbv˥ o˧ ko˧] 多巴名。神道 中之多巴也。此亦六道中之一道。以 字注多巴名之末一音。(地獄道之多巴為 1914號)

61. [hɛ˩ gʌ˧ py˧ mbv˩, la˩ bv˧ tʻo˧ kʌ˥] 多巴名。 神之多巴也。以 字注多巴名之第二音。以 字注其名之末一音。

62. [hwa˧ pʻur˩ py˧ mbv˩] 白鷴鳥多巴也。画白鷴鳥之形。以 字注第二音。

63. [kʻwa˧ mo˧ ɳʌ˥ gɯ˩ py˧ mbv˩] 多巴名。此㕮喪之多巴也。故画手執㕮喪法杖之形。画一梟頭之人。不知何解。

64. [ɳi˧ gʌ˧ py˧ mbv˩, tv˥ tʻv˧ ko˩ wa˧] 多巴名。 龍王之多巴也。以 字注其名之第一、第二音。以 字注其名之第三音。

65. [ty˧ gʌ˧ py˧ mbv˩, ty˧ pa˧ lo˧ ɳi˥] 仍為多巴名。 龍王之多巴也。以 二字注多巴之末二音。

66. [sa˩ da˥ py˧ mbv˩, sa˩ tv˧ dzʌ˧ o˩] 多巴名。 龍王之多巴也。以 字注多巴名之第二音。以 字注其名之末一音。

67. [ʂv˩ gʌ˧ py˧ mbv˩, iʌ˩ ɳi˧ tɕi˥ ŋgo˧] 多巴名。 之多巴也。以 二字注多巴名之前二音。

68. [ʂv˩] 龍王也。為龍王之總名。

69. [ʂv˩] 龍王之一也。以 字注其名。或讀為 [ʂv˩ gʌ˧ ʂv˩]。

70. [ɳi˧] 龍王名。以魚注其音。或讀為 [ɳi˧ gʌ˧ ʂv˩]。

1971. [bʏ˦] 龍王名。以□字注其音。
[tʏ˦ gʌ˦ ʂv˩] 或如此讀，□龍王之意也。

1972. [sa˩ da˧] 龍王名。以□□二字注其名之二音。
[sa˩ da˧ ʂv˩] 或如此讀。

1973. [dzʌ˩ bv˦ tʻa˧ iʌ˦] 龍王名。東方之□龍王也。
以□□二字注其名之末二音。

1974. [dzʌ˩ bv˦ ndzwa˧ pv˥] 龍王名。南方之□龍王也。
以□□二字注其名之末二音。

1975. [dzʌ˩ bv˦ pɛ˦ ma˦] 龍王名。西方之□龍王也。
以□□二字注其名之末二音。

1976. [dzʌ˩ bv˦ to˦ tɕo˩] 龍王名。北方之□龍王也。
以□□二字注其名之末二音。

1977. [tsɛ˦ na˧ ʐɯ˩ tʂɯ˥] 龍王名。中央之男□龍王也。
以□□二字注其名之末二音。

1978. [ʂv˩ mɛ˦ na˩ pv˥] 龍王名。中央之女□龍王也。
以□□二字注其名之末二音。

1979. [sʌ˧ ta˧ dzʌ˧ o˩] 龍王名。東方之□龍王也。
以□□二字注其名之第二第三音。

1980. [i˩ mbv˦ ho˩ mo˦] 龍王名。南方之□龍王也。
以□□二字注其名之末二音。

1981. [ma˩ iʌ˥ ma˩ mbv˦] 龍王名。西方之□龍王也。以孔雀頭注前二音。

1982. [ʐwa˩ pa˧ dzʌ˧ o˩] 龍王名。北方之□龍王也。以蛙頭注其第二音。

1983. [ʐv˩ ndzwa˦ dzʌ˩ bv˦] 龍王名。中央之□龍王也。男性。
以龍頭注第一音。以□□□注其餘三音。

1984. [ɲi˥ tʂɯ˦ ʐo˩ wa˦] 龍王名。中央之□龍王也。女性。
以魚頭注第一音。□□二字注末二音。

985. [sa˩da˥˥tso˧kv˥]龍王名。東方之龍王也。
以四字注其名。

986. [sa˩da˥ha˧tɕi˧]龍王名。南方之龍王也。
以四字注其名。

987. [sa˩da˥la˩pa˥]龍王名。西方之龍王也。旁四字注其名。

988. [sa˩da˥la˩ʔa˥]龍王名。北方之龍王也。旁四字注其名。

989. [sa˧ʐv˧ɕi˧ma˩no˥]龍王名。中央之龍王也。女性。
以旁边之五字注其名之音。

990. [no˧mbɯ˩ʐɯ˧tʻo˧pa˧]龍王名。中央之龍王也。男性。
以旁边之五字注其名之音。

991. [tʂʌr˧ȵi˧tʻo˧ba˩kʻɯ˧so˧]龍王名。東方之龍王也。
以旁边之六字注其名之音。

992. [pʻv˧ȵi˧dv˩kʻɯ˧se˩tsɯ˥]龍王名。南方之龍王也。
以身旁之六字注其名之音。

993. [sɯ˧dʑwa˧ʂo˩tsɯ˥]龍王名。西方之龍王也。
以身旁之四字注其名之音。

994. [tɕi˧ndo˩so˧tsɯ˥]龍王名。北方之龍王也。旁四字注其名。

995. [lo˩i˧dzi˧bv˥]龍王名。中央之龍王也。男性。
旁四字注其名之音。

996. [lo˩i˧dzi˧mo˧]龍王名。中央之龍王也。女性。旁四字注其名。

997. [mi˧ȵʌ˩gʌ˧ty˩we˩]龍王名。天上之龍王也。
旁四字注其名之音。

998. [ȵʌ˥sa˧ɕo˧ʐwa˩]龍王名。地下之龍王也。旁画一珊瑚以注其末二音。
在經典中云此龍王為上一龍王之子。

999. [ma˧mbv˧we˧ʐv˥]多巴名。之仇敵也。
以字注其名之第一音，字注其名之第二音。

十八、神類.

2000. 卐 [p'ɯ˩]神名。此開天之大神也。字源見前第1610號字之解釋。此為麼些經典中最重要之神祇，故重出之。

2001. [ʂɚ˩]神名。此闢地之大神也。由血字演化而來，变其形為，而專作神名用。常與大神並見。寫作。普通多巴寫作，实誤。為威灵遺烈之意，另成一字，與大神無関。此種錯誤，麗江一帶之多巴，常犯之。

2002 [ʂɚ˩ ly˧ tɕi˩]給鬼血也。多巴法儀之一種，以苦蕎甜蕎炒炸，拌以血而施鬼也。以示苦蕎之狀，以字注其首音也。

2003. [ndzʌɤ˩]威靈遺烈也。多巴作法時，例請大神祖先加被灵威遺烈，由此方有大法力以降鬼怪也。字源尚不確知。有云此乃象熔化之形，借音而作神名。觀此地以上此字寫作，或今若喀地域寫作，則此說亦有一部份理由在内也。

三字若干人士以為乃音字(ㄅㄆㄇ)，証以迁移路線及字形演变，知此說不易成立。二字字源已明白知其為象形，之一字，字源雖尚不確知，然由上游之各形觀之，亦必為一形字而非音字。此三字関係形字音字之先後問題，附述于此。

2004. [ŋga˧]战神也。勝利之神也。画勝利之战旗形。亦云画大將軍之方旗形。可借音作勝作贏。

2005. [o˩]神名。战神位置小于者。周鍊心先生言彼嘗于古本中見此字作战斧之形，此說甚合理。多巴云象以一盤飯供此神之形，云供此神時，唯饗以白飯一盤也。此二說今尚未敢判定，因並述于此。

2006 [ʔo˧]神名。象神安坐之形。多巴云此神已近佛菩薩之地位。或寫作。

2007. [hɛ˩]神名。画戴神帽趺坐之形。多巴云此神已近佛之地位也。

2008. [hɛ˩ dzʌ˧]陰曆二月也。以注第一音，下有一脚示跑意，以跑注末一音

009 [kv˥]神名。萬能之神也。意謂此神無所不會，原可作會字解，在此以字為神頭，專作神名用，通常或寫作，或只寫作。

010 [sɯ˧]神名。萬智之神也。意謂此神無所不曉。畫人之形，以字注其音。直譯本字之意為「知道的」，有時亦可譯作「知道一切事物的人」。

011 [ɣʌɣ˥]神名。會比量之神也。畫手執一五尺桿之形。

012 [tʂʌ˥]神名。會杖量之神也。以字注其音。

013 [i˧ gv˩ a˧ kʌ˩]神名。騎象。由藏文字母字借來。

014 [i˧ gv˩ o˧ kʌ˩]神名。借藏文字母，又加藏文符號。
[ʔo˧]神名。或如此讀。

015 [i˧ gv˩ ty˧ na˥]神名。惡一方面之大神，與常相敵對。由藏文字母字變來。

016 [sa˧ ɣɯ˥ wɛ˧ dɛ˧]神名。麼些經典中最重要大神也。以字注其名首音。

017 [hɛ˩ dɯ˩ wa˧ pʻɯɣ˩]神名。白骨大神也。麼些經典中最重要之大神也。以二字注其名之末二音。

018 [pʻɯɣ˩ ndzɯ˧ sa˧ mɛ˧]神名。打卦之祖師也。為一女神，故畫有頭飾之狀。以字注第三音。或寫作，以字注其第二音。

019 [ʔo˧ mbv˧ dzʌ˩ lʌ˧]神名。天上之大神，多巴云相當于漢人之玉皇大帝。以各字注其音。

020 [ha˧ la˧ ŋgo˩ mbv˧]神名。以四字注其名。

021 [mɯ˧ ɣɯ˥ ɣo˩ kv˧ pʻɯɣ˩]神名。有云即大神也。以字注其名之末一音。見于修神山記之經典中。

022 [ɣo˩]神名。男神也。以其頭飾為特徵。可借音作語尾助詞。

023 [sʌ˧ pa˧ dʑi˧ bv˧ ɣo˩]神名。即大神也。前四音為其名。以字注第一音。

024 [sɛ˩]神名。女神也。故畫女子之頭飾。此神與神為對偶，有陰神陽神之意。麼些人門前豎二石，即取此陰陽二神之意也。

2025. [sʌ˧ pai˩ dʑi˧ mo˧ sɛ˩] 神名,即 大神也。前四音為其名,以半注第一音,以注第四音。

2026 [mɯ˧ kɛ˩ i˩ ʂɯ˧ hɛ˧ dɯ˩] 神名,天上之大神也。以 字示其為天,以二字注第三第四兩音,此神之專名也。

2027. [dy˩ kɛ˩ mi˩ ndʑo˧ hɛ˧ dɯ˩] 神名,地上之大神也。以 字示其為地,二字乃第三音及第四音,本大神之專名也

2028. [mɯ˧ nɛ˩ dy˩ kwa˩ ŋgɯ˧, tʂwa˩ ʂɯ˧ hɛ˧ dɯ˩] 神名,天地中央之大神,以 示天地中間,以 二字注其名。

2029. [ni˧ mɛ˧ tv˧, sʌ˧ hɛ˧ dɯ˩] 東方木大神也。

2030 [i˧ tʂɯ˩ mɯ˩, mi˧ hɛ˧ dɯ˩] 南方火大神也。

2031. [ni˧ mɛ˧ gv˩, ʂo˧ hɛ˧ dɯ˩] 西方金大神也。

2032. [ho˧ gv˩ lo˩ dʑi˩ hɛ˧ dɯ˩] 北方水大神也。

2033. [mɯ˧ nɛ˩ dy˩ ly˩ gv˧, tʂɯ˧ hɛ˧ dɯ˩] 天地之中央土大神也。

2034. [gv˧ dzɯ˩ pʻɯ˩ hɛ˧ dɯ˩, so˧ ndʑi˧ ʂæ˧ tʰʌ˧ to˧ pa˧] 古宗人之大神名。末六音為此大神之名,多巴云此即釋迦牟尼佛也,旁六字注其音。

2035. [na˩ ɕi˧ o˧ hɛ˧ dɯ˩, bʌ˧ ʂɯ˩ ʂæ˧ do˧] 麼些人之大神也。後四字為其名,以身旁之四字注其音。此神即麼些人所謂之北嶽大帝,有廟在玉龍雪山下,距白沙村不遠,或稱為三多大神,直譯末二字之音也。

2036 [lɛ˧ bv˧ ʂæ˩ hɛ˧ dɯ˩, kwa˧ i˧ pʻɯ˩ sa˧] 民家人之大神也。後四字為大神之名,由觀音菩薩四音譯來。

2037. [la˧ tʂɯ˩ to˩ mi˧] 神名,以口二字注其名之末二音。此神不肉食,有九十九變,見於延壽經及破血盆經中。

2038 [ʂʌ˧ la˧ o˧ kʌ˩] 神名,以字注第三音,字注第四音。

2039. [so˧ mbv˧ mbv˩ kʻɯ˧] 神名,以 字注第一音, 字注第四音。此神為開闢龍王地神人之一。

2040 [sa˧ ɯ˩ lo˩ so˧] 神名,以 字注第一音,以 字注第四音。

2041. [tʂv˥ tʂwa˧ dzɯ˧ mo˧]女神名,開闢龍王地神人之一。
以[?]字注其名之第二音,以[?]字注其名之末一音。

2042. [hɛ˩ mi˧ o˧ ma˩ na˩ k'a˧]神女名。以•[?]二字注其名之末二音。

2043. [mɯ˧ mi˧ mɯ˧ zɯ˧ ga˧ ɣa˩]神女名,分善惡之神也。
以<>字注第一第三音,[?]二字注末二音。

2044. [mɯ˧ mi˧ na˧ sɛ˧ ko˩ ndʐo˧]神女名,分善惡之神也。
以[?]二字注前二音,[?]四字乃其名也。

2045. [mɯ˧ mi˧ na˧ sɛ˧ py˧ mo˩]神女名,司藥之神也。画其旁有一藥鉢碗上開藥花碗底開毒花之形狀。
此神或寫作[?],或以[?]四字注其名之音。

2046. [wɛ˧ tsa˧ ho˩ mo˧]神女名。[?]大神之妻也。[?]四字注其音。

2047. [t'a˧ wa˧ la˧ mo˧]神女名。[?]大神之妻也,[?]四字注其音。

2048. [la˧ o˧ i˩ ʂɯ˧ py˩ so˧]神名,共三位,同坐於[?]神山之頂。
此三神之名,用古宗人音,末一音之[so˧]即三之意也。

2049. [ma˩ ha˧ ka˧ la˧]神名,云為藏佛之名,以[?]字注其第三音。

2050. [dza˧ ka˩ na˧ py˩]神名,大力之神也,以[?]三字注其名之前三音

2051. [ma˧ mi˧ pa˧ ɣwa˩]神名,天地之開闢者。以[?]四字注其名。

2052. [sɛ˧ sɛ˧ k'a˧ dza˩]神名,天地之開闢者。以[?]二字注其名之後二音。

2053. [mi˩ tʂɯ˧ di˩ wa˧]神名。以[?]字注其名之第一音,生出一蹄不知何解。

2054. [ta˧ la˧ mi˩ mby˧]神名,此多巴教主之大將,手執兩石磨,以磨相撞則生雷火。画其雙手執石磨之形。

2055. [ma˧ py˩ zɯ˧ zo˩]神名,退口舌法儀中之主神也,騎龍,著龍袍,頭戴鐵冠。
以[?]四字注其名之音。

2056. [ma˧ p'a˩ ɯ˧ ha˧]神名,騎象現者之主神也。以[?]四字注其名。

2057. [ɣa˩ dza˧ tɕi˧ dza˧]神名,壓服[?]鬼之神也。
以[?]注其名之音

2058. [ɾwa˩ pa˧ tʻo˧ kʌ˥] 神名。壓服大鬼之神也。
以[illegible]四字注其名之音。

2059. [tʻa˥ iʌ˧ [illegible] mba˧] 神名。壓服大鬼之神也。
以[illegible]四字注其名之音。

2060. [iʌ˩ la˧ di˧ dwa˧] 神名。亦云爲人類之遠祖。
以[illegible]字注其名之第一音。坐一大手注其名之第二音。

2061. [tʻa˥ i˧ la˧ mo˧] 神女名。上一人[illegible]之妻也。

2062. [ta˧ tsʌ˧ ʔɛ˧ o˥] 神名。亦爲人類之始祖之一。
以馬頭注其名之首音。蓋讀古宗音也。

2063. [tsʻa˧ zʌ˩ tɕʻo˧ mo˧] 神女名。上一人之妻也。
以[illegible]四字注其音。

2064. [dzo˧ la˩ ʔɛ˧ pʻv˧] 神名。居于天上。[illegible]之父，[illegible]之岳父也。
以虎頭注其名之第二音。

2065. [tsʻɛ˥ hɯ˩ ʔɛ˧ dzɯ˧] 神女名。上一人之妻。[illegible]之母也。
以[illegible]字注其名之第一音。鬢毛散亂可注末二音也。

2066. [do˩] 神名。亦云爲人類之遠祖。以其頭形爲特識。
亦常讀爲[mɯ˧ ɾɯ˥ do˩ ndzɯ˧]，見下一字。

2067. [mɯ˧ ɾɯ˥ do˩ ndzɯ˧] 神名。亦云爲人類遠古之始祖名。即與[illegible]相[illegible]
對者。以[illegible]字注其名之第一音。

2068. [do˧ mo˩] 法儀之規範也。指多巴之一種手冊。于此上記載作法之次序、
用具、神鬼之位置、神座之安設等等。
以[illegible]字注第一音。以[illegible]字注第二音。

2069. [do˩ zo˧ dzɛ˧ ɾv˥] 神人之子名。[illegible]之第九子也。
以[illegible]字注其名之第三音。

2070. [mʌ˧ pʻʌ˩ io˩ tɛ˥] 神巫之名。[illegible]之女巫也。
以[illegible]字注其名之第一音。[illegible]乃示其爲卜巫第二音也。

71. [ŋɡɯ˧ wa˧ lɯ˩ dwa˧] 神匠之名,打鉄之祖師也。
畫其手执鍾鉗打鉄之狀,以頭戴神帽,示其為神。

72. [bɛ˩ de˥] 神名,神之護將也。多巴以漢語称之曰"大將軍"。
畫其頭戴鉄冠手持刀矛之形。

073. [t̪wa˧ kʌ˩] 神名,畫一鷹頭直立之象,以鷹頭注其後一音。
此神專分别善惡賞善罰惡之大神也。或寫作

074. [mɯ˩ tʻo˧ kv˥ tʻo˧ t̪wa˧ kʌ˩] 神名,仍為分别善惡之大神,上一字為其總
名,此乃其個别之專名也,以身旁四字注其名前四音也。

075. [mɯ˩ sɯ˧ kv˥ sɯ˧ t̪wa˧ kʌ˩] 神名,分别善惡之大神。
以 四字注其名前四音也。

076. [pv˧ dzɯ˧ nda˧ kʌ˩] 神名, 神之長子也。
以 注其名。

077. [iʌ˩ rɯ˧ tʂwa˩ so˧] 神名, 神之中子也。
以 四字注其名。

078. [tʻo˧ tsa˧ io˩ mo˧] 神名 神之小子也。
以身邊之四字注其名,此神又有一名曰[ʐv˩ ndzɯ˧ tʻo˧ pa˧]。

079. [iʌ˧ ma˩] 神名,護法神也。
畫一獅頭生翅之神像,有經典專述此種護法神之來歷。

080. [ndv˧ dzɯ˩ iʌ˧ ma˩] 生翅膀之護法神也。
畫一護法神之形像,以 二字注其生翅之意。

081. [kʻwa˧ dzɯ˩ iʌ˧ ma˩] 生蹄子之護法神也。或寫作 以生蹄之形
狀示其意,寫 二字于其旁者,注其音也。

082. [tʂɯ˩ dzɯ˩ iʌ˧ ma˩] 生爪子之護法神也。
畫一護法神生爪子之形,或以 二字注其音亦可。

083. [fɯ˥ dzɯ˩ iʌ˧ ma˩] 生花纹之護法神也。畫其生虎纹之形。
[tʂɯ˩ dzɯ˩ iʌ˧ ma˩] 或如此讀,仍為生爪子之護法神也。

2084. 
[tʻv˧ tʂʻɯ˧ iʌ˧ ma˩] 神名。護法神也。
以二字注其名之音。

2085. 
[pa˥ o˧ iʌ˧ ma˩]護法神名。
以二字注其名之音。

2086. 
[i˩ ʂɯ˥ so˧ ŋgo˧ iʌ˧ ma˩]護法神名。
以四字注其名之音。

2087. 
[ȵʌ˧ ȵʌ˩ iʌ˧ ma˩]護法神名。
以二字注其名之音。

2088. 
[tʻa˥ tɕi˧ ȵa˩ na˧ iʌ˧ ma˩]護法神名。
以四字注其名之音。

2089. 
[kɯ˩ kʻo˥ dv˩ dʐɯ˧ iʌ˧ ma˩]護法神名。
以注其名之音。

2090. 
[tso˧ tʻi˧ iʌ˧ ma˩]護法神名。
以二字注其名之音。

2091. 
[mi˩ ɣɯ˧ kʌ˥ ɣɯ˧ iʌ˧ ma˩]護法神名。
以四字注其名之音。

2092. 
[pa˧ o˧ tsʻo˩ zɛ˧] 神名。趕惡鬼之神也。
以蛙頭注其名之第一音。

2093. 
[kɯ˩ kʻo˥]神名。九頭大神也。以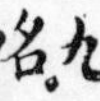二字注其音。
[kɯ˩ kʻo˥ dv˩ dʐɯ˧]或如此讀。

2094. 
[kʻa˧ ʐʌɣ˧ ȵi˧ dzʌ˩]神名。四頭大神也。
画四頭神之形。或只讀前二音。

2095. 
[sɯ˥] 家神也。麼些人以一竹簍作家神之所在，内揷家神箭等物。此画神竹簍之形。有時借音作拾。

2096. 
[o˩]穀神也。画穀堆之形。常借音作是。

2097. 
[no˥]畜神也。与1724號字字意相同。此乃魯甸一帶之寫法也。

098. [o˩ me˧ he˧ qɯ˩ na˥ tʻo˩ se˧]穀神之名也。後三音爲其名。以字示其爲穀神第一音也。以字注其名之第一音。

099. [hwa˩]神名。司人間子女之事。

100. [zɛ˩]神名。近似龍王。亦司人間子女之事。以生角別於鬼。男性。

101. [tsɣ˥]神名。女性。與爲夫婦。亦司人間子女之事。以字注其音。以有頭飾示其爲女性。

102. [kʻwa˧ tv˩ mbɯ˩ ndzɯ˧ dzi˧]神名。天之護將也。男性。

103. [la˧ ʀʌ˧ dy˩ ndzɯ˧ mi˩ gʌ˧ bɯ˧]神名。地之護將也。女性。

104. [dzi˧]天之護將之簡寫。與102號字同。

105. [bɯ˧]地之護將之簡寫。與103號字同。

106. [ndɯ˧]神名。地神也。畫一女神之狀。祭天時與天神相對待者。以字注其音。

107. [ŋga˧ zo˧ ŋgv˧ kv˥]戰神之子九兄弟也。

108. [ŋga˧ mi˩ ʂʌ˧ kv˩]戰神之女七姊妹也。以字注第一音。字注第二音。字注第三音。

109. [mɯ˧ zɯ˧ ŋgv˧ zɯ˧]天上九兄弟也。云爲開天之師傅。

110. [dy˩ zɯ˧ ʂʌ˧ zɯ˧]地上七兄弟也。

111. [la˧ mi˩ ʂʌ˧ me˧ he˩]神女七姊妹也。云爲闢地之師傅。

112. [ndzæ˩ ba˧ ʀo˩ zɯ˧]四兄弟之名。以三字注其前三音。[ʐʌ˩ ba˧ ʀo˩ zɯ˧]或如此讀。

113. [ha˧ zo˧ ŋgv˧ kv˥]九兄弟之名也。

114. [tʻo˧ kʌ˥ ŋgv˧ zɯ˧]九兄弟之名也。以三字注前三音。

115. [tɕʻi˩ dʑe˩ tsɛ˩ ho˩ kv˧]神名。十八根箭刺之神也。

116. [i˧ qwa˧ la˩ mo˧]神女名。畫女神手執神箭及淨水瓶之形。

2117. [tsɯ˥ ɤɯ˧ la˧ mo˧] 神女名。
画神女兩手持花之形。

2118. [hɛ˩ mi˥ ndʋ˧ dzɯ˩] 生翅膀之神女也。
以𝑥𝑥二字注前二音,画生翅之狀。
此種神女共有五人,祭天時用之。
或寫之如此。

2119. [sɯ˧ tʂo˩ sɯ˧ ɤʋ˧, hɯ˧ da˧ na˩ da˧] 神名。
此神見于[illegible]經典中。
以川字注第一第三音。• 注第七音。

2120. [mɯ˧ zɯ˧ pɛ˥ tsɛ˧] 神名,居于天上。
以曰字注第三音,[illegible]字注第四音。

[完]

三十三年五月十日,自抄録畢。四川,南溪李莊。霖燦。

漢文索引

（依筆劃之簡繁字數之多少而排列）

一劃

二劃

三劃

四劃

六劃

多, 地, 光, 竹, 羽, 冲, 向, 共, 合, 全, 吊, 羊, 衣, 好, 西, 灰, 舌, 吃, 百, 老, 交, 肉, 奶, 有, 死, 吐, 耳, 束, 見, 米, 行, 血, 寺, 肋, 艾, 囟, 伏, 回, 汗, 朽, 自, 年, 划, 虫, 丟, 同, 早, 在, 孕, 如, 名, 字。

七劃

吹,把,杜,夾,你,我,角,折,男,冷,村,攻,門,戒,抓,低,走,自,完,快,李,延,坐,料,沙,拋,吸,扭,孝,兔,兵,辛,批,岔,伸,求,車,床,肝,足,尾,妖,巫,狂。

八劃

九劃

十劃

十一劃

十二劃

十六劃

樹,壓,擋,戰,學,燕,顆,獨,
鴨,橋,錐,薇,銹,磨,褲,償,
濁,擔,聯,駱,蕪,鋸,氈,氌。

十七劃

十八劃

十九劃

二十劃(以上)

【中中本】

音標索引

（依声母韻母声調次序排列）

pʻi˩ xu˧ 1504
pʻi˩ ɕʌ˥ 1778
pʻi˩ kɯ˥ 870
pʻi˩ tsʻɛ˥ pʻur˩ 1255
pʻiʌ˥ 352, 962
pʻiʌ˥ mo˩ 1117
pʻiʌ˥ kʻwa˩ 1126
pʻiʌ˩ 1306, 1382
pʻɯ˥ 1422
pʻɯ˧ 1309
pʻo˥ 578 1368, 1369
pʻo˧ 1149
pʻo˩ 239, 1448
pʻu˥ 190, 344, 345, 1410, 1565
pʻu˥ tu˩ 1125
pʻu˧ 385, 672, 1345
pʻu˧ so˧ lo˧ 406
pʻu˧ so˧ kɛ˥ 406
pʻu˧ dzo˧ kʻɯ˥ 1504
pʻu˧ ŋi˧ dɯ˩ kʻɯ˧ sɛ˩ tsɯ˥ 1992
pʻu˧ dzɯ˧ nda˧ kʻʌ˩ 2076
pʻur˧ 1425
pʻur˩ 1610, 1611, 1612, 2000
319, 336, 1425
pʻur˩ ndzɯ˧ sa˧ mɛ˧ 2018
pʻur˩ na˥ mɛ˧ ka˧ tso˥ 137

pʻy˥ 274
pʻy˧ by˧ 1757
pʻy˧ ly˧ 1378
pʻy˧ ba˧ mi˩ tsʻɯ˩ di˧ ɖwa˧ 1914
pʻy˩ 276, 1127, 1607

b

ba˧ la˩ 1388
ba˧ la˩ bi˥ 1390
ba˩ 415, 993
ba˩ ti˥ li˧ 1008
ba˩ pʻur˩ hɛ˩ tɕo˩ ba˩, ba˩ na˩
tsʻɯ˩ tɕo˩ ba˩ 1007
bæ˧ 1257
bæ˧ kɯ˩ 1257
bæ˩ 1140 1141
bæ˩ mæ˧ 1453
bæ˩ kɯ˩ 1346
bɛ˥ bɛ˩ 740
bɛ˧ 1082, 1083, 1084
bɛ˧ tɕi˩ 1380
bɛ˧ tsʻo˩ zɯ˧ 512
bɛ˧ lo˧ bɛ˧ tsʻo˩ zɯ˧ 512
bɛ˧ tsʻo˩ zɯ˧ dy˩ gʌ˧ pʻy˧ mbɯ˩
gʌ˩ ɕi˧ py˩ mɛ˧ 1959
bɛ˩ 1018, 1631
bɛ˩ pʻy˩ 1080

bɛ˩ ɖæ˧ 2072
bɛ˩ kʻwa˧ 1749
bi˧ 22, 931, 932
bi˧ di˩ 900
bi˥ na˩ 27
bi˧ lo˩ tsʻo˩ pʻo˥ mo˩ 1869
bi˧ gʌ˥ py˧ mbɯ˩ ʈʌr˩ ma˥
ʈʌr˩ dzɯ˧ 1925
bi˩ 299
bʌ˧ 144, 675
bʌ˧ pʻu˥ 1505
bʌ˧ dzɯ˩ 1866
bʌ˩ 679, 1017
bʌr˧ ɖʌr˩ 1752
bɯ˧ 2105
bɯ˩ 1392 1443
bo˧ 1402
bo˧ by˩ 847
bo˧ tɕi˧ 783
bo˩ 845
bo˩ pʻy˥ 791
bo˩ bu˧ 984
bo˩ ma˥ 75
bo˩ fu˧ 707
bo˩ to˥ 74
bo˩ tsʌr˧ 846

f

v

t

ʂɯ˩ ndʑɯ˧ dʑi˧ bɯ˧ 1875
ʂo˥ 736, 737, 1485
ʂo˥ da˩ 1011
ʂo˥ dɯr˧ 1192
ʂo˥ / ʂɯ˥ } mɯ˩ mi˧ tʻɯ˩ tʂɯ˥ 1370
ʂo˧ 1191, 1464
ʂo˩ 259, 801, 1481
ʂo˩ pʻo˥ 1628
ʂo˩ tʏ˩ 354
ʂɯ˥ 492, 1064, 1462, 1463
ʂɯ˥ gʌ˧ pʏ˧ mbɯ˩, ʂɯ˥ pʏ˩
wa˧ bʏ˧ 1940
ʂɯ˧ 547
ʂɯ˧ rɯ˧ 634, 635
ʂɯ˩ 1226, 1888, 1968, 1969
ʂɯ˩ to˥ 1227
ʂɯ˩ ʈɯ˧ 1229
ʂɯ˩ mɛ˧ na˩ pɯ˥ 1978
ʂɯ˩ mi˩ kɯ˧ za˩ na˩ mo˧ 1891
ʂɯ˩ gʌ˧ pʏ˧ mbɯ˩, iʌ˩ ȵi˥
tɕi˥ ŋgo˧ 1967
ʂɯr˥ 407, 813, 1228
ʂɯr˥ ma˩ 812
ʂwa˥ 1656, 1191
ʂwa˥ kʻwa˩ 76
ʂwa˧ ba˩ 1003
ʂwa˩ 1190

ʐ

ʐæ˩ 284, 1518
ʐʌ˧ bæ˩ 1453
ʐʌ˩ 1059
ʐʌ˩ rɯ˥ 1243
ʐʌ˩ ba˧ ro˥ zɯ˧ 2112
ʐʌ˩ io˩ dʏ˩ ʂɯr˥ 133
ʐʌr˧ 1538, 1666
ʐʌr˩ 765, 1138
ʐʌr˩ ŋɯ˧ rɯ˧ 155
ʐɯ˧ 223, 1334
ʐɯ˧ lʏ˥ 1338
ʐɯ˧ tʻɯ˩ 1335
ʐɯ˩ 922, 1389, 1646, 1785
ʐɯ˩ rɯ˧ 923
ʐɯ˩ rɯ˧ ʈɯ˩ 1754
ʐɯ˩ hæ˩ kʻwa˧ dzɯ˩ 925
ʐɯ˩ ɯ˧ mɯ˧ tsɯ˩ ʈɯ˧ / ndɯ˩ } 1801
ʐo˧ 327
ʐo˩ 267, 268
ʐo˩ sɯ˥ hɛ˧ 101
ʐɯ˥ 977
ʐɯ˥ bɛ˧ 563
ʐɯ˩ 449
ʐɯ˩ ʈɯ˧ 478
ʐɯ˩ ʈɯr˥ 564, 978
ʐɯ˩ mæ˥ ʈɯr˥ 979
ʐɯ˩ ʈɯr˥ bɛ˧ 565
ʐɯ˩ pʻʏ˩ mɯ˩ nɯ˧ pʻʏ˩ 567
ʐɯ˩ nɯ˧ ʐɯ˩ ʈɯr˥ bɛ˧ 566
ʐɯr˧ 1454
ʐɯr˧ kʻɛ˧ 1471
ʐɯr˧ wɛ˧ tʻɯ˩ 1467
ʐɯr˩ 229, 335
ʐwa˧ 820
ʐwa˧ mo˧ tsɛ˩ kɯ˩ 89
ʐwa˧ kʻwa˧ dɯ˧ tʻɯ˥ 1315
ʐwa˩ 328, 1144

tɕ

tɕa˧ ma˩ 1182
tɕæ˧ tɕʏ˧ 1767
tɕi˥ 821, 1240, 1241, 1244, 1824
tɕi˥ sʌ˧ 106
tɕi˥ kʻo˧ 1739
tɕi˥ tsʻɯ˩ ʐwa˧ kɯ˧ dzɯ˩ 1827
tɕi˥ iʌ˧ kʻwa˧ pa˩ 811
tɕi˧ 723, 921, 1674
tɕi˧ ʂʌ˧ 732
tɕi˧ kwɛ˩ 1051
tɕi˧ hʌ˩ 530
tɕi˧ do˩ so˧ tsɯ˥ 1994

ȵ

ɕ

ʔ

【完】

附註：

第十四類古宗音字一項全不列入，因音系不相同之故。

[illegible] [illegible]
[illegible] 卅 [illegible] 11×11

参攷書目

【作者】	【書名】	【出版者】
樊綽	蠻書	
	元史地理志	
	明史　雲南土司傳	
范成勲	雲南通志	
王文韶	續雲南通志稿　南蠻誌　麽些詔註	
	麗江府志	
	麗江縣志稿	未刊印
	永北廳志	
	木氏宦譜　(分有圖與無圖兩種)	
	木氏歷代宗譜碑	
陶雲逵	關於麽些之名稱,分佈與遷移	中央研究院歷史語言研究所集刊 第七本,第一分。
陶雲逵	幾個雲南土族的現在地理分佈及其人口之估計	仝上 第七本,第四分
陶雲逵	麽些族之羊骨卜及肥卜	中央研究院歷史語言研究所 人類学集刊　一卷一期
聞　宥	麽些象形文字之初步研究	仝上 人類学集刊 第二卷 一,二期。
傅懋勣	維西麽些語研究	華西協合大学中國文化研究所集刊 第二卷。
李霖燦	試論「拿喜文」與漢文字源之異同	邊疆文化創刊號。 雲南鶴慶 邊疆文化社,
J. Bacot	Les mo-so.	
J. F. Rock	The Studies of Na-ksi Literature	B.E.F.E-O., XXXIV, (1937)
J. F. Rock	The Romance of ^{2}K'a-^{2}mä-^{1}gyu-^{3}mi-^{2}gkyi,	B.E.F.E.-O., XXXIX (1940)
J. F. Rock	The Story of the Flood.	華西邊疆研究学會雜誌 第七卷(1935)
J. F. Rock	The Origin of the Tso-la Books, etc.	仝上 第八卷(1936)
J. F. Rock	Konka Risumgongba	The National Geographic Magazine July (1931)

A DICTIONARY OF MO-SO HIEROGLYPHICS

The compiler of this dictionary, Mr. Li Lin-ts'an, is a trained young artist, he acquired a keen interest in ethnology in his travel from K'un-ming to north-western Yunnan where he roamed as a landscape painter after his graduation from the Art School in the spring of 1939. During two months' stay in Li-chiang he became much attracted to the pictorial script used by the Mo-so people of that region. In November of the same year he went there again. With financial aids first from personal friends and then from the Ministry of Education, he was able to stay in Li-chiang for two years, learn the language, and do a lot of translating work. He was appointed a member of the National Central Museum in July 1941. Under the auspices of the Museum, he travelled to many other places where the Mo-so people inhabited and made a careful study of their language and their migrating route. He came back to the Museum at Nan-ch'i, Szechuan in November 1943, and compiled this work with the help of Mr. Chang K'un, research assistant of the Institute of History and Philology, Academia Sinica, and Mr. Ho Ts'ai, a native of the Mo-so tribe from Li-chiang.

The Mo-so people, who call themselves the Na-hsi, possess two types of written language, one pictographic and the other syllabic. Thousands of books, all in manuscript form, have been written in the former type; but in the latter, not more than ten have been found. Mr. Li's opinion is that the former is undoubtedly the older. He gives three reasons.

Firstly, it may be observed that the pictographic writings constitute a kind of fully developed indigenous system, while the syllabic writings are a mixture of Mo-so, Tibetan and Chinese with a sprinkling of other foreign elements; the latter are by no means standardized; each word has often more than ten syllabic forms. The hieroglyphics are in some way like shorthand signs, the use of which is to bring to the chanters memory what they have learned: each line leaves enough space for them to add somthing to complete its meaning. These writings are therefore not a written language in the sense the modern European or Chinese writings are. The syllabic script is, in this respect, much nearer to them; each word is spelt with one or more syllables though every syllable is written independently as Chinese characters are.

Secondly, as a result of tracing the migrating route of the Mo-so people according to their traditional account and checking it with their present geographical distribution, the diagram in the following page may be constructed (see also sketch map in p. VII.)

The diagram clearly shows that the Mo-so people started their migration without a written language. The development of the pictographic script took place probably when they arrived at the lower course of the Wu-liang River. To support this proposition, evidences may be drawn from the three hieroglyphics:  "water",  "north" (the source of waters), and  "south" (the end of waters), all being realistic drawings of the lower course of the Wu-liang River. In this diagram, it is also clear that the syllabic script did not appear till part of the migrants settled in Li-chiang.

Thirdly, both in the genealogical books and the stone monument of the Mu Family in Li-chiang, it is recorded that in the early half of the 13th century an ingenious leader and teacher named Mei-tsung invented the writing of the Mo-so people. In the 15th century a talented ruler called Mu T'ai was able to read the writing invented by his ancestor without learning it. Though it is not mentioned in these records which type of writting they refer to, there is no doubt that the pictographic must be meant. Otherwise Mu T'ai, no matter how intelligent he might have been, would not be able to read his ancestor's writing without learning it. Although it would be rash to credit Mei-tsung alone, as the tradition goes, with the invention of a written language, it is, at any rate, apparent that this language was in use long before the 15th century, and that quite probably Mei-tsung was the one who collected the pictographs and more or less standardized them. As to the syllabic script it is known to many of the to-mba at Nan-shan and its adjacent places that most, if not all, of the books written in this type, were done by a to-mba called Ho Wen-yu. Ho was a native of Chii-tien, a place east of Lu-tien. It is said that at the later part of the last century he passed an examination of the Chinese district government at Li-chiang, but, accused by many of his fellow applicants as a primitive man in the habit of using a writing of "ox-heads and horse-faces", he was soon dismissed. Outraged and ashamed, Ho sent to Nan-shan, and turned his attention to the invention of a syllabic system. He copied many old words with the new script, which still carries the Mo-so pronunciation. Nevertheless it has never become popular.

The purpose of this dictionary is to trace the origin and to define the meaning of each hieroglyphic. There are 2120 forms arranged under 18 categories. They are:

1. Hieroglyphic about phenomena connected with Heaven; e. g. heaven, sun, moon, stars, wind clouds, thunder, snow, spring, morning, darkness, blessing from heaven, forming of the universe.

2. Hieroglyphics about geographical phases; e. g. earth,' mountain, water, lake, stone, field, way, north, south, frozen earth, mountain in fire, falling of stone.

3. Hieroglyyhics about human natures, relations and movements; e.g. man, woman, father, son, sovereign, friend, Chinese, I, you, lazy, cold, bitter, rich, to sit, to stand, to get, to obey, to be afraid, to make fire, to bring up a beautrful daughter.

4. Hieroglyphics about different parts of human body and their movements; e.g. head, face, eyes, ears, hand, foot, to see, to hear, to cry, to drink, to think, to press.

5. Hieroglyphics about birds, e.g. cock, goose, stork, dove, bird's wing, bird's tail, crest, to fly, to claw, to hatch eggs.

6. Hieroglyphics about animals and insects, e.g. tiger, lion, pig, dog, horn, hoof, butterfly, frog, fish, wine in yak's horn, to plough, to kill an ox, to scorch an animal's shoulder-blade.

7. Hieroglyphics about plants; e. g. tree grass, forest, flower, seeds, poisonous flower, falling of fruits, to bend (a tree), to cut (a tree).

8. Hieroglyphics about objects made and needed by human beings; e.g. spade, pail, basket, box, plank, door, book, flag flute, to weigh, to measure, to write, to hang, to open the door.

9. Hieroglyphics relating to eating and drinking e.g. vase, bowl, chopsticks, rice in bowl, soap, tea, to cook, to burn, to have something to eat, difficult (to have something to eat).

10. Hieroglyphics about clothes and decorative pieces; e.g. hat, dress, boots, needle, thread, ear-ring, finger-ring, silver, gold, jade, coral, to weave, to inlay.

11. Hieroglyphics about weapons; e.g. knife, bow, arrow, armour, iron (axe), broken lance-point, to cut, to shoot, to hammer, to cast iron. to throw stones.

12. Hieroglyphics about buildings, numbers, movements, etc., e.g. village, house, tent, home, to repair a house, one, two, three, hundred, thousand, to surrender, to pour out, to melt, to wave, to connect, to break, black, bad, curve, sound of blowing a leaf.

13. Hieroglyphics used in the Jo-K'a district only.

14. Tibetan words phoneticized in Mo-so script, each word with two Mo-so hieroglyphics.

15. Hieroglyphics about ceremonial rites and tools; e.g. incense-burner, bell, horn, hand-drum, chanting beads, a piece of wood used for offering, to prepare a shrine, to offer a sacrifice, to give food to ghosts.

16. Hieroglyphics about ghosts and spirits --mostly their names.

17. Hieroglyphics about to-mba and Dragon Kings——mostly their names.

18. Hieroglyphics about gods —mostly their names.

At the end of this dictionary are appended two indices. One is arranged according to the numbers of strokes of the Chinese characters which are the equivalents of the hieroglyphics; and the other, arranged alphabetically according to international phonetics.

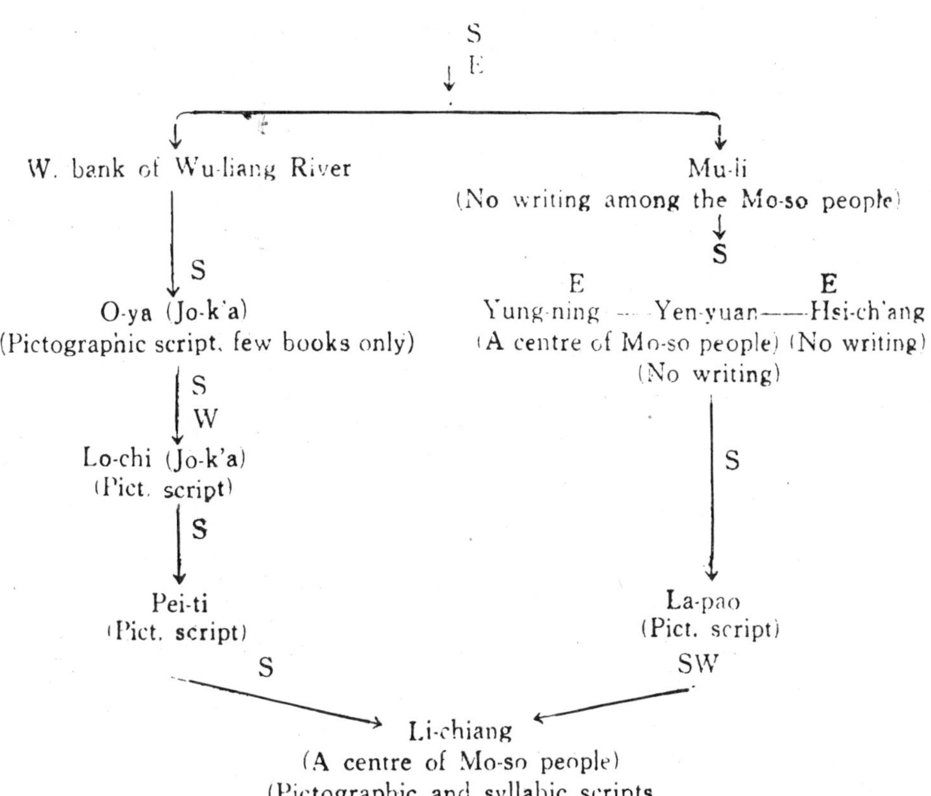
Started from northeastern Tibet
S
E
W. bank of Wu-liang River
Mu-li
(No writing among the Mo-so people)
S
S
E
E
O-ya (Jo-k'a)
(Pictographic script, few books only)
Yung-ning — Yen-yuan — Hsi-ch'ang
(A centre of Mo-so people) (No writing)
(No writing)
S
W
Lo-chi (Jo-k'a)
(Pict. script)
S
S
Pei-ti
(Pict. script)
La-pao
(Pict. script)
S
SW
Li-chiang
(A centre of Mo-so people)
(Pictographic and syllabic scripts

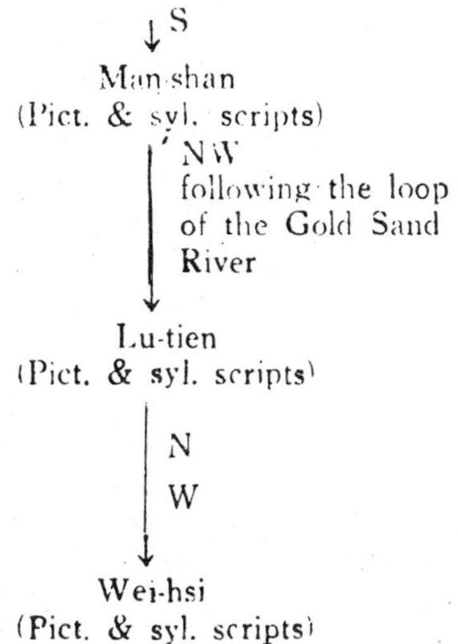
S
Man-shan
(Pict. & syl. scripts)
NW
following the loop
of the Gold Sand
River
Lu-tien
(Pict. & syl. scripts)
N
W
Wei-hsi
(Pict. & syl. scripts)

國立中央博物院專刊 乙種之二

麼些象形文字字典

編輯者：國立中央博物院籌備處編輯委員會 常務 曾昭燏

印行者：國立中央博物院籌備處 四川南溪李莊第三號信箱

中華民國三十三年六月 初版

定價 國幣叁佰元

MEMOIRS OF NATIONAL
CENTRAL MUSEUM

SERIES B. NO. 2

A DICTIONARY OF MO-SO HIEROGLYPHICS

Compiled by Li Lin-ts'an
Phoneticized by Chang K'un
Pronounced by Ho Ts'ai
PREFATORY NOTES IN ENGLISH
By Tseng Chao-Yueh

1944

國立中央博物院專刊

乙種之三

麼些標音文字字典

李霖燦　編著
和　才　讀音

中華民國三十四年八月

目　　次

序言

雲南西北部的麽些族使用着兩種文字,一種是象形字(以下簡稱為形字)一種是標音字.(以下簡稱為音字)形字是一種應物象形的圖画文字,在麽些象形文字字典中可以看到它的面目.音字是一個個單獨的符號,以一個符號代表一個固定的麽些語音音節.所以麽些音字也是一種音節文字,(Syllabic scripts) 而不是所謂的字母文字.(Alphabetic scripts)本書內所要叙述的就是這種音字。

音字亦是為麽些族的巫師多巴[to˧ mba˩]所使用,和形字一樣都是因宗教上的需要產生的文字.麽些巫師稱這種音字為歌巴[gʌ˩ ba˩],用形字寫起來是 ,用音字寫來是"ㄙㄙ 朩",意思可作徒弟或門徒講,是經典中很常見的一個名詞.

用這個名詞來稱呼這種文字是代表什麽含義呢?我認為是音字晚於形字的一項証據,因為音字以徒弟自稱,等於是向形字遞了門生帖子.這個與J.F. Rock 博士的意見有點不同,他在遠東學報(B.E.F.E.O., XXXIV 1937)上說是音字較形字尤早的.對於這個問題,我在形字字典中曾經畧加剖析,而且是預備在這本音字字典中給它一個比較完整的答覆的,但是現在卻做不到了,因為那需要一個大大的篇幅,這和字典編輯的體例就不合了.同時我已另寫成了一篇論麽些族形字與音字之先後,於這個題目下我列擧了六項理由和證據,推斷是形字在前而音字在後,所以這一個問題可以算是在別處有了解决,不必在這裡重複.只是音字本身的概畧情况,不能不先在這裡叙述一個大體的輪廓,分作地域,創始人,年代等項在下面:

先說音字的分佈地域,並不是所有的麽些人都有文字,也不是有文字的地方就兩種文字全有.這項好請參看形字字典中引言第VII頁的地圖,便可以見到,如永寧,鹽源一帶的麽些就沒有文字;木里土司地,中甸縣的東部以及麗江縣的東北區,就只有形字而沒有音字,下麗江縣城附近又折向西北地區的時候,才形字音字全有.在這麽一幅地域分佈圖上,我們可以看出音字的分佈地域佔得很小,而且都是在形字地域的包抱之中,又是麽些族遷徙的下游一帶地方.這一帶詳細的地名是麗江縣城附近,南山一帶,還包括有巨甸鄉和魯甸鄉,約有麗江全縣五分之三的面積。

音字字典的材料就是由這個狹小地區中收集得來的。在麗江城鎮附近，我們以長水鄉多巴和泗泉所刻印的音字形字對照表為主要資料，在南山一帶我們收集到一本加被威靈經（[illegible]），在巨甸鄉收集到一冊祭風占卜經（⊙天冂彡）都是全以音字寫成，據說是出於大多巴和文裕氏的手筆，這也是這本字典主要資料的一部份，在巨甸的打米杵地方，收到了一本以形字為綱的音字彙編（ㄓ京合子），在這本書中於一個形字之下，它列舉有各式各樣的音字寫法，這給了我們很多重要的資料，也給了我們很多的啟發。此外就只是一些零亂散佈在形字經典中的單體音字，多巴們用來補助形字之不足的，也都收集在這本字典中。

其次可以說到音字的創始人和它的年代，這兩者是有聯帶關係的。我們由現在各方面的人證物證推斷出音字的創始人是巨甸鄉巴甸村的大多巴和文裕。不但在他晚年常住的地方找到了他寫的音字經典，而且我曾親自到巴甸村訪問過他的家族，都證明出這件事實確切不錯。更進一步知道了他為什麼要創造這種音字，據說他在滿清末年曾經考取了一份小功名，嫉妒他的人因為他是個多巴，便到主考官員那裡攻擊他，說他是一個唸「牛頭馬面」經書的人，不應該把這份功名給他。這指的是他會唸麼些象形文字的經典，在形字經典中牛是寫個牛頭，馬是寫個馬頭，所以他們譏笑這種文字是「牛頭馬面」。這一種攻擊的本身原不一定十分合理，因為漢文的牛字馬字也還不是應物象形的「牛頭馬面」，但這種攻擊的力量卻非常強大，竟把和文裕辛辛苦苦得來的功名革去，可以想見他是又氣憤又難過，便下了決心，要雪「牛頭馬面」的恥辱，因此纔在形字之外改創了這種音字。

音字的創始人找到了，因之它發生的年代也跟着大致解決。依理和文裕去並不很久，應該可以找到他創造音字的正確年代，但是不幸和文裕自己沒有兒子，又沒有列在他的故鄉，也不知道他於那一年開始創造這種音字。由於我在巴甸村見到他的一個親姪子，現年是五十歲的樣子，由這裡推測和文裕的年齡不會超出他很多，加上一個人懂得去創造文字，那他至少已有了二十歲以上的年齡，所以我們因不得實證，姑且從寬的假定音字的創造是近百年內的事，這大概不會有很大的錯誤。

音字的地域創始人都簡畧的敍述過了，材料也收集來了，在這裡應該說明整理這些材料的經過。現在所用的方法是把在各處所見到的音字依照它的讀音，按着國際音標聲母和韻母配合的次序排列起來。在每一個音節下列舉它在經典中常見的解釋和由它組成的各種詞的含意。這樣的編排若是先知道讀音想去找音字字形和解釋那是很方便的。但是假如先找到一個音字，要想去知道它的讀音和解釋那就非常困難。在這裡我們又有一種方法簡便一點的在後面有一張音字簡表，把一些最常見的音字排列在它的聲母和韻母的交叉格中，由這裡可以找到它的讀音，由讀音就可以在前面找到它的各種解釋。這一個方法非常簡便但簡便了便不容易完全，只除非是最常見常用的那幾個音字可以如此查到，畧偏僻一點的字就會檢查不出，這就只好改用第二種方法，請查音字索引，那是依照字形和筆劃而排列的。

此外便只剩下一些音字本身的瑣碎問題，因為音字是最近才出現的，還正在草創試驗的時期，所以便有許多不完備的現象給我們看到，如寫法的不規則，字音的不足用，聲調的不確定和附加符號的不合理等，這都是使人感覺到雜亂和困難的，在這本書內當亦有同樣的感覺，所以先在這裡清理說明一下：

首先我們便看到音字寫法的不規則是使人最頭痛的一件事，一個音節寫起音字來可以有許多樣的寫法，多的時候竟會有三四十個，依理這是很不需要的，有時一個音字在好幾个音節下都出現，表示一個音字可以讀成許多樣的聲音，這更是引起糾紛的事，使我們在經典中遇到它不知道讀那一個音才合適。這一些現象我們應當明白都是由於這種文字還正在草創期間，音字不比形字，它沒有客觀的標準可作依據，於是創造音字的首例一開，多巴們便各自為政的亂造起來，再加上傳模移寫的錯誤，遂形成了今日這種重複雜亂的局面，因之在這本字典內，一個音節之下常是有很多的音字，有時同樣寫法的音字又會在好幾處一齊出現。

其次音字字音的不足用亦是很顯然的事實，不怕我們收集到的音字有兩千多個，但一大半都是重複的字，所以有時形字中有的字音，在音字中仍是沒有，這卻只表示這樣讀法的音字還沒有給我們見到，並不是麼些族的音韻系統中沒有這樣的讀音，也許不久多巴們會由於實際的需要，另外創造出新的音字來，至於現在，他們遇到音字沒有辦法寫時就直接用形字來頂替，這種例子曾經給我們見到了不少。

同樣音字的聲調問題亦是非常麻煩，這對我們去認識他們的經典是一個很大障礙。麼些經典中常用的聲調有三個：高平調˥、中平調˧和低平調˩。此外另有一個升調˧˥（不過很不常用）。這幾個聲調若各用一個音字來表示，那本是最合理的辦法，但'多巴'們卻認為這是太繁雜了，因為他們在讀形字經典的時候，早已養成了隨時變換音的聲調以求迎合經文情節的本領，所以認為這樣詳細的區分是不需要的。因之現雖然有一些音字的聲調有趨向凝固的意思，但大部份的音字卻都是只有一個讀音沒有固定的聲調，這表示說它可以任讀那一種聲調，須看經文中的情況才能決定。這一來，使我們這些想學習麼些經典的人增加了不少的困難，仍非要經過'多巴'的口傳不容易完全明白音字經典的內容。在這本字典內亦只是能告訴我們有這麼一種音如何讀音，可能有那幾種解釋而已，若以此想解開音字經典之謎，我想是做不到的。這來便是由於音字聲調的作梗。然而這是一種事實，他們現在只進步到這一個階段，我們便也只好如此的據實報來。在這本字典內一個音字若它的聲調已經凝固了，便把它在某項聲調專條的後面；若它的聲調還沒有確定，那就放在讀音總條的後面，表示它以任讀下面的那一種聲調，任作那一項的解釋。在'音字簡表'中我們另用一種虛線來區別，格內有虛線的就表示這裡的音字是分聲調的，沒有就表示不分。

最後音字在本身形體之外，還另外有一種附加的裝飾符號，'多巴'們叫它做[ʒʌ˩ bɯ kuɪ tuɪ˥ tuɪ˧]。它可以大致區分為兩類：一類是在音字的左右上角加一些'尸、乁、广、弋'的符號，這像是受了漢文的影響。另一類是在音字的上下方加一些'[illegible]'的符號，這是受了藏文的影響。這一些符號雖然花樣繁多，又可以隨的任加在那一個音字上（除了極少數的例外）但是它實在是一無用處的。大約'多巴'們由形字變音字，便覺得音字的面貌好像是太樸素了一點，因此正如他們所說的："這是音字增加一點花草"。所以我們只要知道這許多裝飾符號是毫無用處就夠了，在這字典內亦一概都不寫進去。

音字的各項情況都敘述過了，以下還應該順便的敘述一下音字經典發展的近況和它與形字經典的關係。

截到現在為止,我只見到四本音字經典,除了上面說過的加被威靈經和祭風占卜經以外我們還收到一本接菩薩經([illegible]),見到一本跳神的步法。另外周鍊心先生和我說和泗泉多巴送了他一本祭神經([illegible])是形字音字對照着寫成的,把這一本計算在內,現在我們所知道的音字經典只有這麼五本,還不及形字經典數量的百分之一。

我們若跟進一步去檢討這幾本音字經典的內容,馬上便會發現到全部都是由形字經典脫胎而來,以形字經典為底本,把其中的空隙填補起來,改用音字一音一字的寫下,便成了所謂的音字經典。

這樣由形字經典蛻化出來的音字經典有什麼方便的地方呢?主要方便的地方就在它把形字經典中的空隙給填補了起來,使從前原是散漫速記式的形字經典,那是非經口傳決沒辦法明瞭,明瞭後又沒法記憶的,如今卻只要能認識每一個音字,逐字逐音的朗誦下去,便會成為一句句明白清楚的麼些話,聯接起來就會成為一個個娓娓動聽的麼些故事,這裡面雖然還需要一小點變換字音聲調的本領,但比起形字經典來是好得多了。所以現在的音字誠然是比形字還雜亂,認識音字的人遠沒有認識形字的人來得多,但由音字寫成的經典卻比形字經典在文字的演進上是向前邁了一大步。

音字經典的形式也是全部抄襲形字經典的,書本仍是貝葉裝的狹長形式,在左邊縫起來,讀時仍是橫行式的由左向右讀,分段點句,開頭結尾的符號也是原封不動的抄襲形字經典的式樣。寫時也是用竹筆醮松烟來寫,也有使用漢人的毛筆的,格子分得比較狹小一點。封面常是仍用形字來標簽,有時形字音字對照着來寫,偶然也有純用音字來寫的。為了可以幫助我們認識音字經典的面貌,在下一頁上我們描画了加被威靈經的封面和祭風占卜經的第一頁在那裡。

音字既然和形字有這麼密切的關係,所以研究麼些文字的時候,可以把形字字典和音字字典對照着來看。形字字典中的許多敘述可以幫助我們對音字的瞭解,音字字典中每一個讀音下的各種解釋也可以補充形字字典中的不足。至於偶有一兩個字的讀音釋意兩本字典中不盡相同的時候,應該在這裡聲明,都以這本音字字典中的為準。

發音人仍由和才君担任,所以這裡的音韻系統仍是以麗江縣的魯甸區為準的。材料收集的時間是由民國二十八年夏天起,到三十二年的八月底為止。

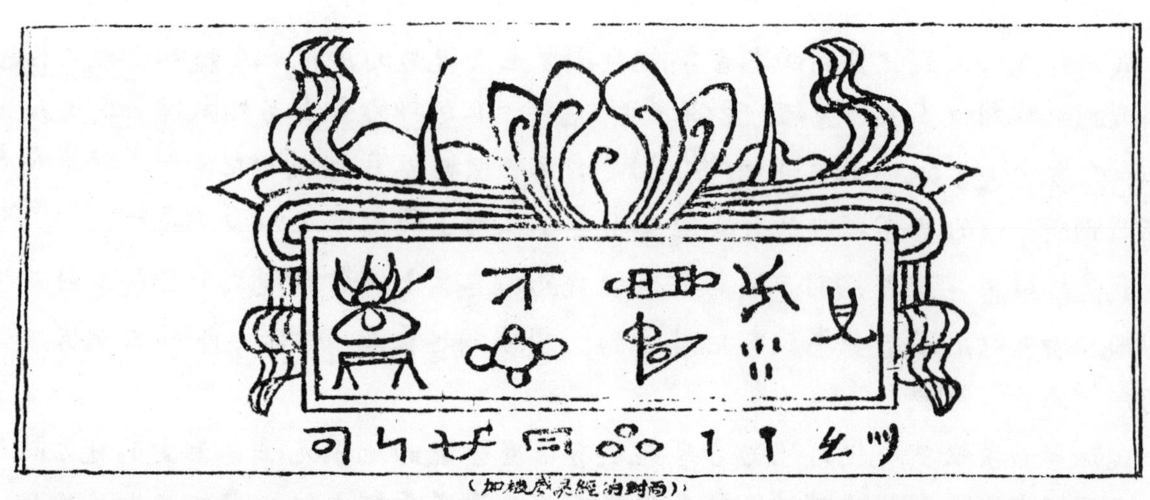

（加威靈經的封面）

（禳風占卜經的第一頁）

音韻系統仍是用張琨先生在形字字典中所定的。詞彙亦是張先生先做出一部份立成了規模我再依照着添補上去的。張先生於去年暑假回西安去了，這本字典是十一月間才着手編輯，不然張先生對這本字典一定會有很多的珍貴供獻，謹在這裡誌我的感激与懷念。張先生回西安之後，我仍繼續作標音工作，因之又有一些新的問題出現，這承董同龢先生為我解決，初稿寫成後董先生又費神校正了一遍，這都使我非常感謝。此外我非常感激曾昭燏先生，她對這本字典供獻了很多好的意見並為這本字典的石印稿子校正錯字。最後內子黃宇淳女士，她曾為這本字典校正索引，依理亦當在這裡致謝的。

李霖燦　三十四年八月勝利日．四川南溪李莊

凡例

一、這本書內音字排列的先後，依照着國際音標聲母韻母的次序：

聲母的次序是

p	pʻ	b	mb	m	f	v	
pj	pʻj	bj	mbj	mj			
t	tʻ	d	nd	n			l
tw							
ts	tsʻ	dz	ndz		s	z	
					sw		
ʈ	ʈʻ	ɖ	nɖ				
ʈw		ɖw	nɖw				
tʂ	tʂʻ	dʐ	ndʐ		ʂ	ʐ	ɹ(1)
tʂw	tʂʻw	dʐw	ndʐw		ʂw	ʐw	ɹw
tɕ	tɕʻ	dʑ	ndʑ	ȵ	ɕ		
k	kʻ	g	ŋg	ŋ	h		
kw	kʻw		ŋgw		hw		
ʔ							

j w ɥ

韻母的次序是

a æ ɛ i ʌ(2) ʌɹ ɯ(3) o u(4) uɹ y.

註(1).作聲母用時讀似閃音ɾ，作韻尾時表示該韻腹元音有捲舌性。

(2)在ts,tsʻ,s,等聲母後讀似ɿ，同時嘴角向兩旁扯。

(3)在ts,tsʻ,s,等聲母後讀同ɿ，在tʂ,tʂʻ,ʂ,等聲母後讀同ʅ。

(4)在雙唇聲母後讀似ʉ，在其他聲母後讀似v。

二、拼的次序是先拿第一個聲母，依次把十一個韻母拼完，然後又拿第二個聲母(pʻ)照樣來排,如此照推下去,一直到排完為止。

(若音字沒有某一個音節,那個音節就從畧,上面所列的是現在所發現的全部音韻系統,音字本身遠沒有這麼完全)

三、音字每一個音節,常讀為三種聲調:高平調˥,中平調˧,和低平調˩,(此外還有一個低升調˩˧不過很不常見)就依照着這個次序排列聲調的先後,在聲調後列舉如此讀法的各種解釋,在聲調下列舉由它組成的各種詞底含意,若某一個聲調的音字還沒有發現,就從畧。

四、大多數的例,是一個音字可以由於需要任讀那一種聲調,這時音字不論有多少種讀法,都寫在這一個音節的後面,若這個音字的聲調已經凝固了,就改寫在聲調的後面,把解釋又推下一格。

五、在各聲調條下,列舉有由它組成的各種詞的讀音和解釋,在這裡以一個"——"的符號代替本音節本聲調的讀音。各種詞的排列,先看它是由幾個音節組成的,兩個音節組成的詞在前,三個、四個、五個音節組成的詞在後,同樣數目音節組成的詞,又按音韻系統中所列的次序排列它們的先後。

六、由兩個音節組合成的各種詞,若想全用音字寫出,就把這兩個音節的音字排列起來,排列的樣子是橫行式,由左向右。三個音節、四個音節組成的詞,若想用音字寫出,亦是用同樣的方法。一個音節有很多音字的話,隨便用那一個都可以。

七、在每一頁靠近中縫的上面,都有一個方括號【 】,這裡邊寫的是這一頁開頭的音字讀音,使檢查起來比較方便。

八、這裡的方法,是由讀音找字形和解釋用的,若由字形想找它的讀音和解釋,請查後面的音字索引和音字簡表。

麼些標音文字字典

[illegible]

(依照音韻系統排列)

p

h, 𐐒. 13. 1𐐒. 𐐒. 𐐒. 1𐐒. 13.

˥ 木盆 大碗 以手貼按 木頭上砍成之缺刻馬口.
mbæ˧ —野鴨頭上之冠毛
mbi˧ —小肚 溺器
tɯ˩ — 竹盆
— tɯ˥ 砍馬口
— tʻɯ˩ 無把木桶
ndo˩ — 屁股
ia˩ — 護手甲 法儀中之樹枝束把 肩胛骨
lo˧ —大木盆
— tsa˧ 小兒之圍嘴布 胸前之神符荷包
sʌ˧ — 木瓢
— ndzɯ˩ 哨兵
— ɾwa˧ 嗉
kʰu˧ — 頂上面的 首領 樹尖
— ma˩ —額上塗酥油禮
pi˩ nɯ˩ — 燒肉祭鬼之板(臭板)
ɕo˩ nɯ˩ — 燒香敬神之板(香板)
kɯ˩ — bɛ˧ 新春開種禮 開倉禮 新婚禮
ku˧ tɕo˩ — 留起不剃之頭髮
hæ˧ ʂɯ˩ — mɛ˧ 黃金大蛙(神蛙)
ʔɑ˧ mbu˧ la˩ — 草名
ʔɛ˧ — ku˧ tɯ˥ ɾɯ˩ 蝌蚪

˧ 蛙 到達 牽聯
— — 餅子 明白 浸透
— pa˩ 背負
— by˧ 星名
— li˥ 紡線錘

— sa˩ 發瘡
ɾʌɾ˥ — 口吃
ɾu˧ — 石頭
— tɕʌ˧ 一種青蛙
— kʻo˧ 星名
ʂʌ˩ — 出苗
pɯ˧ — bɛ˧ 變化化育
tʂʻo˥ — bɛ˧ 燒天香
tʂʻo˥ — ndʐi˥ 燒天香
— ty˧ lo˧ pi˥ 多巴(巫師)名
ma˥ mi˧ — ɾwa˩ 山名
tʂʌɾ˥ dʐi˧ — ti˧ 龍王名
— o˧ tʂʻo˩ zɛ˧ 護法神名
— o˧ ʝi˧ ma˩ 護法神名
no˥ mbɯ˩ ɾɯ˧ tʻo˧ — 神名
˩ 窩 量詞: 一口痰, 一泡痰
pa˧ — 背負
mjʌ˩ — 眼大
nɯ˥ — 怒子(一種人)
— lɛ˥ 餅子
ɾwa˧ — 鬍子
tɕo˩ — 俅子(一種人)
nɯ˥ — tʂo˥ 結雙親家
ɲi˧ tʂʻɯɾ˧ — 鰥夫
nɯ˩ wɯ˧ — lo˧ ɕo˥ 鬼王名

˨
— kæ˧ 八哥鳥

pɛ ʋ

˥ 挑剌 渣滓
— pɛ˧ 根究
mæ˥ — 討厭
ndɯ˩ — 毒箭

[pɛ]

— lɛ˧ 沾一下
ndzɯ˧ — 吃剩下的渣滓
— ndzo˩ 獨木橋
— ndzy˧ 挑剩下的人
sɯ˩ — 撿剩下的
— qɯ˩ 渣多,不好吃
ȵi˧ — 釣魚
ka˩ — 許多
ko˩ — 扁米(一種食品,似麥片)
ɦɯ˧ — 牙齒外翹
kʻɯ˧ zɯ˧ — 脚印
qɯ˧ la˧ qɯ˧ — 所有的人
dzʌ˩ bɯ˧ — ma˧ 龍王名
˧ 酒渣 扣絆起
to˧ — 捲經線之木板 翻置
顛倒 轉回來
— dɯ˩ 碰彎回來
tʂɯ˧ — 經旗
— li˥ — tʂo˩ 馬鞭
ʔo˧ ma˩ ȵi˧ — mi˧ ho˧ 六字真言(唵嘛呢叭嘛吽)
˩ 吐嘅出來 竹葉菜
ŋgo˩ — 鞭子
ja˩ — 正月(陰曆)

pɯ 圭,另,吕,乎,吊,彐,ヨ,廿,才,白,中,乙,乂,飞,土
˥ 生出來 麻木 釘子 菓品種子
mjʌ˧ — 命盡,命絕
kɛ˧ — 木名
sɛ˩ tʻo˧ — 松子
tɯ˧ lɛ˧ — kɯ˧ 出處來歷
˧ 艾蒿 故事 水冲
— pa˧ bɛ˧ 變化,化育
˩ 根鬚 年齡上的班輩
— do˧ dy˩ 地獄之一層
ta˧ — ŋgɯ˧ zɯ˧ 九兄弟名
— ɪɯ˧ ʂo˧ mo˩ 典型規模

po 工,凡,凡,瓜,丹,保,保,匠,条

˥ 帶起 懷孕 一種鉋子
˧ 寶物 銜着
— ndzi˥ 燒紙祭祀
ȵi˧ — 雙魚寶物
ɕi˩ — 綢緞 產月
ka˥ — 布穀鳥
ko˥ — 鍋蓋
ho˩ — 口袋
jʌ˩ — 押寶
i˩ — 金絲緞
tʂʻʌ˥ — lo˧ 菜名
mjʌ˩ ko˥ — ɕɯ˧ 眉毛
ʂə˥ ɣʌ˧ ʂɛ˧ — 神名
˩ 打播箕的声音 拍翅膀的声音
鈸 包裹起來
— mba˧ 淨水瓶
— ti˧ 藏塔
— la˥ 姊妹多
la˧ — 刺寶(地名)

pu 十ㄱ
˥ 甑子 蒸 送 送鬼 日光之
燙 嫁
— mbɛ˧ 村莊
tʻo˧ — 布
— kɯ˧ 蒸酒時塞漏氣之布
ko˧ — 遇見
ŋɯ˩ — 使人哭泣
ty˧ so˧ gɯ˩ — 龍王名
dzʌ˧ kɯ˩ na˩ — 神名
˧
ɪɯ˧ — 箭囊
ɪɯ˥ — ty˧ 磕頭
tʻa˧ — tʻa˧ 多巴名
zy˩ — tʻa˧ 多巴名
˩ 乾 渴 磕睡
nɛ˥ — nɛ˥ zɯ˧ 薺菜
tʂʻɯ˧ si˧ na˧ — 地獄中之餓鬼
ka˧ qɯ˩ la˧ — 神名

[Dongba glyphs]

˥ 寫字 梳 紋(虎紋 手紋) 指甲(夜蚌) 擾人清夢
—— mɛ˧ 梳子
—— tsʌ˧ 篦子
—— dɯ˩ 虎豹
—— wɛ˩ 花紋
—— dzɯ˩ jʌ˧ ma˩ 生花紋之設法神
˧ 朽爛
˩ 拔

(O)[Dongba glyphs]

˥ 小蜓蝸蠖
nɯ˧ —— kwa˧ gɯ˧ 地腸之洞
jʌ˩ kwɛ˩ —— ly˧ 烟斗頭部
lɛ˧ kæ˩ —— mɛ˧ na˩ 啄木鳥
˧ 升
—— mbɯ˩ 麼些巫師"多巴"之古代祿法
la˩ —— 手鐲
tsʻo˧ —— 馬幫之老闆
kʻɯ˧ —— 腳鐐
—— li˩ tsʻɯ˥ 一種食法 肉粥 片湯
˩ 麼些巫師唸經作法 箭 豬 牆
mɯ˧ —— 祭天
—— sʌ˧ 祭木(法儀中需用之樹枝)
—— mæ˧ pɯɹ˥ 收壇經
—— ly˧ kʻo˧ 開壇經
mɛ˩ —— kɯ˩ la˧ 多巴名
mʌ˧ —— zɯ˧ ɕo˧ 神名
la˧ o˧ —— so˧ 神名
ɕʌ˩ mba˧ —— so˧ 神名
ɕʌ˩ lo˥ —— so˧ 神名
ʂʌ˩ ɕi˧ —— mɛ˧ 神名
ho˩ —— zɛ˧ tɕi˧ 多巴名

jʌ˩ —— la˧ tɯ˥ 多巴名

pʻ

pʻa

˧ [Dongba glyphs]
臉 方面 方向 發露 可惜
—— bɛ˧ 糟蹋
—— mba˩ 禮物
—— mɛ˧ 面子
—— nɯ˥ 禮物(尊敬語)
—— na˩ 不高興的臉色
—— ndzʌ˩ 討厭
ɣo˥ —— dy˩ 四川
ɣo˧ mi˩ ho˥ —— 四方八面

˩ [Dongba glyphs]
狼(或狽) 打卦 打卦之巫者 用糧竿翻撤糧食 順手
—— pʻy˧ 爲名
—— do˧ 地獄中之地名
ndzɯɹ˩ —— 粗魯
sæ˧ —— 端公
—— do˧ sɯ˧ pɛ˧ 鬼王名
mʌ˧ —— ɣo˧ tɛ˧ 神名
mʌ˧ —— ɯ˧ ha˥ 神名

pʻæ [Dongba glyphs]

˥ 扒開(土)
ndɯ˩ —— 毒性發作
kʻɯ˧ —— 拔頭道草
—— tɕi˧ mɛ˧ 小姑娘
˧ 拴
—— —— 兄弟娃妻制度 又拴
kʻɯ˥ —— 年紀

pʻɛ [Dongba glyphs]

[p'ɛ]

˥ 一片、一塊 撇拱 拉雌

dɯ — 飯塊

ho˧ — 菜

dʑi˩ sɯ˥ — 洗臉手巾

ɲi˥ sɯ˥ — 揩鼻涕手巾

˧ 播揚

mu˩ — 播揚

— lɛ˩ 蝴蝶

sɯ˧ — 王子 鬼王

ɣo˩ — 岳父

˩ 麻布

— t'ɛ˥ 草名

lo˥ — 無把木瓢(舀糧食用)

— dʑi˧ 線編之口袋

p'i [illegible]。

˥ 失去 擲掉 輸 吐口水

解決結果

— p'i˧ 離婚

mɯ˥ — 貪吃怪相

tɕi˧ — 吐口水

ko˥ — 貪吃

ła˧ — 喪事禮物

wa˩ — 失魂落魄

to˧ ma˧ — 送麵偶法儀

lɛ˧ hɛ˧ — 停工休息

sa˥ ʐɯ˩ — 以各項供養之一小部份置高樹上以送神

˧ 天花 量詞(一張皮子或毯子)

p'i˥ — 離婚

— — 多多的

— ta˩ 箭囊

ʑə˩ — 疹子

ŋga˩ ts'o˩ — [illegible]馬生惡瘡

˩ 肩胛骨 公平

— ta˥ 大腿

sa˧ — 經典名

ts'ɯ˧ — 剖決

— kɯ˥ 燒肩胛骨占卜

ɯ˧ — 外表 殼子

— ts'ɛ˥ p'ɯ˩ 扇子

hɛ˩ ʐɯ˧ — 經典名

p'ɯ

˥ [illegible]。

斷 聰明 摘

— p'ɯ˧ 解決

tso˥ — 斷斷接接的

— p'ɯ˧ nda˥ nda˧ 清清楚楚

˧ [illegible]

棵 有本事

p'ɯ˥ — 解決

ma˩ — 說話(古語)

ma˧ — 不滿意

— ndzʌ˧ 調味香料

ndzɯ˧ — 皮膚變白的病

ʑə˩ — — 笑嘻嘻

p'ɯ˥ — nda˥ nda˧ 清清楚楚

— ɯ˧ sa˥ ɯ˧ 本事好口才好

p'o [illegible]。

˥ 岸 鉄炮 量詞(一隻牛) 一半

mba˩ — 陽坡

do˧ — 彼岸

nda˩ — 陰坡

— la˥ 喇嘛分飯

ɕi˩ — 寄養牲畜生子雙方平分的制度

hɛ˧ — 半月

ʔɛ˧ — 外邊

bi˧ lo˩ ts'o˩ — mo˧ 水怪名

˧ 開

k'o˥ — ia˧ sa˩ 婚喪大事中之

總理
˩ 逃跑

ɯ 𝔖...

˥ 氆氌(一種毛織品) 播種子 脫
噴水 趕快
—— —— 濺水
bʌ˧ —— 盾
tʂʻʌɻ˧ —— 脫色
—— ɻɯ˧ 抖擻
˧ 價值 老人 雄性 煨茶罐子
—— la˩ 菩薩
—— sɛ˩ 風匣
kʌ˥ —— 反過來
ʔɛ˩ —— 祖父 老丈
—— so˧ lo˧ 男子 火葬法
lɛ˥ tɕʻi˧ sɯ˧ —— 西方鬼主名
ja˩ ŋɯ˧ so˧ —— 多巴名
sɯ˧ bɯ˧ ʔɛ˧ —— tʂʻʌɻ˥ 祖宗三代

ʻɯɻ

˧ 一束線
—— pʻɯɻ˩ 解開
æ˩ —— 公雞
˩ 白色 揭開 攻破,拆毀 解開
掘開(淌水) 開天菩薩之名
去病法儀 坵(水田之單位)
一種人
mbæ˧ —— 割蜜
ma˧ —— 酥油
dɯ˧ —— 白海螺
—— tʂo˥ 巫者接受靈感之發狂
時期
ndzo˧ —— 超渡死者之白布橋
ndzo˩ —— 大橋
—— dʐɯ˧ 山藥
—— so˩ 要面子的

ʐɯ˧ —— 大路
—— tɕʻi˧ 押當
ŋi˧ —— 霜
kwa˧ —— 媒人 白雁
hɯ˧ —— 粉絲
hwa˧ —— 白鷴鳥 木名
pʻi˩ tʂʻɛ˩ —— 扇子
ɕi˧ —— bɛ˧ 奉承人
kɯ˩ mæ˧ —— 彗星
dɯ˧ —— si˧ ŋʐɯ˧ 白獅子
dɯ˧ —— ɻwa˧ ŋʌ˥ 鬼名
dɯ˧ —— ɕʌ˧ tɕʻo˩ 大鵬金翅鳥
—— ndzɯ˧ sa˧ mɛ˧ 女神名
kɯ˩ —— mæ˧ ɣo˩ 彗星
kɯ˩ —— dʐʌ˩ mæ˧ 星名
kɯ˩ —— dʐʌ˩ kɯ˧ 星名(天狼星)
mɯ˧ ɻɯ˥ to˥ kʻɯ˧ —— 木里(地名)
mɯ˧ ɻɯ˩ ro˩ kɯ˧ —— 神名
—— na˥ ɻɯ˧ kæ˧ tʂo˥ 陰陽交
界處
tʂʻɛ˩ ŋi˧ ʐɯ˧ —— dʐɯ˧ 地名
kʻa˥ tʂɛ˧ ɻɯ˧ —— wɛ˧ 地名

pʻy

˥ 嘔吐 獾子
pʻa˩ —— 藥名
—— pʻy˧ 說真心話
bo˩ —— 猪獾子
kʻɯ˧ —— 狗獾子
—— kʻɯ˩ 大竹籮
˧ —— ba˧ 一種法器(似降魔杵,
木製)
—— by˧ 一種法器(同上)
py˥ —— 說真心話
ŋɛ˥ —— 火麻
—— ly˧ 小瓜皮帽
ʔɛ˩ —— 打嗝
ŋɛ˥ —— sa˧ 亞麻

[pʻɣ]

˩ 斷賠 巢窩 大竹簍
mbi˧ ——小兒溺床病
ndɯ˩ ——養蠶
ndzɯ˧ ——營養不足
ji˧ ——睡眠不足
ha˧ ndzɯ˧ ——飯桶無用的人
hæ˩ sɛ˧ ——神殿屋頂上之中樑

b

ba [illegible]

˧ 父親
pʻɣ˧ ——一種法器(似降魔杵,木製)
——da˩ 玩耍
——la˩ 衣服
sa˥ ——雄麻
dʑi˩ ʔɛ˧ ——主持家政之男子
ʔɛ˧ ——qɯ˩ 乾爹
la˧ ——la˧ zɯ˩ 草名
hæ˩ i˧ ——da˩ ndzʌ˩ 神术名

˩ 花 開花 朵 一次播種收割之莊稼
la˧ ——石鼓村
——ndɯ˧ 鏤花
——ly˧ 花子
——pɯ˥ 結婚 紙紮
ʐæ˩ ——笑渦
tɕi˩ ——醋花
gʌ˩ ——徒弟 麼些族之音字
——ŋgɛ˥ 曬太陽
——ŋgɛ˥ 糧食熟過了
ʔɛ˧ ——可惜
jʌ˩ ——草名
mbæ˩ mi˧ ——燈花
——ti˥ lɛ˧ 花骨朵
tsɛ˧ mɛ˧ ——火草
tsʻiæ˥ kʻɯ˧ ——玉蘭花
ndʑæ˩ ——ro˥ zɯ˧ 四兄弟名
ŋi˧ mɛ˧ ta˩ ——向日葵
kɯ˧ tsɯ˧ za˥ ——花名
gʌ˩ ——kɯ˧ pɯ˥ pɯ˧ 麼些族音字之裝飾符號

bæ [illegible]

˧ ——bæ˩ 掃掃
——kɯ˩ 掃帚
——i˧ 僰夷人

˩ 掃 木牌 喜歡 草坪子 刮糧食之小板
bæ˧ ——掃掃
——mæ˧ 海貝
——nɯ˧ 喜歡得發瘋
——gæ˥ 流蘇
——ŋgwɛ˧ 看守春苗者
——kʻɯ˩ 刮糧食之小板

bɛ [illegible]

˥ ——bɛ˩ 豆莢 雞腿下肉
bɛ˧ lo˧ ——tsʻo˩ zɯ˧ 勞世人

˧ 做 年
pʻa˧ ——糟蹋
——bɛ˩ 腮
ndo˩ ——出蹤蹺事
la˧ ——壓迫
lo˧ ——作工
so˩ ——明年
tsʻo˧ ——丟臉
dzɯ˧ ——趕街子
zɯ˩ ——結仇

—— tɕi˩ 三角銀扣小帽
—— kɯ˩ 篩麵之竹籮
—— ʂo˧ 弟兄(古語)
ŋgæ˩ —— 木碟子
ŋgɑ˩ —— 麗江
ŋɯ˧ —— 做死者木身
ɕi˧ pʻɯ˩ —— 奉承人
ɕi˧ ʂʌɤ˥ —— 婚喪大事
ko˥ dɯ˧ —— 大後年
ʔɛ˩ ʂʌɤ˥ —— 前年
ʔɛ˩ —— ʂʌɤ˥ —— 昔日
ti˧ ɾwɑ˩ sɯ˥ —— ʂo˧ 神巫三兄弟
—— lo˧ bɛ˥ tsʻo˩ zɯ˧ 警世之人

˩ 麽些巫師之鉄法冠 錢財 豆豆莢
bɛ˥ —— 豆莢
—— dæ˧ 神將
—— ŋʌ˥ 半塊半邊
—— ɥo˩ 絡腮鬍

i

˥ 任用下列˧,˩二組之音字
衣襟
—— bi˩ 平安
mæ˧ —— 後襟
—— mɛ˩ 大襟
—— zo˧ 小襟
kæ˧ —— 前襟
kʻɑ˧ tɑ˩ —— 前襟
kʻwɑ˧ tɑ˩ —— 前襟
kʻwɑ˩ tɑ˩ —— 前襟

˧ 衣
太陽(古語) 森林
—— bʌ˩ 蝙蝠
—— di˩ 小虫
—— nɑ˩ 日子不好
—— kɯ˧ 洋芋

—dɑ˩ kʻo˧ ɾo˧ 虫類
—lo˩ tsʻo˩ pʻo˥ mo˧ 水怪名

˩ [illegible]
平安 搓繩子 安逸
bi˥ —— 平安
nɯ˥ —— 嘴唇
i˧ —— 大江
hæ˩ i˧ —— 金沙江

bʌ [illegible]

˥ —— bʌ˩ 樂器上之簧
˧ 西番人 腳板心,手板心
—— pʻɯ˥ 盾
—— —— 嚼餵
—— bʌ˩ 互助 助
—— mo˥ 熏烟
—— dzɯ˩ 一種木鬼
—— ʂɯ˩ 白沙村
—— ɾɯ˩ 喇嘛
—— jʌ˧ 生瘡
mo˧ —— ndo˥ 頓腳

˩ 合腳 穗
bi˧ —— 蝙蝠
bʌ˥ —— 樂器上之簧
bʌ˧ —— 互助 助
—— mi˧ 渴望,想要
lɛ˧ —— 回去
tsʻɛ˥ —— 平平實實
dzi˧ —— 蝙蝠
—— dzɯ˩ 一種木枝做成之鬼
—— zɯ˧ 輪流
kʌ˧ —— 禁戒,改變
kʻo˧ —— 門扇上
kʻo˩ —— 裡邊
æ˩ —— 崖上
tsʻɛ˥ hɯ˩ mbo˧ —— 神女名

[bɯ]

bɯ [illegible]

˧ 去 神名
—— kɯ˥ 帶子
˩ 多 米升

bo [illegible]

˥ ndzʌ˩ —— kwa˥ 食指
˧ 紡線 本命 福份
—— by˩ 猪圈
—— tɕi˩ 野猪
ʔɛ˥ —— 伯父,叔父
i˩ ʂɯ˥ —— ndzo˧ 多巴名
˩ 猪 管養
—— p'y˥ 猪獾子
—— bu˧ 木名
—— mbæ˧ 野蜂
—— ma˥ 星名
—— fu˧ 臭 猪毛
—— to˥ 星名
—— tɕ'ʌɤ˧ 琵琶肉
ɣɯ˧ —— 鼯鼠 同學 多巴之自稱
dzʌ˧ —— 坐櫃
k'æ˧ —— 送岳母之全猪
—— k'o˧ 星名
ndzɯ˩ nɛ˩ —— 有姻緣者
la˧ jʌ˩ ɣɯ˧ —— 多巴之自稱
—— k'ɛ˧ si˥ li˩ 蟯蟖

bu [illegible]

˥ tɕæ˩ —— 酥油茶罐
˧ 鍋 腸 羊(古語)
bo˩ —— 木名
—— t'u˧ 蝦
—— nu˩ 嗅
lɛ˧ —— 民家人
—— lɛ˩ 蘑芋
—— tsɯ˧ 肚帶
—— dzɛ˩ 勺子
ʈɯ˧ —— 法鈴
—— ʈ'ɯ˩ 苦瘡
tʂɯ˧ —— 沙鍋
—— dzu˧ 桃子
ɣu˧ —— 孫子
ndzi˧ —— 馬鐙
—— k'u˧ 虫名
—— kwa˩ 木名 鍋灶
—— kwɛ˥ 吃飯 一種食品(米
腸)
na˧ —— t'a˩ 多巴名
kʌ˥ —— t'a˩ 多巴名
na˩ —— so˧ ŋgo˧ 多巴名
na˩ k'a˧ dʑi˧ —— 龍王名
la˩ —— t'o˧ kʌ˥ 神名
lo˩ i˧ dʑi˧ —— 龍王名
sa˧ —— sa˧ la˩ 多巴名
za˩ ʐo˧ dʑi˧ —— 多巴名
ʈʌɤ˩ za˥ dʑi˧ —— 東方鬼王名
dʑʌ˩ —— to˧ tɕo˥ 龍王名
dʑʌ˩ —— t'a˥ jʌ˧ 龍王名
dʑʌ˩ —— t'u˧ tɕ'ɯ˧ 多巴名
sɯ˧ —— ʔɛ˧ p'u˧ tɕ'ʌɤ˥ 祖宗三代
ndzʌ˧ la˩ tɕ'uɤ˥ —— dʑo˧ 蟬
˩ 孵 拱 哥哥 求神許願
(古語) 下面
mɯ˧ —— 天下
ts'ɯ˥ —— 公山羊
—— dzɛ˧ 石鏊 麻餅
—— zɯ˧ 弟兄
ʈ'æ˧ —— 底下
dʑi˩ —— 潛水 潛水者
la˩ kwa˥ —— 腋

tsʻɯ˥ —— to˥ 公山羊額上之毛
tsɯ˥ —— lɛ˧ ɳɛ˩ kɯ˩ 金牛座之雙星

ɯ 𝄀 ...

˧ 客人
—— tʻɯ˧ 辦喜事
˩ 辮子 沸濺 繩子
tɕi˥ —— 流唾液

y 𝄀 ...

˥ 敵
—— by˧ 一樣粗 比粗
no˩ —— 八寶
˧ 粗 份
py˧ —— 一種法器(似降魔杵,木製)
by˥ —— 一樣粗 比粗
—— by˩ 粉碎
kɛ˧ —— 皮口袋
kʻɯ˧ —— 很有錢的人 粗腿
˩ 麵 外 圈
bo˧ —— 豬圈
by˧ —— 粉碎
—— ty˧ 外边
—— ndɯ˧ 飯團
lɛ˧ —— 菜飯
tɕʻɯ˥ —— 火藥
hy˧ —— 炒麵糌粑

mb

ba ...

| ...

˧ 甲狀腺腫(大頸子) 木瘤 合理 受委屈

po˩ —— 淨水瓶
—— mba˧ 亂吼亂叫
to˥ —— 額高而突出
tʻa˥ jʌ˧ ty˧ —— 神名
ɕʌ˩ —— py˩ so˧ 神名
˩ 吼叫 陽光(指早霞晚霞之光) 不生育 根
pʻa˧ —— 禮物
—— pʻo˥ 陽坡
mba˧ —— 亂吼亂叫
mbɯ˧ —— 女子下身
to˧ —— 多巴麼些人之巫師
tsʻa˥ —— 黑教喇嘛
so˩ —— 晨光
kʻɯ˧ —— 根本
kʻɯ˥ —— 晚霞
to˧ —— ʂæ˥ ɣʌ˩ 多巴教主
gɯ˧ sɛ˧ kʻʌ˧ —— 北方大多巴名

mbæ 𝄀。

˧ 蜂 蜜 糖 水鴨
bo˩ —— 野蜂
—— mɛ˧ 蠟蜂
—— mi˧ 燈
mjʌ˩ —— 照得眼花
dɯ˧ —— 犁頭上之木楔
—— na˥ 水鴨
la˩ —— 護手甲
—— lɛ˥ 蜂房 甜茶
—— ʐʌɪ˩ 蜜寶(大蜜團)
—— ɕo˩ 黃臘
—— kwa˧ 養蠱之人 養蜂之人
—— o˩ 雄蜂
—— mi˧ ba˧ 燈花
—— mi˧ kɛ˧ 鎖骨凹窩
la˩ —— ʈɯ˧ 肩骨
la˩ —— tɕʌɪ˥ 上臂

[mbæ]

—— ʂɯ˩ —— ɣɯ˧ mɛ˧ 鷺鷥

˩ 跑 吠 泼

tsɯ˥ —— 醪糟

ʂæ˧ —— 鉄箭頭(裝於竹箭端者)

ʐɯ˧ —— 生酒

mbɛ 𠃍𠃍𠃍𠃍𠃍𠃍𠃍𠃍。

˥ t'o˧ —— lɛ˩ 松果

˧ 雪 口饞 貪 薄 村莊 不敢

—— —— 削斧

la˩ —— 斧

—— lɛ˩ 雪茶

ɕi˥ —— 口味輕 口舌靈便

hɯ˧ —— 菜刀

—— ɣo˩ 隣家

—— æ˩ 雪雞

na˩ mo˧ —— tɯ˩ dɯ˩ 大村莊

˩ 作祟 缺 破爛

mbi 𠃍

˧ 尿

—— pa˥ 小肚 尿器

—— py˩ 小兒溺床病

—— mbi˩ 飛來飛去

—— mbɯ˩ 急尿

—— ɣɯ˥ 撒尿

˩ 飛 竹棚子

mbi˧ —— 飛來飛去

kæ˩ —— 鞦千

mbɯ 𠃍,𠃍,𠃍,𠃍,𠃍,𠃍,𠃍,𠃍,𠃍,𠃍,𠃍,𠃍。

˧ 婦女(古語) 缺口

—— mba˩ 女子下身

—— zɛ˧ 蠶蜥

—— ɣɯ˧ 漾

—— zɛ˧ kɯa˧ ɯa˩ 蠶繭

˩ 栗樹 絕後 鬼名

nɯ˥ —— 囉嗦

kɯ˩ —— 鹽味太重 多吃鹽而病死

kɯ˧ —— 小兒之一種頭瘡

k'ɯ˧ —— 斷根

k'o˧ —— 吸酒之木管

ʔɛ˧ —— mo˧ 水怪名

—— na˩ ŋgɯ˧ go˧ 九頭蛇名

—— k'ɯ˧ ɢʌ˩ ʂo˧ 多巴名

no˥ —— ɣɯ˧ t'o˧ pa˧ 神名

mbo 𠃍,𠃍,𠃍,𠃍,𠃍,𠃍。

˧ 光亮 透明 田埂 鬼名

—— —— 明白

ɣɯ˧ —— 界石

k'o˥ —— 透明窗窿

—— na˩ ɣɯ˥ la˧ 一團黑光

tsɛ˥ hɯ˩ —— bʌ˩ 神女名

—— dɯ˩ ɣɯ˥ la˧ 一團光明

˩ 小嶺 挑擔 馬槽 承認 答應 拖衡 卦象靈應

ta˧ —— 抵押品

ɣɯa˩ —— 胡說八道

—— ɕi˧ 保人

k'o˧ —— 門坎

mi˧ la˧ —— 媒人

ta˥ ta˧ —— 挑箱子 被人利用

dʐo˩ dʐæ˧ —— 地名(箐門口)

ɣɯ˧ kæ˩ —— 山上之經堆

kæ˧ —— k'o˧ 大門口

ɢʌ˩ ts'ɛ˥ ts'ɛ˧ —— 東方大多巴名

ts'ɛ˩ ŋi˧ dʐʌ˧ k'wɛ˩ —— 十二個山坳口處

po˧ sʌ˧ ka˧ ʐʌ˧ —— 山坳口上之經堆

mbu [Dongba glyphs]

˧ 燒煨 一堆 鬼名
la˩ —— 食指外展 (肌)
ɣu˧ —— 燒石除穢法儀
—— tsɯ˩ pɯ˧ 火葬場
ɣwa˧ —— tsɯ˩ 寶物名
ma˩ jʌ˥ ma˩ —— 龍王名
ma˩ jʌ˥ tʂɯ˥ —— 龍王名
mʌ˧ —— wɛ˧ ɣu˥ 多巴名
na˩ zɯ˧ tso˥ —— 鬼名
tʂɯ˩ ʂɯ˧ ŋgo˩ —— 多巴名
so˧ —— mbu˩ kɯ˧ 神名
i˥ —— ho˩ mo˧ 龍王名
ʔɤ˧ —— la˩ pa˥ 草名

˩ 爬 噴冒出來 火爆炸
py˧ —— 磨些巫師多巴之古代稱法
mbi˧ —— 急尿
mi˧ —— 火器 爆炸
mjʌ˩ —— 眼突出
dy˩ —— 地陷
nɯ˥ —— 囉嗦
lɛ˥ —— 煨茶銅罐
[ɯ˥ —— 脊椎彎曲 駝背
zɿ˩ —— 可笑
—— ɣɯ˧ 經典
ɣɯ˧ —— 地震噴火
tʂar˥ gɯ˧ —— 骨節病
hy˧ ly˧ —— 一種法儀
so˧ mbu˧ —— kɯ˧ 神名

mbuɯ

˧ [Dongba glyphs]

引水木槽 搬移 膿
mjʌ˩ —— 眼淚

—— tsʌ˧ 蚊子
—— ɣu˥ 蠅子
mbi˩ —— 人中
tʂʌ˩ so˥ tɕi˥ —— 多巴名
ɣu˧ —— ɣɯ˧ za˩ 經典名
dzi˩ —— ɣɯ˧ za˩ 發大水
hy˥ i˧ ndzo˩ —— ly˥ 鬼王名

˩ [Dongba glyphs]

犛牛 放大火燒(山)
ʐɿ˩ —— 雞腔骨卜
—— ɣɯ˧ ndzo˩ 鹽源縣之犛牛山
—— tʌ˥ tɕi˥ jʌ˧ 多巴名
—— tɕo˧ ɕi˩ so˧ 三種神獸
kwa˧ tɯ˩ —— ndzɯ˧ dzi˧ 神名

mby [Dongba glyphs]

˧ 平分 分開
—— ly˧ 腎
ta˧ lu˧ mi˩ —— 神名
ʂɛ˥ ʂɛ˧ —— wa˧ 金銀紙包

˩ 利息
mjʌ˩ —— 危險
—— kɯ˥ 還利息

m

ma [Dongba glyphs]

˥ 粉末 果霜
bo˩ —— 星名
by˩ —— 乾吞糌粑麵
—— ma˧ 做
—— 孔雀
ɯ˥ —— 灰塵
—— ma˧ pa˧ ɣwa˩ 山名
[ʌr˩ —— [ʌr˩ dzɯ˧ 多巴名

[ma]

˧ 細碎 量柴之單位(高五尺長五尺之一堆柴) 擦油
— pʻɯ˩ 酥油
ma˩ — 做
to˧ — 麪偶
— i˧ 一種綢緞
to˧ — pʻi˥ 送麪偶法儀
la˩ — i˥ 六道中之一道
la˧ — tʂʻwa˥ — 蜘蛛
dzʌ˩ bɯ˧ pɛ˧ — 龍王名

˩ 油(多指能凝成塊狀者)
— pʻɯ˧ 說話(古語)
la˧ — 喇嘛
— lɛ˧ 酥油茶
— li˧ 唸六字真言 可轉動之經輪
tsɛ˧ — 火鏈
sʌ˧ — 棚子(松明)
— zi˥ 細細地
dɯ˧ — 木名
ʂɯ˧ — 肥肉
ʂo˧ — 松明
ʂɯ˧ — 棚子
tɕʌ˧ — 戳子
— ŋʂɛ˩ 化油
jʌ˧ — 護法神
pa˥ — pɯ˩ 額上塗酥油禮
— tsʌ˧ ko˩ 一種紅皮貓子
— kɯ˧ tsʻɯ˥ 跪起
mi˧ — sɛ˧ dɛ˧ 中央鬼王名
do˧ tsʌ˥ ɕo˥ — 女人名
— li˧ kæ˧ kʌ˩ 手轉經筒
ly˩ ʂɯ˧ — dɑ˧ 多巴名
tɕi˥ — o˧ tsʻɯ˧ 神名
— ha˧ ka˧ la˧ 神名
— jʌ˧ — mbɯ˧ 龍王名
ɯ˧ yo˩ ɯ˧ — 神雞名
o˧ ʂɯ˥ o˩ — 同胞同支
za˧ i˧ la˩ ʐɯ˧ ty˧ — 鬼名
ʔo˧ — ŋi˧ pɛ˧ mi˧ ho˧ 六字真言(唵嘛呢叭嘛吽)
ʂɯ˧ mi˧ — tso˧ kɯ˧ ʂɯ˧ — 女魔鬼名

mæ [glyphs]

˥ 後面
la˩ — 脈搏
— ly˩ 以後
— zɛ˥ 讓開, 後讓
— tɯ˥ 結尾
ndæ˩ — 垃圾
— tso˥ 下冊
— tsʻɯ˥ 撕擠開
— ʂwa˩ 後腿
— tɕo˩ 後面
ɕi˧ — 下等人
kɯ˧ — 頭尾 蛋中空處
— kʻɯ˧ 後事 後腳
— ŋgo˩ 後來
— hæ˧ 馬後鞦
py˩ — tɯ˥ 收壇經
— tsɛ˧ tsɛ˧ 後退 後來再用
— ndzo˥ lo˧ 後半身
tsʻɯ˧ ŋi˧ — 從今以後
tɕʻo˧ tsʻɯ˩ kɯ˧ — 本種本族之後代

˧ 尾巴 得到
bæ˩ — 海貝
— dzo˧ 馬鞭子
kʻɯ˥ — 年尾
kʻɯ˧ — 小儺
— hæ˩ 可憐
— kwɛ˩ 狗
kɯ˩ pʻɯ˩ dzʌ˩ — 星名

˩ 來得及, 趕得上, 會得到

tsæ˧ —— 當緊的趕忙的
ɾwa˧ —— 雲雀

mɛ 〔Dongba glyphs〕

˥ 求 教人 雌
—— mɛ˩ 姐姐
ka˧ —— 幫困苦隣人做工之制度
ha˧ —— 乞丐
tsɛ˧ —— ba˩ 火草
˧ 母親 大一点的
pu˥ —— 梳子
pʻa˧ —— 面子
bi˥ —— 大襟
mbæ˧ —— 蠟蜂
mo˧ —— 小鳥名
ta˥ —— 箧
du˩ —— 肚子
nu˥ —— 心
la˩ —— 拇指
dzɛ˧ —— 姪女 外甥女
sa˥ —— 雌麻
tsʻɯ˧ —— 妻子
tsʻwa˩ —— 六月(陰曆) 母鹿
tswa˧ —— 頭米
ʂæ˧ —— 七月(陰曆)
ɲi˧ —— 太陽
ko˧ —— 口子
go˧ —— 妹妹
hɛ˧ —— 月亮
—— hɛ˩ 嫦娥
kwa˧ —— 媒人的太太
ʔɛ˩ —— 母親
wa˥ —— 五月(陰曆)
æ˩ —— 母雞
la˩ —— kwa˥ 手上的虎口
ʔɛ˩ —— dɯ˩ 乾媽
pʻɯ˩ ndzɯ˩ zɯ˧ —— 女神名
ɯ˧ —— mo˧ ɯ˩ 女水怪名

ɲi˧ —— tɯ˩ ba˩ 向日葵
ga˩ ɕi˧ py˩ —— 多巴名
mbæ˧ ʂɯ˩ mbæ˧ ɾɯ˩ —— 鴛鴦
lɛ˧ kæ˩ py˥ —— na˩ 啄木鳥
tsɛ˥ tsɛ˧ hæ˩ ɾɯ˧ —— 黄金大石(神石)
˩ 糧子飽滿 麼些人之一支 買
mɛ˥ —— 姐姐
tsʻɛ˧ —— 五倍子
—— py˩ kɯ˥ la˧ 多巴名

mi 〔Dongba glyphs〕

˥ 女人 女兒 熟了 忘記
—— do˧ 聞
ndu˧ —— 雜種
—— zɯ˩ 娶女人
—— hæ˩ 娶女人
—— kʻwa˩ 女人
kʻɯ˩ kɯ˧ —— 認頭細引線
ndzʌ˩ kɯ˧ ndzʌ˩ —— 應出之份子
dzi˧ —— dzi˧ tsʻɯ˧ 女人名
sɯ˧ —— ma˩ tso˧ kɯ˧ ʂɯ˧ ma˩ 女魔鬼名
˧ 火 聽見 鬼名
bʌ˩ —— 渴望 想要
—— mbɯ˩ 火器 爆炸
—— tɯ˩ 火把 燒杜鵑木艾葉以除穢
ʂɛ˩ —— 石榴
—— zæ˩ 火笑(木柴冒長火舌麼些人以為是客人要來的先兆)
—— zʌ˩ 火星子
—— ɾɯ˩ 夫婦
—— ɕi˥ 火焰
ɕo˩ —— 香火
—— kʻʌ˩ 罪過
—— ŋgæ˩ 火鉗
kʻwa˧ —— 聽見

—— jʌ˩ 熏煙(可作墨者)
—— wa˧ 下顎骨
—— wɛ˧ 九宮
mbæ˧ —— ba˩ 燈花
mbæ˧ —— kɛ˧ 鎖骨凹窩
—— la˧ mbo˩ 媒人
tʂ'ʌ˥ —— tɯ˩ 除穢火把
—— tʂ'ʌ˥ ɯ˧ 火葯
—— ma˩ sɛ˧ dɛ˧ 中央鬼王名
—— ɕi˩ dzi˩ t'ɯ˩ 虹
—— hæ˩ tʂ'o˩ dʐɯ˧ 娶了女人人口興旺
ʔo˧ ma˩ ɳi˧ pɛ˧ —— ho˧ 六字真言(唵嘛呢叭咪吽)

˧ 名字
—— tɯ˧ 橘子
—— dzɯ˩ 著名的
sɛ˥ —— 野果名
ŋgo˧ —— 藤子
—— na˥ ba˧ la˩ 夾棉衣服
sɛ˥ ʐɯ˧ —— ŋgo˧ 南方大多巴名
—— tʂ'ɯ˥ di˩ wa˧ 神名

mʌ 丘。

˧ 不,無,未,否.
—— p'ɯ˧ 不滿意
—— nda˩ 可憐
—— ʐɯ˧ 夠不上
—— sa˩ 非常
—— t'ɯ˥ 劣等的
—— hæ˥ 可憐
—— tɯ˧ tɯ˩ 無聊
—— ty˧ ty˩ 無聊
—— da˩ ndʐɯ˧ 賣弄風流
—— py˩ zɯ˧ ʐo˩ 神名
—— p'a˩ ɣo˩ tɛ˧ 神名
—— p'a˩ ɯ˧ ha˥ 神名

—— mbɯ˧ wɛ˧ rɯ˥ 多巴名
ʔɛ˩ la˧ —— sʌ˥ ɳi˧ 從前的時候

mɯ

˥ 里,中。

竹子 熏燎
—— mɯ˧ 相處得來
—— fɯ˩ 竹鼠
—— tɯ˧ 法杖,錫杖
—— na˩ 黑 黑穗病
—— tʂ'ɯ˩ 一種小竹子
—— tʂy˧ 松明
—— qʌ˥ 竹笋
—— ʐwa˧ 破竹子之四楞木楔
—— ɳi˧ 新竹
la˩ —— t'ɯ˧ 肘
—— rɯ˧ ʐwa˧ ŋgo˥ 竹馬
—— rɯ˧ kɯ˧ k'ʌ˥ 祭風竹籠

˧ 兀,兄,厇,計,乃,开,〇,四,古.

天 隱藏不說 印跡
—— py˩ 祭天
mɯ˥ —— 相處得來
—— t'ɯ˧ 天晴
—— dɯ˩ 下巴
—— lɛ˩ 下邊
—— ly˩ 下游,下邊
—— tʂɯ˥ 傷口 鬍子
—— dzɛ˧ 大麥
—— ndza˧ 下雨
—— sɯ˥ 早上
—— zɯ˧ 栗粟人(古語)
—— tʂɯ˩ 碓
—— ʐʌ˩ 雷響
—— ʐɯ˧ 印跡
—— k'o˧ 刀口,傷口
—— k'ɯ˩ 晚上,天黑
—— gɯ˩ 衣服被蓋

—— ɡʑi˧ 天旱
—— ŋɡu˧ 雷
—— ʈu˧ ʈʌ˧ 天陰沉沉的
—— tʂʌ˩ ku˥ 脚指中
ʂɯ˩ —— tʂʌ˥ 做不正當的事
—— ɣo˧ ɣo˧ 天陰沉沉的
—— tʻu˧ dy˩ kʻu˧ 開天闢地
—— zɛ˧ tsiɯ˧ tsɯ˩ 人類祖先之名
—— zɯ˧ ŋɡu˥ zɯ˧ 天神九兄弟
—— ɣɯ˧ qo˩ ndzɯ˧ 神名
—— ɣu˧ ʐu˩ ndzɯ˧ 鬼名
—— ɥo˩ kʻwa˧ ʐʌɣ˩ 長角天羊
—— zɯ˧ sa˧ sɯ˩ so˥ 眾人打竹片卦
—— ɣɯ˥ to˥ kʻɯ˧ pʻuɣ˩ 木里(地名
—— ɣɯ˥ nda˧ dʑi˩ hɯ˥ 神海名
—— ɣɯ˥ ʂɯ˩ dʑi˩ qɯ˧ 無量河
—— ɣɯ˥ ɣo˩ ku˧ pʻuɣ˩ 神名
—— ɣɯ˥ ɲi˧ kʻæ˧ kʻæ˧ 地名
—— kɛ˩ tsʻɛ˩ ho˥ ty˧ 十八層天上

˩ 4。

低下 底下
—— ty˥ 外邊
—— zɯ˧ 燕麥
i˧ tʂʻɯ˧ —— 南方

mo

˥ 匹文

老 死 菌子 牛蝿 夠
bʌ˧ —— 熏烟
—— mo˧ 抱着睡 懷裡

—— ʈu˥ 飛狐
—— ndzʌ˧ 輓歌
—— tʂʻu˥ 貪心
—— ndzuɣ˩ 白蜂菌
dʑi˩ —— 棺材
kʻwa˧ —— 古語
—— ɯ˧ 女婿
—— mo˧ kʻɯ˥ 隱瞞 揣懷中
ʈu˥ hɛ˧ —— 木耳
ty˧ —— sɯ˧ pʻɛ˧ 鬼王名

˧ ʟ。

水怪 犧牲 黄灰色 指望
—— mɛ˧ 小鳥名
mo˥ —— 抱着睡 懷裡
to˥ —— 額
tʂo˥ —— 揭血
—— kʻɯ˧ 吃飯(古語)
—— kwɛ˩ 盔
gʌ˩ —— 駱駝
—— hy˧ 起踵
—— bʌ˧ ndo˥ 頻脚
ʔɛ˧ mbɯ˩ —— 水怪名
ty˧ so˧ gʌ —— 龍王名
lʻa˥ i˧ la˧ —— 女神名
tʻo˧ tsa˧ ɥo˩ —— 神名
la˧ tsɛ˥ dʑi˧ —— 人名
tʂa˧ za˩ tɕʻo˧ —— 女人名
tsʻɯ˥ ɣɯ˧ la˧ —— 人名
—— dzɯ˩ —— la˩ 謡言
ʐwa˧ —— tsɛ˧ kɯ˩ 星名
ɣiu˧ mɛ˧ —— ɯ˩ 女水怪名
kɯ˧ za˩ na˩ —— 女鬼名
kʻwa˧ —— ɲʌ˧ gɯ˩ 多巴名
wɛ˧ tʂʌ˥ ho˩ —— 神名
i˧ mbu˧ ho˩ —— 龍王名
i˩ ʂɯ˥ dʑi˧ —— 女神名
bi˧ lo˩ tsʻo˩ pʻo˥ —— 水怪名

na˩ —— mbɛ˧ tɯ˧ quɯ˩ 大村莊

sa˧ za˩ ɣwa˧ tsɛ˧ dʑi˧ ——
女人名

˩ [Dongba characters]。

兵 吹 播箕 穿衣,披衣
屍身 杜鵑樹

pɯ˧ —— 除穢用之蒿艾
—— p'ɛ˧ 播揚
—— t'o˧ 火鬼之木牌
—— ts'a˧ 檢查兵,巡查兵
tsɯ˧ —— 鋒模
do˧ —— 法儀規範
dzi˩ —— 水兵
—— kʌ˧ 杜鵑樹
ko˧ —— 帽子
k'æ˧ —— 舊水道
—— kwa˧ 帶兵官
—— k'wa˧ 法螺
ha˧ —— 死麵
—— ji˧ 殺訣
nɯ˧ —— vɯ˩ 忽然想起
—— so˧ lo˧ 女子火葬法
pɯ ɣɯ˧ so˧ —— 典型規模
fɯ˧ zɛ˧ —— k'wa˧ 法螺

f

fu

˥ [Dongba characters]。

鼠 補衣服 一全套
mo˧ —— 飛狐
na˩ —— 天黑
—— na˩ 飛狐
—— la˧ 鼬鼠
—— zɛ˧ 海螺
—— sɯ˧ 一種虫子

—— dʑi˧ 淨臭
kɯ˧ —— 腦
la˧ mbɑ˧ —— 肩骨
—— ɲi˧ ɲi˧ 惡霜
kɯ˧ —— vɯ˩ 貴腦子
—— hɛ˧ mo˧ 木耳
—— zɛ˧ mo˩ k'wa˧ 法螺
—— dʑi˧ æ˩ na˩ 鬼雞名

˧ [Dongba characters]。

毛 雄 鋸 恭身禮神
自殺病

bo˩ —— 鼻
—— —— 復原
—— ɣɯ˧ 毛毬子
nɯ˧ —— —— 天陰沉沉的
mjʌ˩ tsɯ˩ —— 眼毛
mjʌ˩ ko˧ po˧ —— 眉毛
—— lɛ˧ kʌ˧ kɯ˩ 星名
ʑwa˧ —— ta˧ tsʌ˧ ndzo˩ 山名

˩ [Dongba character]

蘆葦 單倒 熟睡
—— tɪ˧ 墳地
—— wa˧ 蘆葦
lɛ˧ nɯ˧ —— 餅餃團

V

vu [Dongba characters]。

˥ —— zi˧ 鳥
˧ 舞
˩ 三伏天 鑽進去 想着
dzɯ˧ —— 豆腐
ʃʌ˩ —— 積死
nɯ˧ mo˩ —— 忽然想起
nɯ˧ k'wa˧ —— 斯文

ku˧ ʂu˥ —— 貴膳子

pj

pjʌ [illegible]

˥ 變化

˧ 海貝 藍色 像似 竞成 筏

—— —— 撕擋清楚

ʑɛ˩ —— 峭壁

mj

mjʌ ɭɭ ɭ 由 θ ϐ ɯ。

˥ —— lo˧ 山藥

—— mjʌ˧ 不用牙齒嚼而吃

˧ 命運

mjʌ˥ —— 不用牙齒嚼而吃

ɕʌ˥ —— 米之總稱

ɯ˧ la˥ —— ko˩ 葡萄

˩ 眼睛

—— mby˩ 危險

—— t'o˥ 眼澁

—— do˩ 天亮了

—— ndo˥ 眨眼(不自主的)

—— tsɯ˥ 為菩薩開眼

—— ndzʌ˥ 眼跳

—— hy˩ 星名

—— kwa˩ 瞪眼

—— tsɯ˩ fu˧ 睫毛

dʑi˩ —— ʂo˩ 水極清

—— ko˩ t'o˥ 華麗耀目

—— ko˥ po˧ fu˧ 眉毛

t

ta [illegible]

˥ 箱子 遭着 谷 只是 說話

　　炕東西 馬(古宗音) 扶助

　　一把毛髮 簏刀之動作

p'i˩ —— 大腿

—— mɛ˧ 篾

—— ta˧ 結合成一家 對火找補

—— tso˧ 打夥

—— dzɛ˧ 以物易物時之搭頭

—— qɯ˩ 老成 不鬧人

—— ɣu˧ 以物易物時之搭頭

dʑi˩ —— 耳房

—— ɕi˧ 助手

ɕi˧ —— 跟人跑 肯貼近人

—— ko˧ 回話

—— k'ʌ˩ 口舌之罪過

—— ta˧ mbo˩ 挑箱子 被人利用

nu˥ —— ndy˧ 好說閑話

ts'ɯ˥ —— ta˧ so˧ 多巴名

ʂʌ˥ —— dʑʌ˧ o˩ 神名

ʐwa˧ fu˧ —— tsʌ˧ ndʑo˩ 山名

˧ 水櫃 下注子 到(古語

—— mbo˩ 抵押品

ta˥ —— 結合成一家 對火找補

—— ta˩ 呻吟

nu˥ —— 嘴

la˩ —— 遮交

—— so˧ 流酥

—— mbʌɣ˧ ɣʌɣ˩ 小手鼓

ta˥ —— mbo˩ 挑箱子 被人利用

—— pɯ˩ ŋgu˥ zɯ˧ 九兄弟名

du˩ na˥ —— so˧ 鬼名

—— la˧ mi˩ mby˧ 神名

ts'ɯ˥ ta˥ —— so˧ 多巴名

—— tʂʌ˧ ʔɛ˧ o˥ 神名

˩ 烤 黏鳥雀 遮擋

p'i˧ —— 箭囊

ta˧ —— 呻吟

—— na˧ 弩弓

[ta]

laɫ —— 披背之羊皮
lɛɫ —— 披背之羊皮
kɛɫ —— 小兒之圍嘴　怒目相向　歪頸子的人
k'aɫ —— 圍裙
k'waɫ —— 圍裙
k'waɭ —— 圍裙
—— tiɫ ʝʌɾɭ 一種游戲
k'aɫ —— biɫ 前襟
k'waɫ —— biɫ 前襟
k'waɭ —— biɫ 前襟
ɲiɫ mɛɫ —— baɭ 向日葵

tɛ 丁,J,千,圡,丕。

˥ 一次
˧ 剪刀
lɛɫ —— 轉回來
mʌɫ p'aɭ ɣoɭ —— 神名
koɭ ndʑiɫ koɭ —— 倒鈎針縫
˩ sʌɫ —— 剃刀
tʂʌɫ —— 墊褥
ŋgæɫ —— 剪刀
hwaɫ —— 小刀
laɫ ɯɫ tʂʌɫ —— 虎皮墊褥

ti 太

˥ 釘子　小結
fɯɭ —— 墳地
—— tiɫ 一定
baɭ —— tiɫ 花骨朵
taɭ —— ʝʌɾɭ 一種游戲
˧ 疔瘡
poɭ —— 廠塔
tiɫ —— 一定
—— —— 碰一下
—— ʂæɫ 小鈸(法器之一)

k'ɯɫ —— 頂替
tʂʌɫ dʑiɫ paɫ —— 龍王名

to 尹,甲,丰,申,尹,甲,串,甲,串,曰,尹,
爷,审,凹,凹,勻。

˥ 陡　鬼名
boɭ —— 星名
—— mbaɫ 額高而突出
—— moɫ 額
—— toɫ 抖抖敲敲　開玩笑
—— k'ɯɫ 放替身(法儀之一種)
æɭ —— 挑撥
tʂ'ɯɫ bɯɭ —— 公山羊額上之毛
mɯɫ ɾɯɫ —— k'ɯɫ p'ɯɾɭ 木里(地名)
˧ 木板子　高高平平放起
—— pɛɫ 捲經線之木板　翻置　顛倒　轉回來
—— mbaɭ "多巴"麼些人之巫師
—— maɫ 麵偶
toɫ —— 抖抖敲敲　開玩笑
toɭ —— 抱
naɫ —— 一種刺,桂花刺
—— loɭ 梭子
tʂɯɫ —— 震動
koɫ —— 教訓
—— kwaɫ 反碰回來
—— maɫ p'iɫ 送麵偶法儀
—— mbaɭ ʂæɫ ɾʌɾɭ 多巴教主
dʑʌɭ buɫ —— tɕoɫ 龍王名

˩ 山神名 滋養 有效 向後戳
—— to˧ 抱
lo˧ —— 勞動

tu 生,卄,廾,牛,牪,朩,卝,艸,千,朱,古,亞,火,太,只,卩.

˥ 頂起 一小細 盯着看 縮短 強敬人酒飯
tu˧ —— 挂於腰間之皮荷包
lɛ˥ —— 用攪棒濾茶葉子
—— ʁu˧ 踏回來
nu˥ mɛ˧ ku˧ —— 惹人生氣
ɯ˩ zɯ˧ za˧ —— 一種煨茶罐子
na˩ mo˧ mbɛ˧ —— dɯ˩ 大村莊

˧ 斗 強敬人酒飯(有時)
—— tu˩ 挂於腰間之皮荷包
nda˧ —— 大木槌
nu˥ —— 龍頭
—— tʂɯ˩ 辨識
—— ɕi˧ 蜈蚣
mʌ˧ —— tu˩ 無聊
kʻi˧ —— ʁu˩ 線團
—— tu˩ kɯ˧ kɯ˩ 千千萬萬
o˩ i˧ —— nu˩ 女人名

˩ 千 直 正直 栽種 準
—— pa˥ 竹盒子
na˧ —— 陰曆月盡日
—— ndzʌ˩ 挂天燈的桿子
mʌ˧ ty˧ —— 無聊
tu˧ —— kɯ˧ kɯ˩ 千千萬萬
—— lɛ˩ ɕi˧ sy˩ 千種百樣
—— ʑɯ˧ na˩ kʻa˧ dʑæ˩ 大城市名
kʻwa˧ —— mbʁ˩ ndzɯ˧ dʑi˧ 神名

ty 占,圥,𠘧,長,V,去,声,尚,南,商,向,宀,㐬,㐬,弓,弓,写,之,六.

by˩ —— 外邊
mɯ˩ —— 外邊
—— ty˧ 層疊
sʌ˧ —— 年輪
ko˩ —— 衣裏子
—— ŋu˧ 隨大人一同超度之小兒本身

˧ 打鉄 舂 磕頭 龍王名
ty˥ —— 層疊
—— ʁɯ˩ 見效 順手
tɕʌ˥ —— 記起 備馬
ku˧ —— 蒜苗
—— wɛ˩ 神之稱號
mʌ˧ —— ty˩ 無聊
ʁu˥ pu˧ —— 磕頭
pa˧ —— lo˧ ɲi˥ 多巴名
—— mo˥ sɯ˧ pʻɛ˧ 鬼王名
tʻa˥ iʌ˧ —— mba˧ 神名
—— so˧ ʑɯ˧ ʂæ˩ 多巴名
—— so˧ ʂʌ˩ pu˥ 龍王名
—— so˧ ʂʌ˩ mo˩ 龍王名
ŋʌ˥ ʂʌ˧ —— wɛ˩ 龍王名
i˧ ʂɯ˩ —— na˥ 神名
mɯ˧ kɛ˩ tsʻɛ˩ ho˥ —— 十八層天上
za˧ i˧ la˩ ʑɯ˧ —— ma˩ 鬼名

˩ 長大 耐煩
mʌ˧ ty˧ —— 無聊

tʻ

tʻa 奉,夆,羊,夅,长,坴,佉,傘,尖,仠,奄,串,聿,伻,叐,㕛,乙,未.

˥ 塔 鋒利 能夠做得
la˧ —— 左所土司地
tsɛ˥ —— 斧頭(古語) 削斧
—— dʑɯ˩ 柿子

[t'ʌ]

ʐɯ˧ —— 石磨
—— kɯ 星名
mbuɹ˩ —— tɕi˥ jʌ˧ 多巴名
tsʻɯ˥ kʻɛ˧ —— dʐɯ˩ 羊棗
dʐʌ˩ bu˧ —— jʌ˧ 龍王名
ku˥ —— ŋga˧ o˩ 多巴名
—— jʌ˧ ty˧ mba˧ 神名
—— i˧ la˧ mo˧ 女神名

˧ 拓印
mbæ˧ —— 糖餅子
la˧ —— 潦草
—— kʌ˥ 星名

˩ 酒罐子
na˧ bu˧ —— 多巴名
kʌ˥ bu˧ —— 多巴名

tʻɛ 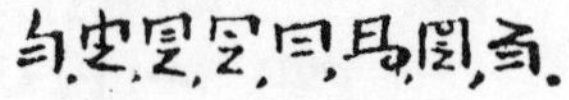

˥ pʻɛ˩ —— 草名
ku˧ —— 尖
—— ɳi˧ gu˧ 一樣的

˧ 旗子
—— sɛ˧ 伶俐
—— ɯ˧ 文字 書 信
經典 文契

˩ —— ʐwa˧ 驢子

tʻi 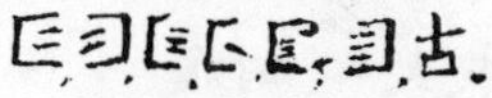

˥ —— ɾwa˧ 鬼名
—— ɾwa˧ sɯ˥ bɛ˧ gə˧ 神巫三兄弟
—— ɾwa˩ æ˩ ku˥ dʐɯ˩ 鬼名

˧ tso˧ —— 藏塔之一名
æ˥ —— 噴嚏
tso˧ —— jʌ˧ ma˩ 護法神名

˩ 鉋子
ku˥ —— 線鉋

—— kʻʌ˥ 小竹網叉(法儀用品)

tʻo 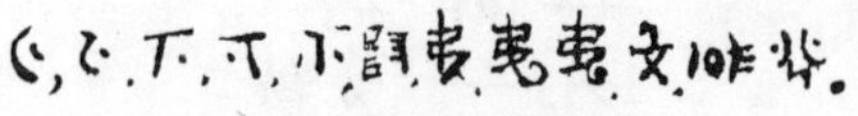

˥ 打樁子 鋪石板
mjʌ˩ —— 眼淚
mjʌ˩ ko˩ —— 華麗耀目

˧ 松 閃電 穿洞
mo˩ —— 女鬼之木牌
—— lɛ˧ 兔子
—— lo˧ 一種帽子
sɛ˩ —— 松子
—— ʐɯ˩ 斑鳩
—— ŋgɛ˩ 松脂
—— mbɛ˥ lɛ˩ 松果
la˩ bu˧ —— kʌ˥ 神名
—— kʌ˥ ŋgu˧ zɯ˧ 九兄弟名
no˥ mbu˩ ʐɯ˧ —— pʻa˧ 神名

˩ 靠起 靠托
sɯ˥ —— 星名(參宿)

tʻu 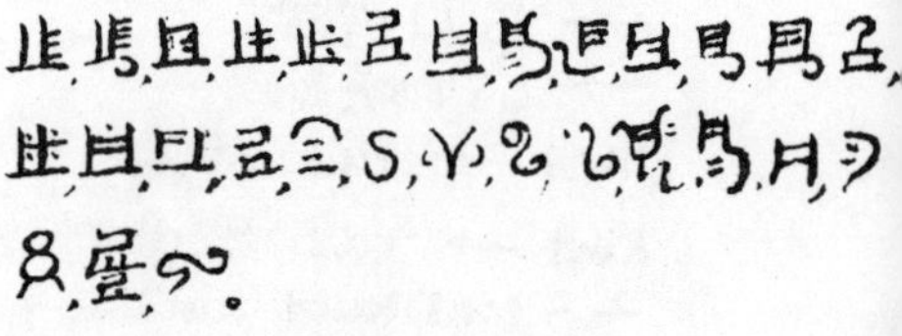

˥ 奶渣 趕鬼 踏踐
bɛ˩ —— 出錢
buɹ˧ —— 辦喜事
—— tʻu˧ 亂踏
ndʐæ˩ —— 和泥
ʐɯ˧ —— 修路
—— tɕʻi˧ 送鬼走路
ɕi˧ —— 用暗號約人 出一個人
kæ˧ —— 當面亮出來一下 腳向前伸一步 稍息
kæ˩ —— 出大威風
kʻo˧ —— 哄套 門邊

k'wa˧ —— 出聲
ha˧ —— 做飯
—— tɯ˧ ko˩ wa˧ 多巴名
do˧ sa˧ ɳa˧ —— 人名
jʌ˩ py˩ la˧ —— 多巴名
˧ 出現到達 出瘡 鬼名 量詞(一截布)
bɯ˧ —— 蝦
mi˩ —— 橘子
mɯ˥ —— 法杖錫杖
mɯ˧ —— 天晴
tʻɯ˥ —— 亂踏
zo˧ —— 孵生
—— dʐɯ˩ 三伏天
ʂʌ˩ —— 高升
hæ˧ —— 吹風 漏風
k'wa˧ —— 生氣
—— ɥo˧ 眼病
la˩ mɯ˥ —— 肘
mɯ˧ —— dy˩ k'o˧ 開天闢地
tʻɯ˥ —— ko˩ wa˧ 多巴名
—— lɛ˧ pɯ˥ kɯ˧ 出處來歷
dʐʌ˩ bɯ˧ —— tʂʻɯ˧ 多巴名
kʌ˩ —— si˧ kwɛ˧ 情死鬼王名
˩ 水桶 生肖 不相沖剋 造房子
mi˧ —— 火把 燒杜鵑木艾葉以除穢
la˥ —— 打猛獸機
tsɛ˥ —— 拼合出來的木桶

ty [illegible]。

˥ 層層相疊聯 賜予,加被
—— ty˧ 共穿衣服
tɕi˥ ko˩ —— 馬上之墊褥等
˧ 一截一截的木頭 火腿
tʻy˥ —— 共穿衣服
k'ɛ˧ —— 半半截截的

d

da [illegible]。

˥ 負物用之背板
sa˩ —— 龍王名
i˧ —— 餓鬼 經工錢
i˧ —— dy˩ 六道中之一道,餓鬼道
ly˩ ʂɯ˧ ma˩ —— 多巴名
tʌɣ˩ —— ŋgɯ˧ go˧ 九頭鬼王名
˧ la˩ —— "哈達"作為禮物之絲巾
k'a˧ —— "哈達"作為禮物之絲巾
—— k'a˧ 苦瓜
gɯ˧ —— 集議
sɯ˧ tʂʻo˩ sɯ˥ ɣɯ˧ hɯ˥ —— na˩ —— 神名
˩ 織布 飄翔 隨便
ba˧ —— 猶要
zɛ˧ —— 多少?
—— dʐɯ˧ 野山藥
ʂo˥ —— 刺名
k'ɔ˧ —— 門簾
—— gɯ˧ 植物名
ɯ˧ —— 織
mʌ˧ —— ndʐɯ˧ 賣弄風流
hæ˩ i˧ ba˧ —— ndʐʌ˩ 神木名

di [illegible]。

˧ —— tsʌ˧ 弟子
jʌ˩ la˥ —— dwa˧ 神名

[di]

˩ 虫
bi˧ —— 小虫
bi˧ —— k'o˧ ro˧ 虫類
mi˩ tsɯ˥ —— wa˧ 神名

do [Naxi pictographs]。

˧ 量詞，一捲羊毛
p'a˩ —— 地獄中之地名
—— p'o˥ 彼岸
mi˥ —— 聞
—— do˩ 見面
na˩ —— 孤僻者
sɛ˧ —— 神之麵偶
經塔
pɯ˩ —— dy˩ 地獄中之一層
p'a˩ —— sɯ˧ p'ɛ˩ 鬼王名
—— sa˧ ŋa˧ t'ɯ˥ 人名
—— tsʌ˧ ɕo˥ ma˩ 女人名
ʂɯ˩ —— sɯ˧ pɛ˧ 鬼王名

˩ 看見
mjʌ˩ —— 天亮了
do˧ —— 見面
ts'ɛ˧ —— 初一初二之初

du [Naxi pictographs]。

˥ —— dɯ˧ 和協
la˩ —— 肯賣力氣 馬大

˧ 犂架 閹過的牲畜
—— p'ɤ˩ 白海螺
dɯ˥ —— 和協
za˩ —— 閹過之母豬
ɤʌɤ˩ —— 大銅號角
tsʌ˧ —— 送替身鬼之物

dʑi˩ la˧ —— 水漩渦
—— p'ɤ˩ si˧ ʁɯ˧ 白獅子
—— p'ɤ˩ ɤwa˧ ma˥ 鬼名
—— p'ɤ˩ ɕʌ˧ tɕ'o˧ 大鵬金翅鳥

˩ 鬼名 肚子 野獸 和好
pɛ˧ —— 碰響回來
—— p'ɛ˥ 飯塊
mɯ˧ —— 下巴
tsɯ˥ —— 革囊(渡江之皮筏
—— dʑɯ˧ 降魔杵
ku˥ —— 皮風袋
k'ɯ˧ —— 草名
ɕu˧ —— 核桃
—— na˥ ta˧ so˧ 鬼名
ku˩ k'o˥ —— dʑɯ˧ 九頭神名

dy [Naxi pictographs]。

˧ 牛犢 謔語
nda˧ —— 蠶豆
ɤu˧ —— 鲁甸(地名)
—— hy˧ 草果(調味品)
ɚ˩ —— hy˧ 芫荽

˩ 地 和解
—— mbu˩ 地陷
ly˧ —— 永寧(雲南寧蒗設治局)
ɕo˥ —— 香條
ho˥ —— 地名
pɯ˩ do˩ —— 地獄中之一層
ɤo˥ p'a˧ —— 四川
ɕo˩ tso˧ —— 六道中之一道
i˧ da˥ —— 六道中之一道餓鬼道
mɯ˧ tɯ˧ —— k'o˧ 開天闢地
dʑi˧ dʑʌ˩ la˧ ɤʌɤ˩ —— 人類豐華之大地上

nd

nda [illegible]

˥ 砍 挑動拌打 背柀(有時)
kɛ˧ —— 捕鼠竹夾子
pʻɯ˥ pʻɯ˧ —— nda˧清清楚楚

˧ 地神名
pʻɯ˧ —— 價高
—— dy˧ 蠶豆
—— tɯ˧ 大木槌
lɯ˧ —— 皮口袋
lɛ˧ —— 皮口袋
—— ɣɯ˩ 有骨有肉的一塊
—— kɯ˧ 皮鼓 天天捱打的人
kɯ˧ —— 頭大
—— kʻʌ˩ 大鼓(法器)
kʻo˧ —— 門閂
—— ha˧ 佃主 丈夫
—— wa˧ 臘月(陰曆)
—— wa˩ 影子
—— ly˧ ly˩ 楝子
—— ha˧ mɛ˧ 主婦
pʻɯ˥ pʻɯ˧ nda˥ —— 清清楚楚
lo˧ tʂʻo˩ —— hɯ˩ 多巴之自稱
tɕi˥ tɕi˧ —— kʻʌ˩ 多巴名
mɯ˧ ɪɯ˥ —— dʑi˩ hɯ˥ 神海名
—— lɯ˧ la˩ kɛ˧ ʂʌɪ˩ 魚鷹
—— ɣɯ˩ wa˧ tʂʌɪ˥ kæ˧ 十字骨節

˩ 鐮刀 日落之光,晚霞 霜(古語)
—— pʻo˥ 陰坡
mʌ˧ —— 可憐
i˧ —— 主人家
tʂʻɯ˥ si˧ —— ndzʌ˩ 地獄中之刀劍樹

ndɛ [illegible]

˩ 交合

ndi [illegible]

˩ 蔽

ndo [illegible]

˥ 跌倒 撲食 搖法器
mjʌ˩ —— 眨眼(不自主的)
—— ndo˧ 摔交
mo˧ bʌ˧ —— 頓腳
tʂʌ˧ ɣʌɪ˩ —— 搖板鈴 拍桌子

˧ 爬坡 向上飛
pʻɯ˧ —— 漲價
ndo˥ —— 摔交
tʂo˧ —— 經名
ko˧ —— 大馬鈴

˩ 啞吧 笨拙 蹊蹺奇怪之事 屁股 鬼名
—— pa˥ 屁股
mbæ˧ —— 雄蜂
ʂʌ˥ —— 害羞
—— ʂwa˩ 後腿
tɕi˧ —— 鳥名

ndɯ [illegible]

˧ 翅膀 用嘴拱 磨短 殘廢
ba˩ —— 鑲花
by˧ —— 飯團
—— mi˥ 雜種
ndʒi˧ —— 詛咒

kʌ˥ —— 鷹翎
ku˧ —— 圓秃秃的頭
—— dzɯ˩ jʌ˧ ma˩ 生翅膀的護法神
˩ 毒草 毒 紡線 那裡,那一塊
—— pɛ˥ 毒箭
—— py˩ 養蠱
—— ʀɯ˧ sɯ˧ 毒箭

ndy

˥ 追趕 請人來
—— sa˥ 追趕
ha˧ —— 趕飯吃
qʌ˩ ʐwa˧ —— 趕牲口 彈口絃
˧ 閑暇 平展
—— —— 使之平展
la˩ —— 手閑不住
nɯ˧ tɯ˧ —— 好說閑話
ji˥ —— ʂʌ˥ 說夢話
˩ 棍子竿子
tɯ˥ —— 頂竿
—— ly˧ 捲起
tɕʌ˥ —— 比桿(五尺桿)
ʀʌ˥ —— 比桿,量桿
ŋgʌ˩ —— 撬桿 挑撥者
—— tɕʌ˥ sɯ˧ pɛ˧ 鬼王名

na

˥ 瘦肉 多層縫補
mbæ˧ —— 水鴨
—— to˧ 一種刺 桂花刺
—— na˧ 縫縫補補
ʀʌ˩ —— 舍利子

—— ʂɯ˧ tɕʻi˩ 筋肉痛
—— bɯ˧ so˧ ŋgo˧ 多巴名
mi˩ —— ba˧ la˩ 夾棉衣服
dɯ˩ —— ta˧ so˧ 鬼名
hæ˧ —— lo˧ ɕo˧ 多巴名
i˧ ʂɯ˩ ty˧ —— 神名
pʻʌ˩ —— ʀɯ˧ kæ˧ tʂo˧ 陰陽交界處
˧ ta˩ —— 弩弓
—— tɯ˩ 陰曆月盡日
—— na˩ 偷偷的悄悄的
—— tsa˩ 經堆
ʂɯ˧ —— 規規矩矩的
—— bɯ˧ tɕa˩ 多巴名
mbɯ˩ —— ŋgɯ˩ go˧ 九頭蛇名
tsɛ˧ —— ʀɯ˩ tɕɯ˧ 龍王名
tɕɯ˥ si˧ —— pɯ˩ 地獄中之鰲魚
ndzo˩ —— ʐwa˥ ʀwa˧ 神山名
˩ 黑 量詞(一件衣服)
pʻa˧ —— 不高興的臉色
bi˧ —— 日子不好
mɯ˥ —— 墨 黑穗病
—— fɯ˥ 天黑
fɯ˥ —— 飛狐
—— do˧ 孤僻者
na˧ —— 偷偷的悄悄的
lɛ˩ —— 月份不吉
ndzɯ˩ —— 鬼樹 黑樹
zɯ˧ —— 草名
tɕʌ˥ —— 竹名
dzɯ˧ —— 大事情
—— ʂo˩ 不要臉的人
—— tɕʻi˧ 賣絕當兒
—— ɕi˧ 蠻些族人
kɯ˧ —— 女人 第一擲兩海貝俱黑
—— kʻa˧ 五色線綢
—— ŋgɯ˩ 星名

mɯ˧ — ʐɯ˧ lɑ˧ 一圈黑光
fu˧ dʑi˧ æ˩ — 鬼雞名
— sɛ˥ tʂʰo˧ ɣo˥ 多巴名
— ʂʐɯ˧ tso˥ mbɯ˧ 鬼名
tɕi˥ — lɑ˧ sɑ˩ 鬼名
kɯ˧ zɑ˩ — mo˧ 女鬼王名
— kʰɑ˩ tɑ˩ jɑ˧ 神名
— kʰɑ˧ dʑi˧ bu˧ 龍王名
— mɯ˧ mbɛ˧ tu˥ dɯ˩ 大村莊
tɯ˩ ʐɯ˧ — kʰɑ˧ dʐæ˩ 大城市名
lɛ˧ kæ˩ py˥ mɛ˧ — 啄木鳥
sɯ˧ tʂʰo˩ sɯ˥ ɣu˧ hɯ˥ dɑ˧ — dɑ˧ 神名

[illegible]

˥ — py˧ 火麻
— ʐɯ˧ 莧米
— py˩ ʂɑ˧ 亞麻
— pɯ˩ — ʐɯ˧ 薺菜
˩ 莧米 你(平輩稱呼)
˩ 誰 連詞 語尾助詞
lɛ˧ — 公羊(未閹者)
— ŋgo˩ 風濕病
ʔɛ˧ — 誰
ndʐɯ˩ — bo˩ 有姻緣者

[illegible]

˥ 壓起 按一下
— nʌ˧ 擁擠
˧ 踩起
nʌ˥ — 擁擠

[illegible]

˥ 紡線 紋
— nɯ˧ 紋緊 起漩渦

zɑ˧ — 紋的
— ŋgo˩ 羨慕
˧ 心 少 連詞
nɯ˩ — 紋緊 起漩渦
— ʂi˧ 傷心
— ŋgo˩ 心中疼痛
— kɛ˩ 掛心
— kʰɯ˩ 放心
— mo˩ ɣɯ˩ 忽然想起
— ʂɑ˩ ji˧ 在心
˩ 家畜 羊(古語)
— nɛ˩ wɑ˩ 子女

no [illegible]

˥ 家畜之神 驅鬼 鬧人
ʔɛ˩ — 前一會兒
˧ 飼猪之草
— — sɛ˧ 滿意了 過癮
˩
— mbɯ˩ ɣɯ˧ tʰo˧ pɑ˧ 神名
˩ 你
— by˥ 八寶

nɯ [illegible]

˥ 嘴 近 點心零食
— pɑ˩ 怒子(一種人)
pʰɑ˧ — 禮物(尊敬語)
— pʰɛ˥ 貪吃怪相
— bi˩ 嘴唇
— mbɯ˩ 囉嗦
— mɛ˧ 心
— tu˧ 籠頭
lɑ˩ — 墊手之巾
lɛ˥ — 餌餅 下於之點心
ndʐɯ˩ — 坐墊子
— ɣɯ˩ 厚嘴唇
ɯ˧ — 軟綜(織具

[nv]

---- mɛ˦ tɕʰi˦ 心中難過
—— ta˥ ndy˦ 好說閒話

˧ 瘋 埋
bæ˩ —— 喜歡得發瘋
ʐɯ˧ —— 發酒瘋
tɕi˩ —— 蓋毡
hæ˧ —— 裝瘋
—— pa˩ tso˥ 結雙親家

˩ 黃豆 你(不客氣的稱呼)
氣味
bu˧ —— 嗅
tsʰʌ˧ —— 壞的氣味
ʂɯ˩ —— 尿騷氣味
ɲi˧ —— 妻子
ɕo˩ —— 香味
pi˩ —— pa˥ 燒肉祭鬼之板(臭板)
ɕo˩ —— pa˥ 燒香敬神之板(香板)
—— ndʐɯ˧ dzʌ˩ bu˧ 北方鬼王名
o˩ i˧ tu˧ —— 女人名
—— wa˧ pa˩ lo˧ ɕo˥ 鬼王名

nɯ 彡

˥ 乱亂七八糟

˧ 奶 覺得 植物所出之白汁
—— ɕi˩ 糯米
—— wa˩ 遺福
—— kʰwa˧ vɯ˩ 斷丈
—— wa˩ ndʑʌ˩ 枸木 代表遺福之樹

˩ 羽毛毫毛 一種野鴨
si˧ —— 絲棉

1

la ⅩⅩⅩⅩ,ㄅㄓㄓⅩㄓ。

˥ 打 厚 丟出去
po˩ —— 姊妹多
pʰo˥ —— 喇嘛分飯
—— tʰɯ˩ 打猛獸機
so˩ —— 酥油筒
—— zɛ˧ 一種蜂
dzɯ˩ —— 報時辰占卜
ʐɯ˧ —— 打酒
ɕi˥ —— 口味重 口舌遲鈍
jʌ˩ —— dʑi˧ qwa˧ 神名
ɯ˧ —— mjʌ˧ ko˩ 葡萄

˧ 虎 鬼名
—— po˩ 剌寶(地名)
—— ɦa˩ 石鼓村
—— bɛ˧ 壓迫
—— ma˩ 喇嘛
fu˥ —— 鼬鼠
—— ta˥ 馬 古宗音
—— ta˩ 披背之羊皮
—— tʰa˥ 左所土司地
—— tʰa˧ 瀉草
—— nda˧ 皮口袋
—— la˩ 殷勤勤快
tso˥ —— 一種占卜法
—— sa˧ 拉薩
—— sa˩ 包谷沙沙飯
—— dzʌ˩ 爪子
—— nɯ˩ 糟蹋 游戲
—— ɲi˩ 手指
—— kʌ˩ 窗上花格子
ko˧ —— 野蔥
—— kʰa˧ 小葉白楊
ŋga˥ —— 山之分支樹杈
—— ŋɡɛ˧ 懶人
—— ha˩ 越更越發
ha˧ —— 高梁

—— no˩ 一種竹子
—— tsy˥ ko˩ 地名
—— tʂʌ˩ kɯ˥ 手指甲
dzi˩ —— dzɯ˧ 水漩渦
—— ba˧ —— ʐɯ˩ 草名
mbo˧ na˩ ɣɯ˥ —— 一團黑光
mbo˧ dʐɯ˩ ɣɯ˥ —— 一團光明
—— ma˧ tʂ'wa˥ ma˧ 蜘蛛
—— ma˩ p'u˧ la˩ 活佛
ma˩ ha˥ ka˧ —— 神名
mɛ˩ py˩ kɯ˥ —— 多巴名
ta˧ —— mi˩ mby˧ 神名
t'a˩ i˩ —— mo˧ 女神名
—— tsɛ˥ dzi˧ mo˧ 人名
ts'ɯ˥ ɣɯ˧ —— mo˧ 人名
tɕi˥ na˩ —— sa˩ 鬼名
ka˧ dʐɯ˩ —— pu˩ 神名
k'o˧ p'o˧ —— sa˩ 婚喪大事中之總理
hæ˧ —— ɣɯ˩ k'ɯ˥ 祭風流鬼
jʌ˩ py˩ —— t'ɯ˥ 多巴名
—— jʌ˩ ɣɯ˧ bo˩ 多巴之自稱
—— ɯ˧ tʂʌ˧ tɛ˩ 虎皮墊褥
—— o˧ py˩ so˧ 神名
—— o˧ —— sa˩ 人名
nda˧ —— la˩ kɛ˧ ʂʌɣ˩ 魚鷹
—— ɣʌɣ˧ hæ˩ i˧ bi˩ 金沙江
dzi˧ dzʌ˩ —— ɣʌɣ˧ dy˩ 人類豐華之大地上
ʔɛ˧ —— mʌ˧ ʂʌɣ˥ ɲi˧ 從前的時候

˩ 手 樹杈
—— pa˥ 護手甲
—— pʌɣ˧ 戒指
—— py˧ 手鐐
—— bʌ˧ 手掌心
—— mbæ˧ 護手甲
—— mbɛ˧ 斧頭
—— mbu˧ 食指外展肌
—— mɛ˧ 拇指
—— la˧ 哈達(作為禮物之絲巾)
—— dɯ˥ 背負力氣 馬夫
—— ta˧ 遞交
—— nɯ˥ 墊手之巾
la˧ —— 殷勤勤快
li˥ —— 濾架子
—— ly˧ 筆跡 做手式
—— tsɛ˥ 龍鬚菜
—— dzɯ˩ 一種木鬼
ndzʌ˩ —— 樹杈
sa˧ —— 線据
—— sa˩ 手鬆手大
—— ʈɯ˧ 遺産
—— tʂ'o˧ 乞丐
—— tʂ'ɯɣ˥ 手鎗
—— ʂʌɣ˩ 偷東西的人
ʂɯ˥ —— 棚子疙瘩
—— ʐɯ˧ 手印 祭鬼用之手捏麵
—— tɕi˧ 放蠱 劊子手
—— tɕ'i˥ 手中貧寒
—— dzi˩ 手套
—— kʌ˥ 牛角橫長
—— k'ɯ˥ 用左 放開手
—— ŋʌ˥ 手不準
—— k'wa˧ 肩
—— k'wa˩ 手運不好 手藝不好 好打人
—— jʌ˧ 撮箕
—— pʌɣ˥ dzɯ˩ 戴戒指
—— mbæ˧ ʈu˥ 肩骨
—— mbæ˧ tʂʌɣ˥ 上臂
—— ma˧ i˥ 六道中之一道
—— mɛ˧ kɯɯ˥ 手上的虎口
—— mɯ˥ t'ɯ˥ 肘
tsɛ˧ ka˩ —— 小環扣
—— tʂ'ɯɣ˥ ndʐo˩ 拳頭
—— kwa˥ o˩ 腕

[la]

—— jɪ˧ k'wa˧ 袖
—— jʌ˩ hɯ˩ 容易
—— ɯ˧ qɯ˧ 手背
—— bɯ˩ t'o˧ kʌ˥ 神名
—— tsa˥ —— bæ˩ 手亂拍 亂弄
sa˧ bɯ˧ sa˧ —— 多巴名
qɯ˧ —— qɯ˧ pɛ˥ 所有的人
dzo˧ —— ʔɛ˧ p'ɯ˧ 神名
ʂʌ˥ —— o˧ kʌ˩ 神名
ʔo˧ mbɯ˧ —— pa˥ 草名
nda˧ la˧ —— kɛ˧ ʂʌɪ˩ 魚鷹
nadzʌ˧ —— tʂ'ɯɪ˥ bɯ˧ dzo˧ 蟬

lɛ [illegible]。

˥ 茶 頁 翻揭一頁 揭開 量詞(餅類之單位)
pa˩ —— 餅子
mbæ˧ —— 蜂房 甜茶
mbɛ˧ —— 雪茶
—— mbɯ˩ 煨水銅罐
ma˩ —— 酥油茶
—— tɯ˥ 用攪棒濾茶葉子
—— nɯ˥ 餌餅 下茶之點心
—— lɛ˧ 拍打搧扇 打滾翻身
—— ʂo˥ 茶褐色
ɕo˥ —— 柏茶(柏寄生)
—— kɯ˩ 麝香
—— k'ɯ˧ 褲腳
—— tɛ˧ k'o˧ 窗戶
—— tɕ'ɪ˧ ʂɯ˧ p'ɯ˧ 西方鬼王名

˧ 獐子 褲子
pɛ˥ —— 滑一下
—— bɯ˧ 民家人

—— bʌ˩ 回去
—— by˧ 蕎麵
—— ta˩ 披背之羊皮
—— tɛ˧ 轉回來
t'o˧ —— 兔子
nda˧ —— 皮口袋
—— nɛ˩ 公羊(未閹者)
lɛ˥ —— 拍打搧扇 打滾翻身
—— ʐʌɪ˩ 橫起 屍身 豬肉
—— tɕo˧ 轉回來 再 捉獐子
—— dʑɪ˩ 梯子
—— kæ˩ 烏鴉
—— k'wa˩ 椅子
—— ɯ˧ 耕牛
—— hɛ˧ bɪ˩ 停工休息
—— hɛ˩ hæ˥ 背獐皮口袋(超渡法儀之一項)
fɯ˧ —— kʌ˥ kɯ˩ 星名
tɯ˩ —— ɕɪ˧ sy˩ 千種百樣
t'ɯ˧ —— pɯ˥ kɯ˧ 出處來歷
—— kæ˩ py˥ nɛ˧ na˩ 啄木鳥

˩ 葉子黃落 月(古語) 剝撕竹子
p'ɛ˧ —— 蝴蝶
bɯ˧ —— 蘑芋
—— na˩ 月份不吉
tsɛ˧ —— 故意
—— tʂ'ʌ˥ 鬼名
ka˧ —— 油炸之米粉片
hɯ˥ —— 一種野獸
hwa˥ —— 貓
ɥo˧ —— 小羊子
—— wɛ˥ 又,再
t'o˧ mbɛ˥ —— 松果
ka˧ —— tsy˥ 人名
gɯ˧ ʐo˩ ka˧ —— 左彎右折之木片(法儀用品)

1i [illegible]。

˥ 濾 火燎着 包谷沙沙
pa˧ —— 紡線錘
—— la˩ 濾架子
—— lo˩ 舌伸縮(古語)
pɛ˥ —— pɛ˧ tsʻo˥ 馬鞭

˧ 用手搖轉之小經筒
mɯ˩ —— 唸六字真言 可轉動之經輪
tsi˥ —— 鶺鴒鳥
zi˩ —— 團團轉 用力推
hwa˥ —— 咒語
ba˩ ti˥ —— 花骨朵
ma˩ —— kæ˧ ɤʌɤ˩ 用手搖轉之小經筒

˩ fu˥ —— 茯苓
si˧ —— 染
py˧ —— tsʻɯ˥ 一種食法,肉粥,片湯

1o [illegible]。

˥ 過溜索 去 過去 挂搭 对死者之供養 一大捆莊稼
—— pʻɛ˩ 無把木瓢(舀糧食用)
sʌ˧ —— 木瘤(可鏇木碗者)
gʌ˩ —— 人種名
—— kʻuɛ˥ 擺酒飯供死者
ŋʌ˩ —— py˩ so˧ 神名

˧ 揉麵之木盆 活計 活路,工作
—— pa˥ 大木盆
mjʌ˥ —— 山藥
—— to˧ 勞動
tʻo˧ —— 一種帽子
—— —— 儸儸人
dzo˩ —— 作俑
ndzo˥ —— 半身
ɕo˩ —— 一種羊子
hwa˥ —— 廚房中打雜的人
jʌ˥ —— 神之麵偶
æ˩ —— 小雞
pʻu˧ so˧ —— 男子火葬法
mo˩ so˧ —— 女子火葬法
pa˧ ty˧ —— ŋi˥ 多巴名
—— tsʻo˩ nda˧ hɯ˩ 多巴之自稱
hæ˧ na˥ —— ɕo˥ 多巴名
nɯ˩ wa˧ pa˩ —— ɕo˧ 鬼王名

˩ 潤 黑麂子 施鬼食 待客 自己承認
li˥ —— 舌伸縮(古語)
—— tsɯ˩ 竹名
ʂu˧ —— 地名,猓玀在無量河邊
kɛ˥ —— 大理
ko˧ —— 公共的
tsʻʌ˥ po˧ —— 菜名
ho˧ gɯ˧ —— 北方
ʔɛ˥ tsʻæ˧ —— 虎跳澗(地名)
æ˧ —— tsʌ˧ 一種竹子
—— i˧ dzi˧ bɯ˧ 龍王名

˦ ɤʌɤ˩ ʂɯ˧ —— ŋgo˧ 鬼王名

1y [illegible]。

˥ 中等 不大不小 放馬踐踏 挂旗
—— ly˧ 搖動
—— tsʻo˥ 中册
—— dʑɯ˧ 木名
—— gɯ˧ 當中
hy˥ i˧ ndzo˩ mbɯɤ˧ —— 鬼王名

˧ 矛 顆粒 果子
py˧ —— 小瓜皮帽
mby˧ —— 腎

[ly]

mjʌ˩ —— 眼睛
—— dy˩ 永寧(雲南寧蒗設治局)
la˩ —— 筆跡 做手式
ly˥ —— 搖動
—— ly˩ 看看 減免
ly˩ —— 滾圓
kɯ˧ —— 頭
—— ŋgɯ˩ 花紅,沙果
æ˩ —— 木名
py˩ —— k'o˧ 開壇經
nda˧ —— ly˩ 楝子
ʂæ˧ —— tɕ'i˩ 施鬼血
hy˧ —— mbu˩ 一種法儀
jʌ˩ kwɛ˥ py˥ —— 烟斗頭部

˩ 看 長度名(兩臂伸開之長)
mæ˥ —— 以後
mɯ˧ —— 下游,下邊
—— ly˧ 滾圓
ly˧ —— 看看 減免
nda˧ ly˧ —— 楝子
—— ʂɯ˧ ma˩ da˥ 多巴名

ts

tsa 距,甙,匹,五,巨,宀,丑,㠯。

˥ 小劉斧 由頂上套起
—— kʌ˩ 小劉斧
hɯ˧ —— 上齒外露.

˧ 背東西
pa˥ —— 小兒之圍當布胸前之神符荷包
t'o˧ —— ɣo˩ mo˧ 神名

˩ 舒適
na˧ —— 經堆
ɕo˥ zʌɪ˧ na˩ —— 經堆

tsɛ 丒,丛,丏,丒。

˥ 打火鏈 周遍
—— t'a˥ 斧頭(古語) 劉斧
—— t'u˩ 拼合出來的水桶
—— kɯ˧ 中間
hɯ˥ —— 齉牙
mæ˥ —— tsɛ˧ 後退 後來再用
dʑi˩ —— k'wa˧ 水井
la˧ —— dʑi˧ mo˧ 人名
ʐwa˧ mo˧ —— kɯ˩ 星名
—— tsɛ˧ hæ˩ ɣɯ˧ mɛ˧ 黃金大石(神石)
sa˧ za˩ ɣwa˩ —— dʑi˧ mo˧ 女人名

˧ 剁 火鏈 尊敬
—— ma˩ 火鏈
—— lɛ˩ 故意
ɕi˧ —— 禁人(不准人進來)
—— ka˩ 佩於胸前之剔牙棒剜耳勺等飾品
mæ˥ tsɛ˥ —— 後退 後來再用
—— mɛ˥ ba˩ 火草
—— ka˩ la˩ 小環扣
—— na˧ ɣɯ˩ tɕ'ɯ˥ 龍王名
tsɛ˥ —— hæ˩ ɣɯ˧ mɛ˧ 黃金大石(神名)
k'a˥ —— ɣɯ˧ p'ʌɪ˩ wɛ˧ 地名

˩ 花費,使用 鬼名
dʑi˩ —— 洗臉
ʐʌɪ˥ —— 東西

tsi 乕,羊,夂,王。

˥ 脖臓
—— li˧ 鵜鶘鳥
so˧ ɣo˩ —— ʂɯ˧ 多巴名

tsʌ [illegible]

˥ 藏起 凝固
—— ɾʌɾ˧ 由肥胖而生之圓指

˧ 阻水擋水
puɾ˧ —— 籠子
di˧ —— 弟子
tsʻɯ˩ —— 尺子曲尺
—— ɾʌɾ˩ 板鈴(多巴法器之一)
ɲi˧ —— 二十
kwa˧ —— 水果乾果等
ma˩ —— ko˩ 一種紅皮榅子
ʔe˧ lo˩ —— 一種竹子
ʔwɯ˩ fu˧ ta˥ —— ndzo˩ 山名

˩ mbuɾ˧ —— 蚊子

tsɯ [illegible]

˥ 塞 賊 蹲起 凝固 命名
mɯ˧ —— 傷口 鬍子
ɲjʌ˩ —— 為菩薩開眼
hɯ˧ —— 鑲牙

˧ 拴束
—— kʌ˩ 鳥名
kʻɯ˧ —— 裹腳布
kɯ˧ —— za˥ ba˩ 花名

˩ 算承認 豎直 拱起撬起 計算
hɛ˧ —— 耳屎
kʻwa˧ —— 椿子
mjʌ˥ —— ɬu˧ 睫毛
ɕɯ ɯ˧ mɯ˧ —— tʻɯ˧ 火葬場

tso [illegible]

˥ 打猛獸機 搭橋
puɾ˩ —— 巫師接受靈感之發狂時期
—— la˧ 一種占卜法
na˩ ʐɯ˧ —— mbu˧ 鬼名

˧ 灶房 四腳蛇 一套(古語) 方法事由 東西 一對夫婦
ta˥ —— 打聯
—— tʻi˧ 藏塔之一名
—— tso˩ 打架
tsʌɾ˥ —— tso˩ 關節
ɕo˩ —— dy˩ 六道中之一道
—— tʻi˧ jʌ˧ ma˩ 護法神名
sɯ˧ mi˥ ma˩ —— kɯ˧ ʂu˧ ma˩ 女魔鬼名

˩ tso˧ —— 打架
tsʌɾ˥ tso˥ —— 關節

tsʻ

tsʻa [illegible]

˥ 咬
—— mbɯ˩ 黑教喇嘛
—— tsa˧ 互咬

˧ tsa˥ —— 互咬
—— tsa˩ 查看
—— za˩ tsʻo˧ mo˧ 女人名

˩ 和泥 摻合攪拌 一族 一支
mo˩ —— 檢查兵巡查兵
tsa˧ —— 查看
o˧ tsʻo˧ o˧ —— 本族本支

tsʻɛ [illegible]

【tsʻɛ˧】

˥ 葉子　拆毀　髮(古語)
月光(古語)
—— bʌ˩ 平平穩穩
la˩ —— 龍鬚菜
dʑi˧ —— 木輪車
ku˧ —— 頭髮(古語)
pʻi˩ —— pʻuɤ˩ 扇子
ʂʌ˩ —— tsʻɛ˧ mbo˩ 東方大多巴名
—— hɯ˩ mbo˧ bʌ˩ 神女名

˧ 鹽　削尖　割　一趟,一回
—— mɛ˩ 五倍子
—— do˩ 初一初二之初
ɤɯ˥ —— 綬帶鳥
dʑʌ˩ —— 寶傘
ʔɛ˧ —— 當初　差不多
ʂʌ˩ tsɛ˥ —— mbo˩ 東方大多巴名

˩ 十個
mɯ˥ —— 一種小竹子
dʑi˧ —— 櫻樹
—— ŋgu˧ 梭子　十石
—— ŋɒ˧ ʑɯ˧ pʻuɤ˩ dzɯ˩ 地名
—— ŋi˧ dʑʌ˧ kʻwɛ˩ mbo˩ 十二個山坳口處

tsʻʌ 㑹,㕲。

˦ 割斷　砍倒
—— dɯ˩ 革囊(渡江之皮筏) 皮風袋
—— tsʻʌ˧ 講價
ŋgu˧ —— 割去根腱(踵腱)之刑法

˧ 熱
tsʻʌ˥ —— 講價
—— —— 再熱一下(飯)

nɯ˥ mɛ˧ —— 熱心　動心

˦ 救上來　取消
tsʻwa˦ —— 星名(昴宿)

tsʻɯ

˥ 㑹,㕲,㚢,㝉,㟧。

山羊　跪下　以木管吸酒　撻　建立
—— bu˩ 公山羊
—— dɯ˩ 革囊(渡江之皮筏)
—— tsɯ˧ 豌豆
—— ɯ˩ 板栗
py˦ lɛ˩ —— 一種食法肉粥片湯
—— bu˩ to˥ 公山羊額上之毛
—— ta˥ ta˧ so˧ 多巴名
—— ɪɯ˧ ɪa˧ mo˧ 女神名
—— bu˩ lɛ˧ nɛ˩ kɯ˩ 金牛座之雙星

˧ 㐀,㐁,㐂,㐃,㐄,㐅,㐆,㐇,㐈,㐉.

犂鏵　踢　冬天　吊死鬼
bu˧ —— 肚帶
—— mo˩ 鏵模
tsʻɯ˥ —— 豌豆
—— tsʻɯ˩ 着急
—— sɯ˥ hɛ˧ 冬三月
mɯ˦ zɛ˧ —— tsʻɯ˩ 人類祖先之名
tɕi˥ ma˩ o˧ —— 神名

˩ 㐀,㐁,㐂,㐃,㐄,㐅,㐆,㐇

鬼　細　來　塞
tsɯ˧ —— 着急
kɯ˧ —— 山雞
mɯ˦ zɛ˧ tsʻɯ˧ —— 人類祖

兇之名
—— ʂɯ˧ ŋgo˩ mbɯ˧ 多巴名

tʂʻo

˧ [illegible]。

銼子 梯級 搓
ɕo˩ —— 搓香條
pɛ˧ li˧ pɛ˧ —— 馬鞭

˧ [illegible]。

跳 樓房 葱
—— py˧ 馬群之老闆
—— kɯ˥ 搖頭(有時)

˩ [illegible]。

人(古語) 象 抑注子
—— ɕi˥ 仙人掌
—— hɛ˧ 仙人掌
—— wɯ˧ 族人
pa˧ o˧ —— zɛ˧ 護法神名
—— zɛ˧ ɯ˥ ɯ˧ 人類始祖名
—— wa˧ kɯ˧ ly˧ 族長

tʂʻy [illegible]。

˥ 小米 償還 雷光 神名 溝
la˩ —— ko˩ 地名
ka˧ lɛ˩ —— 人名
ʂʌ˩ lo˥ —— 人種名
˧ 馬瘡 胞
mɯ˥ —— 松明
ŋgo˧ tʂʻo˩ —— tʂʻɯ˧ 好馬生惡瘡

˩ 小產
tʂʻɯ˧ —— 遺早上

dz

dzɛ [illegible]。

˧ 麥子 剃頭
bɯ˩ —— 石灘 麻餅
—— hɛ˧ 姪女 外甥女
mɯ˧ —— 大麥
ta˥ —— 以物易物時之搭頭
—— dzɛ˩ 拼配打夥吃
kʻa˩ —— 包谷
—— ɯ˧ 姪子 外甥
o˧ —— 東西
ɕo˩ zo˧ —— ɯ˥ 人名
˩ 拼配 打夥吃飯 擊上迎插嘴
bɯ˧ —— 勺子
dzɛ˧ —— 拼配打夥吃
ŋi˧ —— 小魚

dzi [illegible]。

˧ 人(古語) 給予(給鬼或神)
—— bʌ˩ 蝙蝠
—— ɯ˧ ʂɛ˧ ʌ˧ 多巴名
—— dzʌ˩ la˧ ʌ˧ ly˩ 人類豐華之大地上

dzʌ [illegible]

˧ sʌ˧ —— 纏關人
˩ 強盜 土匪 絕後

dzɯ [illegible]。

˥ —— dzɯ˧ 煩惱

[dzɯ˩]

—— dzɯ˩ 要緊

˦ 祖母 老婆婆 擠成一團 村莊

dzɯ˥ —— 煩惱

—— dzɯ˩ 聯接

jʌ˩ ndzɯ˦ ʔɛ˦ —— 情死鬼王

˩ 生長起 長在一塊

bʌ˦ —— 一種木鬼

bʌ˩ —— 一種木枝做成之鬼

mi˩ —— 著名的

ɬa˩ —— 一種木鬼

dzɯ˥ —— 要緊

dzɯ˦ —— 聯接

—— kɯ˦ 清楚了

gɯ˦ —— 古宗人

tʻi˥ ɣwa˦ æ˩ kɯ˦ —— 鬼名

tsʻɛ˩ ɣi˦ gɯ˦ pʻɤ˩ —— 地名

dzo 仝

˦ 製造 量詞(一架) 補充之 播種

—— dzo˩ 逗人

dzɯ˦ —— 事端

˩ 馬槽

—— ɬo˦ 作俑

dzo˦ —— 逗人

tsʌɤ˥ —— 原委

æ˩ —— 麵餅

ndz

ndza 㕯

˦ 瘦 困苦 苦人 歹人 倉中斷糧

—— mi˩ 閃電

mɯ˦ —— 下雨

—— mjʌ˩ 閃電

—— ndza˩ 合模

dzi˩ —— 水小

—— ɕi˩ 敲詐

hɯ˦ —— 下雨

˩ 如意隨心 合樺

ndza˦ —— 合樺

—— jʌ˥ 慫恿

ndzʌ 㕯, 㕯, 㕯, 㕯, 㕯, 㕯, 㕯, 㕯。

˥ 抽出來 可以抽動關合之門 拔豬草 暫借

mjʌ˩ —— 喊跳

—— ʂo˩ 菜刀

ko˩ —— 動心動聽

—— kʻo˦ 可以抽動關合之門

jʌ˩ —— 苦相思戀

ɬa˩ kʻwa˦ —— 聳肩

˦ 唱 硬的老的 歌

pʻɯ˦ —— 調味香料

mo˥ —— 輓歌

—— tsʻo˦ 跳調子

—— ndzʌ˩ 平攤

—— ʂo˩ 武器

—— ɬa˩ tsʌɤ˥ bɯ˦ dzo˦ 蟬

˩ 樹 討厭 平攤

pʻa˦ —— 討厭

tɯ˩ —— 掛天燈的竿子

—— na˩ 鬼樹或黑樹

—— ɬa˩ 樹椏

ndza˦ —— 平攤

—— tsæ˥ 接木

tsʻi˩ —— 刀箭樹(地獄中有)

—— wa˧ 樹幹
—— bo˧ kwa˥ 食指
nuɪ˧ wa˩ —— 杓樹 代表遺福之樹
—— ŋga˧ la˧ 樹杈杈
tsʰɯ˥ si˧ nda˩ —— 地獄中之刀箭樹
—— kɯ˧ —— mi˥ 應出之份子
ɦo˩ i˧ ba˧ da˩ —— 神木名

ndzɯ 失,兴,兴,夫,斗,66,又,全,全,谷,冬,冬。

˥ 咏 罰
˧ 吃 官 鑿子 量詞(一尊菩薩之尊)
—— pʰɯ˧ 皮膚變白的病
—— pʰy˩ 營養不足
—— ʈɯ˩ 補養滋補
ɕi˧ —— 欺壓人
—— ko˩ 薑
pʰɯɪ˩ —— sa˧ mɛ˧ 女神名
mɯ˧ ɪɯ˥ do˩ —— 神名
mɯ˧ ɪɯ˥ ʂɯ˩ —— 鬼名
nɯ˩ —— dʑʌ˩ bɯ˧ 北方鬼王名
kʌ˥ —— sɛ˧ zɯ˧ 多巴名
kʰɯ˧ —— ʈɯɪ jʌ˩ 鬼名
jʌ˩ —— ʔɛ˧ dzɯ˧ 情死鬼王
kʰwa˧ tɯ˩ mbɯɪ˩ —— dʑi˧ 神名
˩ 坐 蝸牛 最完美的人
pa˧ —— 哨兵
mæ˥ —— 後妻 後夫
—— ɪɯ˥ 坐墊子
ʈæ˧ —— 澈底
kæ˧ —— 前妻 前夫
—— kɯ˧ 位置
—— ŋgwɛ˧ 商議
—— nɛ˩ bo˩ 有姻緣者
ɪɯ˩ —— ʈɯ˥ 東南方
kʰɯ˧ —— ʈɯ˧ 西北方
ɣo˩ —— ʈɯ˧ 西南方
ɯ˧ —— ʈɯ˧ 東北方
kʰʌ˩ —— ly˥ ʂɯ˧ ɕo˥ 祭天時中間之柏木神

ndzo 宅,平,回,宫,旦,同,旦,圆,冬。

˥ —— lo˧ 本身
mæ˥ —— lo˧ 後半身
kæ˧ —— lo˧ 前半身
˧ 雹
—— pʰɯɪ˩ 超渡死者之白布橋
—— ndɯ˩ 橋頭(地名)
—— ndzo˩ 恰合適
i˩ ʂɯ˥ bo˧ —— 多巴名
˩ 橋
ʔɛ˥ —— 獨木橋
ndzo˧ —— 恰合適
—— ɪɯ˥ 以麻布作橋送死者
hy˥ i˧ —— mbɯɪ˧ ly˥ 鬼王名

S

sa 㗊,ɑɑ,ɔ,卄,量,⋓,㔾,爫,𡗗。

˥ 氣 滋散 追(古語) 遺留 接(菩薩)下來 放下來 供神的東西 —小點點.
—— ba˧ 継嗣
—— mbɯ˩ 斷氣
—— mɛ˧ 雌麻
ndy˥ —— 追趕
—— sa˧ 星星點點 含口

[sa]

ʐɯ˧ —— 供神之酒
—— ʐɯ˩ 送神之各項供養的一小点点。
—— ɣɯ˩ 放屁
ha˧ —— 供神之飯
—— wa˧ 三月(陰曆)
ɨ˧ —— 一点点
—— ɯ˧ 送終
pʻɯ˧ la˩ —— 樓菩薩
nɯɣ˧ wa˩ —— 福澤遺留下來
—— ʐɯ˩ pʻɛ˥ 以各項供養之一小部份置高樹上以送神
pʻɯ˧ ɯ˧ —— ɯ˧ 奉事好，口才好

˧ 麻 鎖
la˧ —— 拉薩
—— la˩ 線捐
sa˥ —— 星星點點　含口
—— tso˩ 線捐
—— tʂʻæ˩ 茶名
ʐɯ˩ —— 野麻之一種
—— sɯ so˥ 打竹片卦
pʻɯɣ˩ ndzɯ˧ —— mɛ˧ 女神名
—— bu˧ —— la˩ 多巴名
do˧ —— ŋa˧ tɯ˥ 人名
ŋʌ˥ —— ɕo˧ ɣwa˩ 龍王名
—— za˩ ɣwa˧ tɕɛ˥ dʑi˧ mi˧ 女人名

˩ 披散　撒　散亂
pa˧ —— 發瘡
mʌ˧ —— 非常
—— da˥ 龍王名
la˧ —— 包谷沙沙
la˩ —— 手鬆手大
—— so˧ 布(古語)
—— ʂɯ˧ 舒服(古語)
mbæ˧ —— ŋi˥ 空蜂房
tɕi˥ na˩ la˧ —— 鬼名
kʻo˧ pʻo˥ la˧ —— 婚喪大事中之總理

˩ —— pʻi˩ 經典名
—— tʂɯ˩ 經典名

SE —,3。

˥ 斜眼看人
—— mi˩ 野果名
—— ʂɯ˩ 扭傷
—— ko˧ 秀才
—— wa˩ 外表
swa˧ ɣwa˧ —— 軟骨
na˩ —— tʂʻo˧ ɣo˩ 多巴名
—— sɛ˧ mby˧ wa˧ 金銀紙包
—— sɛ˧ kʻʌ˧ dʑʌ˩ 神名
—— ʐɯ˧ mi˩ ŋgo˧ 南方大多巴名

˧ 完
—— pʻy˩ 神殿屋頂上之中墩
tɕɛ˧ —— 給倒
—— do˧ 神之塑偶　經塔
—— sɛ˩ 乘涼　完了　傷風
hæ˩ —— pʻy˩ 神殿屋頂上之中墩
mi˧ ma˩ —— dɛ˧ 中央鬼王名
sɛ˥ —— mby˧ wa˧ 金銀紙包
sɛ˥ —— kʻʌ˧ dʑʌ˩ 神名
sæ˥ ɣʌɣ˧ —— po˧ 神名
kʌ˥ ndzɯ˧ —— zɯ˧ 多巴名
gɯ˧ —— kʻʌ˧ mba˩ 北方大多巴名
—— pi˩ zʌɣ˩ ŋɯ˧ ɣɯ˧ 麗江文筆山

˩ 崖羊 語尾助詞 神名(陰神)
晾乾,晾冷 梁釜
pʻu˧ —— 風匣
—— mi˧ 石槽
—— tʻo˧ 松子
sɛ˧ —— 乘涼 完了 傷風
—— kʻa˧ 梅樹

si [illegible]

˥ —— so˧ 勞動(古語)
˧ 窮苦 窮人 絲
—— nɯɤ˩ 絲棉
—— li˩ 梨
tʂʻɯ˥ —— 一種野獸(鱉魚)
—— kɯ˩ 絲
tʂʻɯ˥ —— ndaɹ ndzʌ˩ 地獄中之刀箭樹
kʌ˥ tʂɯ˧ —— kwɛ˩ 情死鬼王名

sʌ [illegible]

˥ 肝 剃頭 刮 小兒斷奶
—— tɛ˩ 剃刀
—— sʌ˧ 刮一刮
tɕi˥ —— 記性
˧ 柴 木
ɣy˩ —— 祭木(法儀中需用之樹枝)
—— ma˩ 棚子
—— tʻy˥ 年輪
—— tʻy˧ 半半截截的木頭
—— dzʌ˧ 纏鬧人
sʌ˥ —— 刮一刮
—— zɯ˩ 木紋

tɕi˥ —— 霧氣
hwa˧ —— 木名
ɕo˥ —— ka˧ ɣu˧ mbo˩ 山坳口上之經堆
˩ 合意 合胃口

sɯ

˥ [illegible]

家神 拾 擦去 一魂九生在體內
mɯ˧ —— 早上
ɣɯ˧ —— 栗粟人
—— kɯ˧ 三個人
sʌ˩ —— 睡醒 拾上來
dʑi˩ —— pʻɛ˥ 洗臉手巾
ɲi˥ —— pʻɛ˥ 揩鼻涕手巾
tʻi˥ ɣwa˧ —— bɛ˧ so˧ 神巫三兄弟

˧ [illegible]

羊毛 披氈 曉得 磨刀
語尾助詞
—— pʻɛ˧ 王子 鬼王
—— tʂʻo˩ 星名(參宿)
—— sɯ˩ 真正的,純粹的 說謊有據證的
—— ʂæ˩ 忤逆
ɣɯ˧ —— 箭
—— kɯ˩ 牲口之脊背
ɯ˧ —— 竹濾子
lɛ˥ tɕʻi˧ —— pʻu˧ 西方鬼王名
ʂæ˩ —— ʂæ˩ ɕʌ˩ 多巴名
—— bɯ˧ ʔɛ˧ pʻu˧ tʂʻʌ˥ 祖宗

[ʂɯ]

三代
— mi˧ ma˩ tso˧ kɯ˧ ʂɯ˧ ma˩ 女魔鬼名
— tsʻo˩ — ʐɯ˧ hɯ˧ da˧ na˩ da˧ 神名

˩ [illegible]

油的 真的 父親 索債 獨角獸 三 挑選 生的不熟的
by˩ — 粗麵
ʂɯ˧ — 真正的純粹的 說話者 揀選的
tʻɯ˧ — 還要再
dzɯ˩ — 經典名
ɕi˧ — 生人
kɯ˧ — 木名
ŋɯ˧ — 真銀子
ʔɛ˧ — 父親
ndo˩ — ly˩ 經典名
ʂa˧ — ʂo˧ 打竹卦
— kɯ˧ ba˩ 梅花

so [illegible]

˥ 揉皮子 剝全皮 攪揉 手鐲子 習慣
ma˩ lɛ˧ — 打酥油茶(指以攪棒在罐中搗打者)
sa˧ ʂɯ˩ — 打竹卦
˧ 高山草原牧場 嚐 吉宗語之三
ta˧ — 流酥
sa˩ — 布(古語)
ʂi˩ — 勞動(古語)
— so˩ 互相仿傚

— kɯ˩ 晨星
— kʻɯɛ˩ 牲口頸部
ʔɛ˧ — 先前
— ɯ˧ 晨星
pʻɯ˧ — lo˧ 男子火葬法
mo˩ — lo˧ 女子火葬法
ha˧ ʂɯ˥ — 嘗新米
mbɯ˩ kʻɯ˧ ɕʌ˩ — 多巴名
mbɯ˩ tsʻo˧ ʂi˩ — 三種神獸
ty˧ — ʐɯ˧ ʂæ˩ 多巴名
ty˧ — ʂʌ˩ pɯ˥ 龍王名
ty˧ — ʂʌ˩ mo˧ 龍王名
dɯ˩ na˥ ta˧ — 鬼名
na˧ bɯ˧ — ŋʂo˧ 多巴名
la˧ o˧ py˩ — 神名
tsʻi˥ ta˧ ta˧ — 多巴名
za˩ — dʐɛ˧ bɯ˧ 多巴名
tʌ˩ tʻɯ˧ — dʐɛ˧ 多巴名
ɕʌ˩ mba˧ py˩ — 神名
ɕʌ˩ lo˥ py˩ — 神名
jʌ˩ ŋɯ˧ — pʻɯ˧ 多巴名
— ɣo˩ tsi˥ ʂɯ˧ 多巴名

˩ 學習 明年明天之明 早上
— bɛ˧ 明年
— mba˩ 晨光
— la˥ 酥油筒
so˧ — 互相仿傚
— ɲi˧ 明天
ko˥ — ɲi˧ 後天

sy [illegible]

˥ 鉛 殺
— sy˧ 打仗
ʐɯ˩ — 殺仇人 一種法儀
mɯ˩ zɯ˧ — 燕麥穗上之細毛
˧ 一天用去一點點

sy˥ —— 打仗
kɯ˧ —— 零星使用

˩ 一種一樣 消腫消氣 隨意 落水消水之洞
ha˧ —— kʰwa˧ 瞎眼
tɯ˩ ʐɛ˩ ɕa˧ —— 千種百樣

Z

za

˥ 染
bo˩ —— mɛ˧ 第一次生子之母豬
ʎʌɒ˩ —— dʑi˧ bɯ˧ 東方鬼王名
kɯ˧ tsɯ˧ —— ba˩ 花名

˧ 鞋 嫩
—— nɯ˥ 嫩的
—— ko˩ 襪子
ho˩ —— 靴子
ɯ˥ zɯ˧ —— tɯ˥ 一種煨茶罐子

˩ 行星 下來 鬼名
mʌ˧ —— 不止、不下、不了 不少於……
—— dɯ˧ 閹過之母豬
tsʰa˧ —— tsʰo˧ mo˧ 女人名
ʐɯ˧ mbɯɹ˧ ʐɯ˧ —— 經典名
dʑi˩ mbɯɹ˧ ʐɯ˩ —— 發大水
kɯ˧ —— na˩ mo˧ 女鬼名
kʰæ˥ ʐɛ˧ ŋgɯ˧ —— 打着炸開（說話靈驗）
sa˧ —— ʐwa˧ tsɛ˥ dʑi˧ mo˧ 女人名

˩˧ 行星（古宗音） 鬼名（古宗音）
—— i˧ ʐɯ˩ ʐɯ˧ ty˧ ma˩ 鬼名

[SY]

ze

˥ 讓
mæ˥ —— 讓開 後讓
—— tɕi˧ 年青人（古語）
ɲi˧ —— 吸風小鬼
—— tɕi˧ bʌ˧ ɯo˩ 腳步輕快的年青人
ho˩ py˩ —— tɕi˧ 多巴名

˧ 鏇 蠶蛾（古語） 多少？
mbɯ˧ —— 蠶蛾
fɯ˥ —— 海螺
—— da˩ 多少？
ʐa˥ —— 一種蜂
—— —— 嘴
hwa˩ —— 獎
hwa˩ —— ndzʌ˩ 鴨掌木
ʔɛ˧ —— zɛ˩ 慢慢的
wɛ˧ —— zɛ˩ 一種跳法
pa˧ o˧ tsʰo˩ —— 護法神名
mbɯ˧ —— kwa˧ ʐwa˩ 繭
mɯ˧ —— tsʰɯ˧ tsʰɯ˩ 人類祖先之名
fɯ˥ —— mo˩ kʰwa˧ 法螺
tsʰo˩ —— ʐɯ˥ ɯ˧ 人類始祖之名

˩ 神名 一種飛鬼名 那裡？什麼地方 躲避
ʔɛ˧ zɛ˧ —— 慢慢地
wɛ˧ zɛ˧ —— 一種跳法
—— bɯ˧ ʐwa˧ ʂʌ˥ 多巴名

zi

˥ ma˧ —— 細細地
—— ʐæ˧ 光亮耀目

【zɿ】

˧ 好看的

vɯ˥ —— 鳥

˩ —— li˧ 團團轉 用户推

—— zo˩ 麻痛的

—— ʐo˩ 麻痛的

zʌ [illegible]

˧ 忍住 草

—— zʌ˩ 勸壓爭端

—— ɣʌɣ˧ 短命

˩ 壓 量詞(一回,一次,一遍)

zʌ˧ —— 勸壓爭端

dʐo˧ —— 滚縫

zɯ [illegible]

˥ 激 踐

—— ʐə˧ 光亮耀目

˧ 草 執拿 青綠 壽歲

一五,一輩子

bʌ˩ —— 輪流

bɯ˩ —— 兄弟

mɯ˧ —— 衆衆人(古語)

—— na˩ 草名

nɛ˥ —— 薏米

—— ʂʌ˥ 木名

—— ɣɯ˥ 草蓆

tɕo˩ —— 馬鈴鐺

gɯ˧ —— 弟

ko˩ —— tʂʌɣ˥ 草名

kɯ˧ ly˧ —— 頭暈

mʌ˧ py˩ —— ʐo˩ 神名

mɯ˧ —— ŋgɯ˥ —— 天神九兄弟

ta˧ pɯ˩ ŋgɯ˥ —— 九兄弟名

nɛ˥ bɯ˩ nɛ˥ —— 薺菜

kʌ˥ ndzɯ˧ sɛ˧ —— 多巴名

ɯ˥ —— za˧ tɯ˥ 一種煨茶罐子

bɛ˧ lo˧ bɛ˥ tʂʻo˩ —— 勞苦之人

—— dʐʌ˩ la˧ ɣʌɣ˧ dy˩ 豐草大地(參看 dzɨ˧ dʐʌ˩ la˧ ɣʌɣ˧ dy˩ 條)

˩ 扒 一次,一回,一遍

zo [illegible]

˧ 男子 兒子

bi˥ —— 小樣

—— tɯ˧ 孵生

—— ʂɯ˧ 生子(人除外)

—— tɕi˧ 獨子

hɛ˧ —— 漢人

qo˩ —— dzɛ˧ ɣɯ˥ 人名

ɣɯ˧ ʑo˩ —— ɯ˧ 孝子

˩ 酒瓶

zi˩ —— 麻痛的

—— kʻa˧ 草名

zy [illegible]

˥ 小孩子

zo˧ —— 未婚之男子

—— dʐɯ˧ 木名

—— kʻɯ˥ dʐi˩ 胞衣

˩ 星名 補鉄器 方面(古語)

t

tɕ [illegible]

˥ 黏着 树生起 結果子

˧ —— ʈæ˩ 互拉

—— ʂɯ˩ 寶物

—— ɦæ˩ 禮錢

˩ 拉 拖 抽拔

ʈæ˧ —— 互拉

ʈʌ [illegible]

˥ 摺疊

˧ 困苦 困難 細碎之圓點

ʈʌ [illegible]

˥ 關住,封閉 口腔發麻

˧ —— ʈʌ˩ 爭執

˩ 鬼名 截路,攔路

ʈʌɤ˧ —— 爭執

ta˩ tɿ˩ —— 一種游戲

—— rɯ˥ —— dʐɯ˧ 多巴名

—— tʰɯ˧ so˧ dʐi˧ 多巴名

—— da˥ ŋgɯ˥ go˧ 九頭鬼王名

—— za˥ dʐi˧ bɯ˧ 東方鬼王名

kʰɯ˧ ndʐɯ˧ —— jʌ˩ 鬼名

ʈɯ [illegible]

˥ 沖泡(茶) 灌(酒)

—— ʈɯ˧ 鑽扭 肚子脹

˧ 起立 方位 剩餘

la˩ —— 遺産

ʈɯ˥ —— 鑽扭 肚子脹

—— —— 爭論 穩當

ɣo˩ —— 經典名

gʌ˩ —— 起立

ɣɯ˩ ndʐɯ˩ —— 東南方

kʰɯ˧ ndʐɯ˩ —— 西北方

ɣo˩ ndʐɯ˩ —— 西南方

ɯ˧ ndʐɯ˩ —— 東北方

ʐɯ˩ ɯ˧ mɯ˧ tsɯ˩ ——
火葬場

˩ 煨 擺設架置

—— bɯ˧ 法鈴

ʐɯ˩ ʂɯ˧ —— 擺設神座

ʈɯɤ [illegible]

˥ 打結 叢

ba˩ —— 結婚 紙紮

mʌ˧ —— 劣等的

mæ˥ —— 完結

—— ʈɯɤ˧ 糾纏

kʰɯ˩ —— 占卜之一種

py˩ mæ˥ —— 收壇經

gʌ˩ ba˩ kɯ˧ —— ʈɯɤ˧
麼些族音字之裝飾符號

˧ 闖進來

ʈɯɤ˥ —— 糾纏

tɕʰi˥ ko˩ —— 冷透心

gʌ˩ ba˩ kɯ˧ ʈɯɤ˥ ——
麼些族音字之裝飾符號

˩ 切菜板子 抵住

ʈʰ

ʈʰæ [illegible]

˥ 碰撞 刺叉 以頭撞頂

—— ʈʰæ˧ 碰頭

˧ 戴 底子

—— bɯ˩ 底下

—— ndʐɯ˩ 澈底

ʈʰɯ [illegible]

[ʈɯ]

˥ 腰 當中部份
—— mbɯ˩ 脊椎彎曲 駝背

˧ 他 那 量詞 件(古語)
—— ʂɯ˩ 還要,再
—— ŋgo˩ 其次,隨後
ɯ˧ —— 大狐
ho˩ —— ŋʑɯ˩ 睛路

˩ 飲吸 辛苦,痛苦
bɯ˧ —— 苦痛
ndzɯ˧ —— 補養,滋補
mi˧ ɕi˥ dʑi˩ —— 虹

q

qæ [illegible]

˧ bɛ˩ —— 神將
hæ˩ —— 大法帽 活佛之法帽
ʔɛ˥ —— 馴熟

˩ 能幹 地基 法寶 語尾助詞
—— kwɛ˥ 選測地基

qʌɪ [illegible]

˧ 生長
mɯ˥ —— 竹筍
ʂʌɪ˥ —— 樹木之芽
kɯ˧ —— 芽

˩ 騾子
—— ʐwa˧ 馬幫
ʐwa˧ —— 馬幫
—— ʐwa˧ ndy˥ 提牲口彈口絃

qɯ [illegible]

˥ —— qɯ˧ 同樣的
mɯ˩ —— qɯ˧ 以下
ʂʌ˩ —— qɯ˧ 以上

˧ 一 得到
—— la˩ 所有的
qɯ˥ —— 同樣的
tʂʌ˥ —— 知道
ʂɯ˧ —— 脊背
ɯ˧ —— 脊背
mɯ˩ qɯ˥ —— 以下
la˩ ɯ˧ —— 手背
ko˥ —— bɛ˧ 大後年
ko˥ —— ɲi˧ 大後天
ʂʌ˩ qɯ˥ —— 以上

˩ 大 扶持,照顧
p'ɯɪ˥ —— 虎豹
mɯ˥ —— 龍竹
—— ta˥ 老成 不鬧人
tʂʌ˥ —— 顯着的記號
ɕi˧ —— 大人,老民(一村之長者
k'o˥ —— 逞能
k'o˧ —— 說大話
k'wɛ˥ —— 豐富
ʔɛ˩ ba˧ —— 乾爹
ʔɛ˩ mɛ˧ —— 乾媽
tʂwa˩ ʂɯ˧ hɛ˧ —— 神名
ka˧ —— la˧ pɯ˩ 神名
hɛ˩ —— wa˧ p'ɯɪ˩ 神名
mɯ˧ ɣɯ˥ ʂɯ˧ dzi˩ —— 無量河
na˩ mo˧ mbɛ˧ tɯ˥ —— 大村莊

qo [illegible]

˧ —— mo˩ 法儀規範
—— —— 準備
˩ 人名
mɯ˩ ʐɯ˥ —— ndzɯ˧神人名
—— zo˩ dzɛ˧ ʐɯ˥人名

dɯɹ 刓,过,仑,𠯌,亘,叵,㐫,𠵾。

˧ maɹ —— 木名
—— dɯɹ 乱揉
so˩ —— 熏板
˩ 水沫,浪花 唾沫
dɯɹ˧ —— 亂揉

nd

ndæ 太大太旡,太业。

˧ 狐狸
˩ 趕鬼之三木格(法儀用品) 一長條
—— mæ˥ 垃圾
—— kiwa˧ 經典名
ʔɛ˧ ʂɯ˧ —— tʂ'o˧大胡蜂

tw

twa 卯

˧ —— kʌ˩ 神名
˩ —— ʂɯ˧ ɬɛ˩ dʑi˩ 一種宗教上之木塔

tʂ

tʂæ 双,𠀀,み,

˥ 煮熟未 放置
ndzʌ. —— 接木
—— tʂæ˧重疊

ndzʌɹ˩ —— 請神加被威靈
˧ 神像画
tʂæ˥ —— 重疊
—— ŋgɯ˧大銅鍋
˩ 琵琶 純粹血統的 置在
—— bɯ˥ 酥油茶罐
—— ʐɯ˥ 漆好之木碗
—— k'o˥ 一種口袋

tʂʌ 杉,㐂,吕。

˥ 水鳥名 絆纏
—— dɯ˧ 知道
—— tʂʌ˧ 試驗
—— tʂ'ʌ˧ bɛ˧ 亂作亂為
ʂɯ˩ mɯ˧ —— 做不正常的事
do˧ —— ɕo˥ ma˩ 女人名
˧ 肚子脹
—— tʂ'ɿ˩ 墊褥
—— dɯ˧ 送替死鬼之物
tʂʌ˥ —— 試驗
ŋʌ˥ —— 草名
tʂʌ˥ —— bɛ˧ 亂作亂為
ta˧ —— ʔɛ˩ o˥ 神名
la˧ ɯ˧ —— tɛ˩ 虎皮墊褥
wɛ˧ —— ho˩ mo˧神名
˩ 向下戳搗
dʐʌ˩ —— 水鳥之一種

tʂʌɹ 𠀀,中,尺,㞢,㐫,专。

˥ 節子 淹 交代(遺古語)
—— na˩竹名
—— dʐo˩原委
pi˩ ʐɯ˩ —— 大腿
la˩ mbæ˧ —— 上臂
—— tʂo˧ tʂo˩ 關節
ko˩ zɯ˧ —— 草名

[tʂʌɪ]

—— ʂɯ˧ mbɯ˩ 骨節病
—— dʐɿ˧ pa˧ ʈɿ˧ 龍王名
ndɑ˧ ɣɯ˩ wɑ˧ —— kæ˧ 中字骨節

˧ 一種病

˩ 使用 隨他去

tʂɯ 止,止,正,此,正,坐,笪,妆,冬,尸,逗,名。

˥ 點燃 受折磨 落下來
—— to˧ 震動
qɯ˧ —— 一壺,一罈
—— ʂɯ˩ 馬蜂
i˧ —— 牛軛上之繫繩
ŋɡɿ˥ —— ko˩ wɑ˧ 龍王名
i˧ —— ŋɡwa˧ ɣwa˧ 藤子名

˧ 土
—— tʂɯ˩ 儉省
—— kɯ˧ 百合

˩ 爪子 撒米供神 攔擋
tɯ˧ —— 辨識
tʂɯ˧ —— 儉省
—— ɕi˩ 一種梯子
kɯ˧ —— 話
—— dzɯ˩ ja˧ ma˩ 生爪子的護法神

tʂo ˥ 丕,丕,弓,品,生,匚,丄,虫,丫,弓,丠,弓。

˥ 錐子 接起,連續 供饗 卷册
mæ˧ —— 下册
ly˥ —— 中册
kɯ˧ —— 上册
nɯ˩ pɯ˩ —— 結婴親家
ɕi˩ pʻɯ˩ —— 白雲層中
pʻɯ˩ na˥ ɣɯ˧ ka˧ —— 陰陽交界處

˧ 一種小橘子 勒逼
—— ndo˧ 經名
—— tʂo˩ 縫

˩ 縫 獵野物之圍欄 量詞(茶頭等之單位)
tʂo˧ —— 縫
—— ɕi˧ 佃户

tʂu 下,岂,岢,穸,三,岗,乙,乏,主,山,兄,厶,主,匕,丕,丰,岗,丞,危,弄,下,鬯。

˥ 水鳥名 傳染 汗 山林地脈 神名
—— mbæ˧ 膠糟
—— mo˧ 搗臼
sa˧ —— 線捞
ʐɯ˧ —— 酵糟

˧ 漆樹 迎接
—— pɛ˧ 經旗
—— ma˩ 漆油(由漆子中提出)
—— ɯɣ˧ 漆(由漆樹上割取
sa˩ —— 不斷氣的吹
ʂɯ˩ —— 師傅
dʐɿ˧ mɿ˧ dʐɿ˧ —— 女人名

˩ 鐘 碓 一種有臭味之礦水
mɯ˧ —— 碓
lo˧ —— 竹名

tʂʻ

tʂʻæ 来,至。

˥ 大鈸 量詞(村莊之單位)

tɕi˧ —— 刺林
˧ 滑溜 錯過岔過 脚步踏錯 差投 錯誤
—— mæ˩ 當緊的趕快的
—— —— 拼合雜用
ʔɛ˧ —— lo˩ 虎跳澗(地名)
˩ 木寄生
sa˧ —— 茶名
tʂʰɯ˧ —— 畜生
mɯ˥ kʰɛ˧ —— 打鬼竹片

tʂʌ 。

˥ 撮 鬼名 比量(古語)
—— ndy˩ 比桿(五尺桿)
iɛ˩ —— 鬼名
—— tʂʰʌ˧ 削去岔枝 消瘦
—— ʐua˧ 除織竹馬
—— kɯ˧ 這裡
nɯ˥ bi˩ —— 臭嘴
—— po˧ lo˩ 菜名
—— mi˧ tʰɯ˩ 除織火把
ndy˩ —— sɯ˧ pɛ˧ 鬼王名
—— ʂo˥ tɕi˥ mbɯ˧ 多巴名
˧ 一大堆
—— bɛ˧ 這樣
tʂʌ˧ —— 削去岔枝 消瘦
—— tʂʌ˩ 跨起 跨來跨去
˩ 這裡 窺視 紡車 調查 一大挟
tʂʌ˧ —— 跨起 跨來跨去

tʂɿ 。

˥ 替代 忍痛 用力擠大小便

工作時之喊哼声
sɯ˧ bɯ˧ ʔɛ˧ pʰa˧ —— 祖宗三代
˧ 腐爛 顏料 供龍王之鮮花 露水 為水 洗
—— pʰɯ˩ 脫色
bo˩ —— 琵琶肉
—— nɯ˩ 壞的氣味
—— ndzo˧ 鋼太硬
—— kʰɯ˥ 點藥
—— ɯ˧ 藥
mi˧ —— ɯ˧ 火葯
ʂo˩ —— kʰɯ˥ 放銅
˩ 肥肉 姿逸
—— dʑi˩ 精液

tʂʰɯ 。

˥ 撕 傷破 水冲 裂縫
mæ˥ —— 撕撐開
mi˩ —— di˩ wa˧ 神名
tʂɛ˧ na˧ ɣɯ˩ —— 龍王名
˧ 挂起 這 吊掛
—— ŋi˧ 今天
i˧ —— 昆明
ɣua˩ mbɯ˧ —— 寶物名
—— ŋi˧ mæ˥ 從今以後
i˧ —— mɯ˩ 南方
dzʌ˩ bɯ˧ tɕʰi˧ —— 多巴名
˩ —— tʂʌ˧ 尺子 曲尺
tɕʰo˧ —— 本族
ɕi˧ —— 笑話人
tɕʰo˧ —— kɯ˧ mæ˥ 本種本族之後代

tʂʰo 。

˥ 插 敬神

[tɕʰo]

mo˧ —— 貪心
—— pa˧ bɛ˧ 燒天香
—— pa˧ ndʐɿ˧ 燒天香
˧ 炒 凶惡 伸出去
—— bɛ˧ 丟臉
la˩ —— 乞丐(向人伸手)
kɯ˧ —— 死(伸腿去了)
na˩ ʂɛ˧ —→ ɣo˩ 多巴名
˩ 早 快 晚就 一種黑色玉石
tɕo˧ —— 起初
lo˧ —— nda˧ hɯ˩ 多巴之自稱
ŋgo˧ —— tsy˧ tɯ˧ 好馬生惡瘡

tɕʰɿ [illegible]

˥ 秋天 念經 用菜鉋削菜 生氣亂動
—— si˧ 一種野獸(鱉魚)
—— tɕʰi˧ 菜鉋子
bɛ˩ tsɛ˩ —— 用錢多
—— ɤɯ˧ go˩ 遠嵐
ʑɯ˩ gɯ˧ —— 下雨多
—— si˧ nda˩ ndʐʌ˩ 地獄中之刀箭樹
—— tɕwa˧ dʐɿ˧ —— 女人名
˧ 馬(古語) 早飯 飲水
—— pʰi˩ 割決
—— tsʰɛ˩ 畜生
—— tɕʰɿ˩ 扣除
˩ 鬼纏人 小路(古語) 量詞(行路之單位)
tɕʰɿ˧ —— 扣除
—— kʰo˧ 星名

tɕʰɯ [illegible]

˥ 肺 捏起
—— hy˩ 火藥
lo˩ —— 手槍
—— tɕʰɯ˧ 互捏 出主意 捏塑
—— ɬɯ˧ 子彈
—— kwɛ˥ 一種食品
la˩ —— ndʐo˩ 拳頭
ndʐʌ˧ la˩ —— bɯ˧ dʐo˧ 蟬
˧ 孤寡(無父母之子女) 孝子 打酥油茶
—— mi˧ 妻子
tɕʰɯ˥ —— 互捏 出主意 捏塑
—— tɕʰɯ˩ 有點摻雜
—— mɛ˧ ʂɯ˥ 新娘子
ɲi˧ —— pa˩ 鰥夫
ɲi˧ —— mɛ˧ 寡婦
˩ tɕʰɯ˧ —— 有點摻雜

dʐ

dʐæ [illegible]

˧ dʐæ˩ —— 歪斜的 可以
dʐo˩ —— mbo˩ 地名 篝門口
˩ 城 語尾助詞
—— dʐæ˧ 歪斜的 可以
tɯ˩ zɯ˧ na˩ kʰa˧ —— 大城市名

dʐɯ [illegible]

˧ 街子,市集 懸懸欲墜 植物名(屬木通科)
pʰɯ˩ —— 山約
—— bɛ˧ 趕街子,趕集

daɹ —— 野山羚
duɹ —— 降魔杵
—— —— 挨擠着
pʌɹ maɹ pʌɹ ——多巴名
kuɹ k'oɹ duɹ —— 九頭神名
˩ 時間
t'aɹ —— 柿子
—— laɹ 報時辰占卜
—— ʒuɹ 經典名
haɹ —— 蒸飯前先煮米的那一道手續

dʑo 丕,玉,㐫,主,丕。

˧ 伸延 欠債 飛石繩兜 跟隨(古語) 藤子繩梯
mæɹ ——馬鞭
—— zʌɹ 滚縫
—— æɹ 藤子繩梯
—— laɹ ʔɛɹ p'iɹ 神名
—— —— kwɛɹ kwɛɹ 伸懶腰
˩ 且唱且舞(古語) 傷風
—— ŋgoɹ 傷風
—— dʑæɹ mboɹ 地名,箐門口

dʑɯ 㐫,𠃊,丂,㐫,㐫。

˥ —— vuɹ 豆腐
˧ 繁殖 事端 豆腐 冒出來
buɹ —— 桃子
zyɹ —— 木谷
˩ 孵壞之雞蛋 蛋要孵化,蛋要變壞
kuɹ —— 頭屑
kwaɹ —— 厨子

ndʑ

ndʑæ
˧ 𠂇,𠃊,𠂇,𠃊,𠃊,𠂇,𠂇,𠃊,𠃊
騎 富有
˩ 𠃊,P,𠂇,𠂇。
雜色 泥 麻雀 犬齒獠牙
ɕiɹ —— 混血種人
—— baɹ ɣoɹ zuɹ 四兄弟名

ndʑʌ 可

˧ 油炸東西
˩ 熔化 威靈
—— tʂæɹ 請神加被威靈

ndʑɯ 𠂇,𠂇,𠂇。

˧ 豹子 燃燒 承認 鬼名
—— ndʑɯɹ 沒精神歪歪斜斜的走
ʐwaɹ —— 逞強
iɹ —— 穿牛鼻的繩環
˩ 打一種織兜
ndʑɯɹ —— 沒精神歪歪斜斜的走

ndʑo 𠂇,𠂇,卜,𠃊,𠂇。

˧ siɹ siɹ —— —— 窮困,破爛
˩ 掉下來
ɣwaɹ —— 下顎脫臼
æɹ dʑiɹ —— 瀑布

ndʑɯɤ 𠂇,𠂇,𠂇,𠂇,可,𠂇,𠂇,𠂇,𠂇。

˧ 濕 冬虫夏草 飄浮 髮水

瀉漾(古語) 滴一下
—— ndʐuɹ˩ 驚着了
ʂɯ˩ —— 新鮮肉
wa˧ hæ˩ mɯ˧ ——青龍
˩ 受驚
—— p'a˩ 祖督
mo˥ —— 白蜂菌

ʂ

ʂæ [illegible]

˥ 瀉肚子
to˧ mba˩ —— ɣʌɣ˩ 多巴教主
dʑi˧ ɯ˧ —— ɣʌɣ˧ 多巴名
—— ɣʌɣ˧ sɛ˧ po˧ 神名
˧ 血 靈驗先知
—— p'a˩ 端公
—— mbæ˩ 鉄箭翅(裝於竹箭端者)
—— mɛ˧ 七月(陰曆)
ti˧ —— 小鈸(法器)
—— do˩ 講話
—— ɣʌɣ˩ 桌子
—— ɲi˩ 端公
—— ɲʌ˩ 端公
—— ly˧ tɕ'i˩ 施鬼血
—— ʂɯ˩ ʂæ˩ kɯ˧ tɕ'i˧ 剝拳
˩ 關地菩薩之名 孝順
sɯ˧ —— 忤逆
ʂɯ˧ —— 祭天團群之名
ty˧ so˧ zɯ˧ —— 多巴名
—— ʂɯ˧ —— ɕʌ˩ 多巴名
ʂæ˧ ʂɯ˩ —— kɯ˧ tɕ'i˧
剝拳

ʂʌ [illegible]

˥ 說 雲南鉄杉
—— da˩ 青刺名
—— ndo˩ 害羞
zɯ˧ —— 木名
—— jʌ˥ 勸人教人
—— ta˥ dʑʌ˧ o˩ 龍王名
—— la˧ o˧ kʌ˩ 神名
zɛ˩ bɯ˧ ɣwa˧ ——多巴名
—— ʂʌ˧ i˧ æ˩ 爭吵打架
k'a˧ k'a˧ —— ʂʌ˧ 吵吵鬧鬧
˧ 受傷
—— ʂʌ˩ 亂撕
tɕi˥ ——喜鵲
ʂʌ˥ —— i˧ æ˩ 爭吵打架
k'a˧ k'a˧ ʂʌ˥ —— 吵吵鬧鬧
˩ 沙 撕
ʂʌ˧ —— 亂撕

ʂʌɣ [illegible]

˥ 汗垢 捍絞 絆倒 贖回
—— dʑɣ˧ 樹木之芽
k'ɛ˧ —— 煙熏塵網
wa˩ —— 招魂
ʔɛ˩ —— bɛ˧ 前年
ʔɛ˩ —— ɲi˧ 前天
ʔɛ˩ bɛ˧ —— bɛ˧ 昔日
ʔɛ˧ la˧ mʌ˧ —— ɲi˧
從前的時候
˧ 七 事情

—— ʂʌɣ˩ 牽拉
—— kaɬ 發財
—— ho˥ 北斗七星
ɕi˧ —— be˧ 婚喪大事

˩ 長 拉牽 拌攪
la˩ —— 偷東西的人
ɕi˥ —— 嚼舌
kɯ˧ —— 女人
ha˥ —— 好久
ʜe˧ —— 鬼 驢 亂聽亂說者
pe˧ —— 筷子
ndʌ˧ la˧ la˩ ke˧ —— 魚鷹

ʂɯ

˥ 关

新 剝皮 斡|做|
i˩ —— bo˧ ndzo˧ 多巴名
i˩ —— dzi˧ mo˧ 女神名

˧ 4,笨,ろ,丰,兴,罢,下,关,梵,羌,又,巽。

ʃæ˥ —— 寶物
kʻæ˧ —— 給小兒做滿月 婚禮中送岳母之豬肉
na˥ —— ʈʂi˩ 肌肉痛
—— kɯ˩ ly˩ 經典名
ly˩ —— ma˩ da˥ 多巴名
tsɯ˩ —— ŋgo˩ mbɯ˧ 多巴名
ʃwa˩ —— ʎe˧ dzi˩ 一種宗教上之木塔
tʂwa˩ —— ʜe˧ ɕɯ˩ 神名
ɣʌɣ˩ —— lo˧ ŋgo˧ 鬼王名

˩ 本
黃 引領水 才學本事

bʌ˧ —— 白沙村
fu˥ —— 一種虫子
—— ɯɯ˩ 尿騷氣味
ʂe˥ —— 血湯
tʂɯ˥ —— 馬蜂
kæ˧ —— 道理
kʻo˧ —— 口傳
—— ʒɿ˧ 有趣味的人
—— mɯ˧ tʂʌ˥ 做不正當的事
—— do˧ ʂɯ˧ pʻe˧ 鬼王名
mbæ˧ —— mbæ˧ ɣɯ˧ me˧ 鴛鴦
ʂæ˧ —— ʂæ˩ kɯ˧ ʈʂi˧ 划拳

ʂo 厓,下,丌,巳,目,交,卜,巨。

˥ 熏 修刀口 雞冠 熏燎除穢法儀
—— ma˩ 掃子
—— da˩ 青剌名
le˥ —— 茶褐色
tʂʌ˥ —— 除穢
ko˩ —— 野蒖

˧ 虱子 鑄 收回來
tʂwa˧ —— 臭虫
kɯ˧ —— 跳蚤
pɯ˩ ɣɯ˧ —— mo˩ 典型規範

˩ 鐵 拃 水獺 乾淨
pʻɯ˩ —— 要面子的
na˩ —— 不要臉的人
ndʌ˥ —— 菜刀
ndʌ˧ —— 武器
—— ndzo˧ 鋼
kɯ˥ —— 韭菜
—— tʂʰæ˧ kɯ˥ 點鋼
ʐwa˩ kwa˧ —— 馬掌
dʐi˩ mgʌ˩ —— 水極清

[ʂo]

ʂu　[illegible]。

˥　麼些人之一支，束　籤草
　拔刀　亮出來看
　—— ma˩ 棚子宛落
　—— la˩ 棚子宛落
　—— ɕi˩ 一種梳子
　kæ˧ —— 上前亮出來一下
　tʻo˧ tɕʻi˩ —— 松林中
　o˧ —— o˧ ma˩ 同胞同
　支
˧　帶領　嬌養　生小牲口
　—— lo˧ 地名，獵獮，在無量
　河邊
　sa˩ —— 舒服(古語)
　zo˧ —— 生子(人除外)
　—— ʂu˩ 亂拖
　—— ɣu˧ 思想
　—— dʑi˩ 無量河
　ɕo˥ —— 敬供
　ji˥ —— 喚醒
　mɯ˧ ɣɯ˥ —— dʑi˩ qɯ˩
　無量河
˩　龍王名　鬼名　拖拉　骰
　子
　—— tʂu˧　師傅
　ʂu˧ ——　亂拖
　mɯ˧ ɣɯ˥ —— ndzɯ˧
　鬼名

ʂɯr　[illegible]。

˥　滿　一種野獸，犛牛
　—— ma˩　棚子
　—— ʂɯr˧　配合着吃
　ha˧ ——　配飯的菜
˧　撲打　戳刺刺住着刺
　mʌ˧ —— 不覺得無形中
　ʂɯr˥ ——　配合着吃
　—— ——　聰明

ʐæ　[illegible]。

˥　讓開
˧　zi˥ ——　好看
　—— [illegible]˩　大家歡笑
˩　笑　凍死　修房子　塗刷金
　鑲
　—— ba˩ 笑渦
　—— mbu˩ 可笑
　mi˧ ——　火笑(木柴冒長大
　舌，麼些人以為是客人要來
　的先兆)
　ʐæ˧ —— 大家歡笑
　—— pʻɯ˧ pʻɯ˧　笑嘻嘻

ʐʌr　[illegible]。

˥　不正　挪移
˧　怕　多巴作法時酒之代用品
　古宗語之"四"
　ndʑi˧ —— 多巴作法時以酒
　代酒敬神
　ku˧ ——　綵
　kʻa˧ ——　四頭神名
　kʻɯ˩ —— 搓成之線
　ɕo˧ —— na˩ tsa˩ 經推
　kʻa˧ —— ŋʌ˩ dʑi˧ 四頭神
　名
˩　柱子　響　豹子(古語)
　mbæ˧ —— 寨實(大寨園)
　mi˧ —— 火星子
　mɯ˧ —— 雷響

nɨ˥ —— 鼻梁
sɛ˧ pi˩ —— ŋɯ˧ ɤɯ˧ 麗江文峯山

ʐɯ 日、氣、收、出、同、酒、名、為、年、1、南、蒸、冬。

˥ 約定 放定 置信物
tsæ˩ —— 漆好之木器
˧ 酒 路
—— pʰɯ˩ 大路
—— mbæ˩ 生酒
mɯ˧ —— 印跡
la˩ —— 手印 施鬼的手捏麵
—— sa˥ 供神之酒
—— kʌ˩ 酒罈 大酒量的人
kʰɯ˧ ——脚印
hɛ˩ ——到菩薩地之路(宗教長画)
kʰɯ˧ ʐɯ˧ pɛ˥ 脚印
ty˧ so˧ —— sæ˩ 多巴名
na˩ —— tso˥ mbɯ˧ 鬼名
sɛ˥ —— mi˩ ŋgo˧ 南方大多巴名
tɯ˩ —— na˩ kʰa˧ dzæ˩ 大城市名
tsʰɛ˩ nɨ˧ —— pʰɯ˩ dzɯ˩ 地名
˩ 蛇 未經超渡之死者 纏 衣服
sa˥ —— 送神之各項供養的一小点点。
—— sa˧ 野麻之一種
—— ɤɯ˧ 神座
sa˥ —— pi˥ 以各項供養之一小部份置高樹上以送神

ɛæ˩ bɯ˧ —— 蚯蚓
ia˧ bɯ˧ la˧ —— 草名

ʐo 華、文、車、飯、飽、收、兇。

˧ 午飯
˩ 餓 夏天 讓一点 去一点
hɛ˧ —— 饞
mʌ˧ py˩ ʐɯ˧ —— 神名

ʐɯ 乞

˥ —— bɛ˧ 做活
—— ʐɯ˩ 緊
—— hæ˩ 柳樹
—— jʌ˩ 閏月
˧ 柳樹 閣記
—— —— 尊敬
˩ 仇人 緊 淘 折磨
mi˥ —— 緊女人
mʌ˧ —— 夠不上
sʌ˧ —— 木紋
—— sy˥ 殺仇人 一種法儀
—— pʰɯ˥ 結仇
ʐɯ˥ —— 緊
ɤɯ˧ —— 淘去米中小石子
—— kʰɯ˩ 呼喚仇人魂魄經典

ʐɯɤ 众

˧ 低熱之地 刀 藏
—— kʰɯ˧ 麼些人之一支派
kʰwa˧ —— 裝聾
˩ 揉

ɤ

[ɣʌɣ]

ɣʌɣ [illegible]

˥ 種子 比量

—— pʌ˧ 口吃

—— ndy˩ 比桿，量桿

—— tsɛ˩ 東西

—— ɣʌɣ˧ 瞄一瞄 比一比 準備一下

kɛ˩ —— 瘊

˧ 短 施肥之田地 鹽礦(製羊毛氈之竹簾

tsʌ˥ —— 田肥胖而生之圓猬

zʌ˧ —— 短命

ɣʌɣ˥ —— 瞄一瞄 比一比 準備一下

ko˩ —— 栽種合時，中意

dzi˧ ɯ˧ ʂæ˥ —— 多巴名

ʂæ˥ —— sɛ˧ po˧ 神名

dzi˧ dʑʌ˩ la˧ —— dy˩ 人類豐華之大地上

˩ 喊叫 翼

—— du˧ 大銅號角

—— na˥ 舍利子

lɛ˧ —— 橫起 屍身 豬肉

tsʌ˧ —— 板鈴(多巴法器之一)

ma˩ li˧ kæ˧ —— 用手搖轉之小經筒

to˧ mba˩ ʂæ˥ —— 多巴教主

—— ʂɯ˧ la˧ ŋgo˧ 鬼王名

ɣɯ [illegible]

˥ 牛虫 脫逃 田獵之神 聰明能幹 排泄

mbi˧ —— 撒尿

—— tsʻɛ˧ 綬帶鳥

sa˥ —— 放屁

kʻo˧ —— 漏風

mɯ˧ —— ɥo˩ ndzɯ˧ 神名

mɯ˧ —— ʂu˩ ndzɯ˧ 鬼名

tsʻo˩ zɛ˧ —— ɯ˧ 人類始祖之名

—— ku˧ py˧ mbu˩ 多巴之自稱

ʂu˧ —— ʂu˧ dʑʌ˩ 飛蟒之王

mɯ˧ —— to˥ kʻɯ˧ pʻuɣ˩ 木里(地名)

mɯ˧ —— nda˧ dʑi˩ hɯ˥ 神海名

mɯ˧ —— ʂu˧ dʑi˩ qɯ˩ 無量河

mɯ˧ —— ɣo˩ ku˧ pʻuɣ˩ 神名

mɯ˧ —— ŋi˧ kʻæ˧ kʻæ˧ 地名

˧ 箭 田地 重 冷杉 來 親戚

—— pɯ˧ 箭囊

—— bo˩ 同學 鍵鼠 多巴之自稱

—— mbo˧ 界石

mbu˩ —— 經典

—— mbɯ˩ 地震噴火

—— mɯ˧ 龍王

—— ʂɯ˥ 衆眾人

—— ʂɯ˧ 箭

—— ɣɯ˩ 刀口忍捲

kʻɯ˧ —— 打糧食之雙聯棍
kʻo˩ —— 親戚
—— kwɛ˥ 使息地力故意留起不種之田地
pɯ˩ —— ʂo˧ mo˩ 典型規範
—— py˥ kwa˧ ʂɯ˧ 地陷之洞
ma˥ —— kɯ˩ kʻʌ˥ 祭風用之小竹籠
la˧ ʐʌ˩ —— bo˩ 多巴之自稱
tsɯ˧ —— la˧ mo˧ 人名
—— ɯo˩ zo˧ ɯ˧ 孝子
pʻɤ˩ na˥ —— ka˧ tʂo˩ 陰陽交界處
mbæ˧ ʂɯ˩ mbæ˥ —— mɛ˧ 鷺鷥
no˧ mbɯ˩ —— lʻo˧ pa˧ 神名
犁田 燕 彎捲 船 橫槓 小官吏 禾熟 量詞(一條陣線)
bʌ˧ —— 喇嘛
ty˧ —— 見效 順手
tʻo˧ —— 斑鳩
ɯ˧ —— 厚嘴唇
la˧ —— 糟塌 游戲
ʂɯ˧ —— 牲口之脊背
kæ˧ —— 積累
kʻæ˥ —— 彈羊毛之弓
tsɛ˧ na˥ —— tʂɯ˥ 龍王名
hæ˧ la˧ —— ndzʌ˩ 風流樹(法儀用品)
hæ˧ la˧ —— kʻɯ˥ 祭風流鬼

—✕✕◯,☲,Y,コ,⊖。

—— pʻa˧ dy˩ 四川
四 神名(陽神,有時) 一兩 草料的料 來

—— ɤo˩ 玩耍(古語) 飽暖自足
mɯ˧ —— —— 天陰沉沉的
bi˧ dʌ˧ kɛ˧ —— 蟲類

˩ 玩耍(古語) 神名(陽神) 舉刀 雙手一攀之長度(古語) 一拳之高 粗子 量詞(一圈圈的)
ɤo˧ —— 玩耍(古語) 飽暖自足
—— ɤɯ˧ 以石爲神神名
—— ʈɯ˧ 經典名
na˩ ʂɛ˥ tʂʻo˧ —— 多巴名
ʂɯ˧ —— ka˧ lɛ˩ 保佑
mɯ˧ ɤɯ˥ —— kɯ˧ pʻɤ˩ 神名

ɤu

˥ 王,丰,半,王,王。

纏繞 放牧 翠起 蛆 量詞(一團一塊)
ɪɯ˧ —— 毛虎子
ndʐo˩ —— 以麻布作橋送死者
zʌ˧ —— 草蓆
—— ɤɯ˧ 人種名 勾結
kʻa˧ —— 法輪
kʻo˧ —— 法輪
ho˩ —— 葫蘆笙
hwa˥ —— 生鏽
—— pu˧ ty˧ 磕頭
mbɤ˩ —— ndʐo˩ 鹽源縣之楚牛山
mbo˧ na˩ —— la˧ 一團黑光
mbo˧ dɯ˩ —— la˧ 一團光明
mʌ˧ mbɯ˧ wɛ˧ —— 多巴名
dʐo˩ zo˧ dæ˧ —— 人名

˧ 古,古,古,古,舌,古,古,古。

[ɣɯ]

pʻɯ˥ —— 抖擻

—— bɯ˧ 孫子

—— mbɯ˧ 燒石除穢之法儀

—— me˧ 孫女

tɯ˥ —— 以物易物時之搭頭

tɯ˧ —— 繞回來

—— tʻa˥ 石磨

—— dy˧ 背甸(地名)

tsʻɯ˥ —— 遠嵐

tsʻɯ˥ —— 子彈

ʂɯ˧ —— 思想

ʐɯ˩ —— 神座

—— ʐɯ˩ 溯洗水中小石子

ɣo˩ —— 以石為神,石神

tɕi˩ —— 稱錘

tɕʻi˩ —— 一種野蒜

ɕo˩ —— 香爐

kʻa˩ —— 錢糧

ŋgo˩ —— 臼齒

—— hɯ˩ 伙伴

—— tʻa˥ hɯ˧ 石磨之齒

—— ndzɯ˩ tʻɯ˧ 東南方

dʑi˩ kɯ˥ —— 石花菜

ɥo˧ hwa˧ —— 打火石

—— mbɯ˧ tsʌ˥ ʂo˥ 燒石除穢之法儀

—— mbɯ˧ —— za˩ 經典名

mi˩ —— kʌ˧ wa˩ 鏡子

—— mi˧ mo˧ ɯ˩ 女水經名

ŋi˧ me˧ ka˧ —— 太陽光正辣

tse˥ tse˧ næ˩ —— me˧ 黃金大石(神石)

se˧ se˧ ʐɯ˩ ŋɯ˧ ——

麗江文筆山

ɕo˥ sʌ˧ ka˧ —— mbo˩ 山坳口上之經堆

kɯ˥ tse˧ —— pʻɯ˩ we˧ 地名

sɯ˧ tsʌ˧ sɯ˥ —— hɯ˩ da˧ hɯ˩ da˧ 神名

˩ [音字用中平調十的那八個]

龍 暖和 端舉起,吠 熱 舊

mi˧ —— 夫婦

nda˧ —— 有骨有肉的一塊

—— dʑi˩ 轎子

—— dʑʌ˧ 飛蟒

kɯ˧ —— 麈生角而未出角之獸 脊檁

kʻwa˧ —— 古語

pʻi˩ —— tsʌ˥ 大腿

kʻɯ˩ tɯ˧ —— 線團

—— ʐwa˧ kʻwa˧ dzɯ˩ 未角之龍馬

dʑi˩ mbɯ˧ —— za˩ 發大水

nda˧ —— wa˧ tsʌ˥ ke˧ 十字骨節

ʔe˧ pa˥ kɯ˧ tɯ˧ —— 蝌蚪

ɣɯr 說話言語、話柔、竟大平。

˧ 泥潭 錯誤 蜇 牛身上之一種虫 目光刺人

—— tɕʌ˥ 蜇刺

dʑi˩ ji˧ —— ʂɯ˥ 水流潭滿

˩ 慌亂 聚集(指蠅子蚊子叮東西)

tsɯ

tʂwa [Yi characters]

˥ 隔 間隔 房間
—— ʂwa˧ 馬銜
—— ŋgɯ˧ 中間

˧ 床
—— ʂo˧ 臭虫
—— k'o˧ 炕之正面(不能坐人之一面)
tʂ'ɯ˥ —— dʐɿ˧ mo˧ 女人名

˩ 結婚後的男子 感覺美妙
—— ʂɯ˥ he˧ qɯ˩ 神名

tʂ'w

tʂ'wa [Yi characters]

˥ 鹿 六 攀爬上去
—— me˧ 六月(陰曆) 母鹿
—— tʂ'ʌ˩ 星名(昴宿)
—— wa˧ 蟻
—— k'ɯa˧ ba˩ 玉蘭花
la˧ ma˧ —— ma˧ 蜘蛛

˧ 米
—— me˧ 頭米
—— kɯ˩ 大眼竹篩

˩ 撒奶 傳調人

ndʐw

ndʐwa [Yi character]

˥ 搶
—— ndʐwa˧ 互搶 打架

˧ 寬鋤頭 迎頭一棒
ndʐwa˥ —— 互搶 打架
—— —— 亂碰亂走

˩ 石裂之紋層 爭 索價

ʂw

ʂwa [Yi characters]

˥ 楔子 關
—— dɯ˧ 圈過之牲畜
—— ʂwa˧ 一樣高
—— ɪwa˩ 樹木之硬心

˧ 紫色 小葉杜鵑木之一種
ʂwa˥ —— 一樣高
tʂwa˧ —— 馬銜
—— ɪwa˧ ʂe˥ 軟骨

˩ 高 量詞(一隻腿子)
mæ˥ —— 後腿
ndo˩ —— 一隻後腿
kæ˧ —— 前腿
—— k'o˥ mbo˧ 曙光

ʐw

ʐwa˥ [Yi characters]
ndʐo˩ na˧ —— ɪwa˧ 神山名

˧ [音字同高平調˥的八個一樣]
馬 能幹,得力,厲害
mɯ˥ —— 破竹子之四楞木楔
tɛ˩ —— 驢子
qʌ˩ —— 馬鞍
—— qʌ˩ 馬鞍
tʂ'ʌ˥ —— 除穢用之草馬
—— tʂ'ʌ˥ 專好吃莊稼的馬
—— ndʐɯ˥ 逞強

[ʐwa]

dʑi˩ —— 閘水用之木叉
水面上一種小虫
—— ko˧ 雄馬
hwa˥ —— 松鼠
dʌɤ˩ —— n̩dy˥ 趕牲口
彈口訣
—— kʻɯ˧ zo˧ 小馬
—— kʻwa˧ ʂo˩ 馬掌
mɯ˥ ɣɯ˧ —— ŋʐo˩ 竹馬
—— mo˧ tse˥ kɯ˩ 星名
—— fɯ˧ ta˥ tʌ˧ ndʑo˩
山名

˩ 畀 [ʐwa˩ 常単用此音字]
量東西 數一數點一點
捨得 除草

ɣɯ

ɣɯa [illegible]

˧ 量詞(一口,一嚼)
—— pa˩ 鬍子
—— mœ˩ 露雀
tʻi˥ —— 鬼名
—— ndʑo˩ 下顎脫位
—— —— 互相推近
kwa˧ —— 懊惱
—— mbɯ˧ tsʻi˧ 寶物名
ʂwa˧ —— se˥ 軟骨
ɕɯ˧ pʻɯ˩ —— ŋʌ˥ 鬼名
ze˩ bɯ˧ —— ʂʌ˥ 多巴名
ndʑa˩ na˧ ʐwa˥ —— 神
山名
ʑi˧ tsɯ˥ ŋʐwa˥ —— 一種藤
子

tʻi˥ —— sɯ˥ be˧ go˧ 神巫
三兄弟
tʻi˥ —— ze˩ ko˧ dʑɯ˩ 鬼名
˩ 牛軛 能夠做得
—— mbo˩ 胡說八道
ʂwa˥ —— 木頭之硬心
kwa˧ —— 灌起
mbɯ˧ ze˧ kwa˧ —— 蔭
ŋʌ˥ sa˧ ɕo˧ —— 龍王名
sa˧ za˩ —— tse˥ dʑi˧ mo˧
女人名

tɕʻo

tɕʻo˧ ˥ [illegible]

小 馱子 羊毛剪 擋 拘
謊 五斗 口水
—— pʻi˥ 吐口水
—— bɯ˩ 流口水
—— mi˧ 猜想
—— nɯ˧ 蓋毡
—— ʂʌ˥ 記性
—— sʌ˧ 霧氣
—— ʂʌ˧ 喜鵲
—— tɕʻi˧ 押當
—— kœ˧ 一種鳥
—— kʻa˧ 口疾
—— kʻo˧ 擋口舌鬼之門
—— kʻwa˩ 馬鞍
—— go˩ 口嘴
—— jʌ˧ 錢
—— ko˩ tʻy˥ 馬上之墊褥等
mbɯ˩ tʻa˥ —— jʌ˧ 多巴名
—— ma˩ o˧ tsʻi˧ 神名
—— na˩ la˧ sa˩ 魅名
tʂʻʌ˥ ʂo˥ —— mbɯ˧ 多巴名
—— tɕi˧ nda˧ kʻʌ˩ 多巴名

jʌ˩ ŋi˥ —— ŋgo˧ 多巴名

˧ [音字与高平調者同]

放置 單獨

bo˧ —— 野猪

—— ndo˩ 鳥名

la˩ —— 劊子手 放蠱

zɛ˥ —— 年青人

zo˧ —— 獨子

tʂʰɯ˥ —— 菜鉋子

ɕi˧ —— 單身之外族人

—— kæ˩ 緊急 忙

kɯ˥ —— 反扣起

—— kwɛ˩ 一種瓜

—— hʌ˩ 生育

pʰæ˥ —— mɛ˧ 小姑娘

ŋɯ˧ —— kʰwa˧ 放死者木身之崖洞

tɕi˥ —— nda˧ kʌ˩ 多巴名

ho˩ py˩ zɛ˥ —— 多巴名

˩ [illegible]。

雲 酸 斤 稱秤

—— ba˩ 醋花

bɛ˧ —— 三角銀扣小帽

bɯ˧ —— 毛桃

—— tʂʌk˥ 雲朵

—— ɹɯ˧ 稱鑑

hwa˧ —— 草名

æ˧ —— 一種酒

—— ŋɯ˧ ɹɯ˧ 雪山名

tɕʰʌ [illegible]。

˥ 煮 疤

—— ty˧ 記起 備馬

—— qɯ˩ 顯明的記號

ɹɯɹ˧ —— 贅刺

—— ŋɡæ˧ 漿糊

ha˧ —— 稀飯

˧ 出瘡 麻瘋病

pa˧ —— 一種青蛙

—— —— 取笑

˩ 經書

tɕo [illegible]。

˥ 唱和,接腔,幫腔 麻痺 量詞（一份,一注）

—— tʂʰo˩ 起初

—— tɕo˧ 客氣

—— kɯ˧ 起初

dzʌ˩ bɯ˧ to˧ —— 龍王名

˧ 哄小兒睡覺

tɕo˥ —— 客氣

—— tɕo˩ 雞亂啼 二人相對徘徊

˩ 雞啼 哄騙 下活扣 馬嘶 一方面一邊

lɛ˧ —— 回轉 再 捉猪子

—— zɯ˧ 馬鈴鐺

tɕo˧ —— 雞亂啼 二人相對徘徊

tɕʰ

tɕʰi [illegible].

˥ 冷 吮吸 死

nɯ˧ —— 傷心

la˩ —— 手中貧寒

go˩ —— 唱山歌

nɯ˥ mɛ˧ —— 心中難過

—— ko˩ ɹɯɹ˧ 冷透心

[tɕʻi]

˦ 賣 青刺 看守

pʻɯɹ˩ —— 押當

tʻi˧ —— 送鬼走路

na˩ —— 賣絕,當死

tɕi˧ —— 押當

tɕʻi˩ —— 怕得發抖

ka˧ —— 幫忙 賣工

lɛ˧ —— sɯ˧ pʻɯ˧ 西方鬼王名

ʂæ˧ ʂɯ˩ ʂæ˩ kɯ˧ —— 划拳

˩ 麂子 甜 趕鬼竹尖刺 痛 鬼名

—— ndzʌ˩ 刀箭樹(地獄中有)

—— lɯ˧ 一種野蒜

—— tɕʻi˧ 怕得發抖

kʻwa˧ —— 背角

—— ŋʌ˩ 彈鬼竹片

ha˧ —— 乾糧

wa˧ —— 骨頭酥酸

tʻo˧ —— ʂɯ˥ 松林中

na˥ ʂɯ˧ —— 肌肉痛

ʂæ˧ ly˧ —— 施鬼血

tɕʻʌ 囚囚,侳,㞎,宆,𠤎,釓,凵,𢆶,乙,凸,䵷。

˥ 賠

˦ hɛ˧ —— 失落魂魄

tɕʻo 丘,玉,𠀋,巳,仆,仜,乓,世,攵,扎,丩,木,凵,由。

˦ 穿通 種族 用手指點 削尖

—— tsʻɯ˩ 本族

—— ɕʻo˩ 如意 隨着做

tɕʻo˩ —— 漸漸細小上去

mbɯ˩ —— ɕi˩ so˧ 三種神獸

tsʻa˧ za˩ —— mo˧ 女人名

—— tsʻɯ˩ kɯ˧ mæ˧ 本種本族之後代

ʔɛ˧ gɯ˩ ndæ˩ —— 大胡蜂

˩ 合適,如意

—— pa˩ 傢子(一種人)

tɕʻo˧ —— 漸漸細小上去

ɕʌ˧ —— 大鵬鳥

dʑ

dʑi 𠄌,𠄎,乙,㐅,𡿨,巛,巾,乚,𠃊,𠄌,彐,亘。

˧ 衣裳(古語) 曾經做過 神名

—— pʻɛ˩ 線編之口袋

fɯ˥ —— 浮炭

—— tsʻɛ˧ 木輪車

—— tsʻɛ˩ 橡樹

—— ɕo˥ 樫柳

kʻɯ˥ —— 凶年

—— mi˥ —— tsɯ˧ 女人名

fɯ˥ —— æ˩ na˩ 鬼雞名

na˩ kʻa˧ —— bɯ˧ 龍王名

la˧ tsɛ˥ —— mo˧ 人名

lo˩ i˥ —— bɯ˧ 龍王名

ly˥ i˧ —— bɯ˧ 龍王名

ʎʌ˩ za˥ —— bɯ 東方鬼王名

tɕʌ˥ —— pa˧ 龍王名

ʐɯ˩ ndʑwa˧ —— bɯ 龍王名

kʻa˧ ʐʌ˧ ŋʌ˩ —— 四頭神名

i˩ ʂɯ˥ —— mo˧ 女神名

k'ua˧ tɯ˩ mbɯɹ˩ ndzɯ˧ ——
神名
sa˧ za˩ ɹwa˩ tsɛ˥ —— nɯ˧
女人名
˩ 水 房子
—— bɯ˩ 潛水 潛水者
—— mbɯɹ˧ 引水木槽
—— mæ˧ 水尾
—— mo˥ 棺材
la˩ —— 手套
lɛ˧ —— 梯子
—— tsɛ˩ 洗臉
tʂ'ʌɹ˩ —— 精液
—— ʐwa˧ 淘水用之木叉
ɣɯ˩ —— 鞴子
—— ɣʌɹ˩ 混水
kɯ˥ —— 帳篷
ŋgæ˩ —— 刀鞘
ŋʌ˧ —— 超度死者之小棚
ha˧ —— 飲食
hɛ˧ —— 寺廟
hɯ˩ —— 雨水
—— mbɯ˩ k'wa˧ 出水處
—— la˧ dɯ˧ 水漩渦
—— tsɛ˥ k'wa˧ 水井
—— sɯ˩ p'ɛ˥ 洗臉手巾
—— sy˩ k'wa˧ 蓄水洞
zy˥ k'ɯ˥ —— 胞衣
—— k'ɯ˥ ɣɯ˧ 石花菜
—— ʔɛ˧ bʌ˧ 主持家政之男子
—— mbɯɹ˧ ɣɯ˩ za˩ 發大水
mi˧ ɕi˥ —— t'ɯ˩ 虹
—— ʝi˧ ɣɯ˧ ʂɯɹ˥ 泉涌瀰漫
mɯ˧ ɣɯ˥ ndʌ˧ —— hɯ˥
神海名

mɯ˧ ɣɯ˥ ʂɯ˧ —— qɯ˩
無量河

dzʌ 呲,吋,吔,叶,吶。

˧ —— ma˩ 戲子
k'ʌ˧ —— 馬料兜
—— a˩ 印度
ʂʌ˥ ta˥ —— o˩ 神名
—— ka˧ na˩ —— 神名
tʂ'ɛ˩ ɲi˧ —— k'wɛ˩ mbo˩
十二個山坳口處
˩ 跑 法碼 豐足,豐富
—— bo˩ 坐櫃
—— tʂ'ɛ˧ 寶傘
—— ŋga˧ 天秤
—— bɯ˧ to˧ tɕo˥ 龍王名
—— bɯ˧ t'ʌ˥ ʝʌ˧ 龍王名
—— bɯ˧ tɯ˧ tʂ'ɯ˧ 龍王名
nɯ˩ ndzɯ˧ —— bɯ˧ 北方鬼王名
sɛ˥ sɛ˧ k'ʌ˧ —— 神名
kɯ˩ p'ɯɹ˩ —— mæ˧ 星名
kɯ˩ p'ɯɹ˩ —— kɯ˥ 星名(天狼星)
ʂɯ˧ ɣɯ˥ ʂɯ˧ —— 飛禽之王
dzɿ˧ —— la˧ ɣʌ˧ dy˩ 人類豐華之大地上

dzo 當。

˧ 有
bɯ˧ —— 墊鍋圈
la˩ —— 手鐲
ndzʌ˧ la˩ tʂ'ɯɹ˥ bɯ˧ —— 蟬
˩ 女奴隸 時光,場合 一次,一回
(古語)

ndʑ

ndʑi˩ [illegible]。

˥ 燒
po˧ —— 燒紙祭祀
ʑɯ˩ —— 燒雞毛送鬼
tʂʻo˥ pa˧ —— 燒天香
˧ 酒葯 走 流 鬼名
—— bu˧ 馬鐙
—— ndɯ˧ 詛咒
—— ʐʌɤ˧ 多巴作法時以酒葯代酒敬神
—— wɛ˩ 五行
ko˩ —— ko˩ tɛ˧ 倒鈎針縫
˩ 舂好了 說好了
ŋgɯ˧ —— 細細的嚼

ndʑo [illegible]。

˧ 菜類 硬 死了 漏洞 蔓菁
tʂʻʌɤ˧ —— 鋼太硬
ʂo˩ —— 鋼
˩ 山 在
ɯ˥ —— 夾山，上山。
mbuɤ˩ ɤu˥ —— 維西縣之犛牛山
la˩ tʂʻuɤ˥ —— 拳頭
—— na˧ ʐwa˥ ɤwa˧ 神山名
ʐwa˧ fu˧ taɤ tsʌ˧ —— 山名

ɳ

ɳi [illegible]。

˥ 鼻涕 空虛 賴(古語) 寄放 撕破
—— mbuɤ˧ 人中
—— mʌɤ˩ 鼻子
nɯ˧ —— 傷心
—— ʐʌɤ˩ 鼻梁
—— ɳi˧ 奶頭
—— ɳi˩ 相同一樣
mbæ˧ sa˩ —— 空蜂房
fu˥ —— ɳi˧ 瘰癧
ɳi˥ sɯ˥ pʻɛ˥ 揩鼻涕手巾
pa˧ by˧ lo˧ —— 多巴名
—— tʂɯ˧ ko˩ wa˧ 龍王名
jʌ˩ —— tɕʻi˥ ŋgo˧ 多巴名
˧ 魚 二 借 要 天(一日一天) 剝
—— pɛ˥ 釣魚
—— po˧ 雙魚寶物
—— pʻuɤ˩ 霜
—— mɛ˧ 太陽
mɯ˥ —— 新竹
—— nɯ˩ 妻子
—— la˧ 大魚
—— tsʌ˩ 二十
so˩ —— 明天
—— zɛ˥ 吸風小鷹
tʂʻɯ˧ —— 今天
ɳi˥ —— 奶頭
kʻɯ˧ —— 小狗
ŋgo˧ —— 剷除不潔法儀
hæ˧ —— 玻璃珠子
ʔɛ˩ —— 姑母 姨母 舅母 昨天

—— wɛ˩ 地獄
—— mɛ˧ tʻɯ˧ 東方
—— mɛ˧ na˩ 日子不吉
—— mɛ˧ ʂɯ˩ 西方
fɯ˥ ȵʌ˥ —— 瘡瘤
tʻɛ˥ —— ʂɯ˧ 一樣的
tʂʻɯ˧ —— mæ˥ 從今以後
ko˥ qɯ˧ —— 大後天
ʔɛ˩ ʂʌ˥ —— 前天
—— mɛ˧ ta˩ ba˩ 向日葵
—— mɛ˧ ka˧ ɣɯ˧ 太陽正辣
mɯ˧ ɣɯ˥ —— kʻæ˧ kʻæ˧ 地名
tsʻɛ˩ —— zɯ˧ pʻɯ˩ dzɯ˩ 地名
tʂʻɛ˩ —— dʐʌ˧ kʻwɛ˩ mbo˩ 十二個山坳口處
ʔo˥ ma˩ —— pɛ˧ mĩ˧ ho˥ 六字真言(唵嘛呢叭咪吽)
˩ 可以
la˧ —— 手指
ʂæ˧ —— 端公
ȵi˥ —— 相同,一樣

ȵʌ˥ 自

˥ 染污 清晨絕早
—— lo˧ 野藤子
—— tʂʌ˧ 草名
—— ȵʌ˧ 染污 清晨絕早
dɯ˧ pʻɯ˩ ɣwa˧ —— 鬼名
—— sa˧ ɕo˧ ɣwa˩ 龍王名
—— ʂʌ˧ ty˧ wɛ˩ 龍王名
kʻwa˧ mo˧ —— ʂɯ˩ 多巴名
˧ —— ȵʌ˧ 染污 清晨絕早
—— ȵʌ˩ dy˩ 牛牛壩(地名)
—— ȵʌ˩ ʑʌ˧ ma˩ 護法神名

˩ 眼(古語) 鬼名
ʂæ˧ —— 端公
kæ˧ —— 從前
nɯ˧ —— ʑi˧ 在心
ȵʌ˧ —— dy˩ 牛牛壩(地名)
ȵʌ˧ —— ʑʌ˧ ma˩ 護法神名
kʻa˧ ʑʌ˧ —— dʐʌ˧ 四路神名
kʻʌ˧ ȵo˧ —— ȵo˩ 鬼王名

ȵo 〔Naxi glyphs〕。

˥ 我(古語) 發抖 鬼名
˧ 雨下透了
˩ 春天

ɕ

ɕi 〔Naxi glyphs〕。

˥ 舌 攀彎下來 慢慢放倒
—— mbɛ˧ 口味輕 口舌靈便
mɛ˧ —— 火焰
tʂʻo˩ —— 仙人掌
mɛ˧ —— dʐʌ˩ tʂɯ˩ 虹
˧ 人 百 網
bo˩ —— 闡遍之公豬
by˩ —— 外人
mbo˩ —— 保人
ta˥ —— 助手
—— tɯ˥ 跟人跑 背貼近人
—— tɯ˩ 用暗號約人 出一個人
—— dy˩ 別處
n —— 麼些人
ʑ —— 揉好了的褲子皮

—— qui˩ '大人' 老民(一村之長者)
—— tʂuɯ˩ 笑話人
tso˩ —— 佃户
—— ʑɯ˥ 押守人犯
—— tɕʻi˧ 單身之外旅人
ha˧ —— 麵團人
ɥo˩ —— 捕人者
—— pʻɯ˩ bɛ˧ 奉承人
tɯ˩ lɛ˧ —— sy˩ 千種百樣
ɕʌ˩ —— py˩ mɛ˧ 多巴名
˩ 稻 養 山地(指刀耕火種之地) 生育
—— po˧ 綢緞 産月
—— pʻo˧ 寄養牲畜生子雙方平分的制度
ɕɯ˧ —— 蜈蚣
ndza˧ —— 敲詐
mbɯ˩ tɕʻo˧ —— so˧ 三種神獸

ɕʌ 下,ㄇ,ㄇ,下,ㄐ。

˥ 打卦 搽 風頭
—— mjʌ˧ 來之總稱
—— ɕʌ˧ 賄賂
˧ —— tɕʻo˩ 大鵬鳥
ɕʌ˥ —— 賄賂
—— ɕʌ˩ 談情說愛的朋友
ho˩ —— 茴香
˩ 閑 歇休息
ɕʌ˧ —— 談情說愛的朋友
—— kʻɯ˧ 古宗人祭鬼時所用之一種祭木
—— ɕo˥ 大鵬
—— mba˧ py˩ so˧ 神名
mbɯ˩ kɯ˧ —— so˧ 多巴名

ʂæ˩ ʂɯ˧ ʂæ˩ —— 多巴名

ɕo 占,占,旦,丁,巫,百,山。

˥ 納
—— dy˩ 香餚
—— ʂɯ˧ 敬供
dʑi˧ —— 檉柳
—— kʻɯ˧ 野犬,狼
do˧ tɕʌ˥ —— mo˩ 女人名
hæ˧ na˥ lo˧ —— 多巴名
—— sʌ˧ ka˧ ɯ! mbo˩ 山坡口上之經堆
kʻa˩ ndzɯo zy˥ ɕɯ˧ —— 祭天時中間之柏木神
˧ 供養 許願
—— ʐɯ˧ na˧ tsa˩ 經堆
ŋʌ˥ sa˧ —— ɯa˩ 龍王名
˩ 困倦 香味 出怪事
—— mi˧ 香火
—— lo˧ 一種羊子
—— ɯ˧ 香爐
kæ˧ —— 料酒
kʻæ˧ —— 懶散
wa˧ —— 沒精神
—— nɯ˩ pa˥ 燒香敬神之板(香板)
—— tso˧ dy˩ 六道中之一道
—— kʻɯ˧ tsɯ˧ 鬆緊口之口袋
—— lo˥ py˩ so˧ 神名

k

ka 冂,下,丌,冂,下,爪,斥,尸,下,丘,爪。

˥ 蓋起 雇
kɯ˧ —— 蓋子

˧ 好 一個工 力氣
—— pʻɯ˧ 工錢
—— mɛ˥ 幫困苦隣人做工之制度
mjʌ˩ —— 眼明
nɯ˩ —— 嘴巧
la˩ —— 手巧
—— lɛ˩ 油炸之米粉片
ndzɯ˧ —— 可以吃的
—— zo˧ 工人
ʂʌɾ˧ —— 發財
—— tɕi˧ 幫忙 賣工
—— ka˩ 打賭 累倦
—— ji˧ 有力氣 肥
—— lɛ˩ tsʻy˥ 人名
ma˩ ha˥ —— la˧ 神名
ɲi˧ mɛ˧ —— ɣɯ˧ 太陽正辣
—— qɯ˩ la˧ pɯ˩ 神名
gɯ˧ ɣo˩ —— lɛ˩ 保佑
ɕo˧ sʌ˧ —— ɣɯ˧ mba˩ 山坳口上之經堆
˩ 勞累
—— pɛ˥ 許多
tsɛ˧ —— 佩於胸前之剔牙棒剔耳勺等飾品
ka˧ —— 打賭 累倦
—— hɛ˧ 歇息
tsɛ˧ —— la˩ 小環扣

kæ [illegible]

˥ 滑 一種植物
˧ 前面 搭東西的挂竿
pa˧ —— 八哥鳥
—— bɛ˥ 前襟
mæ˥ —— 前後
—— tɯ˥ 當面亮出來一下 脚向前伸一步 稍息

—— ndzɯ˩ 前妻 前夫
—— ʂɯ˩ 道理
—— ʂɯ˥ 上前亮出來一下
—— ɣɯ˩ 植架
tɕi˧ —— 一種鳥
dʑi˧ —— 庭院
—— ɲʌ˩ 從前
—— ɕo˩ 料酒
—— kæ˩ 抓
kæ˩ —— 癢
—— hæ˥ 攀胸
—— mbo˩ kʻo˧ 大門口
ma˩ li˧ —— ɣʌɾ˩ 用手搖轉之小經筒
pʻɯ˩ na˥ ɣɯ˧ —— tʂo˥ 陰陽交界處
nda˧ ɣɯ˩ wa˧ tʂʌɾ˥ —— 十字骨節
˩ 亮 抓 秋千架(古語) 虎紋
—— mbɔ˩ 秋千
—— tɯ˥ 出大威風
lɛ˧ —— 烏鴉
tɕi˧ —— 緊急 忙
kæ˧ —— 抓
—— kæ˧ 癢
lɛ˧ —— py˥ mɛ˧ na˩ 啄木鳥

kɛ [illegible]

˥ 挖 扭傷 掏
—— lo˩ 大理
˧ 頸 盅
—— by˧ 皮口袋
—— ta˩ 小兒之圍嘴 怒目相向 歪頸子的人
—— nda˥ 打鼠竹夾子
—— qɯ˩ 架子大

[kɛ]

—— tɕʻɯ˩ 捏死
—— kwa˩ 告狀
mbæ˧ mɿ˧ —— 鎖骨凹窩
nda˧ la˧ la˩ —— ʂʌɣ˩ 魚鷹
˩ 彎鉤 鉤子 恨
nɯ˧ —— 掛念掛心
—— kʌɣ˥ 呵癢
mɯ˧ —— tsʻɛ˩ ho˥ ty˧ 十八層天上

—— bʌ˩ 改變 禁戒
˩ 酒罈 歸處
la˧ —— 窗上花格子
tsa˥ —— 小劊斧
tsɯ˧ —— 鳥名
ʈwa˧ —— 神名
zɯ˧ —— 酒罈 大酒量的人
hɯ˧ —— 牙縫
i˧ gɯ˩ ʔa˧ —— 神名
i˧ gɯ˩ o˧ —— 神名

KA 字形。

˥ 鷹 耙子 耙地 量詞(一枝一枝) 強以酒食讓客 指使催促 獵狗追逐野獸
—— po˧ 布穀鳥
—— pʻɯ˧ 反過來
—— mo˥ 鷹
mo˩ —— 杜鵑樹
tʻa˧ —— 星名
la˩ —— 牛角橫長
ʂwa˧ —— 小葉杜鵑木
i˧ —— 木名
—— bɯ˧ tʻa˩ 多巴名
—— mo˥ ndʐo˩ 永寧獅子山
—— ɳæ˧ æ˩ 一種藤子
—— pʻɯ˧ —— lɛ˧ 翻來覆去
fɯ˧ lɛ˧ —— kɯ˩ 星名
—— tʻɯ˧ sɿ˧ kwɛ˧ 情死鬼王名
la˩ bɯ˧ tʻo˧ —— 神名
—— ndzɯ˧ sɛ˧ zɯ˧ 多巴名
˧ 大木桶 鏡子 改過
—— kɯ˧ 前些時

Kɯ 字形。

˥ 穿山甲 穿鞋穿褲 帶子 束帶子 哼哼呻吟 熏燎
pʻi˩ —— 燒肩胛骨占卜
bɯ˧ —— 帶子
—— ʂo˩ 韭菜
—— ɣɯ˧ 打糧食之雙聯棍
˧ 恭求、聰明 伸大拇指(恭維讚嘆)
—— tsʻɯ˩ 山雞
—— tɕɯ˩ 話
tɯ˧ tɯ˩ —— kɯ˩ 千千萬萬
—— za˩ na˩ mo˧ 女鬼名
˩ 星 膽 稱輕重 萬(古語)
—— mbɯ˩ 鹽味太重 多吃鹽而病死
tʻa˥ —— 星名
so˧ —— 晨星
kʻæ˧ —— 一種動物之膽(寶物)
—— kʻo˥ 神名
kʻɯ˧ —— 昏星
—— pa˥ bɛ˧ 新春開糧禮 開倉禮 新婚禮
—— mæ˧ pʻɯ˩ 彗星
—— ɲɯ˧ ɣɯ˧ 雪山名(在中甸縣北地)

—— pʻuɪ˩ mæ˧ ɣo˩ 彗星
—— pʻuɪ˩ dʑʌ˩ mæ˧ 星名
—— pʻuɪ˩ dʑʌ˩ ku˧ 星名(天狼星)
ʃu˧ lɛ˧ kʌ˥ —— 星名
tu˧ tu˩ kɯ˧ —— 千千萬萬
ʑwu˧ mo˧ tsɛ˥ —— 星名
—— kʻo˥ dɯ˩ dʑɯ˧ 九頭神名
hɛ˩ i˧ —— kʻo˥ 神名

ko [illegible]。

˥ 乾涸 過度 供 發不出聲音 抛去
—— po˧ 鍋蓋
—— pʻi˥ 貪吃
—— mɛ˧ 口子
—— so˩ ȵi˧ 後天
—— qɯ˧ bɛ˧ 大後年
—— qɯ˧ ȵi˧ 大後天
mjʌ˩ —— po˧ ʃu˧ 眉毛
˧ 拴狗之棍 澆水
—— pu˥ 遇見
—— bɛ˧ 後年
—— mo˩ 帽子
ta˥ —— 回話
—— to˧ 教訓
—— ɯlo˧ 大馬鈴
—— lo˩ 公共的
sɛ˥ —— 秀才
[illegible]wa˧ —— 雄馬
—— ŋgu˧ 枕頭
薑 針 高山草甸牧場 家 送給 裡面 生肖相合 心意
—— pɛ˥ 麻米(一種食品似麥片)
mɯ˥ —— 竹子內皮
—— ty˥ 衣裏子
za˧ —— 襪子
—— ɣʌɪ˧ 栽種合時 小意
ʑʌ˧ —— 家
ma˩ tsʌ˧ —— 一種紅皮鴿子
mjʌ˩ —— tʻo˥ 華麗耀目
la˩ tsʻy˥ —— 地名
—— zɯ˧ tɕʌɪ˥ 草名
tɕi˥ —— tʻy˥ 馬上之墊褥等
tɕʻi˥ —— ɕi˥[illegible] 冷透心
tʻu˥ tʻu˧ —— wa˧ 多巴名
—— ndʑi˧ —— tɛ˧ 倒鈎針縫
ɯ˧ la˥ mjʌ˩ —— 葡萄

kɯ [illegible]。

˥ 會做 虹(古語) 神名(萬能之神) 外衣 俯臥 反扣起 罩起 果殼
—— tʻi˩ 線鉋
—— dɯ˩ 皮風袋
tsʻo˧ —— 鋤頭
—— tɕi˧ 反扣起
—— dʑi˩ 帳篷
ȵi˧ —— 兩個人
—— kɯ˩ 照顧 合扣起
ku˧ —— 蛋殼
—— ʂɯ˩ 女鬼名
mɯ˧ dʑʌ˩ —— 腳指甲
la˧ dʑʌ˩ —— 手指甲
mɛ˩ py˩ —— la˧ 多巴名
—— tu˥ ŋgɯ˩ o˩ 多巴名
sɯ˧ ma˧ ma˩ tso˧ —— ʂu˧

ma˩ 女魔鬼名

˧ 頭 蒜 蛋 鬼名 量詞 (人數之單位) 第一個

—— pa˥ 頂上面的 首領 樹尖

bi˧ —— 洋芋

—— mbɯ˩ 小孩之一種頭瘡

—— mæ˥ 頭尾 蛋中空處

mɯ˧ —— 天上

—— fɯ˥ 腦子

—— fɯ˧ 頭髮

—— tʂʻɛ˥ 尖

tʻɯ˧ —— 出處

nda˧ —— 皮鼓 天天捶打的人

—— na˩ 女人 第一擲兩海貝俱黑(占卜時)

—— tsʻɛ˥ 頭盔(古語)

ndzɯ˩ —— 位置

—— sy˧ 零星使用

—— dʌɹ˧ 芽

tʂʻʌ˥ —— 這裡 tʂɯ˧ —— 百合 —— tʂo˥ 上册

—— dʑo˩ 頭屑

ʂʌ˥ —— 說下的地方

—— ʂʌɹ˩ 女人

—— ɣɯ˩ 應生角而未生角之獸 脊樑

tɕo˥ —— 起初

—— tɕʻo˧ 削尖

ɕi˧ —— 頭人 領頭的人

˩—— ka˥ 蓋子

ka˧ —— 前些時

kɯ˥ —— 骷髏

—— kɯ˥ 蛋殼

—— kʻæ˥ 披頭散髮

kʻæ˧ —— 懸菇

kʻʌ˧ —— 懸菇

—— ɣo˩ 題目

ma˩ —— tsʻɯ˥ 跪

—— fɯ˥ vɯ˩ 費腦子

—— tɕo˩ pa˥ 留起不剃之頭髮

kʻɯ˩ —— mi˥ "認頭"細引線

tʻɯ˧ lɛ˧ pɯ˥ —— 出處來歷

—— tsɯ˧ za˥ ba˩ 花名

ndzʌ˩ —— ndzʌ˩ mi˥ 應出的份子

ɣɯ˧ —— py˧ mbɯ˩ 多巴之自稱

tɕʻo˧ tʂʻɯ˩ —— mæ˥ 本種本族之後代

kɯ˩ pʻuɹ˩ dʐʌ˩ —— 星名(天狼星)

mɯ˧ ɣɯ˥ ɣo˩ —— pʻuɹ˩ 神名

tʻi˥ ɣwa˧ æ˩ —— dzɯ˩ 鬼名

ʂæ˧ ʂɯ˩ ʂæ˩ —— tɕʻi˧ 劃拳

ʂʌ˩ ba˩ —— ɭuɹ˥ ɭuɹ˧ 麼些族音字之裝飾符號

˩ 嘴 下蛋

bæ˧ —— 掃帚

bɛ˧ —— 篩麵的竹籮

lɛ˥ —— 麝香

tʂʻwa˧ —— 大眼竹篩

—— kʻʌ˥ 巢

mɯ˥ ɣɯ˧ —— kʻʌ˥ 祭風竹籠

kʻ

kʻa 〔Moso script characters〕

˥ —— ts'ɛ˧ ɣɯ˧ p'ɯɣ˩ wɛ˧ 地名
˧ 苦 生氣 責罵 一個对方
的布
—— ta˩ 圍裙
da˥ —— 苦瓜
—— da˧ 哈達(作為禮物之絲巾)
na˩ —— 五色纓綢(法儀用品)
la˧ —— 小葉白楊木
sɛ˩ —— 梅子
zo˩ —— 草名
ʐɯɣ˧ —— 麼些人之一支
—— ɣɯ˥ 法輪
tɕi˥ —— 口疾
—— —— 吵
—— k'a˩ 差不多快了
—— ta˩ bi˥ 前襟
ʂæ˧ ly˧ —— 施鬼血
na˩ —— tɑ˥ jʌ˧ 神名
na˩ —— dʑi˧ bɯ˧ 龍王名
—— —— ʂʌ˥ ʂʌ˧ 吵吵鬧鬧
—— ʐʌɣ˧ ŋʌ˩ dʑi˧ 四頭神
名
tu˩ ʐɯ˧ na˩ —— dʐæ˩
大城市名
˩ 皇帝 時刻
—— dzɛ˧ 包谷
—— ɣɯ˧ 鐵檑
—— kɯ˩ 北極星
—— ndzɯ˩ ly˥ gɯ˧ ɕo˥
祭天時中間之柏木神

k'æ [illegible]

˥ 射 用手指彈 反動鬆解繩索
照 反震
mby˩ —— 敘利
tɕæ˩ —— 彈琵琶
—— ɣɯ˩ 彈羊毛之弓

dʑi˩ —— 拆房子
kɯ˧ —— 披頭散髮
—— k'æ˧ 亂打打開亂翻
wa˩ —— 隱隱綽綽看見
˧ 啃咬 溝 交竹(織具) 一種
動物 送給役吏之酒食等
物
—— pɯ˥ 木名
—— bo˩ 送岳母之全猪
—— mo˩ 舊水道
—— ɕo˩ 懶散
—— kɯ˩ 一種動物之膽(寶
物)
—— kɯ˧ 戀姑
k'æ˥ —— 亂打打開亂翻
—— k'æ˩ 交竹(織具)
mɯ˧ ɣɯ˥ ŋi˧ —— —— 地
名
˩ 調換
k'æ˧ —— 交竹(織具)

k'ɛ [illegible]

˥ 焦了,糊了 顏色之正
na˩ —— 焦黑,最黑
˧ 折斷 屎 屁
mjʌ˩ —— 眼屎
—— tɕy˧ 半半截截的
—— ʂʌɣ˥ 煙熏塵網
—— ɣɯ˥ 大便
—— k'ɯ˥ 放屁
bo˩ —— si˥ li˩ 蜣螂
tsɯ˥ —— ta˥ dʐɯ˩ 羊棗
wæ˧ —— i˧ lɛ˩ 右彎右
折之木片(法儀用品)

k'ʌ [illegible]

【kʻʌ】

˥ 籃子 熄火
kɯ˩ —— 巢
—— kʻʌ˧ 計議
˧ 劃開 打破 深溝
—— dzʌ˧ 馬拌兜
—— kɯ˧ 懸接
kʻʌ˥ —— 計議
ɕi˧ —— ŋɡɯ˧ 冲犯自己的人
sɛ˥ sɛ˧ —— dzʌ˩ 神名
ʂɯ˧ sɛ˧ —— mba˩ 北方大多巴名
—— ŋɡo˧ ŋʌ˩ ŋɡo˧ 鬼王名
˩ 旁邊
mi˧ —— 罪過
ta˥ —— 口舌之罪過
nda˧ —— 大鼓(法器)
—— mɯ˩ 發酵變味
ʔɛ˧ —— 高祖
jʌ˧ —— 送鬼之竹箕
tɕi˥ tɕi˧ nda˧ —— 多巴名

kʻɯ [illegible]

˥ 裝進去 放出去 去
mby˩ —— 還利息
mæ˥ —— 後事 後腳
mi˧ —— 燒火
to˥ —— 放替身法儀之一種
nɯ˧ —— 放心
la˩ —— 用力 放開手
tʂʻʌɪ˧ —— 點藥
kʻɛ˧ —— 放屁
—— kʻɯ˧ 裝進去
kʻɯ˧ —— 放犬行獵
kʻɯ˩ —— 下活扣 放扣繳
wɛ˩ —— 放鷹行獵
mʒʌ˩ mbɯɛ˧ —— 流眼淚
zy˥ —— dzɛ˩ 贈衣
ko˩ —— kʻɯ˧ 穿針引線
˧ 狗 腳 根 埋起使暖
—— py˧ 腳鐐
—— pʻɛ˧ 拔頭道草
—— pʻy˥ 狗獾子
—— by˧ 大有錢的人 粗腿
—— mba˩ 根本
—— mbɯ˩ 斷根
—— ti˧ 頂替
—— dɯ˩ 草名
lɛ˥ —— 褲腳
—— tsɯ˧ 裹腳布
—— tʂʻo˧ 死(伸腿去了)
—— ʂo˩ 跳蚤
ʐwa˧ —— 小馬 馬腳
—— ɲi˧ 小狗
ɕi˧ —— 人數 人手
ɕʌ˩ —— 古宗人所用之一種祭木
ɕo˥ —— 野犬 狼
kʻɯ˥ —— 裝進去
—— ŋɡɛ˧ 跛子
—— ŋɡʌ˩ 挑撥事端
—— kwɛ˥ 安排
—— kʻwa˧ 遠
ha˧ —— 燜飯
ho˩ —— 瘋狗
—— hy˥ 頂替者
—— tɯ˥ tɯ˩ 線團
—— ndzɯ˩ tʂɯ˧ 西北方
tʂʻwa˥ —— ba˩ 玉蘭花
mbɯ˩ —— ɕʌ˩ ʂo˧ 多巴名
—— ndzɯ˧ [illegible]˩ ʂʌ˩ 鬼名

mɯ˧ ɣɯ˥ to˥ —— pʻɯɣ˩ 里(地名)

˩ 線 巢 山地(刀耕火種之地) 量詞(細長東西的單位) 牲畜的生產次數
pʻy˥ —— 大竹籠子
si˧ —— 綠
—— pʻɯɣ˥ 占卜之一種
—— tɕo˩ 下活扣
—— kʻɯ˥ 下活扣 放扣線
ʔɛ˧ —— 蔓菁
ji˥ —— 被蓋
i˧ —— 作肥料之樹葉
—— kɯ˧ mi˥ 認頭,細引線

kʻo [illegible]

˥ 穿殺 地上臨洞 門道,方法
—— mbɯ˩ 吸酒之木管
—— mbo˧ 透明窗窿
—— ɖɯ˩ 逞能
sʌ˧ —— 劃新木頭
tɕəə˩ —— 一種口袋
ʂwa˩ —— mbo˧ 曙光
hɛ˧ kʻwa˧ —— 打耳光
kɯ˩ —— dɯ˩ dʑɯ˧ 九頭神名
hɛ˩ i˧ kɯ˩ —— 神名(即上面之九頭神)

˧ 門 鋪蓋 口
—— bʌ˩ 門扇上
bo˩ —— 星名
—— mbo˩ 門坎
—— tʻɯ˥ 哄套 門邊
—— tʻo˩ 後面 以後
dy˩ —— 闢地

—— ɖɯ˩ 說大話
tɕʻi˩ —— 星名
—— ʂɯ˩ 口傳
—— ɣɯ˥ 漏風
—— ɣɯ˥ 法輪
tɕwa˧ —— 灶之正面(不能坐人之一面)
—— kʻo˩ 口絃
kʻwa˧ —— 古言
py˩ ly˧ —— 開靈經
—— pʻo˧ la˧ sa˩ 婚喪大事中之總理
bi˧ di˩ —— ɣo˥ 蟲類
mɯ˧ tʻɯ˧ dy˩ —— 開天闢地)

˩ 父系一支之親屬 內 捧接起 捶打
—— bʌ˩ 裡面
la˩ —— 雙手捧接
—— ɣɯ˧ 親戚

kʻɯ [illegible]

˥ 彎曲 歲 屬象生肖 啄
—— pʻəə˧ 年紀
—— mba˩ 晚霞
mɯ˧ —— 晚上
—— dʑi˧ 凶年
—— kɯ˩ 昏星
—— kʻɯ˧ 互啄 擦亮
—— ʂɯ˩ 牲畜(古語) 鬼名
hɛ˧ —— 耳環
—— ɯ˧ 昏星 年歲好
dʑi˩ —— ɣɯ˧ 石花菜

˧ 偷 收割
bɯ˧ —— 虫名(蝸牛)

—— mæ˧ 小偷
dzɯ˩ —— 清楚了
k'ɯ˥ —— 互啄 擦亮
—— k'ɯ˩ 互助 互請
˩ 請客 喚叫 內
bæ˩ —— 刮糧食之小板
mɯ˥ —— 煙
ʐɯ˩ —— 呼喚仇人魂魄之經典
—— ɕi˧ 本族之內人
k'o˧ —— 口絃
k'ɯ˧ —— 互助 互請
wa˩ —— 喊魂

g

gʌ [音字]。

˧ 蹦 領位的的(如你的書)
—— mo˧ 駱駝
ʔɛ˥ —— 很很的
ŋʌ˥ —— ty˧ wɛ˩ 龍王名
˩ 茄子 上面 心中滿足
—— pa˧ 出苗
—— ba˩ 弟子 麼些族之音字
—— tɕɯ˧ 高升
—— lo˥ 人標名
—— sɯ˧ 甦醒
—— ʈɯ˧ 起立
—— ha˧ 張開 開口
ha˧ —— 變味的飯
—— hæ˥ 弟領子死
ty˧ so˧ —— pɯ˥ 龍王名
—— tɕ'ɛ˧ tsɛ˧ mbo˩ 東方大多巴名
—— ɕi˧ py˩ mɛ˧ 多巴名
—— ba˩ kɯ˧ ʈɯ˥ ʈɯ˧

gɯ [音字]。

˧ 飽 陷下去
—— da˧ 聚集商量
—— zɯ˧ 弟弟
—— ʈɯ˧ 脊背
ndzo˧ —— 落霓
—— gɯ˩ 不成熟而落小產
hɯ˩ —— 落雨
ɣɯ˧ py˥ k'wa˧ —— 地陷之洞
˩ 落下去 真
gɯ˧ —— 不成熟而落小產
ʔɛ˥ —— 甜蕎
o˧ —— 貪心
k'wa˧ mo˧ ŋa˥ —— 多巴名

go [音字]。

˥ ɢʌ˩ —— 大鵬
˧ bɛ˧ —— 弟兄(古語)
—— mɛ˧ 妹妹
mbɯ˩ na˧ ŋgɯ˥ —— 九頭蛇名
ʈʌ˩ ɕa˥ ŋgɯ˥ —— 九頭鬼王名
ʈi˥ ɣwa˧ sɯ˥ bɛ˧ —— 神巫三兄弟
˩ 背的東西 栩麵 藥乾了,裝透了 孕
tɕi˥ —— 口嘴
—— tɕi˥ 唱山歌

gɯ [音字]

[Naxi script]。

˧ 身體 可以 能夠 合
—— du˩ 核桃
ly˥ —— 中間
—— dzɯ˩ 古宗人
—— na˧ 規規矩矩的
—— gu˩ 彎彎曲曲的
—— hy˩ 祭天團群之名
ʔɛ˩ —— 舅父 姨父
tɛ˧ ɲi˧ —— 一樣的
tʂʌɤ˥ —— mbu˩ 骨節病
ho˧ —— lo˩ 北方
—— sɛ˧ kʻʌ˧ mba˩ 北方大多巴名
so˧ ɣo˩ tsi˥ —— 多巴名
—— ɣɯ˥ —— dzʌ˩ 飛鵹之主
—— ɣo˩ ka˧ lɛ˩ 保佑
˩ 熊 自生成的彎曲 勝得過
mɯ˧ —— 衣服被蓋
kʻi˥ —— 牲畜(古語) 鬼名
ɲi˧ mɛ˧ —— 西方
ʔɛ˧ —— ndʑe˩ tʻo˧ 大胡蜂
i˧ —— ty˧ na˥ 神名
i˧ —— ʔa˧ kʌ˩ 神名
i˧ —— o˧ kʌ˩ 神名

[Naxi script]

gə˧ [Naxi script]。

˦ 山之岔支 樹杈
˦ 戰勝 神名(勝利之神) 草名 難
dzʌ˩ —— 天秤
kɯ˥ tʻa˥ —— o˩ 多巴名

gə˩ [Naxi script]。

˧ 街號
mɯ˧ —— 天旱
—— tɛ˩ 剪刀 夾
tɕʌ˥ —— 漿糊
—— gʑə˩ 破落 亂剪
—— hɯ˧ 玩耍
˩ 長刀 甲衣 剪 潰敗 夾
—— bɛ˧ 木碟子
mi˧ —— 火鉗
—— dʑi˩ 刀鞘
gʑə˧ —— 破落 亂剪

gɛ [Naxi script]。

˥ 曬 烤火,曬太陽
ba˩ —— 曬太陽
˧ 跛 彎垂
ba˩ —— 糧食熟過了
la˧ —— 懶人
kʻɯ˧ —— 跛子
˩ 油 石鐘乳 好看 能勝任
ma˩ —— 化油
tʻo˧ —— 松脂
ə˩ —— 石鐘乳

gʌ [Naxi script]。

˥ 咒罵人之死 拱撬不平 偏
bɛ˩ —— 半塊,半邊
la˩ —— 手不準
—— gʌ˧ 偏偏要
˧ 飢荒 盡絕
gʌ˥ —— 偏偏要
—— gʌ˩ 爭辯
˩ 彈鬼竹片 彎撬 熄 敗謝
—— ndy˩ 撬桿 挑撥者
kʻɯ˧ —— 挑撥事端
gʌ˧ —— 爭辯

[ŋgɯ]

ŋgɯ 〔哥巴文字〕。

˧ 相信　炸裂　嚼
bɛ˩ —— 半塊錢
tʂwa˥ —— 中間
—— ndʑi˩ 細細的嚼
ko˧ —— 枕頭
—— ŋgɯ˩ 比賽
kwa˥ —— 中間
dɯ˧ pʻɯ˩ si˧ —— 神獅子

˩ 作房頂之木板　們(人之多數)
ly˧ —— 花紅，沙果
ʔɛ˥ —— 我們

ŋgo 〔哥巴文字〕。

˧ 除　拆離
—— pɛ˩ 靶子
—— mi˩ 藤子
—— ŋi˧ 刮除不潔法儀
—— —— 生死拆隔
na˥ bɯ˧ so˧ —— 多巴名
sɛ˥ zɯ˧ mi˩ —— 南方大多巴名
ɤʌɤ˩ ʂɯ˧ lo˧ —— 鬼王名
kʻʌ˧ —— ŋʌ˩ —— 鬼王名
jʌ˩ ŋi˥ tɕi˧ —— 多巴名

˩ 倉　病　馬(古譯)　白齒　熱
—— bɛ˧ 麗江
mæ˥ —— 後來
nɛ˩ —— 風濕病
nɯ˥ —— 羨慕
nɯ˧ —— 心中疼痛
tʻɯ˧ —— 其次，隨後
—— ɤɯ˧ 智齒
mɯ˩ ɤɯ˩ zwa˧ —— 竹馬

tsʻɯ˩ ʂɯ˥ —— mbɯ˧ 多巴名

ŋgɯ 〔哥巴文字〕。

˥ mbɯ˩ na˧ —— go˧ 九頭蛇名
mɯ˧ zɯ˧ —— zɯ˧ 天神九兄弟
ta˧ pɯ˩ —— zɯ˧ 九兄弟名
tʻɤ˩ da˥ —— go˧ 九頭鬼王名

˧ 九　炒鍋　筋　石(一百升)　雷劈
mɯ˧ —— 雷
tsʻɛ˩ —— 梭子　十石
—— tsʻʌ˥ 割斷根腱之刑法
tʂæ˧ —— 大銅鍋
kʻʌ˧ —— 女鬼名
dʑi˩ —— 大水桶
ɕi˧ kʻʌ˧ —— 沖剋自己的人

˩ 戳　打通
na˩ —— 星名
ho˩ tʻɯ˧ —— 賄賂

ŋ

ŋʌ 〔哥巴文字〕。

˥ —— ŋʌ˧ 纏辮　不辮到底
˧ 用肚子靠起
ŋʌ˥ —— 纏辮　不辮到底
˩ 我

ŋɯ 〔哥巴文字〕。

˥ 超度死人　輸
˧ 超度用之死者木身
—— bɛ˧ 做死者木身

ty˩ —— 隨大人一同超度之小兒木身
—— ʐɯ˧ 雪山
—— dʑi˩ 救死者木身之小棚
—— kiwa˩ 祭格
—— hæ˧ 剝死者木身
—— hæ˩ 金銀
—— tɕi˧ k'wa˧ 救死者木身之崖洞
tɕi˩ —— ʐɯ˧ 雪山名
kɯ˩ —— ʐɯ˧ 雪山名(在中甸縣北地)
jʌ˩ —— so˧ p'ɯ˧ 多巴名
sɛ˧ pi˩ ʐʌɾ˩ —— ʐɯ˧ 麗江文筆山
˩ 銀 哭 鑲包(古語)

h

ha 𐞁,𐞁,𐞁,𐞁,𐞁,𐞁,𐞁,𐞁,𐞁。

˥ 夜 剩留 宿夜 棲宿 強口張開 凍結
la˧ —— 越更越發
ʂʌ˩ —— 張開 闢口
—— ha˧ 哈哈
hɛ˧ —— 閏月
—— ha˧ i˩ 打哈欠
ma˩ —— ka˧ la˧ 神名
ma˧ pa˩ ɯ˧ —— 神名
˧ 飯
—— pʏ˧ 喪事禮物
—— mɛ˧ 乞丐
—— mo˩ 死麵
—— tɯ˧ 做飯
nda˧ —— 伺主 丈夫
la˧ —— 高粱
—— sa˥ 供神之飯
—— dʐɯ˩ 蒸飯前先煮米的那一道手續
—— sɯ˥ 配飯的菜
—— tɕi˩ 乾糧
—— dʑi˩ 糧食
—— ɕi˧ 麵團人
—— k'ɯ˧ 燜飯
—— hy˩ 常休飯 送鬼的血飯 米舂得不白的飯
nda˧ —— mɛ˧ 主婦
—— sy˩ k'wa˧ 磨眼
—— ʂɯ˥ so˧ 嘗新米
—— kɯ˥ pʏ˩ 飯桶,無用的人
˩ 反對,反抗

hæ

˥ [音字任用下面中平調˧或低平調˩的]

割 推起
mæ˧ —— 可憐
mʌ˧ —— 可憐
ɕi˧ —— 害人
kæ˧ —— 攀脚
ʂʌ˩ —— 吊頸子死
ŋɯ˧ —— 剝死者木身
ɬɛ˧ hɛ˩ —— 背撑皮口袋(超度法儀之一項)

˧ 𐞁,𐞁,𐞁,𐞁。

風 盤
—— bɛ˧ 小祭風道場
—— mba˩ 風吼
mæ˧ —— 馬後鞦
—— tɯ˧ 吹風 漏風
—— nɯ˧ 發瘋

[hæ]

—— ʂɯ˩ 黃金
—— pi˧ 玻璃珠子
—— —— 哈哈
—— tɯ˧ tsʻɛ˧ pʻɯ˥ 狂風暴雨
—— na˥ lo˧ ɕo˥ 多巴名
—— la˧ ʐɯ˩ kʻɯ˥ 祭風流鬼
—— ʂɯ˩ pa˥ mɛ˧ 黃金大蛙(神蛙)

˩ [glyphs].

金 綠 買 植物老了 牲畜年歲(吃多少次青草的意思)
mi˥ —— 娶女人
tɕɛ˧ —— 禮錢
—— qʻɛ˧ 大法帽 活佛帽子
—— ndʐʻɛ˧ 欺負壓迫
ʐɯ˥ —— 柳樹
ŋɯ˧ —— 金銀
—— i˧ bi˩ 金沙江
mi˥ —— tsʻo˩ dʐɯ˧ 娶了女人人口興旺
tsɛ˥ tsɛ˧ —— ʐɯ˧ mɛ˧ 黃金人石(神石)
—— i˧ ba˧ ɕa˩ ndzʌ˩ 神樹名

hɛ [glyphs].

˧ 月亮 月份 耳朵 魂
—— pʻo˥ 半月
—— mbo˧ 聾子
—— mɛ˧ 月亮
tsʻo —— 仙人掌

—— zo˧ 漢人
—— ʂʌ˩ 兇 驢
亂說亂听著
—— tɕʌ˧ 失落魂魄
—— dʐɯ˩ 寺廟 棺材
—— ʐo˩ 饞
ka˩ —— 歇息
—— kʻɯ˥ 耳環
—— ha˥ 閏月
ho˩ —— 漢人
wa˩ —— 魂魄
ɬɛ˧ —— pʻɛ˥ 歇工休息
—— kʻwa˧ kʻo˥ 打耳光
kʻwa˧ ɣo˩ —— hɯ˩ 聽到好消息

˩ 神,菩薩
mɛ˧ —— 姊妹
—— ʐɯ˧ 到菩薩池之路(像教長画)
—— ndʑʌ˧ 二月(陰曆)
ɬɛ˧ —— hæ˥ 背獐皮口袋(超度法儀之一項)
—— ʐɯ˧ pʻɛ˩ 經典名
—— qɯ˩ wa˧ pɯ˩ 神名
tʂwa˩ ʂɯ˧ —— qɯ˩ 神名
—— i˧ kɯ˩ kʻo˥ 神名

hɯ

˥ [glyphs].

海子(湖) 木炭 用棍子打 針上去 箭翎 一次,一回
—— la˩ 炒鍋
—— ɬɛ˩ 一種野獸
—— hɯ˧ 繞轉
hɯ˧ —— 木炭
ma˩ nɛ˧ —— 轉經繞

孝繭經超巡禮
sɯ˧ tso˩ sɯ˥ ɣɯ˧ —— da˧
na˩ da˧ 神名

˧ 

牙齒　涼粉　去
—— pɯɤ˩ 粉條
—— mbɛ˧ 菜刀
ʐɯ˧ —— 刀口
ŋgæ˧ —— 玩耍
hɯ˥ —— 纏繞
—— hɯ˥ 木床
bɯ˧ lɛ˩ —— 蘑芋

˩ [音字用高平調或中平調的]

雨　富　菁雞　容易　一分(十厘)
mʌ˧ —— 不如心
ndʐɯ˧ —— 朋友
ɤɯ˧ —— 伙伴
la˩ jʌ˧ —— 容易
lo˩ tso˩ nda˧ —— 多巴之自稱
tsɛ˧ —— mbo˧ bʌ˩ 女人名
kwa˧ ɣo˩ hɛ˧ —— 聽到好消息

ho 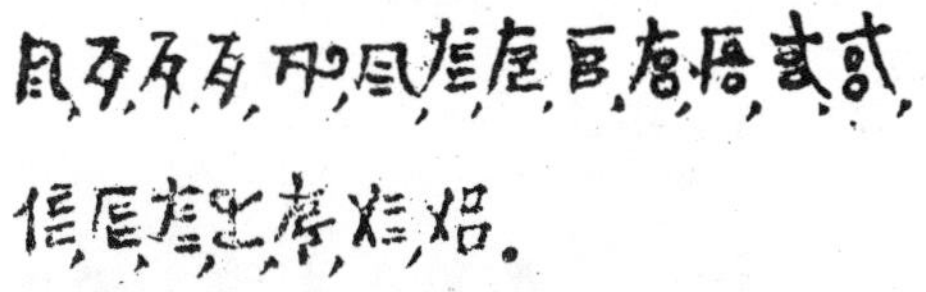

˥ 深　八　反芻胃　齊　表示願望的語尾助詞
—— dy˩ 地名
ʂʌɤ˧ —— 北斗七星
—— ho˧ 搖動

ɣo˧ mʌ˧ —— pa˧
四方八面

˧ 湯　等候　攔截起
—— pɛ˥ 菜
ho˥ —— 搖動.
—— gɯ˧ lo˩ 北方
ʔo˧ ma˩ ɲi˧ pɛ˧ mɛ˧ ——
六字真言(唵嘛呢叭嘧吽)

˩ 肋　晚上　遮　麼些人之一支何　趕救一群牲口　慢
—— po˧ 口袋
—— pɛʌ˩ 刮糧食小板
la˧ —— 一種竹子
—— za˧ 鞋子
—— ɤɯ˥ 葫蘆笙
—— ɢʌ˧ 茴香
—— kɯ˧ 獵狗
—— hɛ˧ 漢人
—— kwa˧ 半夜
—— tʰɯ˧ ŋgɯ˩ 賄賂
—— py˩ zɛ˥ tɕi˧ 多巴名
wɛ˧ tsʌ˥ —— mo˧ 神名

hy 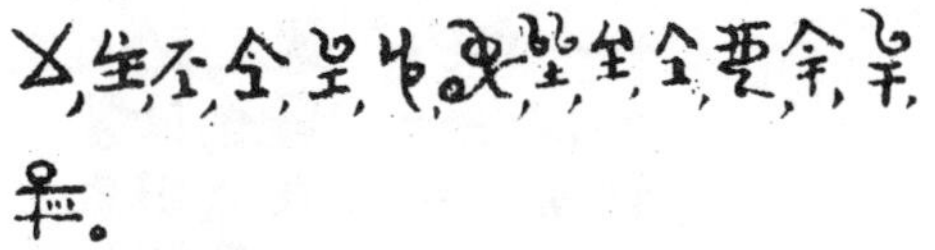

˥ 站立
mo˧ —— 起牆
kɯ˧ —— 項背
—— hɯ˧ 黏沾
—— i˧ ndzo˩ mbuɤ˧ ly˧
鬼王名

˧ 野獸　炒　裝得下
—— by˩ 炒麵糊粑
dy˧ —— 草果(調味品)
hy˥ —— 黏沾
—— ly˧ mbɯ˩ 一種法儀

[hy]

ɚ˩ dy˧ —— 芫荽

˩ 紅 低

mjʌ˩ —— 星名

ŋɯ˧ —— 一種祭天團群之名

ha˧ —— 常休飯 送鬼的血飯 来春得不白的飯

—— k'wa˧ 星名

kw

kwa [illegible].

˥ 答架 供神之来 瀉凹 中間 量詞(一把菜稼)

mbɿ˧ —— 撒尿

ʐɯ˧ —— 刀把

—— ŋgɯ˧ 中間

la˩ mɛ˧ —— 手上之虎口

la˩ —— bɯ 腋

ndzʌ˩ bo˧ —— 食指

˧ 大雁 跨 哄騙 管

—— p'ɯ˩ 媒人

mbɚ˧ —— 養蠱之人 養蜂之人

—— mɛ˧ 媒人的太太

mo˩ —— 帶兵的官

to˧ —— 反睦回來

—— tsʌ˧ 水果乾菓等

—— dʐɯ˩ 廚子

—— ɣwa˧ 懊惱

—— ɣwa˩ 灌起

—— kwa˩ 結實牢靠

mbɯ˧ zɛ˧ —— ɣwa˧ 繭

˩ 灶 火塘 牲畜胸腔之上端

bɯ˧ —— 木名 鍋灶

mjʌ˩ —— 瞪眼睛

ʐɯ˧ —— 酒醉

kɛ˧ —— 告狀

kwa˧ —— 結實,牢靠

ʔɛ˥ —— 村官

kwɛ [illegible].

˥ 一種刨鏟 桑樸 桑盘 擺供 塗漆

bɯ˧ —— 一種食品(米灌腸)

lo˥ —— 擺酒食供死者

qɚ˩ —— 邊測地基

tʂɯ˥ —— 一種食品

ɣɯ˧ —— 使歇息地力故意留起不種之田地

ɕi˧ —— 丢人

k'ɯ˧ —— 安排

jʌ˧ —— 烟斗

jʌ˧ —— py˥ ly˧ 烟斗頭部

˧ 棺材

—— kwɛ˩ 閑蕩

dʐo˧ dʐo˧ —— kwɛ˩ 伸懶腰

kʌ˥ tɯ˧ sɿ˧ —— 情死鬼王名

˩ 圈 收扎繩子 套起 狗頸圈 捲曲

mo˧ —— 盔

mɚ˧ —— 狗

kwɛ˧ —— 閑蕩

dʐo˧ dʐo˧ kwɛ˧ —— 伸懶腰

k'w

k'wa

˥ [illegible].

碗 多巴用之木牌 撥開

—— pa˥ 大碗

—— bjʌ˩ 多巴用之木牌

mjʌ˩ —— 睜眼

—— ŋgɚ˩ 盔甲

˧ [Yi characters]

角 洞 聲音 消息 蹄子 小口縫 拆隔開 有效驗

bɛ˩ —— 鐵法帽

—— mɔ˧ 聽到

—— mo˥ 古語

—— ma˩ 號角

—— ta˩ 圍裙

—— tɕɯ˧ 生氣

la˩ —— 肩

—— tsɯ˩ 椿子

ndʐɿ˩ —— 經典名

—— ʑɯ˧ 裝聾

—— tɕi˩ 首角

kɯ˧ —— 遠

—— kwa˩ 被破爛爛的

ho˩ —— 半夜

hy˩ —— 星名

—— ta˩ bi˥ 前襟

nɯ˧ —— vɯ˩ 斯文

la˩ ʑi˥ —— 柚子

ʐwa˧ —— ʂo˩ 馬掌(馬蹄鐵)

dʑi˩ mbɯ˩ —— 出水處

dʑi˩ tsɛ˥ —— 水井

ŋɯ˧ tɕɿ˧ —— 放死者木負之墓洞

—— mo˧ ŋʌ˥ gɯ˩ 多己名

—— dzɯ˩ ʑi˧ ma˩ 生蹄子的護法神

—— ɣo˩ hɛ˧ hɯ˩ 聽到好消息

—— tɯ mbɯ˩ ndzɯ˧ dʑi˧ 神名

˥ [Yi characters]

壞 田邊上的欄柵 搖子 跳皮

mi˥ —— 女人

mʑʌ˧ —— 命運不佳

—— ta˩ 圍裙

la˩ —— 手運不好 手藝不好 好打人

lɛ˧ —— 褲子

tɕi˥ —— 馬鞭子

ŋɯ˧ —— 祭椿

ɣo˩ —— 苗芽

—— ta˩ bi˥ 前襟

nɯ˥ bi˩ —— 言語很毒

nɯ˥ mɛ˧ —— 心不好

hw

hwa [Yi characters]。

˥ 画 棚子 群 一種麥病(紅穗病) 銹 有花紋的 弓弦

by˩ —— 揉炒麵團

—— lɛ˩ 貓

—— li˧ 咒語

—— ʐwa˧ 松鼠

—— hwa˧ 攙合在一起

˧ 白鷴鳥

—— piɯ˩ 白鷴鳥 木名

—— tɛ˩ 小刀

—— sʌ˧ 木名

—— tɕi˩ 草名

hwa˥ —— 攙合在一起

ɣo˩ —— ɪɯ˧ 打火石

˩ 神名 量詞(一股水)

—— zɛ˧ 葉子

—— zɛ˧ sʌ˧ 鴨掌大

?

[ʔɛ]

ʔɛ 廾,廾,廾.

˥ 尊敬語詞 發問詞

—— bo˧ 伯父 叔父

—— bɯ˧ 哥哥

—— mbɯ˩ 回聲

—— ʂɛ˧ 馴熟

—— kʻa˧ 苗裔

—— ʂʌ˧ 很很的

—— gɯ˩ 甜蕎

—— ŋgɯ˩ 我們

—— kwa˩ 村官

—— wa˧ 騰越(地名)

—— ɰo˩ 猴子

—— mbɯ˩ mo˧ 水怪名

—— tɕʻɛ˧ lo˩ 虎跳澗(地名)

—— ɣɯ˧ mi˩ ɣɯ˧ 鏡子

˧ 啊!

—— pʻo˥ 外邊

—— pʻɯ˧ 祖父 老丈

—— ba˧ 父親

—— bɑ˩ 可惜

—— tsʻɛ˧ 當初 差不多

—— dzɯ˧ 祖母 老婆婆

—— sɯ˩ 父親

—— ʂʌ˩ 筷子

—— kʻʌ˩ 高祖

—— kʻɯ˩ 蔓菁

—— ʂɯ˧ 舅父 姨父

—— ba˧ qɯ˩ 乾爹

dʑi˩ —— ba˧ 主持家政之男子

—— kæ˩ zɯ˧ 丈夫

ta˧ tɕʌ˧ —— o˥ 神名

dzo˧ la˩ —— pʻɯ˧ 神名

—— gɯ˩ ndʑæ˩ tɕu˧ 大胡蜂

ʒʌ˩ ndzɯ˧ —— dzɯ˩ 情死鬼王名

—— la˧ mʌ˧ ʂʌ˥ ŋi˧ 從前的時候

ʂɯ˧ bɯ˧ —— pʻɯ˧ tɕʌ˥ 祖宗三代

˩ 驚嘆語詞

—— pʻy˧ 打嗝

—— bɛ˧ 去年

—— mɛ˧ 母親

—— no˥ 前一會兒

—— ŋi˧ 昨天 姑母 ~~(姨母)~~

—— ʂ˧ 現在

—— mɛ˧ qɯ˩ 乾媽

—— ʂʌ˥ bɛ˧ 前年

—— ʂʌ˥ ŋi˧ 前天

—— bɛ˧ ʂʌ˥ bɛ˧ 昔日

j

ji [多借用[ɪ]字之音字]

˥ 瞎

—— pʻy˩ 瞌眠不足

—— ʂɯ˧ 喚醒

—— kʻɯ˩ 被蓋

—— ndy˩ ʂʌ˥ 說夢話

la˩ —— kʻwa˧ 袖口

˧ 流 有

mo˩ —— 竅訣

ʂɯ˩ —— 有趣味的人

ka˧ —— 有力氣 肥

nɯ˧ ŋʌ˩ —— 在了

dʑi˩ —— ɣɯ˥ ʂɯ˥ 水流潭涌

˩ 漏 味道好吃!

jʌ 𠂆,𠂆,𠂆,𠂆,𠂆,𠂆,𠂆,𠂆,𠂆,𠂆,𠂆,𠂆

[illegible]。

˥ 給予
— lo˧ 神之麵偶
ndza˩ — 報恩
ʂʌ˥ — 勸人教人
ma˩ — ma˩ nɯbɯ˧ 龍王名
˧ 烟草
bʌ˧ — 磨
— ma˩ 護法神
la˩ — 簸箕
tɕi˥ — 錢
— kʻʌ˩ 送鬼之竹箕
— ko˩ 家
— kwɛ˥ 烟斗
— kæ˩ zɯ˧ 丈夫
mbɯɤ˩ tʻa˥ tɕi˥ — 多巴名
tʻa˥ — ty˧ mba˧ 神名
ndɯ˩ dzɯ˩ — ma˩
生翅膀的護法神
na˩ ka˧ tʻa˥ — 神名
tʂɯ˧ dzɯ˩ — ma˩
生爪子的護法神
dʑʌ˩ bɯ˧ tʻa˥ — 龍王名
— ŋɯ˧ so˧ pʻɯ˧ 多巴名
— kwɛ˥ py˥ ly˧
烟斗頭部
kʻwa˧ dzɯ˩ — ma˩
生蹄子的護法神
˩ 情死 情死鬼 舐 又熟又軟和 風姿情態 麼些人之一支 葉 量詞(兩個吋方的布) 糊東西 衣服化了 紙溶化了
— pɛ˩ 正月(陰曆)
— po˧ 押寶
— ba˩ 草名
mɯ˧ — 煮烟(可作墨者)

— vɯ˩ 情死
ʐɯ˥ — 閏月
— wɛ˥ 定情信物
— py˩ la˧ tʻɯ˥ 多巴名
— la˥ di˧ qwa˧ 神名
la˧ — ɤɯ˧ bo˩ 多巴之自稱
— ndzɯ˧ ʔɛ˧ dzɯ˧
情死鬼王名
— ŋi˥ tɕi˥ ŋʂo˧ 多巴名
kʻɯ˧ ndzɯ˧ ʈʌɤ˩ — 鬼名

W

wa [illegible]。

˥ 肚
— mɛ˧ 五月(陰曆)
˧ 骨頭 鬼名 瓦 五
mɯ˧ — 下顎骨
fɯ˩ — 蘆葦
nda˧ — 臘月(陰曆)
la˩ — 手桿
tsʻo˩ — 族人
ndzʌ˩ — 樹幹
sa˥ — 三月(陰曆)
tʂʻwa˥ — 蟻
— tɕi˩ 骨頭酥酸
— ɕo˩ 沒精神
— hæ˩ 綠松石
ʔɛ˥ — 騰越(地名)
mɯ˩ tʂʻɯ˧ di˩ — 神名
tʻɯ˥ tʻɯ˧ ko˩ — 多巴名
ʂɛ˥ ʂɛ˧ mby˧ — 金銀紙包
ŋi˧ tʂɯ˧ ko˩ — 龍王名
— hæ˩ mɯ˧ ndʐɯɤ˧ 青龍
hɛ˧ qɯ˩ — pʻɯɤ˩ 神名

[wa]

nda˧ ʐɯ˩ —— tʂʌʌ˧ kæ˧ 十字骨節

nɯ˩ —— pa˩ lo˧ ɕo˥ 鬼王名

˨ 綠松石 吃草 魂 影子 是

—— pʻi˥ 失魂落魄

nda˧ —— 影子

nɯʌ˧ —— 遺福

sɛ˥ —— 外表

—— ʂʌɯ˥ 招魂

—— kʻʌɯ˥ 隱隱綽綽看見

—— kʻɯ˩ 喊魂

nɯ˩ nɛ˩ —— 子女

nɯʌ˧ —— ndzʌ˩ 构樹 代表遺福之樹

mɛ˩ ʐʌ˧ kʌ˧ —— 鏡子

wæ

˧ 左 父系之親屬

—— kʻɛ˧ ʑi˧ lɛ˩ 左彎右折之木片(法儀用品)

wɛ

˥ 春(古語) 一種圓割刀

lɛ˩ —— 再

jʌ˩ —— 定情信物

—— wɛ˧ 圓

˧ 村 一大堆 喚人聲

mi˧ —— 地獄

wɛ˥ —— 圓

—— wɛ˩ 摻在一起 同桌吃飯

—— lɛ˧ kæ˩ 鷺鷥

—— zɛ˧ zɛ˩ 一種跳法

mʌ˧ mbɯ˧ —— ʐɯ˥ 陽巴名

—— tʂʌ˧ ho˩ mo˧ 神名

˩ 鵝子 聲音和諧

pɯʌ˥ —— 花紋

mɛ˧ —— 九宮

tʂʌ˧ —— 神之稱號

ndʐɛ˧ —— 五行

—— kʻɯ˥ 放鷹打獵

wɛ˧ —— 摻在一起 同桌吃飯

ŋʌ˥ ga˧ tʂʌ˧ —— 龍王名

ɥ

ɥo

˥ 玉

—— ɥo˧ 預備

˧ 壓人魂魄

tʻɯ˧ —— 眼病

—— lɛ˩ 小羊子

ɥo˥ —— 預備

—— ɥo˩ 野獸出來

—— ndzɯ˩ tʻɯ˧ 西南方

˩ 綿羊 拿 [illegible] 輕 祖先 生出來

—— pʻɛ˧ 岳父

bɛ˩ —— 絡腮鬍

mbɛ˧ —— 漢家

—— mɛ˧ 岳母

to˥ —— 翻大而突出

—— ɕi˥ 捕人者

kɯ˧ —— 題目

—— kʻwa˩ 苗芽

ɥo˥ —— 野獸出來

— hwa˧ ʂɯ˧ 打大石
tʂʰo˧ tsa˥ — mo˧ 神名
ʂo˧ — tsʅ˩ ʂɯ˧ 中央大多巴舍
ʐɯ˥ tɕʰi˧ bʌ˧ — 腳步輕快的年青人
ʂɯ˧ — zo˧ ɯ˧ 杏子
kɯ˩ pʰɯ˩ mæ˧ — 昏星
ɯ˧ — ɯ˧ ma˩ 神祖名

【元音】

a 㐃,㐃,A,企,㑹,仝。

˧ i˧ ʂɯ˩ — kʌ˩ 神名
˩ 聚會
dʐʌ˧ — 印度

æ

˧ 㖂,而。

鋼 糧食 圍栅欄 敢
— pʰɯ˥ 播糧
— lo˧ 小鑼
— tɕʰo˩ 一種猫
— lo˩ tsʌ˧ 一種竹子

˩ [illegible]

[illegible]

[illegible]

[illegible]

[illegible]。

鶴 繩 崖 打架 敢(古語)

— pi˧ 瘸子
— pʰɯ˧ 公雞
— bʌ˩ 崖上
mbɛ˧ — 雪雞
— mbɯ˩ 雞腿骨卜
— tɕʰo˥ 桃樹
— ly˧ 木名
— ndʐɯ˩ 牆縫毛送鬼
— ʥɛ˩ 石鐘乳
— dy˧ ly˧ 芫荽
— dʐʅ˩ ndʐo˩ 瀑布
ʂɯ˥ dʐɯ˧ — na˩ 鬼雞名
ʂo˥ ʂʌ˧ i˧ — 爭吵打架

ɛ

˥ [請寄用下面中平調的]
sa˩ ma˧ — 六道中之一道

˧ [illegible]

[illegible]

[illegible]

[illegible]。

白驢 陶器 釉子
bɛ˧ — 鍵夫人
— bʅ˩ 大江
ma˥ — 丑者
ma˩ — 一種蝴蝶
— da˥ 餓鬼 鍾工錫
— sa˥ 一粒鹽
— ɲʷa˧ 寶物
— tʂʰɯ˥ 牛鼻上的繩子
— tɕʰɯ˧ 昆明
— ndʐɯ˧ 穿牛鼻的繩環
— kʌ˥ 木名

[ɭ]

—— kʻɯ˩ 作肥料之樹葉
ʔɛ˩ —— 現在
—— o˧ 吵嘴
—— da˥ dy˩ 六道中之一道,餓鬼道
—— tʂʻɯ˧ mɯ˩ 南方
hæ˩ —— bɛ˩ 金沙江
lo˩ —— dzɑ˧ bu˧ 龍王名
ʂʌ˥ ʂʌ˥ —— æ˩ 爭吵打架
—— ʂɯ˩ ty˧ na˥ 神名
hɛ˩ —— kɯ˩ kʻo˥ 神名
—— ʂɯ˩ ʔa˧ kʌ˩ 神名
—— ʂɯ˩ o˧ kʌ˩ 神名
wæ˧ kɛ˧ —— lɛ˩ 生殖器似之木片(法儀用品)
o˩ —— tɯ˧ nɯ˩ 女人名
hæ˩ —— ba˧ da˩ ndzʌ˧ 神木名

˩ K.

右
—— po˧ 金絲猴
ha˥ ha˧ —— 哈哈笑
—— ʂɯ˥ bo˧ ndzo˧ 多巴名
—— ʂɯ˥ dɑ˧ mo˧ 女神名

ɯ 尿,屎,本,牢,杖,查,拿,兩,抽,肇,金,掌,
筆,金,西,丑,乙,。,。.

˥ 灰塵
—— ndzo˩ 灰山,土山
—— ɯ˧ 圓圈轉
—— zɯ˥ zɑ˧ tɯ˥ 一種瓶
茶罐子
˧ 皮子 牛 好
—— pɛ˩ 外來轍子
tɛ˧ —— 書 經典 信
文字 文契

—— da˩ 織
—— mɯ˥ 鞦韆(繩具)
lɛ˧ —— 耕牛
dzɛ˧ —— 姪子 外甥
ʂa˥ —— 還錢
—— ʂɯ˧ 竹簾子
ʂo˧ —— 晨星
—— tʂʻɯ˧ 火狐
tʂʌɛ˧ —— 桌
kʻɯ˥ —— 昏星 年歲好
ɯ˥ —— 團團轉
mɑ˧ tʂʌɛ˧ —— 大桌
—— la˥ bɛ˧ 饑荒意
la˩ —— qɯ˧ 手背
pʻɯ˧ —— ʂa˧ ——
本領好,口才好
mʌ˥ pʻa˩ —— ha˩ 神名
—— la˥ wʌ˩ ko˩ 葡萄
la˧ —— tʂʌ˥ tɛ˩
虎皮墊褥
tʂo˩ ɛ˧ ɯ˥ ——
人類始祖名
dzɑ˧ —— ʂæ˥ ʌɛ˧ 多巴名
ɯ 抱掉 推磨 妖怪 圍抱
ʂɯ˥ —— 教棄
ɯ˧ mɑ˧ mo˧ ——
女妖怪名

o

˥ 風
傾倒出去 災殃(一種疫病傳染)
你的筆錄 取水
ba˧ ʂʌ˥ ʔɛ˧ —— 神名

˧ 田,鳳,扇,土,互,冉,此,食,H,
血命 自己 腿肉

[o]

—— dzɛ˧ 東西
—— gɯ˩ 貪心
i˧ —— 吵嚷
pa˧ —— ts'o˩ zɛ˧ 護法神名
ɬa˧ —— py˩ so˧ 神名
tɕi˥ ma˩ —— ts'ɯ˧ 神名

1 ʂ.

神名 奴隸 五穀神 山神名
一全套牛犁 一架牛工之地
(量地之單位，一架牛，一日所能
耕完之田地面積)
mbɛ˧ —— 雄蜂
ʂa˩ ta˥ dʑa˧ —— 神名
kɯ˥ ta˥ ŋga˧ —— 多巴名
—— ʐ˧ tɯ˧ mɯ˩ 女人名

[完]

音字索引

(依照字形筆劃排列)

前面字典的本文是依照音韻系統排列的,是為了先知道音而去檢查字形字義用的,現在的索引這一部份,用處正好相反,是為了先見到音字字形再去檢查字音用的,知道了它的讀音,就可以在字典本文中找到這個音字的各種含義。

檢查的方法是先看這個音字的字形,看它屬於那一類中,再於那一類中依照筆劃的多少去找它。

字形共分了十五類依照先後的次序排列在下面:

1. • 凡是字形中帶有一点"•"的都歸在這一類中。
2. ~ 凡是字形中帶有這麼一彎鈎"~"的都歸在這一類中。
3. / 凡是字形中帶有一斜道"/"或"\"的都歸在這一類中。
4. | 凡是字形中帶有一竪道"|"的都歸在這一類中。
5. ∘ 凡是字形中帶有一個圓圈"∘"的都歸在這一類中。
6. ㄟ 凡是字形中帶有不規則的彎曲線條"ㄟ"的都歸在這一類中。
7. 一 凡是字形頂上有這麼一橫平道"一""乛""一"的都歸在這一類。
8. ɤ 凡是字形中帶有這麼一捲扭的"ɤ"都歸在這一類中。
9. : 凡是字形中帶有兩個点的都歸入這一類中。
10. ∧ 凡是字形頂上有∧八或∨ヾ的都歸入這一類中。
11. 十 凡是全用直劃及橫劃組成的字,都歸入這一類中。
12. ⁝ 凡是字形中帶有三個点或三個以上的点時都歸在這一類中。
13. △ 凡是字形中帶有三角形"△"的都歸在這一類中。
14. 口 凡是字形中帶有方框子"口"四方形的都歸在這一類中。
15. ⊗ 凡是以上十四類中歸納不進去的音字都併入這一類中。

筆劃的算法,凡一筆都算作一劃,如△算成三劃,口算成四劃,彎曲不規則的ㄟ,ʕ,ɤ,ʓ,~,∘,……等都算作一劃,顯明的曲折每一轉折算作一劃,如"ㄎ"便算作兩劃,算時全個字都算在內,不像漢文那樣要把部首除去。

假如一個音字可以分列入兩類或兩類以上的,請看那一類比較顯明注目些,如∘,~,•,△,口,就比|,一,/等要惹人注意,那便到使人注意的一類中去找,若那兩類都很顯明,就兩類中都可以找到它,如"⊙"既見於第五類的圓圈∘裡,同時它亦於第一類的点•中出現。

下面的索引由左向右分三項排列,左边一項是音字,中間的是見於字典中的頁數,最右邊的是它的讀音。

[音字]	[頁數]	[讀音]
●		
二劃		
	70	gu
	72	ŋʌ
	28	lɛ
	20	tʻo
	76	kwɛ
	52	ʐɯ
	20	tʻu
	25	nɯ
	17	ta
	17	ta
	60	ɲi
	60	ŋi
	80	ɥo
	8	bu
	6	bɛ
	56	tɕi
	56	tɕʻi
	63	kɛ
	52	ʐɯ
	72	ŋgo
	58	dʑi
	44	tʂo
三劃		
	40	zo
	80	ɥo
	9	mbæ
	46	tʂʻu
	52	ʐɯ
	51	ʐɯ
	56	tɕʻi
	6	bɛ
	17	pjʌ
	17	pjʌ
	6	ba

[音字]	[頁數]	[讀音]
	63	kɛ
	23	ndu
	45	tʂʻʌɤ
	81	æ
	79	wa
	70	gu
	70	gu
	48	ʂæ
	57	tɕʻi
	69	kʻo
	57	dʑi
	63	kɛ
	51	ʐo
	28	lɛ
	20	tʻo
	68	kʻu
	20	tʻo
	60	ndʑi
	80	ɥo
	6	bɛ
	6	bɛ
	6	bɛ
	6	bɛ
	4	pʻo
	3	pur
	3	pur
	51	ʐɯ
	60	ndʐo
	60	ndʐo
	22	du
	22	do
	17	mjʌ
	4	pʻo
	44	tʂʻu
	11	mby
	19	tu
	21	da

[音字]	[頁數]	[讀音]
	16	mo
	25	la
	25	la
	29	li
	31	tsɯ
	34	ndzʌ
	25	nɛ
	42	ɖo
	37	sɯ
	62	ɕʌ
	46	dzɯ
	47	ndʑæ
	48	ʂʌɤ
	49	ʂʌɤ
	57	tɕo
	57	tɕo
	81	æ
	60	ndʑi
	66	kʻa
	69	kʻu
	74	hæ
	19	tu
四劃		
	24	na
	52	ʐɯ
	78	ʔɛ
	61	ɕi
	61	ɕi
	61	ɕi
	4	pʻi
	51	ʐɯ
	4	pʻi
	4	pʻi
	67	kʻɛ
	81	i
	11	mbu

[音字]	[頁數]	[讀音]
	17	tɛ
	17	tɛ
	47	ndʑæ
	70	gu
	76	kwɛ
	45	tʂʻʌɤ
	45	,,
	79	jʌ
	79	jʌ
	35	ndzɯ
	81	o
	79	jʌ
	81	i
	81	i
	4	pʻo
	4	pʻi
	4	pʻi
	3	pʻa
	3	pa
	8	bo
	8	bo
	8	bo
	42	ɖæ
	6	bɛ
	31	tsʻa
	61	ɕi
	33	tsʻo
	33	tsʻo
	39	zɛ
	58	tɕi
	57	tɕo
	72	ŋu
	81	æ
	81	æ
	81	æ
	17	mjʌ
	42	ɖo

[○]

No.	Reading
5	pʻu
70	gu
4	pʻi
4	pʻi
69	kʻo
58	dʑi
17	ta
9	bɯ
18	ti
19	ty
77	hwa
19	ty
23	ndo
25	nu
31	tsʻa
31	tsʻa
33	tsʻo
35	ndzɯ
37	sɯ
40	zɯ
43	nqæ
43	nqæ
43	tɕʌ
63	kɛ
43	tɕʌ
81	æ
44	tɕɯ
44	tɕo
44	tɕu
45	tɕʻ
57	tɕo
,,	,,
57	tɕʻi
58	dʑi
58	dʑo
60	ndzo
62	ka
,,	,,

No.	Reading
68	kʻu
69	kʻu
74	nɛ
73	ha
72	ŋgu
81	æ
80	wɛ
81	tɯ
6	ba

三劃

No.	Reading
69	kʻu
51	tɕʻo
71	ho
44	tɕu
81	æ
33	tsʻy
32	tsʻɯ
75	hy
81	æ
19	tu
38	so
60	ŋi
70	gu
81	æ
30	tsa
42	do
17	a
17	ta
4	pʻi
40	dzo
16	tɕʻu
32	tsʻɯ
,,	,,
60	ndʑi
81	e
80	ɣo
9	mba

No.	Reading
11	mbɯ
8	bo
19	ty
31	tsɯ
38	sy
41	tʌ
63	kæ
68	kʻu
4	pʻi
35	ndzo
82	ɣu
25	nɛ
58	tɕʻʌ
58	tɕʻʌ
63	kæ
42	do
49	sʻo
44	tɕu
72	ŋgu
70	gu
8	bu
63	kɛ
73	ha
72	ŋu
,,	,,
5	zwo
8	bu
18	ti
23	ndɛ
26	la
31	tsʻa
33	tsʻy
33	dzɯ
41	tʌe
57	dzo
57	tɕi
60	ndʑi
66	kʻa

No.	Reading
69	kʻo
69	kʻo
73	ha

六劃

No.	Reading
45	tɕʻʌ
43	nqæ
72	ŋu
52	ɣʌɣ
79	wa
,,	,,
34	ndzʌ
35	ndzɯ
,,	,,
76	kwɛ
20	tʻɛ
32	tsʻɯ
19	ty
66	kʻa
81	æ
70	gu
45	tɕʻʌ
81	æ
68	kʻu
52	ɣu
17	ta
81	i
9	mba
21	di
3	pʻɛ
82	o
19	ty
20	tʻɛ
,,	,,
52	ɣʌɣ
47	dʑu
71	ʑu
63	kæ

47 ndzæ
46 tʂ'u
23 ndɯ
41 pʌɤ
31 tsɯ
72 ŋgu
8 bɯ
20 t'u
11 mby
32 tsɯ
19 t'a
25 nɯ
52 ɤʌɤ
32 tsɯ
48 ʂʌɤ
67 k'ʌ

七劃

22 dɯ
71 ŋgʌ
4 p'i
32 tsɯ
32 tsɯ
4 p'i
81 æ
44 tʂu
17 ŋgʌ
60 ʂu
60 ndzi
78 iʌ
81 æ
50 ʂuɤ
60 ndzi
23 ndɯ
19 ty
20 t'ɛ
81 i
73 ha

6 ba
32 tsɯ
42 qo
40 zɯ
72 ŋgɯ
57 tɕ'i
27 ly
19 t'a
4 p'o
49 ʂu
70 ʂu

八劃

57 tɕʌ
71 go
32 tsɯ
57 tɕʌ
40 zʌ
37 si
19 ty
31 tsɯ
10 mbɛ
57 tɕʌ
8 bu

九劃

3 puɤ
32 tsɯ
57 tɕʌ
37 si
47 ndzuɤ
37 si
8 bu
37 si
75 ho
5 p'i

十劃

31 si

十一劃

8 bu

十二劃

8 bo
41 pʌɤ

十三劃

35 sa

十四劃

4 po

十六劃

37 si

〜

一劃

20 t'u
23 ndi
" "
56 ɤwa
40 tæ
63 kɛ
68 k'ɯ
82 ɯ
5 p'uɤ
" "

二劃

40 pæ
8 bu
29 ly
20 t'u
17 ta
23 ndi

23 ndɛ
23 ndi
23 ndi
72 ŋʌ
33 dzɯ
" "
32 tsɯ
16 ʈu
56 ɤwa
29 lo
35 ndzɯ
40 zo
45 tʂ'o
46 tʂu
44 tʂu
47 ndzuɤ
50 ʂu
51 ʐu
58 tɕ'ʌ
18 tɛ
64 kʌ
44 tʂu
69 k'u
80 ɥo
" "
55 tʂ'wa
44 tʂo
53 zo
52 ɤɯ
11 mbuɤ
2 pɯ
20 t'u
8 bu
37 si
3 pɛ
19 ty
72 ŋʌ

【乙】

三劃

No.	Reading
43	qɯɹ
10	mbɯ
17	pjʌ
48	ʂæ
19	tu
8	bu
77	kʻwa
2	pɯ
5	pʻu
41	pɹ
74	hæ
51	ʐo
41	pɹ
3	py
71	ŋga
37	sɯ
58	dʑi
37	sɯ
11	mbɯɹ
45	tʂʻʌɹ
37	sɯ
47	ndʐɯɹ
76	kwa
72	ŋgo
48	ʂʌ
22	do
,,	,,
28	li
22	tʻy
77	ʔa
16	fu
54	ɹɯɹ
72	ŋgo
58	dʑi
29	lo
28	lɛ
35	ndzɯ
40	zo
70	go
40	zɯ
55	tʂwa
55	tʂwa
3	pɯɹ
44	tʂɯ
47	ndʐɯɹ
47	ndʐo
48	ʂæ
57	tɕo
60	ndʑi
75	hy
4	pʻa
51	ʐɯ
56	tɕi
41	ʈɯ
,,	,,
8	bu
70	ŋʌ
51	ʐo
63	kæ
73	ŋgɛ
70	go

四劃

No.	Reading
3	pʻa
73	ha
8	bo
37	sʌ
34	ndzʌ
,,	,,
24	na
70	gʌ
52	ɹʌɹ
59	dʑo
70	gu
73	hæ
55	ʐwa
8	bu
70	gu
56	ɹwa
53	ro
37	si
44	tʂæ
45	tʂʻʌɹ
48	ʂʌ
51	ʐo
58	tɕʻo
70	gʌ
71	ŋgɛ
77	hwa
3	pʻa
78	jʌ
9	bɯɹ
48	ʂæ
44	tʂo
41	ʈɯ
52	ɹɯ
13	mi
9	mba
,,	,,
11	mbɯ
2	pɯ
10	mbɯ
72	ŋgo
78	jʌ
,,	,,
29	li
75	ho
61	ɕi
40	zɯ
75	hy

五劃

No.	Reading
48	ʂæ
58	dʑi
8	bu
15	hy
8	bu
60	ndʐo
3	pɯɹ
78	ʔɛ
45	tʂʌ
63	kæ
4	pʻi
33	tsʻo
55	ʐwa
70	gu
9	mba
22	do
11	mbɯ
16	vu
29	lo
34	ndzʌ
8	bu
37	si
45	tʂʻʌɹ
60	ndʑi
44	tʂu
47	ndʐɯɹ
50	ʂu
64	kɯ
69	kʻu
70	gu
79	wa
58	tʂʻʌ
5	pʻu
6	bɛ
10	mbɛ
33	tsʻo

[illegible]	11	mbɯ
[illegible]	18	to
[illegible]	4	p'o
[illegible]	58	tɕ'o
[illegible]	52	ɣʌɣ
[illegible]	9	mba

六劃

[illegible]	32	tsɯ
[illegible]	4	p'i
[illegible]	”	p'o
[illegible]	55	ʐwa
[illegible]	3	p'ɛ
[illegible]	18	to
[illegible]	21	da
[illegible]	52	ɣʌɣ
[illegible]	40	zʌ
[illegible]	48	ʂæ
[illegible]	9	mba
[illegible]	72	ŋgɯ
[illegible]	9	mba
[illegible]	48	ʂæ
[illegible]	64	kɯ
[illegible]	9	mba

七劃

[illegible]	69	k'o
[illegible]	35	sa
[illegible]	62	qo
[illegible]	44	tɕu
[illegible]	20	t'o
[illegible]	18	jʌ
”	2	pɯ
[illegible]	56	ɣwa

八劃

[illegible]	20	t'o
[illegible]	77	ʔa
[illegible]	33	ts'o

九劃

[illegible]	79	wa

十四劃

[illegible]	8	bo

/

二劃

[illegible]	25	nɯ
[illegible]	60	ȵi
[illegible]	68	k'ɯ

三劃

[illegible]	60	ndʑi
[illegible]	”	ndʑo
[illegible]	55	tɕwa
[illegible]	70	ʂʌ
[illegible]	69	k'ɯ
[illegible]	16	fu
[illegible]	31	tso
[illegible]	8	bu
[illegible]	49	ʂɯ
[illegible]	72	ŋgɯ
[illegible]	60	ndʑi
[illegible]	37	sɯ
[illegible]	31	tsʌ
[illegible]	57	tɕo
[illegible]	81	æ
[illegible]	80	ɥo
[illegible]	11	mbɯ
[illegible]	55	tɕwa

四劃

[illegible]	14	mʌ
[illegible]	18	to
[illegible]	78	ʔɛ
[illegible]	10	mbɯ
[illegible]	76	kwa
[illegible]	79	wa
[illegible]	80	wɛ
[illegible]	78	ʔɛ
[illegible]	”	”
[illegible]	70	ʂʌ
[illegible]	63	kɛ
[illegible]	77	hwa
[illegible]	40	zʌ
[illegible]	40	zɯ
[illegible]	81	æ
[illegible]	10	mbɯ
[illegible]	80	ɥo
[illegible]	62	ɕʌ
[illegible]	61	ɕi
[illegible]	60	ndʑo
[illegible]	78	ʔɛ
[illegible]	81	æ
[illegible]	41	t'ʌ
[illegible]	4	p'i
[illegible]	24	ndy
[illegible]	77	k'wa
[illegible]	69	k'o
[illegible]	11	mbɯ
[illegible]	26	la
[illegible]	75	ho
[illegible]	”	”
[illegible]	6	bɛ
[illegible]	47	ndʑæ
[illegible]	72	ŋgɯ
[illegible]	”	”
[illegible]	”	”
[illegible]	”	”
[illegible]	80	ɥo
[illegible]	19	t'a
[illegible]	38	so
[illegible]	78	jʌ
[illegible]	46	dʑɯ
[illegible]	”	”
[illegible]	55	tɕwa
[illegible]	31	tsʌ
[illegible]	72	ŋgo
[illegible]	3	p'a
[illegible]	44	tɕu
[illegible]	77	hwa
[illegible]	55	tɕwa
[illegible]	20	t'i
[illegible]	14	mɯ

五劃

[illegible]	31	tsɯ
[illegible]	”	”
[illegible]	81	æ
[illegible]	30	tsi
[illegible]	49	ʂo
[illegible]	52	ɣʌɣ
[illegible]	75	hy
[illegible]	34	ndzʌ
[illegible]	31	ts'a
[illegible]	61	ŋo
[illegible]	49	ʂɯ
[illegible]	42	qɯ
[illegible]	”	”
[illegible]	19	t'a
[illegible]	9	mba
[illegible]	55	tɕ'wa
[illegible]	31	tsɛ
[illegible]	”	”
[illegible]	48	ʂʌɣ
[illegible]	76	kwɛ
[illegible]	40	zo
[illegible]	56	ɣwa
[illegible]	3	p'a
[illegible]	41	t'ʌɣ

[丿]

六劃

No.	Sound
23	mbɤ
48	ʂʌɤ
49	ʂɯ
9	mba
43	ndʑæ
75	hy
32	tsɯ
51	zɯ
19	tʻa
"	tʻa
48	ʂʌɤ
"	"
"	"
"	"
"	"
40	tæ
14	mɯ

七劃

No.	Sound
6	ba
31	tsɯ
35	ndzo
8	bu
9	mba
75	ho
16	vu
57	tɕʌ

八劃

No.	Sound
75	ho
71	ŋgæ
81	i
4	pʻɯ
19	tʻa
81	i
14	mɯ
68	ho
32	tsɯ

九劃

No.	Sound
80	ɥo
33	tsy
57	tɕʌ
14	mɯ
71	ŋgʌ

十劃

No.	Sound
71	ŋgʌ
"	"
75	ho

[丨]

二劃

No.	Sound
80	ɥo
"	"
19	tu
53	ro
62	ɕo

三劃

No.	Sound
80	ɥo
81	i
82	o
31	tsɛ
2	pɯ
2	pɯ
"	"
6	ba
23	nda
19	tu
"	"
"	"
"	
19	tɯ
34	ndzʌ
11	mby
38	sɯ
71	ŋgɛ
51	zo
14	hæ
79	wa

四劃

No.	Sound
6	bɛ
19	tʻa
10	mbɯ
79	wa
80	ɥo
79	wa
57	tɕi
"	"
26	la
53	rɯ
24	na
10	mbo
"	"
77	kwa
74	hæ
72	ŋgɯ
19	tʻa
9	bɤ
81	æ
58	tɕʻo
6	ba
9	mba
"	"
19	tu
"	"
"	"
79	wa
"	"
33	dzʌ
2	pɯ
"	po
71	ŋgɯ
4	pʻi
78	ʔɛ

五劃

No.	Sound
81	æ
9	mba
80	ɯ
"	ɯ
18	to
49	ʂɯ
47	ndzo
"	ndʑɯɤ
22	ŋgɯ
19	tɕɯ
31	tsʻɛ
9	mba
48	ʂæ
81	i
57	tɕʻi
9	mba
19	tu
"	"
"	tʻa
42	qɯ
79	wa
41	tʻɯ
2	pɯ
53	rɯ

六劃

No.	Sound
44	tɕɯ
11	mby
9	mba
81	i
9	mbɯ

[illegible]	9	mba
[illegible]	41	ţu
[illegible]	63	kɛ
[illegible]	82	ɯ
[illegible]	"	"
[illegible]	"	"
[illegible]	"	"
[illegible]	"	"
[illegible]	"	"
[illegible]	18	to
[illegible]	"	"
[illegible]	"	"
[illegible]	"	"
[illegible]	"	"
[illegible]	67	kʻʌ
[illegible]	47	ndʐo
[illegible]	10	mbɯ
[illegible]	7	bi

七劃

[illegible]	40	zɯ
[illegible]	"	"
[illegible]	57	tɕʌ
[illegible]	60	ndʑi
[illegible]	82	ɯ
[illegible]	"	"
[illegible]	50	ʐʌɪ
[illegible]	"	"
[illegible]	57	tɕʌ
[illegible]	10	mbɯ
[illegible]	77	kiwaɹ
[illegible]	29	li

八劃

[illegible]	77	kʻaaɹ
[illegible]	77	kwaɿ
	0	

一劃

[illegible]	76	kwɛ
[illegible]	"	"

二劃

[illegible]	4	pʻo
[illegible]	21	da
[illegible]	25	no
[illegible]	61	ɲi
[illegible]	"	"
[illegible]	43	tɕʌ
[illegible]	47	dʐu
[illegible]	51	ʐu
[illegible]	16	mo
[illegible]	"	"
[illegible]	62	ɕo
[illegible]	"	"
[illegible]	80	ɥo
[illegible]	"	"
[illegible]	"	"
[illegible]	29	ly
[illegible]	"	"
[illegible]	"	"
[illegible]	33	ɹo
[illegible]	"	"
[illegible]	20	tʻu

三劃

[illegible]	17	pjʌ
(○)	3	ɓy
[illegible]	3	"
[illegible]	4	pʻo
[illegible]	5	pʻu
[illegible]	16	fuɿ
[illegible]	"	fuɹ
[illegible]	21	da
[illegible]	"	"
[illegible]	23	ndu
[illegible]	"	nda

[illegible]	23	nda
[illegible]	"	"
[illegible]	25	no
[illegible]	26	nuɹ
[illegible]	52	ɣʌɪ
[illegible]	"	"
[illegible]	31	tsɯ
[illegible]	"	"
[illegible]	39	zɛ
[illegible]	"	"
[illegible]	40	zʌ
[illegible]	"	"
[illegible]	"	"
[illegible]	"	"
[illegible]	"	zy
[illegible]	"	"
[illegible]	42	qʌɹ
[illegible]	43	quɹ
[illegible]	55	tʂʻwa
[illegible]	47	ndʐʌɣ
[illegible]	48	ʂʌ
[illegible]	57	tɕo
[illegible]	60	ndʑi
[illegible]	16	mo
[illegible]	"	"
[illegible]	"	"
[illegible]	64	kɯ
[illegible]	"	"
[illegible]	"	"
[illegible]	65	ko
[illegible]	"	"
[illegible]	"	"
[illegible]	"	"
[illegible]	"	ku
[illegible]	74	ŋga
[illegible]	"	"
[illegible]	82	ɯ
[illegible]	74	hɛ

[illegible]	74	hɛ
[illegible]	3	puɹ
[illegible]	6	ba
[illegible]	4	pʻo
[illegible]	4	"
[illegible]	29	ly
[illegible]	29	li
[illegible]	6	bɛ
[illegible]	11	mby
[illegible]	39	zi
[illegible]	75	hy

四劃

[illegible]	17	pjʌ
[illegible]	"	"
[illegible]	3	pʻɛ
[illegible]	5	pʻu
[illegible]	5	pʻy
[illegible]	8	bu
[illegible]	22	dy
[illegible]	23	nda
[illegible]	25	no
[illegible]	"	"
[illegible]	"	"
[illegible]	26	la
[illegible]	52	ɣʌɪ
[illegible]	"	"
[illegible]	35	ndzɯ
[illegible]	43	ʈwa
[illegible]	55	tʂʻwa
[illegible]	41	tuɹ
[illegible]	55	tʂʻwa
[illegible]	48	ʂʌ
[illegible]	49	ʂɯ
[illegible]	64	kɯ
[illegible]	"	"
[illegible]	65	ko
[illegible]	"	"

[O]

No.	Reading
65	ko
"	"
75	ho
"	"
65	ko
77	kʻwaɹ
"	"
"	"
76	kwa
77	kʻwaɹ
72	ŋɡu
79	wa
43	tɕʌɤ
64	kɯ
11	mby
75	ho
五劃	
55	tɕʻwa
75	ho
8	bɯ
13	mi
"	"
"	"
"	"
"	"
"	"
18	tɛ
21	da
33	tsʻo
29	lo
"	"
52	ɣʌɤ
37	swɪ
39	zɛ
"	"
40	zʌ
"	zɯ

No.	Reading
56	ʑwa
40	zɯ
8	bɯ
52	ɣʌɤ
43	tɕɯɤ
"	"
55	tɕʻwa
"	"
64	kʌ
55	tɕʻwa
"	"
48	ʂʌ
"	ʂʌɤ
63	kæ
64	kɯ
72	ŋɡɯ
69	kʻu
"	kʻo
79	wa
6	bæ
29	li
46	tɕʻu
2	po
六劃	
8	bɯ
6	ba
8	bo
16	vu
25	no
"	"
"	
40	zʌ
43	tɕʌɤ
44	tɕɯ
"	tɕʻu
51	ʑɯ
59	dʑo

No.	Reading
64	kɯ
80	ŋo
七劃	
63	kæ
16	vu
2	po
37	si
40	ʒɯ
2	po
57	tɕʻi
60	ndʑi
61	ŋo
"	"
2	po
75	hy
3	pɯɤ
37	si
25	no
八劃	
41	tʻɯ
64	ku
61	ŋo
16	moɹ
40	zʌ
十劃	
37	si
十一劃	
61	ŋo
十二劃	
37	si
一劃	
1	pɛ

No.	Reading
2	pɯ
47	ndzɛ
"	ndʑɛ
33	dzi
23	ndi
二劃	
56	ɤwa
51	ʑɯ
"	"
"	"
38	sy
6	bɛ
"	"
"	"
68	kʻɯ
64	kʌ
63	kɛ
40	zy
"	"
1	pa
2	po
37	si
"	"
"	"
"	"
40	zy
73	hæ
44	tɕu
"	"
"	"
"	"
56	dʑi
"	"
"	"
41	tɕʻɤ
41	"
1	pa

[2]

42 qɯ
80 ɣo
58 tɕʌ
54 ɣɯɤ
7 bi
34 ndzʌ
80 wɛ
33 tsʻo

八劃

31 tsʌ

九劃

44 tɕɯ

一

一劃

53 ɣo

二劃

6 bɛ
18 tɛ
,, ,,
44 tɕu
56 ɣwa
65 ku
31 tso

三劃

46 tɕiɯɤ
73 hæ
31 tso
47 ndzʌɤ
77 hwa
70 ɡo
3 pʻa

113 81 i

五劃

6 bɛ
70 ɡʌ
53 ɣu
71 ŋgæ
13 tu
70 ɡo
,, ,,
71 ŋgæ
57 tɕʌ
80 wɛ
,, ,,
,, ,,
81 i
,, ,,
,, ,,

六劃

44 tɕɯ
38 sɯ
59 dzo
58 tɕʻʌ
79 wa
44 tso
25 ŋʌɤ
51 ʑɯ
67 kʻɛ
32 tsʻɯ
7 bi
81 i
,, ,,
42 ɖo
81 i

七劃

81 i

81 i
56 tɕi
6 bɛ
4 pʻi
,, ,,
,, ,,
37 si
38 sy
,, ,,
,, ,,
,, ,,
81 i
,, ,,
,, ,,
44 tso
,, ,,
,, ,,
68 kɯ
,, ,,
42 ɖo
,, ,,
,, ,,
,, ,,
56 ɣwa
67 kʻɛ
11 mbɯɤ
60 ndzo
40 tæ
45 tsʻo
31 tsʌ
,, ,,
49 ʂɯ
39 zɛ
63 kæ
53 ɣɯ
81 i
,, ,,
37 sɯ

1 pa
36 sɛ
23 ndi

劃

56 dʑi
,, ,,
47 ndzæ
39 wɛ
1 pa
1 ,,
,, ,,
,, ,,
23 ndi
,, ,,
,, ,,
37 si
40 zy
76 kʻwaɤ
,, ,,
73 hæ
47 ndzæ
70 ɡo
42 qɯɤ
41 tʌɤ
69 ŋo
42 qɯ
80 wɛ
,, ,,
,, ,,
50 ʑʌɤ
,, ,,
51 ʑɯ
64 kʌ
31 tsɯ
74 hɯɤ
23 ndu

四劃

[一]

Character	No.	Reading
	48	ʂæ
	37	ʂɯ˧
	,,	,,
	,,	sɯ˥
	,,	,,
	38	so
	37	sɯ˧
	,,	,,
	,,	,,
	,,	,,
	,,	,,
	,,	,,
	37	sɯ˥
	33	tsʻo
	,,	,,
	,,	dzi
	11	mbɯɤ
	72	ŋgo
	50	ʂu
	33	dzɯ
	40	tʂæ
	,,	,,
	45	tʂʻɯ
	19	tu
	70	gu
	,,	,,
	48	ʂʌɤ
	60	ndzo
	39	zɛ
	20	tʻo
	68	kʻɯ
	20	tʻo
	2	po
	80	wɛ
	39	zɛ
	62	ka
	33	tsʻo
	4	pʻo

Character	No.	Reading
	62	ka
	18	tɛ
	47	ndzɯɤ

四劃

Character	No.	Reading
	33	sɯ
	49	ʂo
	62	ka
	69	kʻo
	6	bɛ
	72	ŋʌ
	70	gu
	76	kwa
	62	ka
	,,	,,
	35	ndzo
	44	tʂo
	31	tsʻa
	40	tʌɤ
	80	wɛ
	,,	,,
	73	ha
,,	38	so
	61	çi
	11	mbu
	75	ho
	32	tsʻɯ˩
	72	ŋgo
,,	78	jʌ
	75	ho
	38	so
	37	sɯ
	,,	si
	33	dzi
	10	mbo
	,,	,,
	42	dɯ
	78	jʌ

Character	No.	Reading
	4	pʻi
	47	dzu
	64	kɯ
	16	mo
	38	so
	62	ka
	38	sy
	59	kʻo
	22	du
	,,	du
	,,	,,
	,,	,,
	11	mbu
	22	du
	11	ma
	11	mbu
	10	mbɯ
,,	2	pɯ
,,	8	bɯ
	73	ha
	9	bɯɤ
	30	dzi
,,	62	o
	8	bo
,,	13	mɛ
	31	tso
	73	ha

五劃

Character	No.	Reading
	47	ndzɯɤ
	73	ha
	47	dzo
	33	tsʻy
	31	tsʻa
	72	ŋgɯ
	20	tʻi
	22	dy
	,,	du

Character	No.	Reading
	49	ʂo
	11	ma
	31	tso
	38	sy
	17	sɯ
	31	tsɯ
	,,	,,
	17	mjʌ
,,	4	pʻo
	48	ʂæ
	79	wa
	6	bɛ
	6	,,
	33	tsʻo
	64	kʌ
	53	ɣɯ˩
	38	so
	10	mbo
	8	bo
	14	mɯ˧
	75	hy
	76	kwɛ
	20	tɛ
	52	ɣʌɤ
	47	dzo
	38	so
	41	tʌɤ
	6	bɛ
	14	mɯ˧
	38	so
	50	zæ
	77	hwa
	3	pɯɤ
	10	mbɯ
	32	tsʻɯ˩
	22	du
	4	pʻi
	63	kæ

[illegible]	61	ɕi
[illegible]	33	tsʻo˧
[illegible]	82	o
”	58	tɕʻo
[illegible]	6	bæ
”	31	tsa
[illegible]	40	zʌ
[illegible]	4	pʻi
[illegible]	44	tɕɯ
[illegible]	48	ʂæ
[illegible]	55	tʂua
[illegible]	53	ɣɯ˧
[illegible]	70	ʂʌ

六劃

[illegible]	20	tʻɛ
[illegible]	64	kʌ
[illegible]	82	o
[illegible]	45	tɕʻo
[illegible]	35	ndzo
[illegible]	24	na
[illegible]	”	”
”	13	mɛ
[illegible]	10	mbɛ
[illegible]	4	pʻo
[illegible]	72	ŋgo
[illegible]	3	puɤ
[illegible]	22	du
[illegible]	25	no
[illegible]	72	ŋgo
[illegible]	58	dʑi
[illegible]	35	ndzo
[illegible]	”	”
[illegible]	”	”
[illegible]	75	ho
[illegible]	62	ka
[illegible]	72	ŋgo
[illegible]	4	pʻi
[illegible]	82	ɯ

[illegible]	40	zy
[illegible]	50	ʐʌɤ
[illegible]	4	pʻi
[illegible]	47	dzo
[illegible]	70	ʂo
[illegible]	19	tʻa
[illegible]	70	ʂo
[illegible]	48	ʂæ
[illegible]	21	da
[illegible]	32	tsʻɯ˩
[illegible]	”	”
[illegible]	62	ka
[illegible]	33	tsʻy
[illegible]	20	tʻi
[illegible]	46	dzɯ
[illegible]	39	zɛ
[illegible]	77	hwa
[illegible]	21	da
[illegible]	24	na
[illegible]	39	zi
[illegible]	20	tʻi

七劃

[illegible]	46	tsʻu
[illegible]	12	mæ
[illegible]	43	quɤ
[illegible]	10	mbɛ
[illegible]	20	tʻɛ
[illegible]	3	puɤ
[illegible]	23	ndu
[illegible]	81	æ
[illegible]	19	ty
[illegible]	53	ɣɯ˧
[illegible]	65	ku
[illegible]	3	pʻɛ
[illegible]	14	mɯ˧
[illegible]	3	puɤ
[illegible]	53	ɣɯ˧

[illegible]	3	puɤ
[illegible]	20	tʻɛ
[illegible]	3	puɤ
[illegible]	9	by
[illegible]	68	kʻɯ

八劃

[illegible]	35	ndzo
[illegible]	68	kʻɯ
[illegible]	75	ho
[illegible]	10	mbɛ
[illegible]	”	”
[illegible]	”	”
[illegible]	19	ty
[illegible]	75	ho

九劃

[illegible]	10	mbɛ
[illegible]	3	puɤ
[illegible]	19	ty
[illegible]	3	puɤ

十劃

[illegible]	3	puɤ
[illegible]	3	”

十一劃

[illegible]	37	si

十四劃

[illegible]	37	si

[illegible]

一劃

[illegible]	10	mbɛ
[illegible]	28	lɛ
[illegible]	”	”
[illegible]	24	na

[illegible]	41	tuɤ
[illegible]	”	”
[illegible]	69	kʻu
[illegible]	22	do

二劃

[illegible]	22	do
[illegible]	33	dzɯ
[illegible]	80	wɛ
[illegible]	17	mjʌ
[illegible]	25	nɯ
[illegible]	53	ɣo
[illegible]	46	dzæ
[illegible]	43	tsæ
[illegible]	29	ly
[illegible]	2	pɯ
[illegible]	11	mbuɤ˩
[illegible]	33	dzɯ
[illegible]	75	ho
[illegible]	23	ndi
[illegible]	60	ndʑi
[illegible]	2	po
[illegible]	3	pʻæ
[illegible]	6	ba
[illegible]	8	bo
”	72	ŋʌ
[illegible]	19	tu
[illegible]	28	lɛ
[illegible]	33	dzɛ
[illegible]	40	zy
[illegible]	41	tuɤ
[illegible]	”	”
[illegible]	57	tɕo
[illegible]	62	ɕo
[illegible]	72	ŋʌ
[illegible]	65	ko

三劃

[?]

74 hɛ
23 ndɛ
17 ta
56 ɣwa
20 tɯ
35 sa
18 to
42 qɯ
37 si
25 nɛ
,, ,,
,, ,,
,, ,,
,, ,,
,, ,,
,, ,,
54 ɣɯɣ
31 tsɯ
3 pɯɣ
13 mi
40 zɯ
60 ndʑi
62 ɕo
50 wɛ
79 wa
58 dʑi
75 hy

四劃

41 pɯɣ
67 k'ɛ
64 kʌ
55 ʂwa
72 ɲu
22 du
8 bɯ
11 mbɯɣ
31 tsɯ

49 ʂɯ
79 wa
37 sɯ

五劃

46 tʂ'ɯ
54 ɣɯɣ
72 ŋɯ
60 ndzɿ
37 si
54 ɣɯɣ
18 to
8 bo
51 ʐo

六劃

29 lo
72 ŋgɯ
8 bo
19 t'a
51 ʐo

七劃

47 ndzɯɣ
43 qɯɣ

:

二劃

36 ʂɛ
50 ʂu

三劃

11 mbɯɣ
20 t'o
20 t'u
22 dy
23 nda

23 nda
,, ,,
,, ,,
37 sɯ
39 za
45 tʂ'ʌɣ
25 nɯ
35 ndzɯ
,, 60 ndʑi
37 sɯ
47 ndʑɯɣ
58 dʑi
58 ,,
,, ,,
74 hɯ
3 py
17 piʌ

四劃

42 qo
13 mi
7 bʌ
45 tʂ'o
22 dy
,, ,,
23 ndo
57 tʂ'i
19 ty
20 t'u
8 bu
21 dʑ
25 nɯ
,, ,,
26 la
29 lo
54 ɣɯɣ
,, ,,
32 tʂ'ɯ

[?] nazɯ
39 zɛ
qɯ 42
48 ʂʌ
43 tʂʌɣ
45 tʂ'o
47 ndzɯɣ
,, ndzɯ
,, ,,
,, ndʑɯɣ
48 ʂʌɣ
49 ʂo
50 ʐʌɣ
59 dʑo
62 ka
66 k'a
65 ku
74 hɯ
75 ho

五劃

43 ndʑæ
31 tso
66 k'a
,, ,,
42 qo
42 qɯ
80 ɣo
,, ,,
4 p'o
6 ba
6 bɛ
8 ho
5 pu
8 bɯ
4 p'i
3 pɯɣ
20 t'ɛ

[:]

八劃

保	2	po
[illegible]	29	lo
[illegible]	30	tsa
[illegible]	4	p'i
[illegible]	34	ndzʌ
[illegible]	8	bɯ
[illegible]	57	tɕʌ
[illegible]	72	ŋgo
[illegible]	81	æ
[illegible]	50	ʂɯɤ

九劃

[illegible]	71	gɯ
[illegible]	81	æ
[illegible]	4	p'ɯ
[illegible]	30	tsa
[illegible]	55	tɕ'wa
[illegible]	50	tɕæ
[illegible]	50	ʂɯɤ
[illegible]	"	"

十劃

[illegible]	67	k'æ
[illegible]	39	zɛ
[illegible]	44	tɕɯ
[illegible]	55	tɕ'wa

十二劃

[illegible]	4	p'ɯ

人

二劃

八	28	lɛ
人	56	tɕ'i
卜	47	ndzo
[illegible]	77	lo

[illegible]		ʂɯ
[illegible]	59	dzo
[illegible]	"	"
[illegible]	58	ndzi
[illegible]	71	ŋgʌ
[illegible]	74	hæ
[illegible]	70	go
[illegible]	43	tɕʌɤ

七劃

[illegible]	29	lo
[illegible]	42	qo
[illegible]	12	mæ
保	2	po
[illegible]	6	ba
[illegible]	20	tɕ'o
而	81	æ
而	"	"
[illegible]	41	[illegible]
[illegible]	"	"
[illegible]	81	i
[illegible]	23	ndɛ
[illegible]	"	"
[illegible]	24	na
[illegible]	"	"
[illegible]	29	li
[illegible]	52	ɤʌɤ
[illegible]	66	k'a
[illegible]	65	kɯ
[illegible]	20	t'ɛ
[illegible]	34	ndzʌ
[illegible]	42	qɯ
[illegible]	44	tɕæ
[illegible]	55	tɕ'wa
[illegible]	59	dzo
[illegible]	69	k'ɯ
[illegible]	9	by

[illegible]	68	k'ɯ
[illegible]	81	æ
[illegible]	30	tsɛ
[illegible]	42	qo
[illegible]	8	bɯ
[illegible]	81	æ
[illegible]	80	wɛ
[illegible]	40	tɕæ
[illegible]	77	kwʌɤ
[illegible]	55	tɕ'wa
[illegible]	7	bi
[illegible]	66	k'a
[illegible]	24	na
[illegible]	"	"
[illegible]	7	bʌ
[illegible]	6	ba
[illegible]	3	pɯɤ
[illegible]	20	t'ɯ
[illegible]	20	tɯ
[illegible]	"	"
[illegible]	23	ndɛ
[illegible]	"	"
[illegible]	38	ʂɯɹ
[illegible]	69	k'o
[illegible]	21	di
[illegible]	23	ndɛ
[illegible]	31	tsɛ
[illegible]	35	sa
[illegible]	39	zɛ
[illegible]	41	tɯɤ
[illegible]	43	qɯɤ
[illegible]	45	tsʌɤ
[illegible]	47	dzɯ
[illegible]	48	ʂʌ
[illegible]	"	"
[illegible]	"	"
[illegible]	"	ʂʌɤ

[illegible]	20	t'i
[illegible]	21	di
[illegible]	22	dɯ
[illegible]	24	na
[illegible]	25	nɯ
[illegible]	45	tsʌ
[illegible]	55	tɕ'wa
[illegible]	"	"
[illegible]	63	kæ
[illegible]	20	t'ɛ
[illegible]	24	na
[illegible]	29	lo
[illegible]	"	"
[illegible]	30	tsɛ
[illegible]	35	ndzɯ
[illegible]	"	ndzo
[illegible]	41	ɬʌɤ
[illegible]	42	qɯ
[illegible]	47	dzo
[illegible]	58	tɕ'o
[illegible]	59	dzo
[illegible]	61	ɕi
[illegible]	"	"
[illegible]	"	"
[illegible]	68	k'ɯ
[illegible]	72	ŋgɯ
[illegible]	70	gɯ
[illegible]	69	k'ɯ
[illegible]	72	ŋgo
[illegible]	81	æ
[illegible]	80	wɛ
[illegible]	17	mjʌ
[illegible]	63	kæ
立	80	wɛ
[illegible]	59	dzo
[illegible]	16	vɯ

六劃

[illegible]	54	ɬɯɤ

[八]

三劃

40 zo
" "
48 ʂæ
65 ko
69 k'o
6 bɛ
6 "
10 mbɯ
22 dy
10 mbo
80 wɛ
45 tʂ'o
10 mbɯ
43 qɯɪ

四劃

40 zɯ
42 qo
47 ndʐɯ
81 a
75 hy
82 o
40 zɯ
78 jʌ
39 zi
33 dzi

五劃

23 ndɛ
18 to
48 tʂ'o
42 qo
52 ɪʌɪ
34 dzo
41 ʈʌɪ
68 k'ɯ
82 ɯ
10 mbɯ
70 go
6 ba
" "
42 qo
45 tʂ'ʌɪ
" "
45 tʂ'o

六劃

19 t'a
65 kɯ
77 k'waɪ
72 ŋgo
81 a
75 hy
76 kwɛ
35 ndzɯ
" "
75 hy
82 ɯ
" "
6 bɛ
7 bi
41 ʈʌɪ
45 tʂ'ʌɪ
47 ndʐo
81 æ
60 ndʐi
49 ʂɯɪ
" ʂɯɪ
30 tsi

七劃

82 ɯ
5 p'ɯ
65 ko
81 a
81 a
82 ɯ
18 to

八劃

70 go
81 a
23 ndɯ
41 ʈʌɪ
" "
49 ʂɯɪ

九劃

51 ʐʌɪ
5 p'ɯ
40 zɯ
41 ʈʌɪ
42 qo

十二劃

41 ʈʌɪ

十

三劃

82 o
" "
61 ɕi
79 wa
11 mbɯɪ
6 bɛ
" "
5 p'ɯ
6 bɛ
49 sɯɪ
6 bɛ
16 ʈɯ
19 tɯ
48 ʂʌɪ
19 tɯ
48 ʂʌ
33 dzɯ
48 ʂʌ
18 tɛ
65 kɯ
47 ndʐæ

四劃

30 tsɑ
70 ʂʌ
55 tʂ'ɯ
6 bɛ
46 tʂ'ɯɪ
11 mbɯ
" "
19 tɯ
18 tɛ
23 ndo
33 dzɛ
38 sy
41 ʈɯ
42 qɯ
46 tʂ'ɯɪ
" "
77 hwa
10 mɯɯ
46 tʂ'ɯɪ
68 k'ɯ
79 wa
82 oɪ
44 tʂɯ
" "
48 ʂʌ
78 jʌ
56 ɪwa
4 p'ɯ

字	號	音
[illegible]	43	ndʑæ
[illegible]	45	tɕʻʌ
[illegible]	49	ʂo
[illegible]	30	tsa
五劃		
[illegible]	6	bɛ
[illegible]	69	kʻɯ
[illegible]	72	ŋɯ
[illegible]	31	tsʻa
[illegible]	6	bɛ
[illegible]	″	″
[illegible]	″	″
[illegible]	9	mba
[illegible]	11	ma
[illegible]	13	mɛ
[illegible]	17	ta
[illegible]	19	tɯ
[illegible]	20	tʻɯ
[illegible]	38	sɯ
[illegible]	44	tɕɯ
[illegible]	72	ŋgɯ
″	40	tæ
[illegible]	11	ma
[illegible]	47	dʑɯ
[illegible]	61	ɕi
[illegible]	46	tɕʻiɤ
[illegible]	23	ndɯ
[illegible]	8	bɯ
[illegible]	46	tɕʻiɤ
[illegible]	44	tɕɯ
[illegible]	″	″
[illegible]	48	ʂʌ
[illegible]	″	″
[illegible]	63	kæ
[illegible]	″	″
[illegible]	63	kɛ
[illegible]	56	ɤwa

字	號	音
[illegible]	45	tɕʻʌ
[illegible]	″	″
[illegible]	49	ʂo
六劃		
[illegible]	11	mby
[illegible]	78	jʌ
[illegible]	13	mɛ
[illegible]	19	tɯ
[illegible]	38	sɯ
[illegible]	41	ʈɯ
[illegible]	53	ɤɯ
[illegible]	44	tɕɯ
[illegible]	68	kʻɯ
[illegible]	20	tʻɯ
[illegible]	12	mæ
[illegible]	生	pʻo
[illegible]	73	hæ
七劃		
[illegible]	9	mba
[illegible]	26	la
[illegible]	21	di
[illegible]	47	ndʑæ
[illegible]	40	zɯ
[illegible]	72	ŋɯ
[illegible]	57	tɕʌ
[illegible]	81	i
[illegible]	72	ŋgɯ
[illegible]	44	tɕɯ
[illegible]	70	ʂo
[illegible]	12	mæ
八劃		
[illegible]	81	i
[illegible]	21	di
[illegible]	19	ty
[illegible]	44	tɕo
[illegible]	50	ʂu
[illegible]	57	tɕʌ

字	號	音
[illegible]	12	mæ
九劃		
[illegible]	19	ty
[illegible]	50	ʂu
十劃		
[illegible]	71	ŋgɯ
十一劃		
[illegible]	68	kʻɯ
⋮		
三劃		
[illegible]	70	ʂɯ
[illegible]	39	za
[illegible]	″	″
[illegible]	″	″
[illegible]	″	″
四劃		
[illegible]	34	ndzʌ
[illegible]	55	tɕʻwa
[illegible]	34	ndzʌ
[illegible]	13	mɛ
[illegible]	24	na
[illegible]	40	ʂo
[illegible]	″	″
[illegible]	70	ʂʌ
[illegible]	49	ʂo
五劃		
[illegible]	6	ba
[illegible]	13	mɛ
[illegible]	22	dy
[illegible]	35	ndzo
[illegible]	24	na

字	號	音
[illegible]	71	ŋgɛ
[illegible]	14	mɯ
[illegible]	50	ʐæ
[illegible]	8	bɯ
[illegible]	″	″
[illegible]	58	dʑi
[illegible]	49	ʂo
[illegible]	47	ndʑɯɤ
[illegible]	46	dʑɯ
[illegible]	47	ndʑæ
[illegible]	45	tɕʻo
[illegible]	37	sʌ
[illegible]	38	sɯ
[illegible]	16	ʈɯ
六劃		
[illegible]	46	dʑɯ
[illegible]	″	″
[illegible]	″	″
[illegible]	33	dzɛ
[illegible]	″	″
[illegible]	32	tsʻʌ
[illegible]	16	mo
[illegible]	77	hwa
[illegible]	72	ŋgɯ
[illegible]	81	æ
[illegible]	″	″
[illegible]	″	″
[illegible]	75	ho
[illegible]	″	″
[illegible]	68	kʻɯ
[illegible]	42	do
[illegible]	79	wa
[illegible]	23	ndɛ
[illegible]	20	tʻi
[illegible]	″	″
[illegible]	7	bi
[illegible]	4	p

[⁝]

81 æ
60 ndzo
48 ʂʌɤ
42 do
35 sa
16 fu
8 bɯ
20 tʻi

七劃

9 by
55 tsʻwa
46 tsʻu
8 bɯ
34 ndza
72 ŋgu
,, ,,
81 æ
48 ʂʌɤ
42 do
30 tsɛ
23 ndɛ
11 mbu
81 æ
59 dzo
46 tsʻu
38 so
33 dzɛ
81 æ

八劃

6 ba
46 tsʻu
20 tʻu
3 pʻɛ
16 mo
32 tsʻʌ

65 ku
46 dzu
15 mo
82 o
23 ndɛ
37 sʌ
17 ta
82 o
81 æ

九劃

48 ʂʌ
6 ba
46 dzu
,, tsʻu
71 ŋgæ
4 pʻo
30 tsi
55 tsʻwa
50 ʐʌɤ

十劃

40 tæ
6 ba
,, ,,
39 zɛ
46 tsʻu

十一劃

21 tʻy
46 tsʻu
55 tsʻwa
44 tso
51 ʐu

十二劃

6 ba

57 tsʌ
41 tʌɤ
20 tʻu

△

二劃

15 mɯ
16 mo

三劃

81 i
80 wæ
57 tso
15 mo
55 ndzwa
14 mɯ
16 mo
21 da
4 pʻi
23 ndɛ
62 ka
,, ,,
,, ,,
,, ,,
46 dzu
76 kwa
75 hy
60 ndzi
49 ʂɯ
60 ndzi
22 do
,, 4 pʻo

四劃

58 tsʌ
55 ʂwa
16 mo

52 ɣʌɤ
2 po
62 ka
72 ŋu
,, ,,
51 ʐo
49 ʂɯ
33 dzɯ
20 tʻo
50 ʐʌɤ
38 so
81 æ
19 tʻa
22 du

五劃

19 tʻa
77 kʻwa
72 ŋu
15 mo
22 du
48 ʂæ
55 ʐwa
72 ŋu
,, ,,
55 ʐwa
79 wa
55 tsʻwa

六劃

30 tsɛ
74 hɛ
6 ba
57 tsʌ
48 ʂæ
55 ʐwa
,, ,,

[厶]

弔	2	pɯ
加	3	py
号	3	pʻɛ
占	5	pʻɯɤ
〃	15	mo
占	5	pʻɯɤ
凸	〃	〃
只	4	pʻo
只	5	pʻu
呈	10	mbɪ
古	20	tʻi
号	21	da
〃	42	dʑæ
早	21	da
占	23	nda
石	53	ɤɯɪ
西	〃	〃
占	31	tsʻɛ
叱	41	ʈɯ
司	47	ndʐʌɤ
叶	59	dʐʌ
叶	〃	〃
吕	60	ɲi
舌	〃	〃
旧	61	çi
叉	69	kʻo
司	71	ŋgɛ
旱	8	bɯ
日	41	ʈɯ
书	43	tʂʌɤ
〃	67	kʻɛ
由	59	dʐʌ
电	77	hwa
右	67	kʻʌ
冉	〃	〃
角	31	tsʻɛ
四	〃	tsɯ
由	〃	tsʻɛ
再	18	to
中	〃	〃
石	17	ta
尹	18	to

六劃

丹	67	kʻɛ
凡	21	tʻy
凸	60	ɲi
巳	70	gʌ
井	57	tɕi
亘	22	dɯ
旦	38	so
丑	40	ʈæ
丘	62	ka
百	33	tsʻy
自	2	pɯ
呈	〃	〃
吊	〃	〃
弔	〃	〃
百	75	ho
占	5	pʻɯɤ
户	72	ŋgo
西	〃	〃
四	9	bɯɤ
四	〃	〃
四	〃	〃
四	〃	〃
尸	〃	〃
目	64	kʌ
耳	〃	〃
且	35	ndzo
耳	20	tʻo
旦	〃	tʻɯ
旦	〃	〃
且	〃	〃
目	〃	〃
叶	69	kʻɯ
呈	10	mbo
凡	43	tʂʌɤ
凡	48	ʂæ
中	50	ʂɯ
凸	〃	〃
甲	〃	ʐæ
巾	73	ha
占	20	tʻɯ
西	58	tɕʻo
年	31	tso
〃	59	ɤʌɤ
圩	〃	ʐʌɤ
电	48	ʂæ
中	16	moɹ
七	77	hwa
内	6	bɛ
尽	21	tʻy
耳	64	kʻʌ
旦	42	dɯ
目	63	kɛ
日	38	so
且	20	tʻɛ
丑	10	mbɯ
门	23	ndɛ
甘	23	ndo
日	51	ʐɯ
尸	38	so
山	58	tɕʻʌ
己	69	kʻo
乌	〃	〃
丘	58	tɕʻo
月	63	kɛ
七	16	ɣɯ
占	60	ɲi
中	71	ŋga
正	77	kʻwaɪ
母	67	kʻʌ
耳	〃	〃
[illegible]	15	sa
友	31	æ
吞	19	tʻa
会	22	do
呈	41	tsɯ
反	22	dɯ
皮	13	mɛ

七劃

兵	68	kʻɯ
戈	40	zɯ
亥	45	tɕʻʌ

九劃

哭	57	tɕʻi

十二劃

[illegible]	82	ɯ

[口]

四劃

口	38	so
口	75	hɯ
凡	9	mba
廿	23	ndo
卄	〃	〃
丗	〃	〃
开	52	ɤʌɤ
卞	〃	〃
廿	38	so
丹	〃	〃
户	41	ʈʌɤ
丹	9	mba
月	20	tʻɯ
口	69	kʻo

五劃

[口]

武	31	tsʻɛ
冊	50	ʑæ
田	,,	ʑaɤ
四	4	pʻi
田	23	ndo
毌	18	to
甲	,,	,,
[illegible]	5	pʻu

七劃

[illegible]	3	pʻɛ
[illegible]	20	tʻu
串	77	kʻwaɪ
[illegible]	9	mba
四	14	mɯɪ
占	50	ʂu
[illegible]	19	ty
[illegible]	23	nda
[illegible]	33	tsʻy
自	,,	,,
耳	48	ʂæ
[illegible]	2	pɯ
[illegible]	,,	,,
号	21	da
且	,,	,,
[illegible]	22	du
西	53	ɤɯ
舌	,,	,,
[illegible]	,,	,,
[illegible]	31	tsɯ
,,	38	sy
[illegible]	31	tsʻɛ
吕	38	sy
[illegible]	44	tɕo
[illegible]	,,	,,
在	48	ʂʌɤ
[illegible]	60	ȵi
[illegible]	65	ko
[illegible]	72	ŋgɯ

[illegible]	78	jʌ
[illegible]	43	tɕʌɤ
[illegible]	71	ŋga
[illegible]	67	kʻʌ
[illegible]	67	,,
[illegible]	31	tsʻɛ
曲	,,	,,
[illegible]	5	pʻu

八劃

[illegible]	75	ho
[illegible]	20	tʻu
[illegible]	48	ʂæ
[illegible]	76	kwɛ
自	33	tsʻy
[illegible]	75	hɯ
[illegible]	3	pʻa
[illegible]	8	bɯ
[illegible]	11	ma
[illegible]	33	tso
[illegible]	,,	,,
[illegible]	62	ɕʌ
吊	78	jʌ
[illegible]	67	kʻʌ
[illegible]	31	tsʻɛ
[illegible]	8	bu

九劃

[illegible]	49	ʂɯɪ
[illegible]	59	dʑʌ
[illegible]	62	ɕʌ
[illegible]	75	ho
[illegible]	2	po
[illegible]	31	tsʻɛ
[illegible]	19	ty
[illegible]	31	tsʻɛ
[illegible]	57	tɕo

十劃

[illegible]	38	sy

[illegible]	75	ho

十一劃

[illegible]	21	da
[illegible]	8	bo

十三劃

[illegible]	3	pʻɛ

十六劃

[illegible]	20	tʻo

⊗

二劃

[illegible]	44	tɕu
七	77	hwa
[illegible]	73	ha
[illegible]	8	bo
[illegible]	31	tsʌ
[illegible]	69	kʻu
[illegible]	16	fu
[illegible]	10	mbɯɪ
[illegible]	16	fu
[illegible]	,,	,,
[illegible]	44	tɕo

三劃

[illegible]	83	o
山	58	tɕʻo
[illegible]	41	ʈɯ
[illegible]	70	go
[illegible]	4	pʻo
[illegible]	9	mba
[illegible]	7	bi
[illegible]	16	vu
[illegible]	57	tɕi
[illegible]	41	ʈʻæ

[illegible]	41	ʈʻæ
[illegible]	60	ndʑi
[illegible]	37	sɯɪ
[illegible]	58	tɕʻo
[illegible]	82	i
[illegible]	,,	,,

四劃

[illegible]	14	mʌ
[illegible]	20	tʻi
[illegible]	58	tɕʻo
[illegible]	61	ɕi
[illegible]	44	tɕo
[illegible]	83	oɪ
[illegible]	11	ma
[illegible]	30	tsa
[illegible]	31	tsʌ
[illegible]	41	ʈɯ
九	21	da
[illegible]	55	tɕwa
毛	,,	,,
[illegible]	44	tɕo
[illegible]	60	ndʑɛ
[illegible]	83	oɪ
[illegible]	23	ndo
[illegible]	75	hy
[illegible]	20	tʻu
[illegible]	72	ŋgo
[illegible]	80	ɣo

五劃

[illegible]	79	wa
[illegible]	41	ʈɯ
[illegible]	16	fu
[illegible]	40	ʑʌ
[illegible]	80	ʔwɛ
[illegible]	56	ɣwa
[illegible]	67	kʻɛ

[illegible]	81	i
[illegible]	56	ɪwa
[illegible]	81	i
[illegible]	10	mbɯ
[illegible]	81	i
六劃		
[illegible]	39	zi
[illegible]	44	tɕo
[illegible]	39	ʑɛ
[illegible]	41	ȶɯ
[illegible]	13	mɛ
[illegible]	70	go
[illegible]	72	ŋgɯ
[illegible]	71	ŋgæ
[illegible]	20	tɯ
[illegible]	35	sa
[illegible]	16	fu
[illegible]	35	sa
[illegible]	40	ȶæ
[illegible]	62	ɕo
[illegible]	40	ȶæ
七劃		
[illegible]	6	ba
十劃		
[illegible]	72	ŋgo

【完】

音字簡表

說明

這是把最常見最常用的音字集合在這裡畫成一個表，每一個音字都放在它讀音的聲母和韻母的交叉格中，由這裡找到它的讀音後，便可以到字典本文中找到它的各種解釋含意。

若在一個格中見到兩個或三個音字時，那便表示這幾種寫法都常見。

若在一個格中有兩三個音字，音字與音字之間又畫有虛線時，那表示這格中的音字有分聲調的趨向，若寫在這一格的最上面，就表示該讀為高平調˥，寫在這一格的正中間表示讀作中平調˧，在格內的最下面表示應該讀作低平調˩。

在這個表內只能檢查一些最常見的字，若在這裡檢查不到的音字，請按字形筆劃到前面的索引裡去找。

	P	P'	b	mb	m	f	v	pj	mj	t	t'	d	nd	n	l	ts	ts'	dz	ndz	s	z	ʈ	ʈ'	ɖ	nɖ	ʈw	tʂ	tʂ'	dʐ	ndʐ	ʂ	ʐ	r	tʂw
a	卜乃	邱实	宗	先亾	弓					叵	牟吝	启者	午	田	㐅	[illegible]	坐平		乌	亟	∴					平				左匚				弓
ɐ		虫	五吕	乡	自																	[illegible]	辛讴	太吕	犬		讠	东	讴		亚乓	而		
ɛ	乙	军室	乢	罡星	沙内					丁办	勺只		齐	子	刂	业亗	每	朩		歹 --	广马													
i		四	来氵	只	乡出					太	巳	市仒	卩		个	爪		丁		宫	乂													
ʌ			卡麻		丘			兄	[illegible]							子	必	丩	写芏	丝也	当	夕					书	三			上			
ʌɪ														匋								卜		乌8			中	虫		可	岑↓	乂	占丗	
ɯ	圭另	非口	呆匹ヨ	子个	皇元4									ㄟ		内乎	姜己己	主土	火又	下记年	笆专	七	吅	ㄣ不			止	丌	岁非	火仓	关牛扛	日	多	
o	工保	只鼎	乌	开	邑上卜					尹甘	乀	乂兑	廿	ㄹ	讠	丁	罒万匚	仝	年	卄丂	个个			宁			[illegible]亚	小卜	玊	辰	乍乍	申	一	
u	丸	旦	叉各两	大		乃马子	七号			生中	止	皮	予	小仙													六	乡生	王		尸芒	号	丕正	
ɯɪ	弓	占	四	讥卜										[illegible]								斗lf		设ⓡ				片乍		飞席	采	众	讴	
y	[illegible]	长	币	小	阬					与尚小	退	二	文		中		肴			昌车	[illegible]													

tʂiw	ndʐw	ʂw	ʐw	ɾw	tɕ	tɕ'	dʑ	ndʑ	ɲ	ɕ	k	k'	g	ŋg	ŋ	h	kw	k'w	hw	ʔ	j	w	ɥ	
半 [illegible]	▽	ㄙ	ㄣ [illegible]	ㄱ ε							冂	夊		ǫ		TF	冂	[illegible] 亼 串	冃	ソ		ㄠ		合 亼
											肖	護		㒳		八 书						⋉		而 乂
											㇇ 月	夂		可		ㅁ	匚			廾		ㄖ		
					卜 [illegible]	丰 书	ㄟ	之	回 口	丘														K 乂
					竺 [illegible]	⋈	叻		且	下	ろ	本	ㄥ	豆	工						卢			
											욧	犬	ㅇ	凷		音 [illegible]								巾 品
					卜	丘	彑	⊻ ㅁ		彔 灰	合	口	乃	严		歹 后				ᐯ			Y	穴 王 K
											1	卅	勹	支 鸟	与									
																⋉ 全								

補遺

頁數	部位	應增補者
16	f 以上	my ʻph
		˥ 推
77	最後	ʔa [illegible], [illegible], [illegible].
		˥ 鴨子
		˧ 回答.答應的聲音
		˩ 百萬？(或為十萬)
78	j 之上	ʔo [illegible], [illegible].
		˥ 神名
		˧ —— ma˩ nĩ˧ pɛ˧ mĩ˧ ho˧ 六字真言(唵嘛呢叭嘛吽)
		˩ 鵝

勘誤

頁數	部位	錯誤的部份	應該改正成的樣子
1	pa˩	tɕo˩ ——	tɕʻo˩ ——
2	pɛ˧	ʔõ˧ ma˩ ŋa˩ —mĩ˧ ho˧	ʔõ˧ ma˩ ŋĩ˧ —— mĩ˧ ho˧
	pu˧	tʻa˧ —— tʻa˧	刪去
		zy˩ —— tʻa˧	刪去
4	pʻo˧	ɕi˩ —寄養牲畜雙方'下'分的制度	ɕi˩ —— 寄養牲畜雙方平分的制度
8	bu˧	ʈɯ˧ ——	ʈɯ˧ ——
		—— kʻu˧ 虫名	—— kʻu˧ 虫名(蝸牛)
9	by˧	py˧ ——	pʻy˧ ——
11	mbu˧	ɹwa˧ —— tsɯ˩	ɹwa˧ —— tʂɯ˩
12	ma˩	—— zi˥	應改移在ma˧之中平調內
13	mɛ˧	ɹɯ˧ —— mo˧ ɯ˩	ɹu˧ —— mo˧ ɯ˩
15	mo˧	tʂo˥ ——	tʂu˥ ——
		ɹɯ˧ mɛ˧ —— ɯ˩	ɹu˧ mɛ˧ —— ɯ˩
21	ty	ty	tʻy
27	ʅa˩	—— pa˥ 護手甲	從前再加上：法儀中之樹枝束把 肩胛骨.
28	ʅɛ˧	—— hɛ˧ pi˥	—— hɛ˧ pʻi˥ .

頁數	部位	錯誤的部份	應該改正成的樣子
28	lɛ˩	ɡɯ˧ ɾo˩ ka˧ ——	ɡɯ˧ ɾo˩ ka˧ —— 保佑 wæ˧ kʻɛ˧ i˧ —— 左彎右折之木片
42	qɯ˩	hɛ˩ —— wa˧ pʻɯɾ˩	hɛ˧ —— wa˧ pʻɯɾ˩
50	ʑœ之上	（空白）	應加一大寫之 Z
56	ɾwa˧	—— mbɯ˧ tʂɯ˧	—— mbɯ˧ tʂɯ˩
81	i˥	[音字用下回中平調的]	[音字用下面中平調的]
82	i˩	i˩ ⋉	i˩ ⋊

國立中央博物院專刊 乙種之三

麼些標音文字字典

編輯者：國立中央博物院籌備處編輯委員會　常務　曾昭燏

印行者：國立中央博物院籌備處　四川南溪李莊第三號信箱

中華民國三十四年八月　初版

定價　國幣壹仟元

MEMOIRS OF NATIONAL CENTRAL MUSEUM

SERIES B. NO. 3

A DICTIONARY OF MO-SO PHONETIC SCRIPTS

Compiled by Li Lin-ts'an

(Informant. Ho Ts'ai)

1945